TRAITÉ

DES IMPOTS

CONSIDÉRÉS SOUS LE RAPPORT

HISTORIQUE, ÉCONOMIQUE ET POLITIQUE

EN FRANCE ET A L'ÉTRANGER

PAR

M. ESQUIROU DE PARIEU

Vice-Président du Conseil d'État, Membre de l'Institut impérial de France,
de la Société statistique de Londres, etc.

Longum iter est per præcepta
Breve et efficax per exempla.
SÉNÈQUE.

TOME QUATRIÈME

PARIS

LIBRAIRIE DE GUILLAUMIN ET Cᴵᴱ

Éditeurs du Journal des Économistes, de la Collection des principaux Économistes
du Dictionnaire de l'Économie politique, du Dictionnaire universel du Commerce et de la Navigation, etc.

RUE RICHELIEU, 14

1864

TRAITÉ

DES IMPOTS

SAINT-DENIS. — TYPOGRAPHIE DE A. MOULIN.

TRAITÉ

DES IMPOTS

CONSIDÉRÉS SOUS LE RAPPORT

HISTORIQUE, ÉCONOMIQUE ET POLITIQUE

EN FRANCE ET A L'ÉTRANGER

PAR

M. ESQUIROU DE PARIEU

Vice-Président du Conseil d'État, Membre de l'Institut impérial de France,
de la Société statistique de Londres, etc.

Longum iter est per præcepta
Breve et efficax per exempla.
SENÈQUE.

TOME QUATRIÈME

PARIS

LIBRAIRIE DE GUILLAUMIN ET Cⁱᴱ

Éditeurs du Journal des Économistes, de la Collection des principaux Économistes
du Dictionnaire de l'Économie politique, du Dictionnaire universel du Commerce et de la Navigation, etc.

RUE RICHELIEU, 14

1864

TRAITÉ

DES IMPOTS

LIVRE VI.

Des impôts sur les actes.

CHAPITRE VI.

IMPOTS SUR CERTAINS SERVICES OU SUR CERTAINES CONCESSIONS
DE L'ÉTAT (SUITE).

SECTION II.

IMPOT SUR LES CORRESPONDANCES
TÉLÉGRAPHIQUES.

Il n'entre pas dans notre plan de faire ici une histoire
complète ou même abrégée de la télégraphie : cela nous
conduirait trop loin. Nous ne nous permettrons que d'en
toucher quelques mots.

L'art de la télégraphie optique ou aérienne paraît remonter à la plus haute antiquité. En effet, on en rencontre
des traces chez les Grecs, les Romains, en Asie, en Europe
et même jusqu'en Chine. En général, comme tous les
arts qui se rattachent au progrès des sciences physiques,
celui-ci mit beaucoup de siècles à se produire ; et bien
qu'il eût depuis longtemps été introduit dans les Gaules,

ce ne fut véritablement qu'au xviii⁰ siècle qu'il passa du domaine de la théorie dans celui de la pratique.

Les Anglais ont cherché à perfectionner l'art de la télégraphie aérienne. Mais, dès 1790, il appartenait à l'un de nos compatriotes, à Claude Chappe, neveu de l'abbé Chappe, de continuer les travaux d'Amontons et d'assigner en quelque sorte à la télégraphie aérienne ses dernières limites.

Cet art était cependant au moment de voir doubler son utilité et ses services par l'adoption de signaux de nuit, quand la télégraphie électrique est venue arrêter ce nouveau développement. L'électricité offrit un moyen de transmission plus sûr, plus indépendant des conditions de l'atmosphère.

Le télégraphe aérien avait toujours été exclusivement réservé au gouvernement. Lorsque dans des circonstances exceptionnelles, l'administration en accordait l'usage aux particuliers, c'était par une faveur spéciale, nécessitée par quelque événement imprévu lié à l'existence ou à l'honneur des familles. Il eût été de toute impossibilité de mettre le télégraphe aérien à la disposition des intérêts privés, car bien des obstacles matériels s'opposaient à ce qu'on donnât une telle extension au service de ces voies de transmission. Ces obstacles ont disparu avec les télégraphes électriques par les perfectionnements qu'ils ont déjà reçus, ou qu'ils reçoivent chaque jour; et dans l'état actuel de la science en cette matière, on conçoit que l'intérêt privé soit intervenu pour en réclamer les bénéfices en faveur des relations individuelles et des transactions commerciales. Cet instrument a maintenant acquis une puissance de transmission pour ainsi dire indéfinie, et un degré d'instantanéité qui supprime les plus grandes distances.

Depuis longtemps, en Angleterre et aux États-Unis, le commerce est en possession de l'usage des lignes télégra-

phiques électriques qui traversent ces États d'une extrémité à l'autre, et reçoivent presque tous les jours encore
de nouveaux développements.

La Russie a suivi cet exemple, mais avec cette différence
que tandis qu'en Angleterre et aux États-Unis les lignes
télégraphiques sont construites par des compagnies indépendantes de l'administration publique, en Russie, elles
appartiennent à l'État et sont mises par lui sous son contrôle et par son intermédiaire à la disposition du public.

Plusieurs autres États ont également affecté les télégraphes électriques au service de la correspondance des
particuliers.

Il n'eut pas été d'une sage administration de priver, en
France, les citoyens du bénéfice d'une des plus grandes inventions modernes, invention comparable à celle des chemins de fer par les résultats que le commerce doit en attendre
et qui est destiné à porter dans la correspondance, soit des
provinces d'un même État, soit des différentes nations de
l'Europe, une révolution non moins grande que celle qui
a été produite par les chemins de fer dans le transport
des personnes et des marchandises.

En admettant les particuliers à jouir de ce nouveau
moyen de rapides correspondances, il fallait en réglementer
l'usage et en fixer le prix; alors trois bases s'offraient au
législateur, présentant chacune un caractère différent plus
ou moins conciliable avec les intérêts du Trésor et le but
que l'on devait atteindre. Le prix du transport d'une même
dépêche, à différentes distances, pouvait être rigoureusement proportionnel à ces distances ou bien, tout en élevant
le tarif à mesure que la distance augmente, on pouvait cependant suivre une proportion moins rapide que celle de la
distance, ou bien, enfin, on pouvait percevoir une taxe
uniforme, quelle qu'eût été la distance.

Le système d'une taxe uniforme, applicable à toutes les distances, tel, en un mot, qu'il est établi pour le transport des dépêches par la poste, a pu être très-contesté relativement au service de la télégraphie électrique. L'Angleterre, à laquelle nous avons emprunté le système de l'uniformité de la taxe postale, s'est bien gardée, dit-on, de l'étendre au service privé du télégraphe. C'est qu'en effet, les conditions sont ici un peu différentes.

Les dépêches de Lyon, par exemple, transportées jusqu'à Dijon en même temps que celles de cette dernière ville, n'occasionnent réellement une dépense nouvelle que depuis Dijon jusqu'à Lyon. On peut donc soutenir que chaque dépêche ne devant payer que sa quote part des frais généraux, plus le léger surcroît de dépense afférent au surcroît de chemin que cette dépêche oblige à parcourir, la taxe peut être la même, quelle que soit la distance du point de départ au point d'arrivée.

Les dépêches télégraphiques entre deux stations ne peuvent, au contraire, être transmises que par ordre successif les unes après les autres. Ainsi, qu'un particulier réclame l'envoi d'une dépêche de Paris à Lyon, toute la ligne sera monopolisée à son profit pendant le temps que durera la transmission de cette dépêche. Mais s'il se fût borné à demander la correspondance jusqu'à Tonnerre, rien ne se fût opposé à ce que deux autres dépêches fussent transmises pendant le même temps, l'une de Tonnerre à Dijon, l'autre de Dijon à Lyon. Il est donc vrai que celui qui réclame l'emploi de l'ensemble de la ligne en sa faveur, s'empare d'une portion plus considérable du service total dont cette ligne est susceptible, que s'il s'était borné à correspondre entre deux stations intermédiaires. Dans le système d'une taxe uniforme, l'administration semble intéressée à transmettre les dépêches dans l'ordre des moindres distances, et à ne faire passer celles qui seraient destinées aux stations extrêmes qu'au défaut de dépêches concernant les stations intermédiaires. Pour la transmission d'une dépêche de Paris à Lyon, on ne percevrait qu'une taxe, tandis que trois dépêches transmises dans le même temps, l'une de Paris à Tonnerre, l'autre de Tonnerre à Dijon, l'autre enfin de Dijon à Lyon, donneraient lieu à la perception de trois taxes, c'est-à-dire à un bénéfice trois fois plus considérable pour le Trésor.

Au dernier point de vue, la proportionnalité de la taxe avec la distance pourrait sembler la combinaison la plus susceptible de maintenir les droits du Trésor, et de garantir les stations extrêmes contre les chances de voir accorder aux transmissions intermédiaires un tour de faveur, justifié par le plus grand profit qu'elles offriraient au Trésor.

Le tarif prussien est proportionnel à la distance parcourue. Aussi n'a-t-on, en Prusse, aucun intérêt à écarter les dépêches à grandes distances ; loin de là, le règlement prussien porte que parmi les dépêches ayant une même direction, celles qui partent des points extrêmes de la ligne auront la priorité sur celles qui proviennent des stations intermédiaires.

La loi française du 29 novembre 1850 a cru devoir, à l'exemple de l'Amérique et de l'Angleterre, graduer le tarif en raison des distances. L'article 7 de cette loi porte : « Il sera perçu, pour une dépêche de un à vingt mots, un droit fixe de 3 fr. plus 12 c. par myriamètre. » Au-dessus de vingt mots, la taxe précédente était augmentée d'un quart pour chaque dizaine de mots ou fraction de dizaine excédante.

Mais sans modifier tout de suite le principe de cette loi primitive, nos tarifs des communications télégraphiques ont subi de nombreux changements et sont enfin arrivés à cette uniformité qui semble inhérente à l'esprit moderne.

Par la loi du 28 mai 1853 sur la correspondance télégraphique privée, les dépêches ont été soumises à la taxe
suivante :

Pour une dépêche de un à vingt mots, il était perçu
un droit fixe de 2 fr. plus 1/10ᵉ par myriamètre.

Au-dessus de vingt mots, la taxe précédente était augmentée d'un quart, pour chaque dizaine de mots ou fraction de dizaine excédante.

La taxe était doublée pour les dépêches transmises la
nuit.

Par la loi du 2 juin 1854 sur la télégraphie privée, les
distances servant de base au calcul des taxes des dépêches
télégraphiques privées étaient prises à vol d'oiseau, depuis
le bureau de départ jusqu'au bureau d'arrivée.

Il était perçu pour une dépêche de un à vingt-cinq mots,
un droit fixe de 2 fr. plus 12 c. par myriamètre.

Toutefois la taxe d'une dépêche de un à vingt-cinq mots,
de Paris pour Paris, était de 1 fr. Celle de Paris pour les
localités qui ne sont distantes que de 20 kilomètres au plus
ou de ces localités pour Paris, était de 1 fr. 50.

Au-dessus de vingt-cinq mots, les taxes précédentes
étaient augmentées d'un quart pour chaque dizaine de
mots ou fraction de dizaine excédante.

Le droit de 1 fr. établi par la loi du 29 novembre 1850,
pour le port des dépêches dans Paris, était réduit de 50 c.

Par la loi du 21 juillet 1856 qui modifiait le tarif existant pour les dépêches télégraphiques privées, ces dépêches
étaient soumises à la taxe suivante :

Pour une dépêche de un à quinze mots, il était perçu
un droit fixe de 2 fr. plus 10 c. par myriamètre.

Au-dessus de quinze mots, la taxe précédente était
augmentée d'un dixième pour chaque série de cinq mots
ou fraction de série excédante.

Les dépêches entre deux bureaux télégraphiques d'une même ville étaient soumises à une taxe fixe indépendante des distances.

La taxe était de 1 franc pour une dépêche d'un à quinze mots ; elle était augmentée d'un dixième par chaque série de cinq mots ou fraction de série excédante.

Les dépêches de nuit entre des stations télégraphiques où il existait un service de nuit ne donnaient lieu à aucune surtaxe, et le port des dépêches à domicile était gratuit.

Par la loi du 18 mai 1858, sur la télégraphie privée entre bureaux d'un même département ou de départements limitrophes, les dépêches privées de un à quinze mots échangées entre deux bureaux d'un même département, ont été soumises à une taxe fixe de 1 fr., quelle que soit la distance.

Les dépêches de un à quinze mots échangées entre deux bureaux de deux départements limitrophes, ont été soumises à la taxe fixe de 1 fr. 50, quelle que soit la distance.

Dans l'un et l'autre cas, cette taxe était augmentée d'un dixième pour chaque série de cinq mots ou fraction de série excédante.

Enfin, d'après la loi du 3 juillet 1861, les dépêches télégraphiques privées de un à vingt mots, ont dû payer entre deux bureaux d'un même département 1 fr. ; entre deux bureaux quelconques du territoire continental de l'Empire, 2 fr.

Au-dessus de vingt mots ces taxes sont augmentées de moitié pour chaque dizaine de mots ou fraction de dizaine excédante [1].

Au milieu de ces variations de tarifs, les résultats ont laissé subsister des excédants constants de dépenses dûs il

[1] M. Dumas, rapporteur de la loi de 1861 au sénat, donnait des renseignements curieux sur la taxe des dépêches télégraphiques en divers pays et sur ce service en France. (V. *Moniteur* du 28 juin 1861).

est vrai, en partie à l'extension constante des lignes et aux frais de premier établissement qui s'y sont rapportés.

En 1852, sous le régime de la loi sur la télégraphie privée du 29 novembre 1850, *les dépenses pour le personnel* et *le matériel* des lignes télégraphiques de l'État ont été évaluées à [1].	1,299,739 fr.	58
Et le *montant net des recettes* sur le produit des taxes de la télégraphie privée ne s'est élevé qu'à [2].	500,373 ·	68
Les dépenses ont donc excédé les recettes de. . . .	799,365	90
En 1854, sous le régime de la loi du 28 mai 1853, *les dépenses pour le personnel et le matériel* des lignes télégraphiques de l'État, ont été évaluées à [3].	2,393,769	85
Et le *montant net des recettes* sur le produit des taxes de la télégraphie privée ne s'est élevé qu'à [4].	1,982,025	15
Les dépenses ont donc excédé les recettes de.	411,744	70
En 1857, sous le régime de la loi du 1er septembre 1856, *les dépenses pour le personnel et le matériel* des lignes télégraphiques de l'État se sont élevées à [5].	3,759,526 fr.	75
Et le *montant net* des recettes sur le produit des taxes de la télégraphie privée ne s'est élevé qu'à [6].	3,448,031 ·	42
Les dépenses ont donc excédé les recettes de.	311,495	33
En 1859, sous le régime de la loi du 18 mai 1858, les dépenses pour le *personnel et le matériel* des lignes télégraphiques de l'État se sont élevées à [7].	6,925,322	80
Et le *montant net* des recettes sur le produit des taxes de la télégraphie privée ne s'est élevé qu'à [8].	4,184,654 ·	51
Les dépenses ont donc excédé les recettes de.	2,740,668	29

[1]. V. le compte-rendu par le ministre de l'Intérieur pour l'exercice 1852, p. 24 et 25.

[2] V. le compte général de l'administration des finances pour 1852, p. 85.

[3] V. le compte-rendu par le ministre de l'Intérieur pour 1854, p. 18 et 19.

[4] V. le compte général de l'administration des finances pour 1854, p. 85.

[5] V. le compte-rendu par le ministre de l'Intérieur pour 1857, p. 18 et 19.

[6] V. le compte général de l'administration des finances pour 1857, p. 85.

[7] V. le compte-rendu par le ministre de l'Intérieur pour 1859, p. 18 et 19.

[8] V. le compte général de l'administration des finances pour 1859, p. 87.

En 1860, *les dépenses pour le personnel et le matériel*
des lignes télégraphiques, ont été évaluées dans les crédits définitifs à [1]. 7,887,535 19
  Et le *montant net* des recettes sur le produit des taxes
de la télégraphie privée ne s'est élevé qu'à [2]. 4,661,727 88

Les dépenses ont donc dû excéder les recettes de. . . 3,225,807 31

En 1861, dépenses évaluées en compte provisoire à. . . 10,129,681 »
Recettes nettes [3]. . . . . 5,037,267 »

Lorsqu'on consulte la statistique de la télégraphie privée
en France, qu'a publiée en 1859 M. Pélicier [4], sous-chef au
ministère de l'Intérieur, on peut déjà juger, par l'importance que ce service a prise en quelques années de ce qu'il
est appelé à devenir dans un temps prochain.

Les télégraphes électriques furent livrés aux correspondances privées le 1er mars 1851 ; mais alors on ne comptait
que 17 stations qui fussent en activité. Aussi le nombre des
dépêches reçues du public ne fut-il, cette première année,
que de 9,014 qui produisirent 76,722 fr. 60. Depuis cette
époque, la progression s'est dessinée rapidement, à mesure
que le réseau télégraphique s'est développé.

En 1852, le nombre des dépêches privées a été de 48,105;
produit 542,891 fr. 58 c.

En 1853, de 142,061 dépêches; produit 1 million 511,901
fr. 57 c.;

En 1854, de 236,018 dépêches; produit 2 millions 64,983
fr. 71 c.;

En 1855, de 254,532 dépêches; produit 2 millions 487,159
fr. 21 c.;

[1] V. le compte général de l'administration des finances pour 1861, p. 259.
[2] *Idem*, p. 86 et 87. Les comptes définitifs des recettes donnent en général des
recettes un peu plus fortes que les comptes généraux de l'administration des finances ; ainsi pour 1861 ce serait 5,706,399 d'après le compte définitif.
[3] Même source, p. 351.
[4] *Journal des Débats* du 10 septembre 1859.

En 1856, de 360,299 dépêches ; produit 3 millions 191,102 fr. 04 c. ;

En 1857, de 413,616 dépêches ; produit 3 millions 333,695 fr. 74 c. ;

En 1858, de 463,873 dépêches ; produit 3 millions 516,633 fr. 70 c. [1].

Ainsi, l'augmentation du mouvement télégraphique de l'année 1858 sur celui de 1855 est de quatre cinquièmes, et celle des années 1857 sur 1856 et de 1858 sur 1857, chacune d'environ 50,000 dépêches par an.

Pendant les quatre dernières années, c'est-à-dire depuis que tous les chef-lieux des départements de la France sont en communication électrique avec Paris et par conséquent entre eux, il a été envoyé par les particuliers 1 million 492,420 dépêches, qui ont rapporté 12 millions 528,590 fr. 69 c.

Nul doute que cette marche ascensionnelle ne se continue à l'avenir, parce qu'on se familiarisera chaque jour de plus en plus avec un moyen de correspondance si bien approprié à notre société moderne.

Il est assez intéressant de connaître la provenance, la destination et l'objet principal de ces dépêches. M. Pélicier nous fournit encore des détails sur ces différents points, mais seulement pour ce qui concerne le quatrième trimestre de 1858. Sur 97,728 dépêches échangées pendant ce trimestre, 23,728 l'ont été avec Paris, dont 15,409 avec les trente villes les plus importantes de l'État, parmi lesquelles Lyon figure pour 2,467 dépêches ; Marseille pour 2,140 ; Bordeaux pour 1,892 ; le Hâvre pour 1,814 ; Lille 786 ; Rouen 777 ; Toulouse 741 ; Caen 482 ; Nantes 467 ; Reims 430 ; Amiens 335 ; Strasbourg 284 ; Saint-Quentin 240 ; Béziers 221 ; Nancy

---

[1] Nous reproduisons ces chiffres d'après l'analyse du travail de M. Pélicier, donnée par le *Journal des Débats*, tout en remarquant qu'ils ne sont pas complétement d'accord avec les comptes officiels dans plusieurs de leurs éléments.

210; Boulogne-sur-Mer 207; Metz 183; Dieppe 181; Rennes 180; Dunkerque 177; Montpellier 173; Bayonne 174; Saint-Étienne 157; Brest 130; Mulhouse 124; Cette 111; Toulon 110; Pau 89; Nîmes 79; Avignon 48.

Ces 15,409 dépêches se divisaient comme il suit quant à leur objet ou nature :

Affaires privées, intérêts de famille, 3,102. — Publicité, journaux, 523. — Commerce général, industrie, 6,132. — Affaires de Bourse, 5,253. — Affaires diverses, 399.

D'après les chiffres qui précèdent, M. Pélicier a établi la proportion de chaque nature de dépêches : Commerce général et industrie, 40 p. %. — Affaires de Bourse, 34 p. %. — Affaires privées, intérêts de famille, 20 p. %. — Publicité, journaux, 4 p. %. — Divers, 2 p. %, C'est bien là le bilan d'une société aussi occupée que la nôtre. Quels services ne représente pas cette masse de dépêches commerciales industrielles et financières, quand il s'agit d'opérations qui ont besoin de célérité et d'à-propos !

On peut remarquer que sur le chiffre qui résume la quantité de dépêches expédiées par la télégraphie française, il y en a 58,000 qui ont été échangées entre les stations de notre pays et les stations de l'étranger au nombre de 2,000 environ, ce qui représente le tiers de la totalité; ce grand nombre s'explique sans doute, parce que l'emploi du télégraphe offre d'autant plus d'avantages que les distances sont plus éloignées. Mais n'est-il pas permis d'en conclure, toutefois, que la télégraphie intérieure n'a pas toute l'activité qu'elle serait susceptible de recevoir ?

Sur ces 58,000 dépêches internationales du quatrième trimestre de 1858, 25,000 échangées entre Paris et les trente plus grandes villes de l'étranger, ont été également étudiées par M. Pélicier. Ce sont ici les affaires de bourse qui occupent le premier rang, et elles entrent pour 48 p. % dans les

25,000. Viennent ensuite les affaires privées pour 20 p. %;
les affaires de commerce et d'industrie pour la même proportion; la publicité et les journaux pour 9 p. %; les
affaires diverses pour 3 p. %.

Un autre point de vue sous lequel il est intéressant de
considérer les dépêches, est celui du nombre de mots dont
elles se composent en moyenne, et par conséquent du droit
qu'elles ont payé. Sur les 98,000 dépêches de la télégraphie
intérieure, afférentes au dernier trimestre de 1858, 63 p. %
contenaient de un à quinze mots, et n'ont subi que le tarif
simple ; 17 p. %, renfermaient de seize à vingt mots, et
20 p. %, plus de vingt mots. Pour les dépêches de la télégraphie privée internationale, la proportion des dépêches
simples est encore plus considérable, parce qu'on apporte
beaucoup d'attention à diminuer le nombre des mots pour
éviter la progression du tarif. Peut-être serait-il à désirer que
l'administration des télégraphes augmentât de nouveau le
nombre des mots de la dépêche simple, de même que l'administration des postes a agi sagement en augmentant le
poids de la lettre simple.

M. Pélicier demande aussi une autre réforme, qui consis-
terait à soumettre la dépêche circulant entre départements
limitrophes à la même taxe fixe que la dépêche simple circulant dans un même département. Il est certain que la tari-
fication actuelle crée quelques anomalies, surtout à Paris,
parce que le département de la Seine a le territoire le plus
restreint et qu'il est totalement enclavé dans celui de Seine-
et-Oise. L'administration pourra se montrer un jour d'autant plus libérale en faveur du public, que ses facilités, en
propageant l'usage de la télégraphie privée, se converti-
ront souvent pour elle en un accroissement de recettes.

Il existe dans la Grande-Bretagne cinq ou six compagnies
différentes pour l'exploitation de la télégraphie. Chacune de

ces compagnies a son système spécial d'appareils : chacune est en concurrence avec quelques autres sur certains points ; mais chacune aussi a des districts qu'elle dessert exclusivement. Il s'ensuit que lorsqu'on envoie un message d'un district desservi par une compagnie à un district occupé par une autre, il faut que le message soit répété au point de jonction, ce qui augmente les frais et cause des retards, surtout si les bureaux télégraphiques ne se touchent pas.

C'est ici le cas de rappeler, d'après M. A. Jones [1], que, dans l'Amérique du Nord, on a vu, par suite de la concurrence entre certaines lignes et du mauvais vouloir réciproque de leurs administrations, des messages refusés d'une ligne à l'autre ou dénaturés par la seconde ligne, de manière à parvenir inintelligibles à destination. Aucun inconvénient semblable n'est sans doute à craindre en Angleterre ; mais il a été démontré que la sécurité, la célérité, l'économie et le secret des messages, ne peuvent être unis à un système de paiement très-simplifié, que si toutes les stations font usage des mêmes appareils et si les fils d'une station peuvent être mis en communication avec le fil de n'importe quelle station de l'ensemble du système.

Cette combinaison oblige de placer, comme l'a compris la France dès l'origine, toute la télégraphie du pays entre les mains d'un administrateur unique, et entraîne presque la nécessité d'en faire un monopole. Pour être profitable au public, il faudrait que la concurrence existât sur tous les points, ce qui exigerait une mise de fonds considérable, et, dans ce cas encore, il y aurait lieu de craindre que les compagnies rivales une fois établies de manière à ne plus redouter de concurrence ultérieure, ne s'entendissent aux dépens du public.

---

[1] Voyez son *Histoire de la télégraphie électrique aux États-Unis.*

Il paraitrait donc à désirer, pour l'Angleterre et les Etats-Unis, que l'exploitation de la télégraphie électrique appartînt au gouvernement comme celle des postes ; car si les compagnies rivales de télégraphes, actuellement existantes, se coalisaient pour former un immense monopole, elles pourraient certainement ruiner toute nouvelle compagnie qui voudrait entrer en lice. Enfin, l'entreprise investie d'un pareil monopole aurait-elle grand intérêt à étendre ses lignes aux localités de moindre importance et de plus faible profit, puisqu'elle posséderait un pouvoir presque irresponsable qui lui permettrait de se créer d'autant plus de bénéfice qu'il y aurait pour le public moins d'avantages?

Mais, d'un autre côté, si les Compagnies existantes restent distinctes, le système télégraphique du pays sera incomplet et empreint des graves inconvénients que nous avons déjà signalés. Ces inconvénients seraient les mêmes que ceux qui résulteraient de la répartition des communications postales entre plusieurs compagnies, dont l'une serait chargée, par exemple en France, des lettres de Paris à Lyon ; l'autre de Lyon à Marseille ; une troisième de Paris à Orléans ; une quatrième d'Orléans à Bordeaux, etc.

Lorsqu'au contraire, le télégraphe appartient au gouvernement, il est contrôlé par l'administration et s'étend peu à peu à toutes les localités, les profits procurés par les grandes villes, contre-balançant les dépenses occasionnées par les petites.

On doit aussi remarquer que le télégraphe étant un auxiliaire de la poste, pourrait quelque jour s'adjoindre à la direction générale des postes, réunion qui semblerait avantageuse à l'un et à l'autre et pour laquelle un vœu individuel a été émis dans la session du Corps Législatif français en 1863.

Les raisons générales qui ont été invoquées pour placer

la télégraphie entre les mains du gouvernement, acquièrent de nouvelles forces quand on considère le télégraphe au point de vue de la police et de la défense nationale.

Si les lignes télégraphiques ne donnent pas encore de produits nets au Trésor français à cause de leur développement inachevé, il est permis d'en attendre prochainement des résultats différents lorsque les dépenses du premier établissement seront presque terminées [1] et dans tous les cas il suffirait, pour nous, que les correspondances télégraphiques donnassent dans certains pays un excédant au trésor pour que nous fussions excusés d'avoir compris l'impôt sur ce service dans notre classement général des taxes profitant aux revenus publics [2].

Or, d'après M. Rau, le télégraphe donnait au grand-duché de Bade, en 1858, un produit net de. . . . .   16,990 fl.

Au Würtemberg, en 1858. . . . .   8,600 —

A la Prusse, en 1858. . . . .   241,200 th.

A la Belgique, en moyenne, de 1853 à 1855 [3]. . . . .   112,620 fr.

Un avenir prochain révélera la force de production de la télégraphie privée pour les revenus des États. Si nous ne nous trompons, il en sera de cette ressource comme de celle des postes dans plusieurs États modernes. L'intérêt des relations, celui du commerce et de la civilisation, empêcheront les États de tirer un produit sérieux d'un mode de correspondances qui prendra, du reste, de notables développements [4].

[1] Voir les calculs qu'à cru pouvoir établir M. Marqfoy dans sa brochure sur l'abaissement des taxes télégraphiques en France. Bordeaux, 1860, p. 21 et suiv.

[2] Au budget belge de 1861, recettes : 500,000 fr.; dépenses, 390,000 fr.

[3] M. Rau met en même temps à l'actif de la France un produit net de 593,000 fr. en 1859, mais cette assertion n'est pas en rapport avec les données que nous avons reproduites plus haut.

[4] Dans les États-Romains, les recettes obtenues en 1857 pour taxes télégraphiques s'élèvent à 33,592 écus, ce qui fait sur l'année précédente une augmentation de 7,427 écus.

Si l'on ajoute à ces recettes celles qui résultent des comptes réciproques de doit ·

Cependant s'il y avait lieu d'établir entre la taxation appliquée à chacun de ces services une différence, il semble que la correspondance télégraphique résultant d'une recherche de rapidité qui suppose plus de ressources pour la solder, pourrait être taxée plus fortement que la correspondance par la voie postale, de même qu'en matière de transports par chemin de fer, la grande vitesse supporte une taxe dont la petite vitesse reste exemptée [1].

et avoir des États-Romains avec les États étrangers, pour fait de correspondances télégraphiques internationales, et qu'on évalue au chiffre de 11,659 écus, on a un total de 45,251 écus, qui représente le produit des télégraphes, durant l'exercice 1857, avec une augmentation de 7,451 écus sur le produit de l'année précédente, d'où l'on voit que l'augmentation ne porte que pour une somme insignifiante sur les correspondances internationales.

Les dépenses portées au budget de 1857 pour les télégraphes s'élevant à 26,710 écus, le Trésor a obtenu sur ce chapitre un bénéfice net de 18,541 écus.

Le mouvement des dépêches sur les lignes télégraphiques des États pontificaux a été de 29,911 dépêches arrivées, expédiées, ou passant en transit, ce qui fait une augmentation de 7,528 dépêches sur le chiffre correspondant pour l'exercice 1856.

(*Annuaire des Deux-Mondes* de 1857-1858, p. 271).

Sur les télégraphes en Piémont, voyez l'*Annuaire* de 1856-57, p. 212.

[1] L'exposé de la situation de l'Empire présenté au sénat et au corps législatif en novembre 1863, alors que nous revoyions ces pages, renferme dans la partie relative au ministère de l'intérieur l'exposé de plusieurs conventions conclues ou prêtes à conclure entre la France et certains États limitrophes pour la fixation de diverses taxes de communications télégraphiques internationales conçus, est-il dit, « dans le même ordre d'idées d'uniformité et de[réduction des tarifs » qui a inspiré le mouvement de la législation à l'intérieur sur la même matière.

SECTION III.

IMPOT SUR LES LOTERIES ET LES JEUX DE HASARD.

L'homme, à toutes les époques, s'est livré avec passion aux jeux de hasard ; c'est dans cette passion que la loterie a pris naissance. On trouve dans la loi française du 21 mai 1836 la définition suivante : « Sont réputées loteries et interdites comme telles les ventes d'immeubles, de meubles ou de marchandises effectuées par la voie du sort, ou auxquelles auraient été réunies des primes ou autres bénéfices dus au hasard, et généralement toutes opérations offertes au public pour faire naître l'espérance d'un gain qui serait acquis par la voie du sort. »

Les loteries d'État sont devenues dans certains temps la source de revenus importants. Le législateur a-t-il voulu, par les profits qu'il s'est ménagés sur les loteries, taxer et surcharger un service public, ou atteindre un fait à ses yeux peu favorable? Nous croyons qu'en admettant qu'il se soit toujours cru obligé d'avoir une raison bien définie de ses actes en vue de prélever de l'argent, il en a eu plutôt pour taxer l'acte du joueur à la loterie, comme il a sous d'autres formes imposé en divers pays les cartes à jouer, les dés et les billards, qu'il n'en aurait eu pour tirer parti d'un service gratuitement supposé nécessaire. Pour la poste, l'intervention de l'État a été créatrice du transport des lettres; pour la loterie, elle est plutôt restrictive et essentiellement

IV.   2

fiscale. Les particuliers eussent joué et fait jouer si l'État n'avait souvent pris leur place.

Aussi y a-t-il lieu de remarquer que certains législateurs ont taxé les loteries privées. Il y a une prévision de 40,000 livres de ce chef dans le budget italien pour 1862 [1].

Le *Moniteur* du 7 juin 1859 mentionne aussi la taxe levée à Siam sur les maisons de jeu de la capitale et qui donne un revenu considérable au gouvernement. Il ne nous dit pas que ces maisons de jeu soient des établissements particuliers; mais il est permis de le supposer.

Et toutefois, comme les loteries d'Etat ont seules donné des revenus assez considérables, c'est dans les impôts sur les services publics que nous nous sommes décidés à classer les revenus provenant des loteries.

Quoique la loterie, telle que nous la connaissons avec son caractère fiscal, n'existât pas à Rome, les empereurs établirent des jeux que l'on peut considérer comme des loteries de la pire espèce. Néron déploya dans ces jeux une grande magnificence. Il distribua au peuple jusqu'à mille billets par jour. Quelques-uns de ces billets gagnaient des prix d'une grande valeur : des esclaves, de l'or, de l'argent. A d'autres billets répondaient des prix d'une valeur moins grande : des friandises, des habits de luxe, des chevaux. Une sorte de loterie fut aussi mise en usage lorsqu'on voulut remplacer les suffrages du peuple par les coups du sort, et tirer par la voie du hasard le département des provinces [2].

On trouve une grande lacune dans l'histoire des loteries, puisque, depuis l'an 222 de notre ère jusqu'au xv° siècle, on ne sait si l'usage en fut perdu; il n'en est plus fait mention qu'à cette dernière époque, comme d'un

---

[1] *Annuario*, p. 384.

[2] V. *Encyclopédie méthodique*, art. LOTERIES, et *Dictionnaire universel de Commerce*, même mot.

établissement très-populaire à Venise, à Gênes et à Rome.

Gregorio Leti, qui a donné un ouvrage sur les loteries [1], rapporte que les Vénitiens furent tellement épris de ces nouveaux jeux, qu'ils s'en remirent au sort des loteries pour trafiquer de leurs terres, de leurs meubles et de leurs bijoux. La république s'appropria bientôt le droit exclusif de former une loterie d'argent, pour y chercher des ressources; elle eut des imitateurs dans plusieurs princes d'Europe.

Christophe de Longueil, écrivain flamand, qui avait beaucoup voyagé en Italie, et qui mourut en 1522, dit que la *blanque* (jeu de hasard) était connue de son temps sous le nom de loterie. D'après M. Rau, il y avait en 1530, à Florence, une loterie d'Etat [2].

La plupart des gouvernements profitèrent de cette tendance des esprits vers cette sorte de spéculation pour monopoliser le jeu de la loterie, et en firent une source de revenu public.

C'est d'Italie que les loteries furent importées en France. Les premiers essais remontent au règne de François Ier, et eurent d'abord peu de succès faute de joueurs. Ce souverain donna, en 1539, des lettres patentes à un particulier pour l'autoriser à établir une loterie, mais ces lettres n'eurent point d'exécution, faute d'enregistrement.

Le souvenir de la loterie échouée en 1539 resta dans la mémoire de ceux qui ne vivaient alors que des malheurs publics. Des partisans échauffèrent les esprits par le récit de ce qui ce passait à Gênes et à Venise. Sous les règnes suivants, on fit diverses tentatives qui n'aboutirent pas. D'après les uns, la loterie fut établie en France en 1572, d'après

[1] *Critique historique, politique, morale, économique et comique sur les loteries anciennes et modernes, spirituelles et temporelles des États et des Églises.*

[2] Sur la loterie dans l'Égypte moderne, voyez le *Dictionnaire universel de Commerce*, v° LOTERIE.

d'autres en 1658 [1] ; enfin, ce fut en 1700 qu'un arrêt du conseil du 11 mai ouvrit à l'Hôtel-de-Ville de Paris une loterie
de dix millions de livres. Voici les motifs exprimés dans
le préambule de cet arrêt :

« Sa Majesté ayant remarqué l'inclination naturelle de la
plupart de ses sujets à mettre de l'argent aux loteries particulières, à celles que des communautés ont eu la permission de faire pour l'entretien et le soulagement des pauvres,
même à celles qui se font dans les pays étrangers, et dési-
rant leur procurer un moyen agréable et commode de se
faire un revenu sûr et considérable pour le reste de leur vie,
même d'enrichir leurs familles, en donnant au hasard des
sommes si légères qu'elles ne puissent leur causer aucune
incommodité, a jugé à propos, etc. »

On persuada aux princes que les loteries pouvaient suppléer les impôts, les emprunts et servir pour éteindre les
dettes nationales. On ne les avertit pas qu'il s'établirait entre
les gouvernements une concurrence dont l'effet leur serait à
tous également préjudiciable ; comme celles qui présentaient
le plus d'appâts faisaient les plus grands gains, les loteries se
multiplièrent en peu de temps. On s'embarrassa fort peu
des conséquences qu'elles entraînaient, pourvu qu'il en ré-
sultât de l'argent. Souvent on colora les défauts de la loterie
par la piété de l'usage auquel les deniers qui en provenaient
étaient consacrés [2].

Cependant l'opinion de quelques philosophes du dernier
siècle dénonçait les inconvénients de ces jeux de hasard.

---

[1] « Quoi qu'il en soit du véritable auteur des loteries, dit le *Dictionnaire universel de commerce*, elles furent d'abord annoncées sous le nom de *blanques*
royales et de nouveau commerce en argent, et il en fut établi une en 1657: Cela
n'ayant pas réussi, il s'en fit une en 1658, en faveur des hôpitaux généraux de
France, qui eut un meilleur succès, et c'est la date de celle-ci qu'on peut regarder comme l'époque du premier établissement des loteries de France. »

[2] Voyez le *Dictionnaire universel de Commerce*, v° LOTERIE, *passim*.

Buffon observe avec raison, quelque part, « que l'indifférence apparente que la fortune a pour le bien ou pour le mal produit, avec le temps, la nécessité du mal ; qu'une longue suite de hasards est une chaîne fatale, dont le prolongement amène le malheur. »

Condillac espérait que les souverains renonceraient aux loteries, comme ils avaient déjà renoncé à la ruineuse ressource d'altérer les monnaies. « Il se trouvera peut-être, dit-il, quelque calculateur habile qui leur démontrera que cette ressource momentanée n'est pas moins préjudiciable que l'autre ;... si cette fraude moderne durait autant que la première, je suis persuadé qu'elle causerait bien d'autres ravages. »

Avec le temps, cependant, la loterie augmenta sa puissance de séduction par l'établissement d'un jeu public d'argent sur quatre-vingt-dix numéros, d'après une combinaison connue sous le nom de loterie *génoise*, *lotto* ou *loterie par numéros*, et qui s'établit surtout dans l'Europe méridionale au xviiie siècle [1].

Cet établissement porta en France le nom de *loterie* royale, et devint un véritable instrument de fiscalité entre les mains de l'Etat.

Voici un extrait de l'arrêté du Conseil d'État du 30 juin 1776, qui en ordonne l'institution ou la transformation :

» Sur ce qui a été représenté au roi, étant en son conseil, que les différentes loteries établies jusqu'à présent dans le

---

[1] M. Rau a donné l'explication détaillée du mécanisme de l'ancienne loterie par *classes*, opposée à la loterie plus moderne par *numéros*, dans son ouvrage sur la Science des finances, § 222 et 225. On y voit, entre autres différences, que la loterie par classes n'admet que des lots d'un prix assez élevé pour exclure la participation de l'indigence. Suivant le savant écrivain de Heidelberg, la loterie génoise avait emprunté ses 90 numéros et son mécanisme à l'imitation d'un tirage au sort qui avait lieu entre 90 noms pour les choix du grand conseil de la république.

royaume n'auroient pu empêcher ses sujets de porter leurs
fonds dans les pays étrangers, pour y courir les hasards et toute
fortune dans le jeu des loteries qui y existent ; que la loterie
que Sa Majesté avoit concédée à l'École royale militaire, quoi
que présentant au public un jeu semblable à celles de Rome,
Gênes, Venise, Milan, Naples et Vienne en Autriche, n'avoit
pas arrêté ce versement de l'argent du royaume dans d'autres loteries étrangères, duquel il résulte un préjudice sensible pour l'État, et qui mérite d'autant plus l'attention de
Sa Majesté, que le montant, d'après des informations certaines, forme un objet considérable, et qu'il ne pourroit
qu'augmenter à l'avenir par les différentes chances que les
États voisins cherchent à mettre dans ces sortes de jeux ;
elle auroit jugé que la prohibition ne pouvoit être employée
contre les inconvénients de cette nature, et il ne pouvoit y
avoir d'autre remède que de procurer à ses sujets une nouvelle loterie dont les différents jeux, en leur présentant les
hasards qu'il veulent chercher, soient capables de satisfaire
et de fixer leur goût. »

» En conséquence, Sa Majesté auroit fait examiner par les
personnes les plus versées en ce genre le projet d'une loterie dans laquelle plusieurs chances ont été ajoutées à celle
de l'École militaire et à toutes celles qui existent dans les
pays étrangers, dont les tirages seront plus fréquents pour
la ville de Paris, et pourront être exécutés dans les principales villes et frontières du royaume, à l'effet d'empêcher
plus sûrement l'exportation si préjudiciable à l'État de l'argent dans les pays étrangers ; et ce projet ayant été jugé le
plus propre à remplir les vues de Sa Majesté, elle se seroit
portée à l'adopter et à supprimer en conséquence la loterie
de l'Ecole royale militaire, en hypothéquant le produit de
la nouvelle loterie à cette école, jusqu'à concurrence de la
somme annuelle à laquelle il a été reconnu que pouvoit

monter celui de la concession. A quoi voulant pourvoir, ouï le rapport, etc. »

A l'égard des différentes chances à courir, on pouvait s'intéresser à cette loterie de sept manières différentes, savoir, en jouant :

1° Sur la sortie d'un seul numéro parmi cinq numéros tirés sur les quatre-vingt-dix ; ce numéro isolé s'appelait communément : Extrait simple ;

2° Sur un seul numéro, dont l'ordre de la sortie devait être désigné et qu'on appelait : Extrait déterminé ;

3° Sur deux numéros liés ensemble, qui s'appelaient communément : Ambe simple ;

4° Sur deux numéros liés ensemble, dont l'ordre de sortie pour chacun d'eux devait être désigné, et qu'on appelait : Ambe déterminé ;

5° Sur trois numéros liés ensemble, qui s'appelaient : Terne ;

6° Sur quatre numéros liés ensemble, qui s'apppelaient : Quaterne ;

7° Sur cinq numéros liés ensemble, qui s'appelaient : Quine [1].

Nous donnons ci-dessous le tableau de comparaison des chances à courir dans les loteries organisées au dernier siècle en France, en Italie et en Allemagne.

---

[1] On comprendra la difficulté d'obtenir un *quine à la loterie,* en réfléchissant que le joueur sur cette combinaison avait en sa faveur une chance sur 43,949,160. (Rau, § 222, note *b*).

TABLE DE COMPARAISON

Des conditions des Loteries étrangères et de celles de la Loterie royale de France.

ON ACCORDAIT :	Pour un extrait simple.	Pour un extrait déterminé.	Pour un ambe simple	Pour un ambe déterminé.		Pour un terne.		Pour un quaterne.		Pour un quine.	
				Lots.	Primes.	Lots.	Primes.	Lots.	Primes.	Lots.	Primes.
	fois. la mise.	fois.	fois.	fois.	fois.	fois.	fois.	fois.	fois.	fois.	fois.
En Allemagne.	13 1/4	67	266 1/2	»	»	5,142 7/8	»	»	»	»	»
En Italie......	14	67	240	«	«	4,800	»	60,000	»	»	»
En France.....	15	70	270	4,900	500	5,200	{1re cl. 500 / 2e cl. 300}	70,000	{1re cl. 15,000 / 2e cl. 9,000 / 3e cl. 6,000}	1,000,000	{1re cl. 8,000 / 2e cl. 6,000 / 3e cl. 4,000 / 4e cl. 2,000}

(Plan de la loterie approuvée par le Roi, et annexé à la minute de l'arrêt du Conseil du 30 juin 1776.)

On est en droit de considérer jusqu'à certain point, sinon comme impôt à la charge des peuples, du moins comme déperdition pour la fortune publique, l'intégralité du produit du jeu que les gouvernements offraient au public avec des chances certaines de gain pour le Trésor.

La très-grande majorité des joueurs ne retiraient rien en échange d'une mise, et le petit nombre de ceux que le hasard favorisait ne trouvaient dans le gain qu'ils avaient fait qu'un nouveau moyen de satisfaire à un goût ruineux, et qui devait trop souvent les priver du bien passager qu'il leur avait procuré.

D'un autre côté, néanmoins, il n'y avait de véritable impôt dans ce jeu volontairement accepté par ceux qui y prenaient part que l'excédant des mises sur les lots échus aux joueurs.

Les résultats des opérations des loteries anciennes se réglaient de septembre en septembre de chaque année. Le compte de l'exercice 1787 à 1788, que l'on possède, présente les chiffres suivants :

Produit brut des mises choisies et billets faits de la loterie royale.	44,509,000 liv.
De cette somme il est déduit pour les lots acquittés, . . .	34,800,000
Reste en bénéfice sur la loterie royale.	9,709,000 liv.
Le compte ajoute pour deniers clairs versés par les receveurs de la loterie de Piété et de celles des Enfants-Trouvés une somme de. . . . . . . , ...	346,000
Ce qui porte le montant des impositions résultant du jeu des loteries [1] à.	10,255,000 liv.

Cette institution fiscale traversa les réformes de l'Assemblée constituante et fut maintenue jusqu'au 25 brumaire an II (3 novembre 1793), époque à laquelle une députation du conseil général de la commune de Paris vint demander la suppression de toutes les loteries. Ce vœu, converti en motion par Thuriot, fut accueilli par un décret du 27 brumaire [2].

---

[1] Bailly, *Histoire financière de la France*, t. II, p. 384 et 385.
[2] *Dictionnaire d'économie politique*, au mot LOTERIES.

Un décret antérieur, du 28 vendémiaire an II, avait supprimé toutes les loteries autres que la Loterie de France.

Celle-ci fut rétablie par une disposition de la loi du 17 vendémiaire an VI (26 septembre 1797), relative aux fonds nécessaires pour les dépenses générales ordinaires et extraordinaires, au milieu de ce mouvement de restauration financière dont nous avons trouvé de nombreuses traces, et qui fit aussi organiser, sous le directoire, l'impôt des portes et fenêtres, celui de l'enregistrement, la taxe pour l'entretien des routes, l'impôt sur les Messageries, etc.

La loterie rendant au Trésor en moyenne 10 millions et demi de francs subsista jusqu'en 1832, époque où, suivant l'exemple de l'Angleterre, la Chambre des députés, dans le titre IV de la loi du 21 avril, décréta que le ministre des finances procéderait graduellement à son abolition, de manière à ce qu'elle eût complétement cessé d'exister au 1er janvier 1836.

Ces dispositions législatives ont reçu leur exécution, et à mesure que disparaissait la loterie, les caisses d'épargne, protégées par la loi du 5 juin 1835, et offrant au peuple un moyen plus moral et plus sûr de placer ses économies, ont pris un accroissement considérable. Il a semblé avec raison au gouvernement du règne de Louis-Philippe que le rôle du pouvoir n'était pas de distribuer des numéros, de régler les ternes, de chiffrer les quines, particulièrement sous un Code civil qui considère avec défaveur plusieurs contrats aléatoires et sous un Code pénal qui punit les maisons publiques de jeux de hasard.

Le succès général des loteries là où elles sont autorisées nous montre assez que l'on s'exagère naturellement les chances de gain. On n'a jamais vu et l'on ne verra jamais une loterie qui soit parfaitement égale ou dans laquelle la somme du gain compense celle de la perte, parce que l'entrepreneur n'y trouverait pas son compte. Dans les loteries établies par les gouvernements, les billets ne valaient pas en réalité le prix que payaient les premiers souscripteurs, et cependant ils étaient communément revendus sur la place à 20, 30 et quelquefois 40 p. 100 de bénéfice. Le vain espoir de gagner quelqu'un des gros lots était la seule cause de cette demande. Les gens les plus sages avaient peine à regarder comme une folie le fait de payer une petite somme pour acheter la chance de gagner 100 ou 150,000 fr., quoiqu'ils sussent bien que cette petite somme était peut-être de 20 ou 30 p. 100 au-dessus de ce que la chance valait. Dans une loterie où il n'y eut pas eu de lot au-dessus de 500 fr. ; mais qui se serait rapprochée d'une plus parfaite égalité que les loteries publiques ordinaires, les billets n'eussent pas été ainsi courus.

Afin de s'assurer une meilleure chance pour quelques-uns des gros lots, il y avait des gens qui achetaient beaucoup de billets et d'autres qui s'associaient pour de petites portions dans |un beaucoup plus grand nombre de billets. C'est pourtant une des propositions les mieux démontrées en mathématiques, que plus on prend de billets dans une loterie, plus on a de chances de perte contre soi. Prenez tous les billets de la loterie et vous serez sûr de perdre ; or, plus le nombre de billets pris sera grand, plus on approchera de cette certitude.

Ces jeux si blâmables, et que l'on a regardés pendant longtemps avec tant d'indulgence, apparurent aussi chez nos voisins d'Angleterre en 1569 [1]. Ils s'y introduisirent, malgré la sévérité protestante, vers la fin du xviie siècle. Ils furent proposés au Parlement dans les sessions du mois de janvier 1694. Comme l'Etat avait besoin d'argent pour faire la guerre, on vota une somme de 1,200,000 livres sterling,

[1] Rau, § 225, note 6.

à lever par ce moyen et qui fut remplie en moins de six mois. Les vrais patriotes murmurèrent. « Taisez-vous, leur disait-on, c'est la loterie qui vient de prendre Namur [1] ».

A commencer de cette époque, le goût de la loterie se répandit en Angleterre, malgré la juste et austère appréciation par laquelle W. Petty appelait la loterie un impôt sur l'égarement de l'esprit : *A lottery is properly tax upon infortunate self conceited fools* [2]. »

Au commencement de notre siècle la loterie donnait à l'Echiquier, suivant Adolphus, environ 500,000 livres sterling; c'était, d'après Rau, le système de la loterie par classes qui était usité en Angleterre.

La politique marchande des Hollandais ne devait pas dédaigner cette nouvelle source de bénéfices; aussi la ville d'Amersfort, à l'exemple de celle de Londres, vit former la première loterie qui ait été tirée en Hollande. Quelques-uns des lots promettaient des fermes et des terres seigneuriales que l'on pouvait se faire payer en argent comptant. L'engouement des Hollandais ne le céda pas à celui des Vénitiens; on établit des loteries dans la plupart des villes; les trois quarts des gens que l'on rencontrait dans les rues, sur les routes, couraient, si l'on en croit Gregorio Leti, après ce fantôme qui les détournait de leurs professions.

Leti lui-même, ce réfugié italien devenu historiographe de la Hollande, après avoir embrassé le protestantisme à la fin du xviie siècle, et qui a écrit un ouvrage sur la loterie, fut traité de père dénaturé pour n'avoir pas voulu risquer quelques billets en faveur de ses filles.

Bruxelles eut, d'après le *Dictionnaire universel de Commerce* sa loterie en 1760 [3].

---

[1] *Encyclopédie méthodique,* art. LOTERIES.
[2] *Traité des taxes et contributions,* ch. VIII.
[3] *Dictionnaire d'économie politique,* art. LOTERIES.

Les loteries furent ainsi adoptées de proche en proche par la plupart des nations européennes et par celles même qui d'abord les avaient rejetées. Les gouvernements profitèrent de la vérité de cette observation formulée dans une maxime latine : « *Mundus vult decipi, ergo decipiatur.* »

Les effets attachés à la tolérance des loteries ne pouvaient cependant être toujours méconnus. Le jeu, en dévorant les plus petites épargnes, arrête la formation des capitaux et fait disparaître trop souvent ceux qui s'étaient déjà formés. Il détourne des récompenses modestes du travail et nourrit dans l'esprit des populations la cupidité et l'amour du lucre. L'espoir de parvenir subitement et sans peine à la fortune engage bien des gens à risquer non-seulement leurs modestes épargnes, leurs réserves péniblement amassées, mais souvent l'argent qui ne leur appartient pas et dont la perte plonge des familles entières dans le malheur. Suivez les joueurs à la loterie à travers toutes les phases de leur vie agitée, vous les verrez tour à tour précipités dans la débauche par leurs succès ou rejetés par leurs revers au sein de leurs familles appauvries, entraînés de là au mont-de-piété, à l'hôpital, en prison, enfin et quelquefois poussés au suicide par la main du désespoir. Ce sont là des faits que l'observation a révélés et que la statistique de M. Charles Dupin a même, à la tribune de la Chambre des députés de 1828, réduits en chiffres précis.

Aussi, l'exemple de l'Angleterre, qui a supprimé la loterie en 1826, a-t-il été suivi par divers autres États après la France.

Citons notamment le grand-duché de Hesse en 1832, la Suède en 1840, et la Bavière, qui a aboli la loterie par une loi de 1856 exécutoire à partir de 1861 [1] ; tandis qu'ailleurs

---

[1] En 1853-54, le produit net de la loterie en Bavière a été, d'après Rau, de 120,000 florins.

la loterie a été corrigée et adoucie dans ses plus pernicieux
effets.

L'assemblée nationale [1] allemande de Francfort, dans sa
courte existence, a émis pour l'abolition absolue des loteries
un vœu qui ne restera pas stérile [2].

D'après le journal belge l'*Émancipation* du 2 juillet 1863,
le gouvernement national de Pologne a décrété, le 16 juin
de cette même année, l'abolition de la loterie.

« Les loteries sont d'ailleurs un impôt, dit J.-B. Say,
qui, quoique volontaire, porte presque entièrement sur la
classe nécessiteuse, à qui le besoin peut seul faire braver la
défaveur d'un jeu inégal. C'est presque toujours le pain
de la misère qu'on y hasarde lorsque ce n'est pas le fruit
du crime [3].

L'économiste prussien Schmalz n'a pas été moins sévère
contre l'impôt de la loterie : « Je ne conçois pas, dit-il,
comment cet impôt peut encore subsister en Europe et dans
tout pays civilisé. Pour le percevoir, le gouvernement est
obligé lui-même de se livrer aux jeux de hasard qu'il doit
défendre à ses sujets. Il cherche à tirer parti de l'extrava-
gance du pauvre. Il entretient dans le peuple l'erreur et l'espérance de s'enrichir subitement et sans travail.

» Il spécule sur une action que tout homme moral et judi-
cieux doit désapprouver. L'existence des loteries pervertit le
peuple, elle l'induit au vol, elle le pousse au crime, etc. [4] ».

Cette taxe figure cependant encore dans les budgets de
plusieurs pays de l'Europe, et y entre encore pour un chiffre
important dans quelques-uns.

Au budget du Danemark pour 1854-1855, la prévision

---

[1] V. Rau, § 222, note *c*, et le Rapport de M. Rathsman.
[2] Rau, § 224, note *a*.
[3] *Traité d'économie politique*, livre III, ch. IX.
[4] Traduction de Jouffroy, p. 234, t. II.

pour les *Klassen lotto intraden* était de 50,000 rixdalers; restant net sur un produit brut de 83,600 rixdalers [1].

En Prusse, la loterie par classes a donné à la caisse de l'Etat, en 1858, 1,204,000 thalers nets.

En Autriche, la loterie génoise a donné, en 1852, un produit net de 3,793,524 florins [2]. Au budget de 1855, la prévision était de 5,040,071 florins.

En 1862, la question de son abolition a été cependant soulevée en Autriche.

Le *Moniteur* du 11 août 1862 donne à cet égard les renseignements suivants :

« Le *lotto*, autrement dit la loterie ordinaire, a fait l'objet, dans la séance du 31 juillet, de l'examen de la Chambre des représentants à Vienne. D'après le rapport du comité des finances, le produit brut de cet établissement s'élève à 15 millions 816,040 florins de convention. Les dépenses qu'il entraîne n'exigent pas moins de 10 millions 149,540 fl. Le député Stamm fait une peinture navrante des funestes conséquences de ce jeu pour la moralité du peuple, et demande qu'il soit aboli à partir du 1er novembre 1863. Cette motion étant appuyée par un nombre suffisant de membres de la chambre, sera imprimée, distribuée, et fera l'objet de délibérations ultérieures.» Nous ignorons la suite donnée à cette initiative.

En Espagne, un écrivain contemporain constate que, malgré ses vices, l'impôt sur la loterie est le plus facile à recouvrer. Il y a produit, en 1854, un revenu net de 21,741,500 réaux [3].

---

[1] J'emprunte ces détails à l'édition allemande du budget du Danemark, et j'y vois dans une note que la loterie *par numéros,* qui coexistait en Danemark avec la loterie *par classes,* a été abolie en 1853.

[2] Rau, § 222, note *e*.

[3] *Examen de la Hacienda publica de Espana, por don Francisco Conte,* page 230, tome II.

Outre la loterie de l'Etat, organisée suivant le système venu d'Italie, il y a souvent dans ce pays des loteries ouvertes par les établissements de bienfaisance, et dont les lots sont souvent les plus disparates et les plus divers : des mules, des vêtements sont offerts à l'espérance des joueurs, sur des affiches exposées en public.

Dans les Pays-Bas, M. Rau évalue à 400,000 florins le produit net de la loterie *par numéros.*

Dans les Etats pontificaux, cette même taxe a produit, en 1853, une somme brute de 786,649 écus, dont 751,305 écus de mises. Les gains des joueurs se sont élevés à 59,7 p. 100, les frais à 17,4, ce qui laisse environ comme produit net 22 p. 100 du produit brut [1].

Dans le nouveau royaume d'Italie, la loterie, qui paraît avoir existé sous les gouvernements des anciennes provinces, a été en 1863 l'objet d'un nouveau projet de loi, présenté aux chambres par M. Sella.

Le gouvernement italien semble avoir redouté que la suppression de la loterie officielle ne profitât à la loterie clandestine, et il a craint que celle-ci ne se développât activement en présence du goût si vif des populations méridionales pour les jeux de hasard [2].

On lit dans le *Moniteur* du 21 mars 1863, que « la loterie produit annuellement en Italie 42,412,000 fr., soit, en moyenne, 1 fr. 88 c. par habitant; sur cette somme, les frais d'administration, qui, suivant les provinces, varient de 5 fr. 79 c. à 25 fr. 96 c. pour 100, absorbent 26,163,215 fr. 34 c. »

« Il entre donc net dans le caisses du Trésor 16,248,784 fr. 66 c.

« Les lois particulières qui, avant l'annexion, réglemen-

---

[1] Rau, § 222, note C.
[2] Voyez le *Moniteur* du 15 février 1863.

taient le jeu dans les diverses provinces de l'Italie, sont restées, ajoute-t-on, jusqu'à ce jour en vigueur, tant en ce qui
concerne la manière de jouer que relativement à l'importance
des mises; mais le gouvernement italien qui, dans l'état de
ses finances, ne saurait renoncer à une source de revenu
aussi considérable, et qui d'ailleurs craindrait, en prenant
cette mesure de voir s'accroître le nombre des loteries clan-
destines organisées par des sociétés particulières, a dû se
préoccuper des moyens de soumettre la loterie à une législative uniforme et commune à tout le royaume, et un projet
de loi conçu dans ce sens vient, en conséquence, d'être soumis au Parlement.

» La Toscane est, de toute l'Italie, la province où l'on
joue le plus; viennent ensuite, par rang d'importance, la
Sicile, Naples, le Piémont, l'Emilie, les Marches et l'Ombrie.

» La passion des Italiens pour les jeux de hasard est telle
qu'en Piémont, par exemple, où le gouvernement avait
cherché à en déshabituer les populations en diminuant le
nombre des bureaux de loterie et en élevant à 1 fr. le taux
minimum des mises, les habitants des localités où il n'y a
plus de bureaux chargent des mandataires de jouer pour
eux dans la ville où il en existe.

» D'un autre côté, ceux à qui leurs ressources ne permettent pas de donner 1 fr. à la fois, se cotisent et se réunissent plusieurs pour réaliser cette somme. On a d'ailleurs
constaté que, le jour des tirages et la veille, les marchands
de vin et les boulangers voient diminuer leurs recettes, les
populations économisant jusque sur leur nourriture et sur
celle de leurs enfants pour arriver au moyen de tenter la
fortune. »

Il ne faut pas s'étonner qu'une institution aussi enraci-
née dans les goûts de certaines populations n'ait pas subi
d'une manière unanime le reproche dont l'accablent la plu-

part des moralistes et des économistes. Sous beaucoup de
rapports, elle a paru même à certains d'entre eux un moyen
convenable de procurer un revenu à l'Etat : d'abord parce
que c'est un impôt volontaire, ensuite parce que les loteries
secrètes peuvent remplacer désavantageusement les loteries
publiques, et enfin parce que sa suppression entraîne avec
elle la ruine de nombreux agents spéciaux institués pour
recueillir le produit de cette taxe.

C'est dans ce sens qu'inclinent divers écrivains cités par
M. Rau [1], et Mgr Peraldi, dans une apologie de ce jeu qu'il
a développée dans une brochure, et où il se sert d'arguments plus spécieux que persuasifs [2].

M. de Jacob n'admet cet impôt qu'avec des restrictions
et sous la réserve d'une organisation toute différente de celle
qui existait ou qui existe encore dans les pays méridionaux
de l'Europe. Il condamne la loterie *génoise* et absout l'ancienne loterie, qu'on appelle souvent *hollandaise*.

Nous allons donner une analyse de son opinion : « Sans
doute, dit l'économiste financier [3], lorsque le penchant à
chercher fortune dans les loteries devient une passion du
peuple, et que cette passion s'empare tellement de la classe
industrieuse que celle-ci en perd le goût du travail et
sacrifie à la fureur du jeu son nécessaire, ce penchant,
devient un vice, et un Etat qui l'exploite pour remplir le
Trésor, non-seulement partage ce vice, mais agit encore
imprudemment, car il contribue ainsi à tarir la source principale dont il peut seul attendre une augmentation perma-
nente de la richesse nationale, c'est-à-dire l'amour du travail.

---

[1] *Journal des économistes*, numéro de juin 1852, et Rau, § 221, notes *q* et *b*.
[2] V. *Una causa del popolo ossia giustificazione del publico giuoco del lotto*.
Roma, 1850.
[3] Science des finances, § 691.

« C'est sous cet aspect défavorable que s'est présentée dans l'application la loterie génoise. Comme dans cette loterie on peut obtenir des billets pour les sommes les plus modiques, et que les chances de gain y sont très-grandes, 1° elle engage puissamment les classes industrieuses ou ouvrières à y tenter fortune ; 2° par suite de leur superstition et de leur crédulité, les classes inférieures du peuple sont le plus facilement portées vers toutes sortes de jeux dont elles choisissent librement et avec espoir de succès les numéros ; la passion des loteries augmente par conséquent avec chaque jeu, à tel point qu'elle peut finir par la ruine totale et le désespoir ; 3° tout en se berçant de l'espoir d'un gain supérieur, et en préoccupant leur imagination d'un pareil bonheur, les classes indigentes ne trouvent plus de plaisir au bénéfice lent et minime de leur industrie ; le goût du travail se perd de plus en plus et finalement tout à fait...

Dès lors l'Etat doit considérer la loterie comme la cause d'une pareille grande corruption, et il pécherait, ajoute M. de Jacob, contre la morale et la politique, s'il la laissait subsister comme une source de finances. Car en fait d'impôts sur les consommations, une politique sage peut seulement approuver ceux que tout contribuable est en état de payer et qu'en réalité il paye habituellement sur son revenu net ou sur ce qui sert à ses besoins non rigoureux. Mais, du moment qu'une taxe est évidemment acquittée sur le nécessaire, que l'Etat la perçoive immédiatement ou que, par une institution quelconque, il excite ou exploite une passion pour déterminer en apparence spontanément le contribuable à verser la part du revenu qui lui est nécessaire au Trésor ; voilà ce qu'un gouvernement ne peut maintenir ; or, c'est le cas par rapport aux loteries italiennes.

» Un gouvernement compromet, par suite, sa dignité en tolérant un impôt dont le payement est dans beaucoup de cas, pour le contribuable, un véritable marché à forfait, puisque, dans la loterie génoise, l'Etat cache aux joueurs ce qu'il gagne sur les mises, et qu'il leur donne le change sur le degré de probabilité qui se présente dans la loterie. Par là, le gouvernement s'assimile aux joueurs de profession et exerce le métier le plus honteux.

» En outre, comme cette loterie détruit une des causes principales de la richesse nationale, qui est le goût du travail et de l'industrie, elle est à tous égards répréhensible...

» Il en est tout autrement, dit en terminant l'auteur allemand, des loteries dont les enjeux sont fixés à un taux tellement élevé que la classe pauvre ne peut y participer, et dont le plan est soumis au public de manière que chacun puisse entrevoir l'avantage qu'en retire l'Etat, et le montant des mises qui se répartit de nouveau comme gain entre les joueurs. A ces loteries ne prennent part que ceux qui sont plus capables de calculer avec justesse le peu de chances d'un gain considérable, et chez qui l'espoir d'un pareil gain ne se convertit pas facilement en une aveugle passion; ils considèrent leur mise dans ces loteries comme un jeu de hasard qui, à la vérité, leur cause du plaisir et alimente l'espérance, mais ne diminue en rien l'ardeur avec laquelle ils se livreraient à leurs occupations accoutumées; aussi est-il rare que quelqu'un risque son capital dans ces loteries; loin de là, il paye l'enjeu, comme en général tout ce qu'il destine à ses plaisirs, c'est-à-dire sur son revenu net. Mettre dans ces loteries les sommes prises sur ce revenu ne saurait être contraire aux bonnes mœurs, à moins de reconnaître comme immorale toute dépense consacrée au plaisir...

» Si un Etat établissait de pareilles loteries dans le but de prélever ainsi une recette sur une dépense superflue, faite pour une pure jouissance, il faudrait être un censeur bien rigoureux pour les blâmer. Chacun, en effet, serait libre de se refuser cette dépense dès qu'il s'apercevrait que son revenu ne le lui permet pas, et l'on ne saurait admettre ici l'existence d'une passion tellement prédominante qu'il devienne impossible, ou tout au moins difficile de réfléchir si l'on peut, sans enfreindre les règles de la sagesse, mettre à ces loteries.

» L'Etat n'a donc qu'à examiner si de pareils jeux peuvent être organisés de telle sorte :

« 1° Qu'ils n'excitent ou ne fortifient pas une passion de la nature de celle que fait naître la loterie de Gênes ;

» 2° Que chacun puisse se convaincre que, dans cette institution, l'Etat agit sincèrement et de bonne foi. Le premier but, on l'atteindrait non-seulement en fixant les mises à un taux inaccessible aux pauvres, mais aussi en ne multipliant pas trop les loteries et en laissant entre les tirages des intervalles suffisants ;

» 3° Enfin il importe de régulariser les loteries de telle manière qu'elles ne dérobent pas longtemps à la circulation un capital trop considérable. »

M. Rau, quoique appartenant, comme M. de Jacob, aux pays où la loterie a été organisée sur plusieurs points [1] sous la forme la moins pernicieuse, et où elle subsiste encore, émet le vœu, que nous croyons plus moral, de la suppression de toute espèce de loteries [2].

S'il était, du reste, admis qu'il fallût avoir égard, en cette matière, à la maxime « qu'il est plus sage de gouverner les hommes tels qu'ils sont que tel qu'ils doivent être, » comme le disait, au sujet de la loterie, le *Rapport au roi*, *de* 1830, on pourrait observer qu'il est réservé chez nous une part

---

[1] La loterie *par classes* existe en Prusse, Hanovre, Mecklembourg-Schwerin, à Francfort, etc.

[2] § 225.

au goût du jeu suffisante dans les grandes opérations financières par les primes autorisées comme élément accessoire dans certains emprunts publics.

Ce système a été appliqué notamment dans quelques emprunts de la ville de Paris, de quelques autres villes de l'Empire ou de quelques sociétés de crédit qui ont été jugées dignes de cette faveur.

L'élément aléatoire qui résulte de ces primes ne joue qu'un rôle accessoire par rapport au placement avantageux et moral offert aux souscripteurs de ces emprunts.

On sait qu'outre la loterie, divers jeux de hasard publics sont loués à des entrepreneurs par plusieurs principautés allemandes, dans de grandes localités fréquentées à cause de leurs bains.

Les grands États de l'Allemagne ont interdit ces pratiques dans leurs territoires, et il est à croire que leur suppression radicale, qui avait été votée le 8 janvier 1849 par l'Assemblée nationale de Francfort, deviendra l'arrêt de la postérité, sollicité dès à présent par la science [1] et préparé par les débats de la diète germanique [2].

---

[1] Rau, § 226.

[2] Voici ce que dit à cet égard une correspondance insérée dans le *Moniteur* du 18 janvier 1863.

« La question de la suppression des jeux publics a été l'objet d'une délibération de la diète germanique. Voici, à ce propos, quelles ont été les opinions émises au sein de cette assemblée par les différents gouvernements intéressés.

Le grand-duché de Bade a annoncé son intention de supprimer la banque de jeu de Baden-Baden avant même l'expiration de son contrat.

Le duché de Nassau a renouvelé la déclaration qu'il avait déjà faite à la diète, le 14 juin 1855, et exposé qu'il lui était impossible de supprimer les banques qui, à Wiesbaden et à Ems, avaient construit en 1807 et 1810 et entretenu depuis lors à leurs frais les établissements thermaux de ces villes et qui avaient obtenu en échange, entre autres priviléges, l'exploitation de la ferme des jeux. Le gouvernement ducal exprime, du reste, l'intention formelle de n'accorder dans l'avenir aucune concession de ce genre.

Le Mecklembourg-Schwerin se déclare prêt à s'associer à la décision que la diète jugerait opportun d'adopter, et serait disposé, dans le cas d'une entente unanime,

SECTION IV.

IMPOTS SUR DIVERS SERVICES OU DIVERSES CONCESSIONS DE L'ÉTAT.

ARTICLE 1.

EXPÉDITIONS ET QUITTANCES DIVERSES.

L'expédition de certains actes de l'état civil est soumise, en France, à une légère perception, qui a produit au Trésor, en 1859, d'après le compte des recettes de cet exercice, 11,414 francs. Le droit est de 2 francs pour les reconnaissances d'enfants naturels par actes de mariage, et de 5 francs pour les reconnaissances par tout autre acte. (Art. 43, § 22, et 45, § 7, de la loi du 28 avril 1816.)

Sont assujetties à un simple droit de timbre les expéditions des commissions d'employés *devant* ou *pouvant* faire titre, et celles de prestation de serment [1].

Le timbre des quittances relatives à l'acquittement de certains impôts est une taxe supplémentaire qui a acquis de

à supprimer, pour sa part, la banque du jeu Dobberan, qui n'est ouverte, du reste, que pendant quelques mois d'été.

Waldeck se refuse à supprimer les fermes des jeux de Pyrmont et Wildungen, dont les contrats sont valables jusqu'en 1873 et 1905, sauf le cas où une décision de la diète interdirait les jeux de hasard sur tout le territoire de la Confédération. Il est, du reste, prêt à s'associer à cette mesure.

Hesse-Hombourg, au contraire, a déclaré qu'il ne reconnaissait nullement à la diète le droit de décider la suppression des jeux. Leur action sur la démoralisation des populations n'est, selon lui, nullement plus pernicieuse que celle des loteries de toutes espèces autorisées sur le territoire de la Confédération. Il a été, du reste, autant que possible, au-devant des vœux de la majorité en adoptant plusieurs mesures de restriction récemment imposées à la banque de Hombourg. »

[1] Décrets du 22 frimaire an VII.

l'importance dans certains pays. Ainsi dans le royaume des Pays-Bas le *collectief zegel*, ou timbre de perception sur les quittances de l'accise, s'est élevé en 1849 à 1,266,566 florins : c'est en réalité un impôt sur la quittance donnée par l'administration financière.

ARTICLE 2.

BREVETS D'INVENTION

L'impôt sur les brevets d'invention peut être considéré comme portant soit sur le bénéfice des brevets d'invention pour ceux à qui on les concède, soit plutôt sur l'acte administratif, qui est surchargé d'une taxe sans aucun rapport avec le revenu du brevet. Un brevet d'invention est la garantie d'un bénéfice temporaire pour les inventeurs. Instituée en France par la loi du 7 janvier 1791 et par celles des 25 mai, même année, 20 septembre 1792, et par l'arrêté du gouvernement du 5 vendémiaire an IX, cette garantie a été rattachée à deux buts : le premier serait de remplir à l'égard des inventeurs les obligations de la société, qui doit assurer à chacun la jouissance de tout droit ressemblant à une propriété ; le deuxième est de récompenser et de retenir dans leur patrie les esprits industrieux qui, faute d'encouragement, resteraient inactifs ou iraient peut-être offrir leurs services à l'étranger.

Les brevets d'invention ont remplacé les priviléges qui, avant la loi de 1791, étaient obtenus plus ou moins régulièrement. On peut admettre que les lois qui ont créé et maintenu cette institution ont donné en France un certain développement à l'industrie. Les nations chez lesquelles la civilisation a le plus progressé sont celles qui ont les premières adopté cette institution. Ainsi les *patents* furent accordées en Angleterre dès 1623. En 1790 les États-Unis suivirent cet exemple, et, après eux, la France en 1791, la Prusse et la Russie en 1812, les Pays-Bas, la Bavière et le Wurtemberg en 1817, l'Autriche en 1820.

La plupart des écrivains considèrent le brevet d'invention comme une récompense accordée à celui dont l'étude suivie de succès a ajouté quelque chose au domaine de l'industrie. Je ne pense pas, malgré quelques arguments produits en ce sens, qu'on puisse le considérer comme un acte déclaratif d'un droit préexistant ni comme la reconnaissance d'un droit aussi puissant que celui de la propriété littéraire, quoiqu'on ait rapproché ces droits divers. La marque de l'individualité est bien moins fortement empreinte dans une invention que dans une œuvre intellectuelle considérable.

Le brevet d'invention est un privilége, mais un privilége temporaire accordé comme rémunération au génie inventif, aux dépens des consommateurs.

Les motifs qui le font accorder seulement pour une période de temps limitée sont faciles à concevoir.

« Comme tout gouvernement doit tendre, dit J.-B. Say [1], à améliorer sans cesse le sort de son pays, il ne peut pas priver à jamais les autres producteurs de la faculté de consacrer une partie de leurs capitaux et de leur industrie à cette production, qui, plus tard, pouvait être inventée par eux, ni priver longtemps les consommateurs de l'avantage de s'en pourvoir au prix où la concurrence peut la faire descendre. Les nations étrangères, sur lesquelles il n'a aucun pouvoir, admettraient sans restriction cette branche d'industrie, et seraient ainsi plus favorisées que la nation où elle aurait pris naissance. »

Les obligations de la société envers tous ses membres étant exactement les mêmes, il semble, au premier abord, que chaque citoyen devrait jouir d'une égale facilité d'obtenir le brevet d'invention : c'est à quoi la taxe paraît mettre obstacle. Cependant cette taxe est facile à justifier. On fera remarquer d'abord qu'elle frappe légèrement une industrie

[1] *Traité d'Économie politique*, p. 199. Collection des Économistes.

où les bénéfices sont presque assurés pourvu que l'invention ou le perfectionnement ait un caractère sérieux. Il faut considérer en outre que tout inventeur breveté doit indemniser le public des dommages indirects auxquels il l'expose ; car la connaissance du brevet qu'il possède éloigne, peut-être les recherches d'hommes plus habiles qui eussent mieux saisi la même pensée, ou d'hommes généreux, qui l'eussent livrée gratuitement. Cette indemnité consistera donc dans la remise d'une somme assez forte pour prévenir l'abus des demandes de brevets, et pour empêcher que ceux-ci n'embarrassent la sphère industrielle en s'attachant aux moindres innovations ou à des idées sans force et sans crédit près de leur auteur lui-même. D'ailleurs ne peut-on présumer que tout brevet doit produire un certain revenu si l'invention ou le perfectionnement qu'il garantit a un caractère sérieux et utile ?

Une taxe de cette nature n'a donc rien de vexatoire si le chiffre n'en est pas trop élevé. Pour assurer le recouvrement de cette taxe, l'autorité administrative s'est réservé le droit d'annuler les brevets d'invention dont les titulaires manqueraient de payer une annuité. Le *Bulletin des lois* a publié en France, par exemple, sous la date du 11 novembre 1835, une ordonnance portant annulation : 1° de quatre brevets d'invention pour refus de payement de la taxe ; 2° de cinquante-un brevets pour défaut de payement de la seconde moitié de la taxe ; 3° d'un brevet par suite d'abandon d'un titulaire.

Les brevets d'invention ne sont accordés que pour cinq, dix ou quinze ans, au choix de l'inventeur. (Loi du 7 janvier 1791, art. 8 et loi du 5 juillet 1844, art. 4.)

Les brevets d'invention pour des découvertes importées de pays étrangers ne sont accordés que pour les temps fixés dans ces pays à la jouissance des inventeurs. (Art. 9, de la loi de 1791 et art. 29 de la loi de 1844.)

La taxe des brevets d'invention avait été fixée à 300 francs pour cinq ans ; à 800 francs pour dix ans, et à 1,500 francs pour quinze ans. Moitié de cette taxe devait être payée en formant la demande du brevet, et l'autre moitié dans le délai de six mois [1].

La législation du 5 juillet 1844 s'est mise plus en harmonie avec la position ordinaire de l'inventeur et le but qu'il doit atteindre, en établissant la taxe par annuités de 100 fr., et en la calculant sur la durée du brevet.

Le produit de la taxe des brevets d'invention a été en France, en 1859, de 1,233,250 francs ; il est évalué à 1 million 400,000 francs au budget de 1862 : 4,600 brevets ont été pris en 1860.

Pour assurer les droits du titulaire d'un brevet d'invention, la loi du 7 janvier 1791 [2], dont le principe, sous ce rapport, a été développé dans le titre V de la loi du 5 juillet 1844 sur la matière, a décidé que le possesseur d'un brevet, celui qui lui est associé, ou celui à qui il l'a cédé, peut traduire devant les tribunaux tout contrefacteur de son invention ou découverte, et le faire condamner à des dommages-intérêts proportionnels au tort que la contrefaçon aura causé.

L'obtention des brevets d'invention n'est pas gratuite en Angleterre. « Mais les plus importants des droits, dit M. Bailly [3], auxquels ces brevets donnent lieu sont du nombre de ceux que se partagent les officiers du gouvernement par lesquels doivent être accomplies les formalités qui accompagnent l'expédition.

» L'Angleterre, l'Écosse et l'Irlande ont chacune un tarif différent applicable à l'obtention d'un brevet.

---

[1] Règlement, en date du 25 mai 1791, faisant suite à la loi du 7 janvier 1791, art. 3.
[2] Voy. l'art. 12 et le règlement.
[3] Voy. pour les détails qui suivent l'*Histoire financière de la Grande-Bretagne*, chap. v du titre II.

» Des recherches faites en 1829, par le comité de la chambre des communes, ont démontré que les droits d'expédition d'une *patent* s'élèvent, pour l'Angleterre, à 3,700 francs, savoir : 2,700 francs pour émoluments et épices, et 1,000 francs pour le droit de timbre appartenant au Trésor.

» En Écosse, ces droits n'excèdent pas 2,150 francs, dont 2,000 francs pour émoluments et 150 francs pour droit de timbre.

» En Irlande, ce dernier droit est de 650 francs et les émoluments de 3,200 francs.

» Enfin, un brevet dont l'effet doit s'étendre au Royaume-Uni ne coûte pas moins de 9,700 francs, lorsqu'il a été revêtu de toutes les formalités qui assurent sa validité.

» Le même rapport constate que pendant les neuf années qui se sont écoulées de 1820 à 1828, il a été concédé, en terme moyen, en Angleterre, cent soixante-huit brevets par année. Ces concessions ont produit une rentrée annuelle de 1,629,000 francs. De cette somme, 300,000 francs environ sont revenus à l'État et 1,300,000 francs ont profité à des titulaires d'emplois publics, en augmentation des traitements qu'ils touchent sur les fonds du Trésor. »   •

L'obtention des brevets d'invention en Espagne n'est pas non plus gratuite, comme nous l'apprend M. Renouard [1]. L'impétrant d'un brevet d'invention, de perfectionnement ou d'importation est tenu de déposer de 1,000 réaux à 6,000 réaux, suivant la durée dans le premier cas, et 3,000 réaux dans le deuxième et dans le troisième cas, en remettant les pièces à l'appui de sa demande.

En Autriche il y a une taxe progressive suivant la durée du brevet. Les annuités s'élèvent successivement de 10 à 60 florins [2].

[1] *Traité des brevets d'Invention*, p. 175.
[2] Voy. Renouard, p. 183

ARTICLE 3.

PASSEPORTS.

Le passeport dont le prix doit être souvent considéré
plutôt comme le paiement d'une précaution de police que
comme le résultat d'une recherche fiscale, précaution de
police à laquelle plusieurs gouvernements sont en voie de
renoncer, coûte, en France, 2 francs pour l'intérieur du
pays et 10 francs pour l'extérieur. Il n'est valable que pour
un an.

Les passeports à l'intérieur ont donné, en 1859, 227,962 fr.
et les passeports à l'étranger 372,790 fr. [1].

En Russie, tout étranger voulant exercer une industrie ou
un commerce quelconque, est assujetti à se pourvoir d'un
passeport de 10 roubles (40 fr.). Pour voyager à l'extérieur,
le prix est de 60 roubles.

Ce prix considérable des passeports explique le chiffre de
1,943,000 roubles porté pour le produit de cette branche de
revenus, au budget russe de 1862 [2].

Il y a là une certaine entrave fiscale sérieuse apportée à ce
droit *d'aller et de venir* discuté lors des délibérations sur la
constitution française de 1848. Le caractère de l'impôt devient prédominant.

Le droit sur les passeports paraît avoir été non moins considérable pour le trésor russe il y a quelques années, si nous
nous en rapportons à un état de recettes de la Russie en 1852,
publié dans la revue anglaise de Westminster [3], où ce

---

[1] Voy. le *Moniteur* du 8 mars 1862.
[2] Journal *le Nord* du 12 février 1862.
[3] Janvier 1856.

droit est porté comme donnant un produit de 7,500,000
roubles par la réunion des passeports avec les patentes des
guildes commerciales, ces patentes évaluées isolément à
5,200,000 roubles de produit dans le budget de 1862.

Un projet de loi relatif à l'abolition des passeports en
Prusse, présenté récemment à la chambre des députés de
ce royaume, rend les passeports, à l'intérieur comme à
l'extérieur du pays, facultatifs pour les Prussiens et pour les
étrangers. L'article 6 fixe les droits de confection à 15 silbergros pour les passeports à l'étranger et à 5 silbergros pour
les passeports à l'intérieur, outre le timbre de 15 ou de
5 silbergros prescrit par la loi du 7 mars 1822.

ARTICLE 4.

PERMIS DE CHASSE.

Le permis de chasse n'est ni le simple prétexte d'un impôt
ni une vaine formalité : il n'est remis qu'entre des mains
présumées incapables d'en faire un mauvais usage.

L'impôt qui atteint le permis de chasse peut être considéré comme portant sur l'acte administratif qui autorise la
chasse ou sur le fait de la chasse elle-même, ce fait qui est
encore, en divers pays, l'objet d'un droit régalien, soit quant
à son profit entier, soit quant à son exercice sous réserve de
la redevance pour le propriétaire [1].

L'article 5 de la loi du 3 mai 1844 fixe le droit sur le
permis de chasse, en France, à 25 fr., dont 15 fr. pour l'État
et 10 fr. pour la commune.

Ce droit paraît un peu élevé; cependant il n'est pas au-
dessus des facultés de ceux qui se livrent ordinairement à
l'exercice et au plaisir, souvent si coûteux et si somptueux,
de la chasse, et d'un autre côté il est quelquefois gênant
pour les braconniers et les gens sans aveu qui pourraient
chercher à obtenir le permis de chasse. Une autre garantie
qui accroit le petit profit pour le trésor de cette somme, résulte
de ce que le permis est personnel et doit être renouvelé tous
les ans.

Les permis de chasse ont donné au Trésor, en 1859,
3,732,255 fr. On voit par là que l'exercice de la chasse a
d'assez nombreux adeptes.

On a proposé de rendre le prix du permis de chasse pro-

[1] Rau, § 192 et suiv.

portionnel au nombre des chiens employés à cet exercice [1].
Peut-être l'existence d'une taxe sur les chiens rend-elle cette
proportion en partie sans objet. C'était tendre, du reste, à
l'élévation de la taxe. Le conseil général d'un département,
au contraire, paraissait en désirer naguère la diminution
en demandant, en 1859, que le permis de chasse fût abaissé
à 10 fr. pour la chasse aux petits oiseaux [2]; mais c'était sans
doute dans l'intérêt de l'agriculture, pour les époques des
semailles et des récoltes, plutôt que par égard pour le tarif,
qui jusqu'à présent n'a point paru trop élevé.

En Angleterre [3], d'après la loi de 1831 qui a aboli les
restes de dispositions féodales relatives au droit de chasse,
toute personne autorisée préalablement par une décision
des juges, peut obtenir une *licence* ou *patente*, à l'effet
d'acheter et de vendre du gibier. Le prix de cette licence est
de 50 fr., plus 1 fr. 25 c. que le patenté paye au collecteur
des *assessed-taxes*.

Quiconque achète du gibier d'une personne non pourvue
d'une patente spéciale est passible d'une amende de 125 fr.,
sans les frais, par tête de gibier.

Les marchands patentés pour la vente du gibier ne peuvent, sous peine d'une amende de 250 fr., frais compris, en
acheter que des titulaires de permis de chasse ou de gardes-
chasse dûment autorisés.

Ce permis est délivré, pour la saison, par le greffier de
paix du comté ou du district. Indépendamment de la rétribution qui vient, sur cet objet comme sur les autres, grossir les émoluments du greffier, le prix du certificat payé aux
assessed-taxes est, pour les particuliers et pour les gardes-

[1] Lettre de M. Lançon aux conseils généraux en 1858.

[2] *Analyse des vœux des conseils généraux* de 1859 (Imp. Paul Dupont),
p. 31.

[3] *Histoire financière de la Grande-Bretagne*, par Bailly, t. Ier, p. 606 et le
Cabinet Lawyer, p. 525.

chasse qui ne sont pas déjà imposés comme domestiques, de 91 fr. 85 c., et pour les gardes-chasse déjà imposés comme domestiques, de 31 fr. 25 c.

D'après M. Philippon [1], le système des taxes établies en 1860 dans le canton de Vaud, par la loi du 18 mai 1859, comporte, outre une taxe spéciale de 10 fr. par chaque chien, un impôt distinct sur la chasse, d'après les bases suivantes :

Sans chien, 10 fr.

Avec un chien, 20 fr.

Avec deux ou trois chiens, 40 fr.

Avec un plus grand nombre de chiens, 200 fr.

Il y a quelques prescriptions particulières pour le permis de chasse à la bécasse, pour le permis de chasse avec un filet, et pour la chasse au fusil sur les lacs.

---

[1] *Des impôts dans le canton de Vaud*, p. 10 et 124.

ARTICLE 5.

DROITS DE SCEAU.

Diverses concessions de l'autorité publique donnent lieu à des perceptions fiscales qui portent le nom de *droits de sceau.*

Avant la révolution de 1789, et dès le xviie siècle, les lettres d'anoblissement accordées par le roi payaient un droit destiné à tenir lieu, en partie du moins, des impôts dont le nouvel anobli se trouvait exempté par suite des priviléges de la noblesse. La chambre des comptes fixait le montant de ce droit. Il y avait en outre une certaine somme dite aumône, parce qu'elle était employée en œuvres pieuses, perçue à la même occasion [1].

Les droits de sceau ont été fixés par diverses lois, suivant le tableau ci-après, dont je dois la communication à l'obligeance de M. Lascous lorsqu'il était secrétaire général du ministère de la justice.

[1] Voy. Dalloz, *Répertoire de jurisprudence*, t. XXXII, p. 500.

Droits perçus au Bureau du Sceau.

NATURE DES DEMANDES.	DROIT DE SCEAU.	ENREGISTREMENT ET DÉCIME.	DROIT DU RÉFÉRENDAIRE.	TOTAL.	DATES DES LOIS, ORDONNANCES, DÉCRETS, ETC.
Dispenses { de parenté............. pour { d'alliance (1)........... mariage. { d'âge......	200 fr. 200 100	44 fr. 44 22	50 fr. 50 50	294 fr. 294 172	Ordonnance du 8 octobre 1814, art. 4 et 5. — Loi du 28 avril 1816, art 55. — Loi du 21 avril 1832, art. 1er (qui ne mentionne pas les dispenses d'alliance).
Changement et addition de noms.....	600	Néant.	50 (2)	650	Loi du 20 juillet 1837, art. 12, et 21 avril 1832, art. 1er. —Décision minist. du 21 mai 1838.
Autorisations { de servir à l'étranger.... { de se faire naturaliser *id.*	500 500	110 fr. 110	50 50	660 660	Ordonnance du 8 octobre 1814, art. 4 et 5. — Loi du 28 avril 1816, art. 55; loi du 20 juillet 1837, art. 12; loi du 21 avril 1832. art. 1er.
Naturalisations................ Admissions à domicile en France.......	100 100	22 22	50 50	172 172	Ordonnance du 8 octobre 1814. — Loi du 28 avril 1846. — Loi du 21 avril 1832. — Loi du 7 août 1850, art. 17.
Réintégration dans la qualité de Français..............	100	22	50	172	Loi du 20 juillet 1837, art. 12. — Loi du 21 avril 1832, art. 1er.
Concession de titres { Duc............ { Marquis...... { Comte........ { Vicomte. ...... { Baron........ { Chevalier......	15,000 6,000 6,000 4,000 3,000 60	3,300 1,320 1,320 880 660 43 20	300 150 50	18,600 7,470 7,470 5,030 3,810 123 20	Ord. du 18 juin 1817. — Loi du 28 av. 1816. Ordonnance du 8 octobre 1814. — Loi du 28 avril 1846.
Transmission en ligne directe des titres conférés, confirmés, renouvelés ou reconnus, *depuis* 1814.	Le tiers du droit de concession.	Néant. Le droit d'enregistrement n'ayant été établi que par la loi du 28 avril 1816, postérieure au décret du 4 mai 1809.	Le tiers du droit de concession.	Le total des droits de sceau et de référendaire.	Décret du 4 mai 1809, art 14.
Transmission en ligne directe des titres conférés par Napoléon Ier, quand il n'y a pas eu reconnaissance, renouvellement ou confirmation sous les gouvernements postérieurs.	Duc, 200 f. Comte, 133 f. 34 Baron, 66 67 Chevalier, 20 f.	Néant.	Le tiers du droit de concession.	300 f. 183 34 116 67 36 67	Décret du 4 mai 1809, art. 14.

2e ampliation de lettres-patentes ou décrets. { Duc............ { Marquis et Comte. { Vicomte et Baron. { Chevalier.......	24 f. 18 12 6	Néant.	Néant.	Néant.	2e décret du 3 mars 1810, art. 28 et 29. — Ordonnance du 10 février 1824 (pour les Marquis et Vicomtes).
Confirmation et maintenues de titres.	1/4 du droit de concession.	1/4 du droit de concession.	1/4 du droit de concession.	1/4 du droit de concession.	Ordonnance du 12 mars 1817.
Transmission de titre hors de la ligne directe.	Droit de concession.	Droit de concession.	Droit de concession.	Droit de concession.	Ordonnance du 17 janvier 1819.
Adoption pour transmettre un titre. { au moment de la délivrance de l'autorisation. { pour l'investiture de l'adopté après le décès du titulaire.	1,000 f. Moitié du droit de concession.	220 f. Moitié du droit de concession.	100 f. Moitié du droit de concession.	1,320 f. Moitié du droit de concession.	Loi du 28 avril 1816 (pour l'enregistrement et le 10e). Ordonnance du 23 mai 1821.
Autorisation de porter en France un titre étranger.	Droit de concession.	Droit de concession.	Droit de concession.	Droit de concession.	Décret du 5 mars 1859.
Transmission d'une dotation affectée à un titre.	1/5 d'une année du revenu de la dotation et le droit de transmission du titre en ligne directe	Néant.	Droit de transmission en ligne directe.	Droit de transmission en ligne directe.	Décret du 4 mai 1809, art. 14.
Transmission de dotation sans titre.	Le cinquième d'une année du revenu et 25 f. pour frais d'expédition du brevet d'investitre.	Néant.	Néant.	Néant.	Décret du 4 mai 1809, art. 14. 2e décret du 3 mars 1810, art. 2.
Concession d'armoiries aux villes. { 1re classe..... { 2e — ..... { 3e —	600 f. 400 200	132 f. 88 44	100 f. 50 25	832 f. 538 269	Loi du 28 avril 1816, art. 55.
Renouvellement d'armoiries aux villes. { 1re classe..... { 2e — ..... { 3e —	150 100 50	93 22 11	40 30 20	223 152 81	Loi du 28 avril 1816, art. 55.

NOTA. — Le budget de 1863, exécutoire sur ce point, le 4 juillet 1862, a prescrit la perception d'un second décime du droit d'enregistrement. (Jusqu'au 31 décembre 1864, ce droit sera maintenu en exécution du nouveau budget.) Le tableau qui précède ne comprend pas ce second décime.

(1) Celles d'*alliance* créées par la loi du 16 avril 1832, n'ont pas été distinguées d'abord de celles de *parenté*. La loi du 21 du même mois le prouve par son silence, car on ne pouvait vouloir affranchir les unes du droit qui frappe les autres. La distinction est un fait administratif postérieur.

Aucune expédition de lettres patentes ne peut être délivrée par le conseil du sceau des titres que le droit d'enregistrement n'ait préalablement été payé.

Toutefois, aux termes de la loi du 21 avril 1832 (art. 1er), la remise de tout ou partie des droits de sceau pour la délivrance des lettres de naturalité et des dispenses d'âge et de parenté pour mariage, peut être accordée par ordonnance ou décret, sur la proposition du garde des sceaux, ministre de la justice, lorsque les impétrants ont justifié qu'ils sont hors d'état de payer les droits fixés par la loi du 28 avril 1816.

Le droit d'enregistrement, en pareil cas, est aussi réduit proportionnellement à la remise prononcée sur le droit de sceau.

Le produit des droits de sceau et des droits d'enregistrement qui y sont relatifs s'est élevé, en 1850, à 80,000 fr. [1], et en 1859, à 205,404 fr. Ce produit est porté à 481,374 fr. dont 300,701 recouvrés dans le compte de 1860 [2].

Le montant des remises faites sur les droits dus dans cette même année 1860 s'élevait à 180,522 fr.

Des droits analogues à nos droits de sceau particulièrement pour les concessions de titres nobiliaires, ont dû se présenter assez naturellement à la pensée des législateurs financiers, bien qu'ils ne puissent être l'objet d'un espoir de revenu sérieux pour le Trésor d'aucun pays.

Nous voyons au budget italien de 1862 une somme de 646 livres figurer sous le titre de : *Tasse di ammessione alla nobilta ed alla cittadinanza* (Toscana) [3].

---

[1] *Système financier de la France,* par M. d'Audiffret, t. Ier, p. 136.

[2] Compte de 1860, p. 137. Les dispenses d'alliance ont donné à elles seules 446,374 fr., en 1860.

[3] P. 368 de l'*Annuario* souvent cité.

ARTICLE 6.

DROITS UNIVERSITAIRES.

Les *droits universitaires* se justifient par la règle qui admet que certains services rendus soient acquittés, autant que possible, par la main qui en recueille les avantages.

Certaines redevances universitaires perçues sur les établissements d'instruction non appartenant à l'État étaient autrefois le signe du monopole auquel était soumis, en principe plutôt qu'en fait, l'enseignement en France. Elles avaient été abolies avant les réformes de 1850, dans le régime de l'enseignement de notre pays.

Les produits universitaires se réduisent maintenant aux droits payés pour les cours et les examens des élèves aux diverses facultés.

Les inscriptions prises à l'école de médecine, pour recevoir le grade de docteur en médecine, étaient payées il y a quelques années les quinze premières 50 fr., et 35 fr. la dernière, total 785 fr. Si nous ajoutons à cette somme les droits de chaque examen, qui était de 30 fr. et qui se répétait cinq fois, et 65 fr. pour la thèse, on arrivait en tout au chiffre de 1,000 fr. Maintenant le prix des examens de doctorat et de la thèse a été élevé de manière à ce que le déboursé total est de 1260 fr.

Pour recevoir le diplôme de docteur en droit, il fallait, il y a quelques années, huit inscriptions dont le prix était de 15 fr. chacune; pour le grade de bachelier, ensemble 120 fr.; douze inscriptions de 15 fr. pour la licence, soit 180 fr., et seize pour le doctorat, soit 240 fr. En outre deux examens nécessaires pour le grade de bachelier,

120 fr.; deux pour la licence, 90 fr. chaque, 180 fr., et deux du même prix pour le doctorat. Il était versé de plus au secrétariat de l'école, pour l'acte public de la licence, 120 f., et autant pour celui du doctorat. Enfin la délivrance du diplôme coûtait 86 fr. pour le grade de bachelier, 128 fr. pour celui de licencié, et 148 fr. pour celui de docteur, soit 326 fr. ensemble. En résumé, les frais universitaires, tout compris, s'élèvaient à 326 fr. pour l'obtention du grade de bachelier; à 814 fr. pour y joindre la licence, et à 1,322 fr. pour arriver jusqu'au doctorat.

Aujourd'hui et depuis 1854 le tarif des rétributions obligatoires à la Faculté de droit est le suivant :

Pour parvenir à la licence :

12 inscriptions trimestrielles à 30 fr. chaque.	360 »
(L'élève est en outre tenu de prendre, chaque trimestre, sur les registres de la Faculté des lettres une inscription dont les droits sont de 10 fr.)	
1er examen de baccalauréat. 60 fr., certificat d'aptitude, 40 fr., ensemble.	100 »
2e examen. . . . . . 60 fr., certificat d'aptitude, 40 fr., diplôme 100 fr., ensemble.	200 »
1er examen de licence. . 60 fr., certificat d'aptitude, 40 fr., ensemble.	100 »
2e examen. . . . . . 60 fr., certificat d'aptitude, 40 fr., ensemble.	100 »
Thèse de licence. . . . 100 fr., certificat d'aptitude, 40 fr., diplôme. . 100 fr., ensemble.	240 »
Total des frais pour la licence.	1,100 »

Pour parvenir au doctorat :

4 inscriptions à 30 fr. chaque.	120 »
1er examen, 60 fr., certificat d'aptitude, 40 fr., ensemble	100 »
2e examen, 60 fr., certificat d'aptitude, 40 fr., ensemble	100 »
Thèse, 100 fr., certificat d'aptitude, 40 fr., diplôme, 100 fr. ensemble.	240 »
Total des frais pour le doctorat.	560 »

Les droits de certificat d'aptitude et de diplôme sont immédiatement remboursés aux étudiants qui n'ont pas été jugés admissibles.

Les droits universitaires produisaient environ 3 millions

par an, d'après M. d'Audiffret[1], le chiffre n'en est plus maintenant que de 2,600,000 f. à peu près[2]. Ils ne sont, en France, que le prix parfois incomplet du service rendu par les professeurs et examinateurs, et dont il leur est tenu compte par l'État. Aussi a-t-on pu, à certain moment, et par la loi du 14 juin 1854, rapportée récemment à cet égard, faire des recettes et dépenses de certains établissements universitaires un budget spécial. Sous ce rapport, le caractère d'impôt n'existe pas en France dans les perceptions de cette nature. On comprend cependant qu'il pourrait y avoir dans ces droits une occasion de légers bénéfices en certains cas ou en certains pays, sur les recettes de l'enseignement supérieur, et en France même les produits de certaines facultés sont supérieurs à leurs dépenses et *vice versd*.

Les *Tasse del publico insignamento* donnent 887,700 livres au budget italien de 1862[3]. J'ignore leur relation avec les dépenses correspondantes de l'État.

---

[1] *Système financier*, t. I, l. I, p. 141.
[2] *Budget de* 1862.
[3] *Annuario* et p. 384.

ARTICLE 7.

PERMISSIONS D'USINES ET DE PRISES D'EAU.

Certaines autorisations administratives sont encore soumises à une redevance. Ainsi la loi du 16 juillet 1840 (art. 8) autorise la perception de taxes pour permissions d'usines et de prises d'eau temporaires, toujours révocables sans indemnité, sur les canaux et rivières navigables. Le conseil d'État avait refusé son approbation à toute espèce de taxe, parce que le budget n'en avait pas autorisé la perception. La taxe est depuis 1840 légitimement due.

Le conseil d'État est saisi actuellement d'un projet de décret tendant à régler l'assiette des redevances pour permissions d'usines et de prises d'eau [1].

[1] Les principaux articles de ce projet sont les suivants :

ART. 1er. Les redevances dont la perception est autorisée par les lois de finances ci-dessus visées, peuvent être appliquées, d'après les règles et suivant les exceptions ci-après déterminées, à toutes les prises d'eau faites en vertu d'autorisations administratives, dans les canaux et rivières navigables et flottables qui appartiennent au domaine public et ayant pour objet :

1° La mise en jeu des moulins et usines ;

2° L'irrigation des terres ;

3° L'agrément ou l'arrosage des propriétés particulières, la mise en jeu des machines à vapeur ou autres établissements industriels n'utilisant pas la chute des eaux puisées ou dérivées ;

4° L'alimentation et les besoins domestiques.

Ces redevances sont indépendantes des taxes imposées aux établissements métallurgiques en vertu de l'article 75 de la loi du 21 avril 1810, ainsi que des charges qui incombent aux propriétaires d'usines ou de prises d'eau, par application de l'article 34 de la loi du 16 septembre 1807, dans les dépenses annuelles d'entretien ou de réparation des levées, barrages, pertuis, écluses, etc., qui servent à la fois à la navigation et à l'alimentation desdites usines ou prises d'eau.

ART. 2. Ne sont point passibles de redevances, en tant qu'ils sont maintenus dans l'état de jouissance où ils ont été originairement créés ou autorisés :

1° Les moulins, usines et prises d'eau dont l'existence est antérieure à l'ordon-

ARTICLE 8.

DROIT DE VÉRIFICATION DES POIDS ET MESURES.

L'uniformité des poids et mesures, longtemps désirée, fut établie en France par le décret de l'Assemblée constituante du 26 mars 1791. Ce système, tantôt confirmé par la loi du 18 ger-

nance de février 1566 ou à la déclaration de navigabilité des cours d'eau sur lesquels ils sont placés, et ceux qui auraient été légalement établis avant la réunion à la France des provinces dans lesquelles lesdits moulins, usines ou prises d'eau se trouvent compris ;

2° Les établissements de même nature qui ont été acquis de l'État ou autorisés par lui à titre onéreux, et notamment ceux qui ont fait l'objet de ventes nationales ;

3° Ceux qui sont munis d'un titre d'autorisation, sans réserve particulière en ce qui touche la redevance.

Mais des redevances sont applicables aux mêmes établissements dans la proportion des avantages résultant des concessions supplémentaires qui leur seraient accordées

Art. 3. Les redevances sont évaluées, savoir :

1° Pour les usines :

A la deux-centième partie (1/2 p. %) de la valeur vénale de la force motrice brute dans chaque localité ou à un dixième (1/10) de la valeur locative de cette force, sans que dans aucun cas le chiffre servant de base d'estimation puisse descendre au-dessous de 5 francs par cheval-vapeur de force brute;

2° Pour les prises d'eau servant aux irrigations :

Au dixième (1/10) de l'augmentation brute de revenu due à l'emploi des eaux concédées, après avoir retranché de cette augmentation l'intérêt à six pour cent (6 p. %) des dépenses de premier établissement (barrages, prises d'eau, porteurs, fossés de colature, etc.), ainsi que le prix annuel d'entretien de ces ouvrages ;

3° Pour les prises d'eau sans barrages servant à l'agrément ou à l'arrosage des propriétés, et pour celles destinées à la mise en jeu des machines à vapeur ou autres établissements industriels ;

A une taxe annuelle de dix centimes (0 fr. 10 cent.) par mètre cube d'eau qui pourra être puisé ou dérivé en vingt-quatre heures, toute fraction de mètre cube étant comptée pour un mètre ;

4° Pour les prises d'eau sans barrages destinées à l'alimentation ou aux besoins domestiques :

A une taxe fixe de un franc (1 fr. 00 c.) pour constater les droits de l'État, quel que soit le volume des eaux concédées.

minal an III et par celle du 19 brumaire an VII, tantôt amoindri
par le décret du 12 février 1812, reçut une nouvelle consé-
cration par la loi du 4 juillet 1837, qui fixa le 1er janvier 1840
pour limite de la tolérance accordée aux anciennes mesures.
Aujourd'hui le système métrique régit toutes les mesures, à
l'exception du temps, qui est rentré, depuis le commencement du siècle, sous les règles du calendrier grégorien.

Mais cette uniformité ne pouvait avoir d'heureuses conséquences qu'autant que les mesures seraient invariables et
que les unités de mesure, par conséquent, seraient vérifiées
et contrôlées dans l'intérêt de tous.

La vérification des poids et mesures a donc été établie par
les ordonnances des 18 décembre 1825, 21 décembre 1832
et 17 avril 1839. Le tarif des droits à percevoir pour cette
vérification a été fixé par une circulaire ministérielle du
30 août suivant. Ces droits étaient, dans le principe, perçus
par les vérificateurs eux-mêmes, pour leur propre compte ;
ils ne s'élevaient pas à plus de 600,000 fr. et se trouvaient
absorbés par les frais de surveillance. Depuis 1825 ces droits
sont rentrés au budget. Le recouvrement en est fait en vertu
de rôles dressés par les agents des finances.

Les poids et mesures sont soumis à une première vérification entre les mains de ceux qui les fabriquent [1], mais cette
vérification est gratuite [2]. Elle est, au contraire, onéreuse
pour les débitants et varie, suivant les mesures de longueur,
de capacité et de poids, depuis 75 c. jusqu'à 5 fr. Ces droits
sont réduits d'un dixième pour les communes où la vérification et la perception du droit sont annuelles [3] ; les établissements publics sont également soumis à cette vérification,
mais ils sont exempts du droit à percevoir [4].

[1] Art. 10, 11, 12 et 23 de l'ordonnance de 1839.
[2] Art. 46.
[3] Ordonnance du 18 décembre 1825.
[4] Art. 21 de l'ordonnance du 28 mai 1838.

La vérification des poids et mesures, en France, a produit,
en 1839, 1,444,481 fr. Cette recette paraît à peu près sta-
tionnaire, car elle est portée pour 1,467,000 fr. seulement
au budget de 1862. La dépense correspondante ne s'élève
pas tout à fait à 900,000 fr. Il y a donc un bénéfice pour
l'État, bénéfice qui constitue un petit impôt.

ARTICLE 9.

DROITS DE VISITE DES PHARMACIES.

On peut ajouter à notre énumération des taxes sur certains services administratifs les droits de visite chez les pharmaciens, droits qui ont quelque analogie avec ceux qui sont perçus pour la vérification des poids et mesures. « Il est payé pour frais de visite 6 fr. par chaque pharmacien et 4 fr. par chaque épicier et droguiste. Cette taxe, dont on avait d'abord contesté la légalité, a été comprise au budget de 1818 et dans ceux des années suivantes . [1]» On assure que son produit dans les budgets départementaux est habituellement inférieur aux dépenses des visites. Ce qui permet d'y voir cependant une taxe, c'est que la vérification peut paraître plutôt dans l'intérêt du public que dans celui des pharmaciens eux-mêmes.

[1] *Dictionnaire d'administration,* au mot PHARMACIEN.

ARTICLE 10.

DROITS DE MARQUE DES MATIÈRES D'OR ET D'ARGENT.

Les matières d'or et d'argent ne se trouvant presque jamais, dans la nature, à l'état de pureté, mais seulement combinées dans des proportions plus ou moins fortes avec divers métaux d'une valeur beaucoup moindre, la détermination de la quantité précise des matières étrangères alliées à ces deux métaux précieux a une double importance au point de vue de l'intérêt du commerce et au point de vue surtout de la sûreté des transactions. Or cette détermination offre des difficultés sérieuses, et il serait impossible pour le particulier, acheteur ou vendeur, qui a besoin de la connaître d'une manière précise, de se livrer aux opérations chimiques nécessaires à cet effet. L'État a donc pu, avec quelque utilité, se charger de ce soin pour le bien général et *garantir le titre* des ouvrages d'or et d'argent, c'est-à-dire la quantité d'or ou d'argent pur contenu dans ces ouvrages. « C'est dans l'intérêt public et afin d'assurer la fidélité du titre des ouvrages d'or et d'argent, bien plus que dans la vue de créer une ressource à l'État, qu'a été institué le droit de garantie [1]. »

L'État rendait en effet un service : il devait en percevoir la rémunération. Le *droit de garantie* ainsi établi existait d'ailleurs depuis longtemps en France, bien que sous une forme un peu différente et aussi sous un autre nom. Il y avait même autrefois le droit de marque de la vaisselle d'étain, cité comme existant sous Louis XIV [2].

Un droit dit de *remède* avait été établi sous Henri III par un

[1] *Rapport au roi sur l'administration des finances*, éd. in-4°, p. 112.
[2] *Haro sur le papier timbré*, par Néel (Paris, 1862), p. 30.

édit de 1577 ; il était ainsi nommé parce qu'il devait rendre
aux ouvrages d'orfévrerie le prix que leur ôtait l'alliage ou
remède. Un droit de 3 sous par once d'orfévrerie fut perçu
comme droit de remède à partir de 1631, et on y substitua
les *droits de marque et de contrôle* par déclaration du 31 mars
1671. Ces droits, plusieurs fois modifiés, étaient de 6 livres
6 sous par once d'or, et de 10 sous 6 deniers par once
d'argent lorsqu'intervint la loi de 1790, qui abolit tous les
impôts indirects.

La loi du 19 brumaire an VI rétablit cet impôt sous le nom
de *droit de garantie*, et le fixa à 22 fr. par hectogramme d'or
et à 1 fr. 10 c. par hectogramme d'argent (art. 21). Dans
chacun des budgets de l'an V et de l'an VI le produit des
droits de garantie fut évalué à 500,000 fr. [1].

L'affinage des matières d'or et d'argent, considéré comme
dépendance immédiate des monnaies, était assujetti à certains droits dont le produit s'affermait.

Le prix du bail des affinages de Paris, Lyon et Trévoux,
expiré avec l'année 1787, n'était que de 82,100 livres ;
à partir de 1788, la ferme en fut portée à 120,000 livres.

De ce que le trésor royal réalisait un moindre produit
avant cette dernière époque, il ne faut pas conclure que les
droits rendaient moins, mais seulement que les fermiers
gagnaient davantage. On peut donc adopter la somme
de 120,000 livres pour terme moyen des droits que levait
annuellement l'affinage [2].

De nos jours les lingots d'or et d'argent, avant de pouvoir
être mis dans le commerce, payent pour l'affinage un droit
de garantie de 8 fr. 18 cent. par kilogramme d'or et de 2 fr.
4 cent. par kilogramme d'argent.

Les lingots dits de *tirage* sont soumis à un droit de 82 cen-

---

[1] Lois du 16 brumaire an V et du 9 vendémiaire an VI.
[2] Bailly, *Histoire financière de la France*, t. II, p. 386

times par kilog. [1], mais ce droit a été ensuite augmenté de 1 centime par franc par l'arrêté du 6 prairial an VII.

Ce droit de garantie, fort modique eu égard à la valeur des matières qui le supportent, et dont le produit annuel ne s'élevait pas en 1830 au delà de 1,400,000 francs, n'est perçu qu'après que les ouvrages ont été essayés et empreints du signe qui met l'acheteur à l'abri de tout préjudice. Ces signes conventionnels désignent trois titres différents pour l'or et deux pour l'argent: cette division a paru suffisante. Les droits de garantie rapportent aujourd'hui 3,100,000 fr. [2], par suite de l'extension qu'ont prise, avec le luxe général, l'orfévrerie et la bijouterie, d'ailleurs favorisées par la loi du 10 août 1839, qui accorde la faculté de s'affranchir de la marque et de l'impôt sur tous les ouvrages de manufactures destinés à l'exportation.

Le droit de garantie sur l'or, l'argent et l'étain figure dans les finances suédoises pour un revenu qui a été, en 1850, de 12,698 rixdales [3]. L'impôt est nommé *kontroll-stampel-medel*, ou timbre de contrôle. Son origine remonte au milieu du XVIIIe siècle.

En Suisse, dans le canton de Genève, qui compte la bijouterie parmi ses industries les plus importantes, la surveillance du titre existe sans aucun mélange d'institution fiscale.

En Angleterre, il est un très-petit nombre d'ouvrages considérés comme indispensables dont le titre est déterminé par la loi. Pour le reste la liberté est entière.

Dans les Pays-Bas, le droit de garantie des matières d'or et d'argent figurait pour 125,000 florins, non compris 13 centimes additionnels, dans le budget de 1849 [4].

[1] Loi du 19 brumaire an VI.
[2] Budget de 1862. En 1859 le produit fut de 2,837,384 fr. et 50,977 fr. pour les argues impériales.
[3] *Rapport de M. Rathsman*, p. 39.
[4] Engels, p. 349.

DROIT SUR LA FABRICATION DES MONNAIES.

Après l'impôt de garantie sur les objets d'or et d'argent et sur la vérification des poids et mesures se présente naturellement à l'examen, tant à cause de l'identité de la matière imposée que du caractère dont elle est revêtue, la taxe quelquefois perçue sur la fabrication des monnaies.

Le monnayage n'est pas, en effet, abandonné à la libre concurrence. « On sait que dans tous les pays l'autorité publique s'est réservé l'exercice exclusif de ce genre de manufacture; soit qu'à la faveur du monopole elle ait voulu se procurer un bénéfice extraordinaire, comme celui qu'elle tire en certains lieux du monopole du tabac ; soit plutôt qu'elle ait voulu offrir à ses sujets une garantie plus digne de leur confiance que celle que leur donnerait une manufacture appartenant à des particuliers [1]. » C'est le prix de ce service que l'État réclame sous le nom de droit de monnayage, de *brassage*, ou de fabrication des monnaies ; mais il ne faut pas le confondre avec le droit de *seigneuriage*, qui n'était autre chose que la retenue faite arbitrairement, en certains temps, par les princes sur les métaux portés à leurs ateliers pour y être monnayés. Ce droit, lorsqu'il ne produisit pas suffisamment au gré de certains souverains, fut converti en une sorte de faux monnayage par suite de l'introduction d'un alliage plus fort dans les pièces d'or et d'argent. C'était une altération des monnaies plutôt qu'un droit perçu sur leur fabrication. Ces excès se produisirent notamment sous les règnes de Louis X, de Charles VI, etc.

[1] Say. *Traité d'Économie politique*, p. 249.

Les premières réformes à cet égard furent faites sous le ministère de Colbert, qui alla jusqu'à convertir gratis en monnaies françaises les monnaies étrangères en circulation dans le pays. Mais à cette libéralité succéda peu à peu l'accroissement de la taxe.

Un tarif en vigueur dès 1771, suivant Necker [1], fixait le droit de seigneuriage à 1 $\frac{191}{1000}$ p. 100 sur l'argent et à 1 $\frac{167}{1000}$ sur l'or. Le brassage était, pour l'argent, de 14 $\frac{4}{10}$ sur mille, et, pour l'or, de 2 $\frac{4}{10}$ sur mille.

Le gouvernement de la Convention, en changeant l'unité de monnaie, continua à percevoir un droit sur la fabrication, mais seulement pour en couvrir les frais et les déchets. La taxe rentrait dès lors dans un simple caractère rémunératoire. Ce droit, réduit d'un tiers en 1835, fut jusqu'en 1850 de 10 grammes par kilogrammes pour l'argent, soit 1 p. 100, et quoique déjà assez minime, il fut encore abaissé par la loi du 22 mai 1849, et fixé à 3/4, soit 75 centimes par 100 fr. pour l'argent à $\frac{900}{1000}$. Enfin par un décret du 22 mars 1854 la retenue pour l'or a été portée à 6 fr. 70 cent. par kilogramme, à $\frac{900}{1000}$, ou 21 centimes 596 1/2 par 100 francs. Le bénéfice sur la fabrication des monnaies et médailles est maintenant en France d'environ 300,000 francs. On peut le considérer comme nul par rapport à l'immense quantité des fabrications.

En Angleterre, Charles VI renonça aux droits perçus sur le monnayage, et depuis cette époque le gouvernement supporte ces frais de monnayage, car il rend aux particuliers une valeur monnayée égale à celle des lingots qu'ils lui ont confiés. Du temps d'Adam Smith les frais de fabrication étaient, pour l'État, de 7 pour 1,000 sur l'or, et de 2 $\frac{21}{100}$ p. 100 sur l'argent.

En Hollande, on perçoit sur l'or un droit de brassage

[1] *Administration des finances*, t. III, ch. IV.

de 2/3 p. 100 et un droit de seigneuriage de 1/7 p. 100, soit en tout 0,81. Dans le même pays les espèces d'argent frappées pour le commerce intérieur sont exemptes du seigneuriage, mais supportent un brassage d'environ 2 p. 100. C'était du moins le tarif en vigueur en 1837 [1].

Le roi de Naples percevait un droit de seigneuriage assez important sur les ateliers monétaires de ses États. Ce droit, qui était, d'après une loi de 1818, d'environ 3 p. 100, a été élevé plus tard jusqu'à environ 9 p. 100 [2].

Parmi les questions que soulève le monnayage, une des plus importantes est celle de savoir si cette opération doit, suivant les diverses législations que nous avons comparées, être gratuite ou soumise à une taxe, et, dans ce dernier cas, quelle doit être la taxe.

Lord Liverpool était d'avis qu'aucun droit ne fût prélevé ou du moins, ce qui paraît d'une nécessité évidente, que les pièces fabriquées ne fussent jamais diminuées à raison de ce droit, afin qu'elles représentassent exactement la valeur pour laquelle on les donne [3]. Cela lui semblait nécessaire, principalement en vue du commerce étranger dans lequel les monnaies ne se comptent toujours, dit-il, que pour leur valeur intrinsèque. Ricardo se rallie à cette opinion, mais parce qu'il craint que, dans des circonstances défavorables, les métaux-monnaies ne baissent de tout ce qu'aura coûté leur monnayage [4]. Il redoute les variations qui résulteraient de ces influences accidentelles.

---

[1] *La Monnaie,* par M. Michel Chevalier, p. 111.

[2] Voyez le Rapport fait à l'Académie des sciences morales et politiques, par M. Michel Chevalier, en janvier 1857, sur l'ouvrage de M. Constantin Baër, intitulé : *Del basso corso di Cambi e delle grande emissioni d'argento in Napoli.* Compte-rendu de l'Académie, p. 129 et suiv.

[3] *On the coins of the realm,* p. 154.

[4] *Principes de l'économie politique et de l'impôt,* t. II, ch. xxviii. *OEuvres complètes,* p. 345.

M. de Jacob [1], qui s'éloigne peu de cet avis, pense que l'État, en fabricant la monnaie à ses frais, donne ainsi à cette dernière une valeur véritable, vu qu'alors chaque pièce équivaut exactement au métal fin qui s'y trouve indiqué. La valeur de toute monnaie peut dès lors être déterminée uniquement d'après son poids, en supposant l'égalité de l'alliage de tout métal converti en monnaie. En outre cette monnaie sera recherchée par tous les peuples commerçants et acceptée partout sans aucune déduction, de même que l'or et l'argent purs, éprouvés et marqués d'une empreinte légale. « Une monnaie frappée à ce degré de perfection, ajoute le même auteur, facilite extraordinairement le commerce intérieur et engage les peuples étrangers à entrer en relations commerciales avec la nation, car le numéraire de cette nation est très-avantageux à toutes les autres. Celles-ci ont-elles des payements à faire chez la première, elles les effectuent en or et en argent purs, et ces métaux sont acceptés à l'égal de la monnaie du pays, par la raison que non-seulement il n'y existe point de prix de monnayage, mais que le gouvernement y convertit aussi gratuitement en monnaie nationale l'or et l'argent qu'on lui apporte en lingots. De cette manière les marchandises de cette nation deviennent, par rapport aux pays étrangers, proportionnellement à bon marché, et l'écoulement abondant qui en résulte procure à cette nation un bénéfice qui, lorsque l'industrie se perfectionne, l'emporte de beaucoup sur la dépense pour les frais de monnayage. Le gouvernement peut ainsi recouvrer et au delà les frais de fabrication des espèces ainsi que le profit que lui rendait le prix du monnayage. »

On pourrait rapprocher de cette opinion les lignes qui suivent, de J.-B. Say :

[1] *Science des finances*, § 414.

« Le gouvernement ne frapperait les lingots des particuliers qu'autant qu'on lui payerait les frais et même le bénéfice de la fabrication. Ce bénéfice pourrait être porté assez haut en vertu du privilége exclusif de fabriquer ; mais il devrait varier suivant les circonstances où se trouveraient les hôtels des monnaies et les besoins de la circulation. »

Il nous paraît incontestable, comme à MM. Chevalier, du Puynode [1], que l'État a droit au remboursement de ses frais de monnayage. C'est le payement d'un travail accompli, le prix d'un service rendu et l'équivalent d'une plus-value donnée ; car, Mac Culloch le remarque avec raison [2], le métal dont le poids et le titre sont certifiés par le gouvernement, au moyen du monnayage, a une valeur de plus que celui qui est dépourvu de cette garantie, à l'intérieur au moins ; mais rien, il nous semble, ne légitimerait que cette retenue dépassât notablement les dépenses effectuées. Il est seulement naturel que le certificat soit payé ce qu'il coûte. Ce certificat perd, il est vrai, de son crédit lorsque la monnaie passe la frontière, puisque la monnaie d'un État circule rarement au dehors, et que l'étranger, dans ses transactions avec les nationaux, ne peut en tenir absolument compte. Necker [3], qui trouvait naturel de percevoir un seigneuriage, sans doute parce qu'il se préoccupait avant tout du besoin de remplir les coffres de l'État, convenait, d'un autre côté, fort bien que tout prélèvement fait sur les monnaies, tant pour le brassage que pour le seigneuriage, ne saurait empêcher leur exportation ; mais il pensait que le bénéfice opéré

---

[1] *La Monnaie*, p. 106. — *De la monnaie, du crédit et de l'impôt*, tome Ier, p. 54. — Condorcet a dit dans le même sens : « On doit au souverain non-seulement les frais de fabrication ; on lui doit encore un droit ou un bénéfice pour son empreinte qui a une valeur puisqu'elle est utile. » (*Le Commerce et le Gouvernement*, ch. ix).

[2] *Dictionnaire du Commerce*, Voy. ESPÈCES MONNAYÉES.

[3] *Administration des finances*, t. III, p. 12 et suiv.

par le souverain sur les monnaies équivalait à un droit imposé sur le solde de commerce que les autres nations devaient à la France et réagissait ainsi défavorablement sur les exportations nationales.

En Russie et en Angleterre la fabrication des monnaies est gratuite pour les détenteurs de lingots ; mais en fait, en Angleterre, la Banque est investie à cet égard d'une sorte de monopole. Elle perçoit une prime de 1 penny 1/2 par once de métal qu'elle fait frapper ; moyennant cette petite prime, elle remet *immédiatement* au porteur de lingots une quantité de monnaie d'or correspondante au poids du métal qu'il livre ; et ce porteur achète ainsi à bas prix l'avantage de ne subir aucun des retards que la Monnaie serait en droit de lui demander pour la conversion de ses lingots. Un statisticien anglais éclairé, qui a bien voulu me transmettre ses renseignements sur ce point, M. Hendricks, a calculé que cette prime de 1 den. 1/2 par once d'or, représentant 3 liv. 17 sh., 10 den. 1/2 correspond à l'épargne d'un intérêt de retard de 19 jours 1/2, au taux de 3 p. 100, ou de 11 jours 3/4, au taux de 5 p. 100.

ARTICLE 12.

EXONÉRATION DU SERVICE MILITAIRE.

Doit-on considérer comme un. impôt les sommes payées
en certains pays pour l'exonération du service militaire?
Sans nier ce qu'il y a d'exceptionnel dans cette perception,
on peut, à la rigueur, considérer ces sommes comme le produit d'un impôt sous deux rapports :

1° En admettant qu'elles soient exactement la représentation et la substitution par le jeune homme appelé, des
sommes que l'État alloue à un engagé volontaire ou à un
réengagé, remplaçant de l'exonéré, comme le service militaire est une charge, l'argent qui le représente remplit la
même fonction que le prélèvement sur le produit de tous les
impôts, prélèvement qui, dans certains États, et en Angleterre, par exemple, fournit le seul moyen de recrutement
de l'armée ;

2° Ces sommes peuvent être parfois supérieures à celles
qui sont payées aux remplaçants, et la différence est évidemment alors un impôt supplémentaire qui profite au
Trésor directement ou indirectement.

Ce que nous disons des fonds versés pour *exonération*,
suivant le terme adopté en France, s'applique à ce qu'on
appelle en Espagne *fonds de substitution*. Toutefois il y a eu
peu de justesse dans la démarche du gouvernement espagnol,
qui porta ce produit sans compensation à son budget, il
y a quelques années, ce qui donna lieu aux objections
suivantes, d'une telle simplicité et d'une telle force, qu'on
s'étonne d'y voir un gouvernement de discussion exposé [1] :

---

[1] *Examen des finances publiques de l'Espagne*, par F.-A. Conte, vol. II,
p. 109.

« Cette année, par hasard, disait un publiciste capable de démonstrations plus ardues, en contradiction avec ce qu'ont ordonné les lois sur la matière, et encore plus en contradiction avec le véritable esprit aussi bien qu'avec les intentions du législateur, on a placé dans le budget, comme une recette ordinaire, les produits de la substitution du service militaire. La loi, quoique provisoire, puisqu'elle n'a pas envisagé toutes les circonstances constitutionnelles qui régissent aujourd'hui la manière d'opérer les remplacements dans l'armée, dispose que moyennant le payement par celui qui a été déclaré soldat par le sort, de 6,000 réaux, il reste libéré du service, l'État étant chargé de mettre en sa place un remplaçant. Nous ne nous occuperons d'examiner ni la justice ni l'équité d'un pareil mode de se libérer d'un tribut aussi lourd que celui de l'enrôlement d'un homme sur cinq, par lequel le sort vous fait soldat. »

« Pourtant, si cette question n'est pas de circonstance, ni de notre compétence, il est indubitablement de notre droit d'examiner le résultat que cette année a donné par le produit de cette faculté conférée par la loi de se libérer du service personnel par une contribution volontaire, en rachetant ainsi sa personne. Si l'on avait inscrit le chiffre calculé du revenu comme une mesure d'ordre et de bonne comptabilité, nous n'aurions rien à dire; mais, au contraire, le Trésor ne doit rien percevoir qui ne tienne une place dans le budget, et tout ce qui y est entré doit figurer sur les comptes des recettes et dépenses. »

« Cependant ce n'est pas ce qui est arrivé cette année. Ce qu'on a fait a été de placer le produit de cette origine comme une contribution sur les personnes qui deviennent soldats par le tirage d'un homme sur cinq, et en même temps on n'a pas inscrit l'emploi du revenu pour les fins auxquelles la loi le destinait. Mais on tend, avec ce produit, à rétablir l'équilibre qui, d'une autre part, n'existerait pas dans le budget en donnant à ce produit un emploi analogue à celui des autres revenus. »

« Ainsi donc, ces 34 millions sont seulement un recours éventuel, et c'est dans cette catégorie que nous devrions les voir figurer, si ce n'était que selon leur nature et leur caractère, on peut y voir un véritable impôt sur des personnes déterminées pour lesquelles la loi exige un service personnel et qui s'en exemptent véritablement par ce tribut. »

Dans notre comptabilité française, l'existence d'un budget à part pour la caisse de la dotation de l'armée, prévient toute confusion analogue à celle qui a été accidentellement relevée, dans les termes ci-dessus reproduits, parmi les prévisions du budget espagnol.

CHAPITRE VII.

PRÉLIMINAIRES.

Quoique nous ayons déjà traité d'un très-grand nombre
d'actes atteints en divers pays par la main du fisc, nous
sommes loin d'avoir énuméré tous ceux qui fournissent un
objet imposable aux exigences des gouvernements.

Le timbre et l'enregistrement, les droits de greffe nous
ont montré combien d'actes écrits relatifs aux intérêts privés
sont taxés par les législateurs.

Nous avons vu d'autres actes d'une nature plus matérielle,
s'il est permis de parler ainsi, imposés par l'intermédiaire de
divers services publics qui les favorisent.

Il est encore d'autres actes taxés de manière à produire
des sommes assez importantes, et dont certains, comme
l'entrée et le passage sur des points déterminés d'un pays,
sont la matière d'impositions plus anciennes, dans l'ordre
historique, que celles dont nous nous sommes principalement occupés dans les chapitres précédents de ce livre.

Ce sont ces actes extrêmement divers que nous allons
essayer de réunir tous ou presque tous dans les trois sections

suivantes, dont la seconde, par exemple, renfermera un genre
de taxes qui est devenu, récemment, la source d'un revenu
assez sérieux, tout au moins dans le budget de notre pays.
Nous devons faire observer, du reste, qu'ici comme dans
d'autres parties de notre travail, nous distinguons des choses
qui ont cependant des points de contact incontestables, et,
par exemple, les péages étudiés dans la première section du
présent chapitre touchent de très-près aux droits sur les
transports auxquels est consacrée la section suivante. Dans
beaucoup de cas, le péage et le transport sont indivisibles
et les droits de navigation semblent, par exemple, renfermer
ces deux éléments étroitement unis l'un à l'autre.

SECTION I.

TAXES SUR L'ENTRÉE ET LE SÉJOUR ET LE DÉPART. — PÉAGES D'EAU ET DE TERRE. — PRODUITS DE BAC. — DROITS DE TONNAGE[1].

Un des faits de l'homme, qui a été le plus volontiers taxé, est l'entrée ou la sortie d'un lieu déterminé.

Nous avons vu à propos des taxes sur les consommations, l'importance considérable de ce moment de perception pour le fisc. Souvent c'est à son passage seulement sur des points déterminés qu'une denrée jugée imposable par le législateur est effectivement assujettie à l'impôt.

Relativement aux personnes, les perceptions ainsi établies ont dû être moins faciles et moins productives. Mais il y a eu des exemples nombreux d'impositions de ce genre.

Un auteur assure qu'au moyen âge, l'amphithéâtre antique de Vérone était le rendez-vous de beaucoup de duellistes, qui y payaient aux Visconti une redevance déterminée [2].

De nos jours encore, le voyageur qui passe le soir dans certains endroits de la ville de Hambourg y paie le léger im-

---

[1] Les droits à l'entrée et à la sortie d'un lieu ressemblent si fort à un péage, le droit sur la traversée d'une rivière par bac ressemble si fort au droit sur la traversée d'un pont, un droit de navigation sur une rivière a tant d'analogie avec le droit à l'entrée d'un port que nous nous sommes laissés entraîner à ne faire aucune subdivision dans la présente section et à ne pas même séparer de la synthèse qu'elle constitue les taxes de séjour dont il y a d'ailleurs si peu d'exemples.

[2] 25 livres vénitiennes. — V. Murray, *Handbook for travellers in Northern Italy*, London, 1854, t. Iᵉʳ, p. 241. — Suivant M. M. Chevalier, les Espagnols tiraient un certain revenu (45,000 piastres) de la fureur des combats de coqs au Mexique, (p. 532 du livre publié en 1863 sur le Mexique).

pôt de la *thorsperre* dont le nom indique l'emplacement d'une porte aujourd'hui détruite, mais qui ne s'ouvrait, autrefois, après une certaine heure, qu'au prix de la redevance encore acquittée aujourd'hui sans le même motif [1].

Probablement, les droits sur les foires, qu'on dit avoir été établis en Espagne en 1785, et rattachés plus tard à l'*Alcavala*, atteignaient plus les marchandises que les personnes [2].

Un auteur mentionne des taxes de séjour levées en Suisse [3].

Un autre écrivain rappelle une sorte de taxe ou d'amende levée en Allemagne sur les nationaux qui s'expatriaient, et qui était désignée sous le nom de *Nachsteuer* [4].

Si l'on croyait qu'il ne reste rien d'analogue à ces taxes dans nos grandes cités modernes, on serait dans l'erreur et on trouvait par exemple naguère dans les *tourniquets* de la Bourse qui ont existé pendant quelques années à Paris, une sorte de péage applicable à l'entrée d'un bâtiment de destination publique, et constituant une perception municipale [5].

On peut faire rentrer dans la même classe de taxes les perceptions opérées sur l'assistance aux représentations théâtrales par voie d'addition aux prix des places, perceptions qu'il était naguère, suivant le *Moniteur* du 27 janvier 1862, question de généraliser en Italie [6].

---

[1] V. Reden, t. Ier, p. 1531 et 1542. — V. aussi *Ibid.*, p. 1576 et 1589.

[2] V. Juana Pinilla, t. 2, p. 16.

[3] A Berne et à Soleure, d'après Christian, p. 95.

[4] V. Rühl *sur le Droit commun allemand*.

[5] V. la défense de ce droit dans le rapport du préfet de la Seine (*Moniteur* du 4 décembre 1860).

[6] « Une loi vient d'être proposée par dix membres du parlement de Turin, portant qu'une taxe de 5 centimes sera perçue sur toute personne à son entrée dans un théâtre, un bal, une mascarade, ou dans tout lieu de plaisir public. Cette loi a été prise en considération et elle est, en ce moment, soumise à la discussion des

Mais c'est surtout autrefois que les péages étaient fréquents et atteignaient fréquemment les personnes, les animaux et les moyens de transport.

M. Dureau de la Malle, dans son *Économie politique des Romains* [1], nous fait connaître ce qu'ils appelaient du nom de *portorium*; nous sommes porté à penser comme les auteurs de l'*Encyclopédie méthodique* et d'après les détails mêmes dans lesquels entre M. Dureau de la Malle, que les *portoria* étaient plutôt, en général, des douanes que des péages.

Les péages étaient définis, par les auteurs de l'Encyclopédie, des droits levés sur les ponts, sur les rivières et sur les chemins, en raison du poids des voitures chargées de marchandises ou de celui que portent les bêtes de somme, et abstraction faite de la valeur et du prix de ces marchandises.

Tous nos ministres éclairés sentirent l'inconvénient des péages abandonnés à l'arbitraire des seigneurs, suivant ce qui avait existé au moyen âge. On posa le principe que le roi seul pouvait établir des péages. Si quelques seigneurs haut-justiciers en avaient dont ils ne rapportaient pas le titre primitif, on supposait que ces péages existaient en vertu d'une concession originaire du souverain [2].

Colbert, par l'ordonnance de 1669, fit supprimer un grand nombre de ces droits; tous ceux de la Loire, par exemple, qui communiquait dans son cours, avec *quatorze provinces*, et qui était soumise à vingt-huit péages, depuis Saint-Rambert-en-Forez jusqu'à Nantes.

La Saône et le Rhône, ces deux autres voies naturelles de communication entre dix grandes provinces étaient sou-

bureaux. La taxe serait levée par un timbre fixé sur chaque billet d'entrée et sans une grande addition aux dépenses, elle produirait, dit-on, 3 millions de francs. »

[1] T. II, liv. IV, ch. xix, p. 451 et suiv.

[2] *Encyclopédie méthodique*, art. Péages.

mises, de Gray à Arles, à trente péages qui s'élevaient en général à 25 ou 30 p. 100. Ces péages étaient ceux qui étaient levés sur les fers, indépendamment des *droits de fermes*, qui étaient au nombre de six ; de sorte que quarante livres de fer de Russie, apportées à Marseille, ne payaient que 18 ou 20 p. 100, tandis que ceux de la Franche-Comté acquittaient près de 35 p. 100, y compris les droits des fermes [1].

Le gouvernement de l'ancienne France manifesta des intentions encore plus bienfaisantes relativement à la suppression des péages par l'arrêt du conseil du 15 août 1779. Le préambule de cet arrêt expose si clairement les inconvénients de ces droits multipliés que nous croyons à propos de le rapporter ici :

« Le roi s'occupant avec intérêt des moyens de bienfai-
» sance envers son peuple, a fortement à cœur de délivrer
» la nation de ces nombreux péages établis à la fois et sur
» les grandes routes et sur les rivières navigables. Il sait
» que cette perception arrête et fatigue le commerce ; que
» n'étant point réglée par des tarifs uniformes, leur compli-
» cation et leur diversité exigeaient une véritable étude de la
» part des négociants et voituriers ; que cependant des
» difficultés s'élevaient sans cesse, et qu'il était même une
» infinité de petites vexations que l'administration générale
» la plus attentive ne pouvait ni surveiller ni punir ; que
» tous ces droits enfin, nés pour la plupart des malheurs et
» de la confusion des anciens temps, formaient autant
» d'obstacles à la facilité des échanges, ce puissant encou-
» ragement de l'agriculture et de l'industrie.

» Sa Majesté, surtout, a été frappée de la partie considé-
» rable de ces droits dont la navigation des rivières est sur-
» chargée, et qui, souvent, ont contraint le commerce

---

[1] Art. Péages de l'*Encyclopédie méthodique* (Finances).

» à préférer les routes de terre. Cet abus d'administra-
» tion a paru à Sa Majesté d'autant plus important que
» son excès ne tendrait à rien moins qu'à rendre inutile
» cette diversité et cette heureuse distinction des rivières
» si propres à contribuer essentiellement à la prospérité du
» royaume, bienfait précieux de la nature dont le gouver-
». nement doit d'autant plus faciliter la jouissance qu'il
» présente l'avantage inestimable de ménager les grandes
» routes, de diminuer la nécessité des corvées ou des con-
» tributions qui les remplacent, et d'arrêter les progrès de
» ce nombre excessif d'animaux de transports, qui parta-
» gent avec l'homme les fruits de la terre.

» Sa Majesté, pour ne pas étendre trop loin les rembour-
» sements qu'elle aurait à faire, ne comprend point dans les
» péages qu'elle a dessein de supprimer, ceux établis sur les
» canaux ou sur les parties de rivières qui ne sont naviga-
» bles que par des écluses ou d'autres ouvrages d'art, puis-
» que ce sont des navigations pour ainsi dire acquises et
» conservées au prix d'une industrie dont la rétribution,
» bien loin d'être un sacrifice onéreux pour le commerce,
» est la juste récompence d'une entreprise utile à l'État.

» Sa Majesté a vu avec satisfaction que tous les autres
» péages, quoiqu'infiniment multipliés, ne formaient pas
» un produit assez considérable pour qu'il ne fût aisé de
» le remplacer par quelque autre revenu beaucoup moins à
» sa charge, à ses peuples; c'était même un des soulage-
» ments que Sa Majesté se proposait de leur accorder en
» entier si la guerre n'était pas venue consumer le fruit de
» ses soins et de son économie. Quoi qu'il en soit, comme
» c'est encore un véritable bienfait d'administration que de
» changer et de modifier les impôts qui nuisent à l'État, et
» contrarient la richessse publique, Sa Majesté veut con-
» naître exactement quelle est la partie des *péages* dont la

IV.   6

» suppression donnerait ouverture à des remboursements
» ou à des indemnités : et comme cette liquidation exige du
» temps pour être faite avec soin, Sa Majesté a jugé à propos
» de prescrire, dès à présent, le travail nécessaire à cet égard
» afin qu'au moment où la paix permettra l'exécution des
» projets généraux d'amélioration que la guerre tient sus-
» pendus, le roi puisse, en abolissant tous les péages, faire
» marcher d'un pas égal sa justice envers les particuliers et
» sa bienveillance envers l'État, etc. »

Ces droits, néanmoins, ne disparurent entièrement qu'en
1790, lorsque la loi du 15 mars sapa dans sa base même
l'institution féodale. L'art. 15 de cette loi maintint même les
péages qui avaient été concédés comme prix ou dédommagement de construction de ponts, canaux et autres travaux d'utilité publique, ou comme indemnité accordée aux propriétaires
légitimes de moulins, usines ou autres bâtiments supprimés
dans l'interêt de la navigation.

Vint ensuite la loi du 25 août 1792, dont les articles 7 et
9 étaient ainsi conçus :

« ART. 7. Les péages provisoirement exceptés de la suppression par l'article 15 du titre II du décret du 15 mars
1790, sont également abolis sans indemité, à moins que les
ci-devant seigneurs ne prouvent par les titres de leur création
primitive qu'ils sont la représentation ou le dédommagement
d'une propriété dont le sacrifice a été fait à la chose publique.

« ART. 9. Les droits exclusifs de bacs et voitures d'eau,
provisoirement conservés par l'art. 15. titre II du décret du
15 mars 1790, sont pareillement supprimés, de manière qu'il
sera libre à tous citoyens de tenir sur les rivières et canaux
des bacs, coches ou voitures d'eau, sous les loyers et rétributions qui seront fixés et tarifés par les directoires dedéparte-
neut, sur l'avis des municipalités et directoires de district. »

On voit par là que, dans cette abolition générale et absolue, les auteurs de la loi ont compris même les droits de péage réservés par le décret du 15 mars 1790 au profit des constructeurs de ponts et canaux.

Pendant les convulsions révolutionnaires, le gouvernement abandonna l'entretien des fleuves et des rivières, jusqu'au jour où un gouvernement régulier saisit les rênes de l'État ; mais à cette époque, les ressources du Trésor étaient loin de suffire aux besoins du pays ; diverses mesures furent prises pour rétablir quelque chose de ce qui avait autrefois existé. Bernardin de Saint-Pierre même avait considéré dans ses *Vœux pour la nation*, publiés au commencement de la révolution, l'établissement des barrières et péages comme pouvant être un moyen de remplacer la corvée des chemins, et il avait invoqué en ce sens l'exemple de l'Angleterre, de la Hollande et de l'Allemagne [1].

En 1797, une taxe sur les routes fut établie et dura jusqu'en 1806 [2].

Un droit de navigation fut aussi institué afin de permettre à l'administration d'assurer l'entretien et d'entreprendre l'amélioration des voies navigables. La loi du 30 floréal an X statua comme il suit :

« ART. 1er. Il sera perçu, dans toute l'étendue de la République, sur les fleuves et rivières navigables, un droit
» de navigation intérieur dont les produits seront spécia-
» lement affectés au balisage, à l'entretien des chemins et
» ports de halage, à celui des pertuis, écluses, barrages et
» autres ouvrages d'art établis pour l'avantage de la navi-
» gation.

» Ce droit sera aussi établi sur les canaux navigables qui

---

[1] *Études de la Nature*, t. VII, p. 178, édition de 1792.

[2] V. Rau, § 240, note *c*. — La loi du 24 fructidor an V posa le principe de cette taxe organisée dans les articles 74 à 89 de la loi du 9 vendémiaire an VI, et ultérieurement encore, dans la loi du 3 nivôse an VI, à laquelle fut annexé le tarif des droits pour les personnes, animaux et voitures diverses.

» n'y ont point encore été assujettis, et sur ceux dont la
» perception des anciennes taxes serait actuellement sus-
» pendue.

    » ART. 2. Les produits des droits formeront des masses
» distinctes et l'emploi en sera fait limitativement sur
» chaque canal, fleuve et rivière sur lesquels la perception
» aura été faite. »

Les tarifs ont été arrêtés séparément pour chaque bassin,
en vertu de l'article 3 de la même loi, d'après des données
puisées sur les lieux, et il était résulté de cet établissement
partiel, et surtout de la destination spéciale des produits,
une grande inégalité dans la quotité de l'impôt et dans son
assiette ; non-seulement entre les différents bassins, mais
encore entre les cours d'eau d'un même bassin et entre les
différents bureaux d'un même cours d'eau, le droit variait
de 1 à 14 dans les différentes rivières. On payait sur la
Meuse 0,0118, par distance de cinq kilomètres, et sur la
Sèvre niortaise 0,1525 par tonne [1].

On comprend d'ailleurs que, dans son principe même,
l'impôt était surtout onéreux sur les rivières où la navigation est semée d'obstacles et de dangers ; le droit variait
encore par la manière dont il saisissait les bateaux ou leur
charge ; on distinguait enfin les droits à la descente et à la
remonte.

Les réclamations incessantes du commerce ramenèrent
plusieurs fois l'attention du gouvernement sur cette importante matière. En 1824, un projet de loi fut infructueuse-
ment présenté ; ce ne fut qu'en 1834 que fut voté le projet
relatif à la basse Seine, dans lequel les tarifs furent réglés
d'après la charge réelle des bateaux avec uniformité à la

---

[1] V. à cet égard et pour de plus amples détails le *Traité de la perception des droits de navigation et de péage sur les fleuves, rivières et canaux,* par Ernest Granger, p. 5 et suiv.

descente et à la remonte, et en distinguant deux classes de marchandises. Cette expérience ayant réussi, on adopta, en 1836, une loi qui généralisa le système en l'appliquant à presque tous les bassins.

La loi de 1836 (9 juillet) a eu pour but de ramener les droits de navigation à un tarif presque uniforme, en prenant pour base de la perception le poids réel, la nature des marchandises transportées, ainsi que la distance parcourue [1]. Bien que le gouvernement eût abandonné une partie de l'impôt, cette uniformité n'avait pas été obtenue sans une augmentation de droits sur plusieurs points. Ainsi il y eut un accroissement notable sur les bois de l'Yonne, et l'on sait que ce département fournit les neuf dixièmes de la consommation de Paris; c'est pour satisfaire à ces nouvelles réclamations qu'a été faite l'ordonnance du 27 octobre 1837 qui a accordé un nouveau dégrèvement. D'un autre côté, une ordonnance du 30 novembre 1839 rendue en conformité de la loi du 14 juillet 1837, relative à l'application du système décimal, a prescrit qu'à dater du 1er janvier 1840, la perception des droits de navigation faite par l'État aurait lieu par distance d'un myriamètre, que le droit serait appliqué par dixième de myriamètre, que toute fraction de cinq cents mètres et au-dessus serait comptée pour un kilomètre et et que toute fraction inférieure serait négligée.

Les tarifs que nous venons d'indiquer n'ont pas été applicables aux canaux exécutés en vertu des lois de 1821 et 1822, non plus qu'aux canaux concédés à d'autres époques; il existe des tarifs spéciaux pour chacun de ces canaux. En

---

[1] L'article 4 de la loi du 30 floréal an X avait soumis à la juridiction des conseils de préfecture les contestations sur la perception des droits de navigation intérieure. L'article 21 de la loi du 9 juillet 1836 statua que les contestations sur le fonds du droit de navigation, et les contraventions seraient constatées et poursuivies dans les formes propres à l'administration des contributions indirectes.

ce qui touche la navigation du Nord pour laquelle la loi du
9 juillet 1836 n'avait pas statué et avait maintenu des tarifs
spéciaux, ainsi que pour l'Hérault, etc., le décret du 4 septembre 1859 porte que les droits de navigation établis sur
les rivières et canaux, non concédés compris dans les bassins
de l'Escaut et de l'Aa sont perçus d'après la charge réelle
des bateaux et la distance à parcourir. Par décret du 15 septembre 1858, les bateaux chargés de marchandises diverses
sont imposés proportionnellement au poids et suivant la nature de chaque partie de chargement.

Aucune des dispositions qui précèdent n'est applicable
au Rhin. Une convention diplomatique passée le 31 mars
1831 entre tous les États riverains de ce fleuve règle la navigation sur tout le cours du Rhin jusqu'à la mer, ainsi qu
sur le Lech et sur l'embranchement dit le Waal.

Il était d'ailleurs exprimé formellement, par l'article 23 de
la loi du 9 juillet 1836, que la perception des droits de navigation sur les navires, bâtiments et bateaux allant des ports
situés à l'embouchure des fleuves à la mer, ou venant de la
mer à la destination desdits ports, continuerait d'être faite,
d'après les tarifs et le mode précédemment en vigueur.

A la suite des décrets qui, en 1858, ont réduit les droits
de navigation sur divers canaux [1], le gouvernement français
a continué à se préoccuper de favoriser la circulation sur les
voies de la navigation intérieure.

Le décret du 22 mars 1860 a supprimé les droits *dits de
navigation maritime,* perçus en vertu de divers arrêtés, décrets et ordonnances, sur la Seine, la Charente, la Seudre, la
Sèvre-Niortaise, la Loire, le Rhône, l'Orne, la Touque, la
Vilaine et le canal de Brouage [2].

---

[1] *Bulletin des lois* de 1858, n°° 5929 à 5931.
[2] Ce décret est ainsi conçu :
Vu les arrêtés du gouvernement, en date des 19 messidor an XI, 27 vendémiaire

Un décret du 4 septembre 1860, relatif aux droits de navigation sur plusieurs canaux et rivières, a encore introduit de nouveaux allégements.

L'examen des comptes définitifs de recettes [1] pour les an-

et 1er floréal an XII, et les décrets impériaux des 8 vendémiaire an XIV, 11 janvier et 4 mars 1808, et 14 décembre 1810, qui ont établi la perception du droit de navigation :

1° Dans le bassin de la Seine ;
2° Sur la Charente, la Seudre et la Sèvre-Niortaise ;
3° Dans les bassins de la Loire et du Rhône ;
4° Sur l'Orne et la Touque ;
5° Sur la Vilaine ;
6° Dans le bassin de la Gironde ;
7° Sur le canal de Brouage ;

Vu l'ordonnance royale du 30 mars 1826, qui a modifié les taxes perçues sur la Charente, la Seudre et le canal de Brouage ;

Vu le décret impérial du 16 juillet 1857, aux termes duquel le droit de navigation sur les navires allant de Rochefort à la mer, et *vice versâ*, est remplacé par un droit de péage de quotités égales, perçu au profit de la commune de Rochefort, et dont les produits, ainsi que ceux du demi-droit de tonnage, sont affectés, jusqu'à due concurrence, au remboursement de la somme de quatre cent mille francs, avancés par cette ville pour la construction d'un bassin à flot ;

Vu l'avis de notre ministre secrétaire d'État au département de l'agriculture, du commerce et des travaux publics ;

Sur le rapport de notre ministre secrétaire d'État au département des finances,

AVONS DÉCRÉTÉ et DÉCRÉTONS ce qui suit :

ART. 1er. Sont supprimés, à partir du 15 avril prochain, les droits dits *de navigation maritime*, qui sont actuellement perçus en vertu des arrêtés, décrets et ordonnances ci-dessus visés, sur la Seine, la Charente, la Seudre, la Sèvre-Niortaise, la Loire, le Rhône, l'Orne, la Touque, la Vilaine et le canal de Brouage, ainsi que la taxe proportionnelle et annuelle dont sont frappés, aux termes du décret du 4 mars 1,808 les bâtiments à quille, pontés ou non pontés, servant au cabotage sur la Gironde, la Garonne et la Dordogne.

ART. 2. Sont maintenus, toutefois, jusqu'à l'entier remboursement de la somme de quatre cent mille francs (400,000 fr.) avancée par la ville de Rochefort, les droits de péage perçus en vertu du décret susvisé du 16 juillet 1857, sur les bâtiments allant de Rochefort à la mer, et *vice versâ*.

[1]   RÉCAPITULATION DU DROIT DE NAVIGATION DE 1857 :

(Après la loi du 16 juillet 1836 et avant le décret du 15 septembre 1858).

Rivières et canaux non soumissonnés.	5,136,124 fr.	63
Canaux soumissionnés et rivières canalisées.	5,449,041	44
(P. 258 du compte). Total. . . .	10,585,166	07

nées 1857, 1859 [1] et 1861 [2], montre l'influence de l'abaissement des tarifs sur le produit des droits de navigation dans le budget de la France.

L'exposé de la situation de l'Empire présenté au corps législatif en novembre 1863, constate l'extension des transports par eau sous l'influence de la réduction des droits de navigation. « Le nombre des tonnes kilométriques, est-il dit dans ce document, qui n'était en 1859 que de 1,233 millions, et a été, en 1862, de 1,495 millions, sera probablement en 1863 de 1,684 millions. »

Les péages sont en contradiction avec les principes sur la liberté de la circulation en vigueur en France. On use librement des routes qui coûtent annuellement 20 millions d'entretien à l'État, tandis qu'une taxe est perçue sur les rivières, sous prétexte de faire payer l'entretien des cours d'eau ; ce qui peint bien la différence de génie de notre nation et du peuple anglais, c'est que chez ces derniers la navigation fluviale est affranchie de tout impôt [3], tandis que les droits de barrière sur les routes sont très-élevés. Nous avons fait tout le contraire en supprimant la taxe des barrières pour établir des droits de navigation longtemps assez considérables ; par

---

[1]   RÉCAPITULATION DU DROIT DE NAVIGATION DE 1859 :
(Après le décret du 15 septembre 1858).

Rivières et canaux non soumissionnés.	4,384,025 fr.	94
Canaux soumissionnés et rivières canalisées.	2,688,092	03
(P. 264 du compte). Total. . . .	7,072,117	97

[2]   RÉCAPITULATION DU DROIT DE NAVIGATION DE 1861:
(Après le décret du 1er avril 1860).
Rivières et canaux soumissionnés et non soumissionnés.
(P. 73 du compte).   Total. . . . . 4,096,949 fr. 67

[3] Il y a, en Irlande, des droits sur la navigation des canaux qui rapportaient environ 2 millions de francs, à l'époque où écrivait M. Bailly, qui en a parlé dans son *Exposé de l'administration financière de la Grande-Bretagne*. (Tome Ier, p.   , section Ire).

ce moyen, le commerce de transport a été intéressé à se porter sur les grandes voies de communication par terre; nous nous sommes peut-être par là imposé des frais plus grands pour l'entretien de nos routes, et nous avons entravé les échanges par l'élévation du droit de navigation. Les chemins de fer sont, du reste, intervenus pour modifier cette situation par l'introduction d'un nouvel élément de concurrence.

Le fisc ne perçoit que quatre péages de ponts : à Kehl, à Huningue, à Bonpas sur la Durance et à Orchamps dans le Jura, écrivait M. de Hock en 1858, tous ensemble d'un produit annuel de 64,000 fr.

A titre d'avances faites aux constructeurs et comme compensation du minimum de produit qu'il garantit, l'État touchait sur les péages du pont de Bordeaux, aujourd'hui affranchi, la moitié des sommes qui excédaient le chiffre de 250,000 fr. Cette moitié dans les dernières années a dépassé 50,000 fr. [1]

D'après la loi du 14 floréal an X, les péages sont autorisés pour concourir à la construction ou réparation des ponts, écluses ou ouvrages d'art à la charge de l'État, des départements et des communes et pour correction des rampes sur les routes impériales et départementales. La loi du 10 mai 1838 rappelle dans son article 10 cette ressource des finances départementales. Le § 9 de la loi de 1837 sur l'organisation municipale énumère aussi *les péages communaux* parmi les recettes autorisées des communes.

La féodalité s'était approprié la propriété des droits de bac ou de traversée des cours d'eau. L'administration domaniale la reprit non sans difficulté sur la féodalité. « Cette œuvre était même encore incomplète, suivant les auteurs du *Dic-*

---

[1] V. de Hock, p. 393. En 1860, d'après le *Compte des recettes*, le péage des quatre ponts sus-mentionnés a donné 63,045 fr. Le pont d'Orchamps ne figure dans ce total que pour 46 fr., p. 267 du compte.

tionnaire général d'administration [1], lors de la révolution de
1789. Provisoirement maintenue par le décret du 17 mars
1790, la perception de ces droits fut abolie par l'article 9 de
la loi du 25 août 1792 cité plus haut, portant qu'il serait
libre à tous citoyens de tenir sur les rivières et canaux des
bacs pour les loyers et rétributions que fixeraient les autorités locales. Puis vint la loi du 6 frimaire an VII, qui eut
pour but de mettre l'État en possession de tous les bacs
moyennant indemnité, et qui en a placé le produit au rang
des revenus publics. »

Ce droit de possession partiel de l'État sur les rivières non
navigables est nécessaire à expliquer, surtout en tant que
productif de revenu. On l'a justifié en disant que la sûreté
et la facilité des communications exigent que les bacs qui
se lient à une route impériale, départementale ou vicinale,
ne soient pas abandonnés à la discrétion des simples particuliers ou même des communes [2].

La perception du droit pour chaque passage d'eau est fixée
par le gouvernement dans la forme arrêtée pour les règlements d'administration publique. Le mode de recouvrement
est l'affermage aux enchères publiques, et, dans certain cas,
comme mesure transitoire, l'abonnement.

Les bacs, passages d'eau, avec les produits de la pêche et
des francs-bords des canaux, forment dans le compte des
recettes de 1860 [3], un article partiel du produit total de
1,026,698 fr. La prévision dans le budget de 1864 est de
1,040,000 fr. Il ne paraît pas que les bacs donnent seulement la moitié de ce produit [4].

C'était un péage que la taxe espagnole du *servicio*. « Le
servicio y Montazgo, d'après l'auteur des *Essais sur l'adminis-*

[1] Publié à Paris, en 1857. Imprimerie de Paul Dupont.
[2] Avis du conseil d'État de 1829, cité dans le même *Dictionnaire*.
[3] Page 250.
[4] V. *Comptes des recettes de* 1860, p. 268.

tration de la Castille au xvie *siècle* [1], consistait : 1° en un
droit annuel basé sur le bétail qui sortait pour quelque
cause que ce fût de la commune où il faisait sa résidence
ordinaire, c'était le *servicio*; 2° en un droit qui se percevait
à certains passages des montagnes que les troupeaux voyageurs étaient forcés de franchir, c'était le *Montazgo*. Le premier droit variait suivant chaque espèce; sur les bêtes à
cornes, le fisc s'appropriait trois têtes sur cent; sur les bêtes
à laine, 5 pour 100; sur les porcs, 10 pour 100. Il y avait,
en outre, un petit droit accessoire qui se percevait en argent et qui était destiné à couvrir les frais d'administration.
Le *Montazgo* qui n'atteignait que les bêtes à laine variait
selon les lieux. En général, le fisc s'emparait de deux à six
individus sur mille, mais en certains points, le droit s'élevait à huit et jusqu'à seize pour mille. Le recouvrement de
ces droits ne s'opérant, en général, que dans les déserts, les
exacteurs étaient à l'abri de toute surveillance et pouvaient
se livrer impunément à toutes sortes d'extorsions contre les
bergers qui ignoraient leurs droits et étaient, d'ailleurs, à
peine intéressés à les défendre. »

Un savant économiste espagnol signale à plusieurs reprises
l'existence de péages (*portazgos*) dans l'histoire des finances
de son pays [2].

Plusieurs des impôts sur les actes tirent leur origine du
désir qu'ont eu les gouvernements de se faire payer les services qu'ils étaient appelés à rendre. C'est ainsi que l'impôt
des péages a été si souvent appelé à alléger les dépenses
résultant de l'entretien des routes ou des canaux sur lesquels les péages ont été perçus. Smith même a pensé que
la dépense des routes échappait naturellement au cadre des

[1] P. 280.
[2] Historia de la Economia politica en España por el doctor D. M. Colmeiro,
ch. LXXVIII, *passim.*

dépenses publiques, comme il était porté à l'admettre aussi pour diverses dépenses de la justice, et à plus forte raison, de l'instruction publique. « Une route, dit-il, doit être payée » par ceux qui en font usage et en proportion de l'usage » qu'ils en font[1]. »

« Il ne paraît pas nécessaire que la dépense de ces ou- » vrages publics, ajoute-il plus loin, soit défrayée par ce » qu'on appelle communément le revenu public, celui dont » la perception et l'application sont dans la plupart des pays » attribuées au pouvoir exécutif. La plus grande partie de » ces ouvrages peut être facilement régie de manière à » fournir un revenu particulier suffisant pour couvrir la » dépense sans grever d'aucune charge le revenu commun » de la nation.

» Une grande route, un pont, un canal navigable, par » exemple, peuvent le plus souvent être construits et entre- » tenus avec le plus léger droit sur les voitures qui en font » usage ; un port, par un modique droit de port sur le ton- » nage des vaisseaux qui y font leur chargement et leur dé- » chargement.

» La personne qui paye la taxe, en définitive, gagne plus » par la manière dont cette taxe est employée qu'elle ne » perd par cette dépense. Ce qu'elle paie est en proportion » du gain qu'elle fait. Dans la réalité, le payement n'est » autre chose qu'une partie de ce gain qu'elle est obligée » de céder pour avoir le reste. Il paraît impossible d'imagi- » ner une méthode plus équitable de lever un impôt. »

L'Angleterre, soit qu'elle ait suivi ou plutôt inspiré les principes de son économiste distingué, a des routes à bar- rières (*Turnpike Roads*) placées sous l'administration d'un certain nombre du commissaires ordinairement nommés par des actes du parlement, destinés à régler la réparation ou la

----

[1] *Richesse des nations*, liv. V, ch. 1er.

construction de certaines routes. Il y a des lois générales qui règlent la police de ces routes. Les droits de péage qui y sont perçus, remontent, dit-on, à l'année 1663 [1]. Sont exemptés des droits de péage les chevaux et voitures au service du roi ou d'un prince de la famille royale, les chevaux et voitures portant des matériaux pour les routes et ponts, de l'engrais ou des produits agricoles non destinés à la vente, les personnes allant à l'église ou au temple le dimanche, excepté dans certaines circonscriptions de Londres. Sont encore exemptés les personnes allant aux funérailles d'une personne de la paroisse, les ministres accomplissant leurs devoirs religieux ou visitant les malades de la paroisse, les officiers conduisant des prisonniers, les officiers de l'armée ou les soldats en service, les chevaux et voitures de la yeomanry ; les personnes qui se rendent à certaines élections. Aucun péage n'est perçu pour la traversée d'une route ou pour un trajet n'excédant pas cent yards sur cette route. On trouve encore quelques dispositions accessoires du même genre dans l'analyse de la législation anglaise sur cette matière [2].

Le produit net des péages sur les routes à barrières a été approximativement et inférieurement à la réalité, évalué par M. Bailly, en 1837, à 44,321,000 fr. dans le Royaume-Uni [3].

Les taxes sur les routes, telles qu'elles existent en Angleterre, se retrouvent aussi en Allemagne. Elles peuvent être considérées comme un progrès relativement à d'anciens péages dont le caprice atteignait la circulation dans des points déterminés sans rapport avec une cause

---

[1] M. Bailly leur donne une date moins ancienne. V. *The Tablet of memory*. London, 1809, p. 42.

[2] V. le petit dictionnaire des termes de loi à la suite du *Cabinet Lawyer*. V. Turnpikes.

[3] *Administration générale et locale des finances du Royaume-Uni*, t. II, p. 316.

aussi rationnelle que l'est la longueur de route parcourue.

M. Rau traite de ces taxes, qu'il appelle *strassengeld* ou *weggeld*, ave son son érudition et sa clarté habituelles[1]. Il dit que les voitures de l'État et de l'armée, et habituellement celles des indigents, les corbillards et les voitures chargées d'engrais en sont exemptés.

Je pense qu'il faut rattacher à cette nature de taxes les *chaussegeelder* dont M. de Reden parle comme établis dans le grand-duché de Hesse à raison des distances parcourues et des chevaux attelés, par la loi du 6 mars 1824, et qui y auraient produit, de 1844 à 1846, 231,774 florins[2], les *Chaussee-Weg ung Brückengelder* perçus en Wurtemberg de 1808 à 1810, et qui furent remplacés pendant quelque temps par des taxes sur les propriétaires d'animaux[3], les *Pflastergelder* ou droits de pavé dont on voit l'écriteau indicateur à l'entrée de plusieurs villes d'Allemagne et qui correspondent, sans doute, à nos anciens droits de *pavage* levés jadis dans certaines villes[4].

M. Rau s'attache à démontrer, par des chiffres curieux, que l'impôt sur les routes (*strassengeld*) est, dans tous les États qui l'ont conservé (et il cite la France, le grand-duché de Bade et le duché de Nassau, comme l'ayant aboli dans le courant de notre siècle), généralement d'un produit très-inférieur à la dépense occasionnée par les routes elles-mêmes[5].

[1] V. § 239 et suiv.

[2] V. Reden, t. Ier, p. 435.

[3] V. *Ibid.*, p. 216. Les *Brückengelder* ou péages des ponts sont étudiés par Rau dans le § 243.

[4] V. mot : *Pavage* dans l'*Encyclopédie méthodique.* — Finances.

[5] Le grand duché de Bade conserve au reste des péages d'eau de quelque importance. On trouve dans son budget de 1860 et 1861 :

Produit de l'octroi du Rhin . . . . 130,093 florins.

Péages sur les affluents . . . . 119,890 »

Péages de ponts . . . . 105,958 »

Ce sont les renseignements donnés par M. Regenauer dans son ouvrage sur les finances du grand-duché de Bade.

En Prusse, la taxe sur les routes a produit, de 1854 à 1856, en moyenne, 1,290,613 thalers ; la dépense d'entretien des routes, en 1858, a été de 2 millions 1/4.

En Hanovre, de 1845 à 1851, le produit net de l'impôt porté à 206,000 thalers, n'a représenté que la moitié de la dépense d'entretien des routes.

En Autriche, le montant des péages de terre et d'eau s'est élevé, en 1846-1847, à 2,468,000 florins net; les frais des routes ont atteint 6,872,000 florins.

Dans la Hesse électorale, 90,000 thalers de droits perçus sont loin de 162,000 thalers de dépenses correspondantes en 1849 ; et dans le grand-duché de Hesse, en 1849-50, le produit du *Weggeld* (175,000 florins) représente 56 pour 100 des dépenses d'entretien des routes.

M. Rau est, avec raison, favorable à la suppression des taxes de péages sur les routes, taxes qui, dit-il, augmentent le prix des marchandises, favorisent sur certains points l'introduction des marchandises du dehors et sont gênantes pour les voyageurs. Il semble que ces raisons commencent même à peser sur la législation anglaise d'après une mention récente du *Moniteur* du 10 août 1863 [1].

Le savant financier prussien Hofmann, rapporte que les péages avaient acquis autrefois, en Allemagne, un assez grand développement, surtout sur les voies d'eau où leur assiette est plus facile que sur les voies de terre. Leur aggravation fit, à certaine époque, déserter la navigation du Rhin,

---

[1] Un acte du parlement, qui vient d'être voté récemment, est-il dit, va supprimer dans les banlieues de Londres une des entraves les plus fâcheuses à la libre circulation. Les chemins qui avoisinent Londres, aussi bien que ceux qui sillonnent l'Angleterre, sont assujettis encore à des droits de barrière qui pèsent sur les chevaux et les voitures. Mais comme une quantité énorme des résidences citadines se sont créées autour de la capitale et donnent lieu à un incroyable mouvement de population, ces taxes étaient devenues de véritables impôts sur la population métropolitaine. En juillet 1864, ce mode d'entretien onéreux pour le public prendra fin, et la dépense des chemins incombera aux diverses paroisses qu'ils traversent.

du Mein, du Weser et de l'Elbe. Si les petits États peuvent se
servir des péages pour saisir le commerce étranger au passage, l'auteur fait remarquer au contraire l'influence fâcheuse des péages sur la circulation des grands États, et
il signale le produit décroissant des péages prussiens [1].

Sous ce rapport, si les péages ont paru à un écrivain de
nos jours, par une assertion peut-être difficile à prouver, intervenir dans l'ordre historique à une époque plus récente
que les capitations et les taxes foncières [2], ils n'en semblent
pas moins destinés à disparaître presque entièrement, probablement avant ces mêmes taxes, par les progrès de la civilisation.

Certains péages ont un intérêt international. Tel était
celui du Sund qui a été l'objet d'un rachat au profit du
trésor danois. Tel était encore celui de l'Escaut, qui a été
remboursé au trésor néerlandais par une capitalisation
élevée à la somme de 36,278,566 fr. ou 17,141,640 florins,
dont un tiers devra être payé après l'échange des ratifica-
tions, et les deux autres tiers ultérieurement [3].

Ce sont, à ce qu'il paraît, des péages d'eau que les droits
perçus sur les rivières des Pays-Bas et qu'un auteur anglais,
en 1822, estimait à un produit de 200,000 florins, pesant
spécialement sur les provinces du nord du royaume [4].

Les péages sont, comme nous l'avons déjà dit, intimement

[1] *Die lehre Von Den Steuern,* p. 450 à 452.

[2] M. Cournot, *Principes de la Théorie des Richesses,* p. 352, s'exprime en ces
termes après avoir parlé de la capitation et de l'impôt foncier :

« Enfin quand le progrès du commerce et des arts a rassemblé les hommes dans
» les cités, l'idée vient de profiter de la porte d'une ville, de la passe d'un port,
» de la herse d'un pont, pour lever une taxe sur les marchandises à l'entrée ou à
» la sortie, etc. »

[3] V. la *Revue des Deux-Mondes* du 1er juin 1863, p. 748, et le *Traité* du 16
juillet 1863, inséré au *Moniteur* du 28 août 1863, fixant la quote part des diverses puissances intéressées.

[4] V. Cohen, *Compendium of Finance,* p. 52.

rapprochés des taxes sur les transports. L'objet des péages est, en effet, d'ordinaire, la personne, l'animal, la voiture qui se déplacent. Quelquefois même, il y a un droit proportionnel au poids et relatif à la nature des marchandises en circulation. L'impôt sur les transports atteint isolément les marchandises transportées, et quelquefois il est proportionné au prix même du transport. Il y a une taxe qui semble, sous certains rapports, constituer l'anneau intermédiaire entre le péage et le droit sur le transport. Cette taxe est le *tonnage* qui atteint les bâtiments de mer d'après leur importance et leur faculté de transport, sinon d'après leur transport effectif. Nous le rattachons à la section présente dans laquelle nous venons d'examiner les péages avec lesquels il nous paraît avoir le plus de rapport, parce qu'il est perçu tout à fait exclusivement sur des points déterminés, c'est-à-dire à l'entrée des ports. Cette circonstance, jointe à la surimposition habituelle des navires étrangers, relie au système douanier les droits de tonnage quant à leur perception.

Sully établit une taxe connue sous le nom de *l'écu par tonneau de mer;* elle fût destinée à équiper des navires d'escorte pour les bateaux marchands et perçue jusqu'en 1664. Ces droits rapportaient, en moyenne, 600,000 livres [1].

Le décret de vendémiaire an II, après avoir supprimé les droits de fret, d'ancrage, de feux, de phares, de toues, balises et autres, sous quelque dénomination que ce fût, mit sur les navires étrangers un droit de 50 sols par tonneau.

Les navires français y étaient aussi soumis, mais dans des cas déterminés, selon l'importance de leur tonnage et la nature de leurs voyages. Seulement le droit n'était que de 3, de 4 et de 6 sols.

[1] Clément, *Administration de Colbert,* chap. IV.

Depuis, il a été supprimé [1].

La loi de floréal, relative aux contributions indirectes de l'an II, frappa d'une nouvelle contribution les navires étrangers.

Cette contribution fut égale à la moitié du droit de tonnage établi par le décret du 27 vendémiaire.

Elle devait être perçue de la même manière, et son produit, exclusivement affecté aux dépenses d'entretien et réparation des ports, devait être employé au profit du port dans lequel la perception avait eu lieu.

Le droit de tonnage se trouvait ainsi porté, dans les ports métropolitains, à 3 fr. 75 c., et, en y ajoutant les deux décimes, à 4 fr. 50.

Mais, en premier lieu, le pacte de famille avec l'Espagne, depuis lors, des traités et des conventions avec les puissances étrangères, des dispositions législatives, des ordonnances, des arrêtés et des décisions des ministres ont ou réduit ou supprimé le droit de tonnage [2].

Si l'on excepte l'Amérique, relativement à laquelle, dans nos ports comme dans les siens, le droit de tonnage est encore de 5 fr. par tonneau de jauge, on croit pouvoir dire qu'en général il ne dépasse guère 1 fr.

En Algérie, l'ordonnance de 1843, confirmée par la loi de 1851, a fixé le droit de tonnage à 4 fr. et l'a affranchi du centime additionnel.

Des conventions avec la Russie, la Sardaigne, la Toscane et la Belgique l'ont réduit à 2 fr.

Mais on a toujours tenu pour constant que ces réductions

---

[1] Art. 5 de l'ordonnance du 23 juillet 1838, confirmé par l'article 20 de la loi du 6 mai 1841.

[2] V. dans l'ouvrage de M. de Barante sur la *Vie politique* de M. Royer-Collard, t. II, p. 272, la mention d'une discussion relative aux droits respectifs de la couronne et du pouvoir législatif relativement aux droits de tonnage; dans la chambre des députés de la Restauration.

ne pouvaient être que le résultat de conventions particulières et spéciales.

Aussi, les prétentions de l'Angleterre, en 1854, de ne payer dans les ports algériens que la quotité du droit qu'elle payait dans les ports métropolitains, en vertu du traité de 1826, et, en 1857, de jouir même de l'exemption comme nation la plus favorisée, ces prétentions ont-elles toujours été écartées par la France.

Outre les droits de tonnage, notre marine marchande est protégée par un système de droits différentiels et de taxes qui atteignent inégalement le pavillon national et le pavillon étranger. Quelquefois, les droits ont été combinés de manière à s'abaisser aussi pour le pavillon national à mesure que la provenance est plus éloignée ; c'est ce que l'on voyait dans le tarif des sucres, existant il y a quelques années [1].

Plus tard, le sucre importé des colonies françaises a été assujetti au droit de 25 fr. par la loi du 23 mai 1860, et le sucre importé d'ailleurs hors d'Europe, a été soumis par la même loi au droit de 28 fr. les 100 kilogrammes. Mais, les mêmes sucres apportés par navires étrangers, ont dû payer 39 fr. [2].

Les droits qui affectent le corps du navire sont de plusieurs sortes : droit de francisation, droit de tonnage et droit d'expédition. Le premier affecte exclusivement les navires français : sa quotité varie à raison du tonnage des navires ; il est réglé sur les bases suivantes :

9 cent. par tonneau pour les bâtiments au-dessous de 100 tonneaux.

18 fr. pour les bâtiments de 100 à 200 tonneaux.

[1] V. le *Dictionnaire d'administration* de M. Block, article *Navigation maritime*.

[2] Art. 1er de la loi du 23 mai 1860.

On sait, et nous l'avons vu plus haut, que ces droits ont été élevés depuis.

24 fr. de 200 à 300.

Et 6 fr. en sus pour chaque 100 tonneaux excédant le chiffre de 300 tonneaux [1].

Le droit de tonnage [2] ne s'applique qu'aux navires étrangers, à l'exception, même, des navires appartenant à des nations qui, par des traités de navigation, ont obtenu dans nos ports le traitement national pour leur pavillon. Cependant les navires français venant du Royaume-Uni ou de ses possessions en Europe, doivent aussi acquitter un droit de 1 fr. par tonneau, non compris le décime [3].

Les navires exclusivement affectés au transport des voyageurs, ne paient le droit de tonnage qu'à raison d'un tonneau par chaque voyageur [4].

Le droit de tonnage affecte uniquement l'entrée du navire dans un port où il trouve abri. Il paraît constituer tout à la fois une sorte de reconnaissance de la souveraineté étrangère, le prix des travaux faits pour abriter les navires; enfin, par la différence de sa quotité relative aux pavillons, un droit protecteur de la navigation du pays. Il se perçoit par le seul fait de l'entrée des navires, lors même qu'il y a relâche forcée [5].

---

[1] Lois du 27 vendémiaire an II, et du 27 juillet 1836.

[2] Le droit de *tonnage et poundage*, était en Angleterre, un droit sur les marchandises concédé originairement par le parlement pour la protection du commerce et borné à de courtes périodes. Les rois parvinrent pendant quelque temps à se l'approprier, et un auteur anglais l'a compris au nombre des huit moyens frauduleux d'avoir de l'argent sans le consentement du parlement. Jacques Ier éleva ce droit à 5 pour 100, de sa propre autorité. Ce chiffre s'applique sans doute au droit de *poundage* établi *sur la valeur* des marchandises, à la différence du droit de *tonnage* proportionnel au nombre de tonneaux répondant à la capacité du vaisseau (*Dictionnaire universel de Commerce*, v° *Poundage*) ; sous Charles Ier, le parlement ressaisit le droit de l'accorder (V. Ferris, *A standard of the English Constitution*).

[3] Traité du 26 janvier 1826.

[4] Décision du 13 mars 1832. *Dictionnaire d'administration* de M. Block, art. *Navigation maritime*.

[5] Loi du 4 germinal an II, titre II, article 6.

On a souvent critiqué l'assiette des droits de tonnage en tant qu'elle porte sur l'importance des bâtiments et non sur celle des marchandises transportées.

Une loi de 1863 a établi sur cette dernière base la perception du droit de tonnage dans les ports de l'Algérie. Le droit est assis par tonneau d'affrétement sur les marchandises débarquées ou embarquées; les passagers et voitures représentent un certain nombre de tonneaux.

La modification favorable introduite par la loi de 1863 a paru insuffisante à plusieurs des personnes qui se sont vouées à la défense des intérêts de l'Afrique française, et elle a été jugée dans ce sens par M. de Forcade La Roquette, dont le rapport a été inséré au *Moniteur* du 9 août 1863 [1].

[1] « La loi nouvelle, qui a pour objet de ne faire payer le droit de tonnage que proportionnellement à la quantité de marchandises et au nombre de voyageurs débarqués ou embarqués, remédie dans une certaine mesure à cet inconvénient souvent signalé. L'obstacle absolu n'existe plus ; mais le droit de tonnage réduit à une perception proportionnelle n'en est pas moins maintenu en principe. Or, ce droit n'existe pas à Marseille. Le courant commercial sera donc toujours poussé vers le grand port métropolitain de la Méditerranée au détriment des ports de la colonie.

Ajoutons que ce n'est pas seulement le droit de tonnage qui grève les navires anglais à Alger, ce sont aussi les surtaxes de pavillon. Par le traité de 1826, les surtaxes de pavillon entre la France et l'Angleterre ont été supprimées pour toutes les marchandises provenant directement de l'un ou de l'autre pays. Le traité de 1826 ne s'applique pas à l'Algérie, et les surtaxes de pavillon sur les marchandises d'origine anglaise sont payées encore à Alger ou à Oran, lorsqu'elles ont cessé de l'être à Marseille ou à Bordeaux. Ainsi le fer anglais arrive à Marseille sans payer ni droit de tonnage, ni surtaxe de pavillon : il paye l'un et l'autre droit à Alger.

Sans doute, ces droits ne sont pas très-élevés et nous ne pensons pas que jusqu'ici le préjudice causé au commerce algérien ait été bien considérable. Mais, en présence des réformes économiques accomplies récemment, le moment n'est-il pas venu de reviser le principe d'une législation qui semble avoir pour but de détourner le commerce étranger de nos ports sur la côte d'Afrique ?

Au lieu d'élever des obstacles, ne convient-il pas plutôt de créer des facilités nouvelles ? Pour être appréciée à sa juste valeur, l'Algérie n'a besoin que d'être connue et visitée pendant les six mois de printemps que lui a donnés la nature. Déjà un certain nombre d'étrangers viennent passer l'hiver à Alger. Là, sous un climat admirable, ils trouvent toutes les facilités de la vie européenne à côté du

Le droit d'expédition, est en quelque sorte, un second droit de tonnage ; il est proportionnel à la capacité des navires. En voici les bases :

NAVIRES FRANÇAIS.	NAVIRES ÉTRANGERS.
De 5 tonneaux et au-dessous. Exempts.	. . . . Exempts.
De 5 tonneaux à 150 tonneaux. . 2 fr.	De 5 tonneaux à 200 tonneaux. . 18 fr.
De 150 tonneaux à 300 tonneaux. 6	Plus de 200 tonneaux. 36
De plus de 300 tonneaux. 15	(Loi du 27 vendémiaire an XI).

Les navires étrangers assimilés par les traités de navigation aux navires français, payent les mêmes droits d'expédition que ces derniers. Ce droit affecte exclusivement le corps du navire. Il est indivisible comme le droit de tonnage, nonobstant le double fait de l'entrée et de la sortie.

Il n'y a pas de droit de tonnage dans le port de Marseille qui justifie sous ce rapport son vieux titre de port franc. L'article 2 de l'ordonnance du 10 septembre 1817 est ainsi conçu : « Les navires étrangers continuéront provisoirement d'être exemptés de tout droit de navigation dans le port de Marseille. Les navires français n'y sont assujettis qu'aux droits fixés par l'article 26 de la loi du 18 octobre 1793 pour les délivrances des actes de francisation et congés. »

Les droits de navigation figurent au compte définitif de 1860 pour une somme de 4,431,771 fr. Ils sont perçus par

curieux spectacle qu'offrent encore aujourd'hui, à quelques heures de l'Europe, les mœurs et la vieille civilisation arabes. Les paquebots à vapeur qui côtoient le littoral de l'Afrique ne peuvent s'arrêter à Alger sans augmenter leurs dépenses de charbon et tous les faux frais du voyage. S'il est important d'attirer ces navires, est-il sage de créer des entraves par des droits et par des surtaxes ? Ne doit-on pas, au contraire, chercher par tous les moyens à faire du port d'Alger un point de relâche ouvert à tous les bâtiments qui traverseront le détroit de Gibraltar pour se rendre en Égypte, en Grèce ou en Orient ?

L'intérêt fiscal engagé dans la question du droit de tonnage, en ce qui concerne l'Algérie, est, d'ailleurs, sans importance ; il ne s'élève guère à plus de 200,000 fr. par an. »

(Extrait du Rapport de M. de Forcade).

l'administration des douanes et sont distincts des produits de la navigation des canaux.

Les taxes de navigation maritime se rangent sous divers articles séparés. La plus considérable de ces sources, celle qui donne à elle seule plus de moitié du produit perçu en 1860 est le droit et demi-droit de tonnage à l'entrée des navires dans nos ports, d'un produit de 2,912,681 fr., le droit spécial sur les navires américains a donné 987,494 fr. [1]. Le droit d'expédition pour entrée et sortie des navires a rendu 104,910 fr. et la francisation des navires, le moins productif de ces droits, a fourni 4,541 fr. [2].

Ces droits ont été établis, tantôt dans la vue de subvenir aux besoins de l'État, et tantôt dans la vue de diriger et de régler le commerce du pays suivant les principes du système mercantile.

Les principes de liberté commerciale qui, depuis une vingtaine d'années pénètrent la législation des principaux États de l'Europe, ont soulevé certaines objections contre les droits de tonnage qui contiennent évidemment des restrictions au libre exercice des échanges entre les peuples.

La Hollande a supprimé en 1855 les droits de ce genre qui subsistaient dans sa législation [3].

L'Angleterre a eu depuis 1798 jusqu'à la fin de sa lutte avec Napoléon Ier, une sorte de droit de tonnage à l'entrée et à la sortie de ses ports, variant de 6 pences à 3 shillings par tonne.

Ce droit nommé *convoy duty*, d'après un auteur anglais, rapportait un revenu considérable et n'était pas, suivant lui,

---

[1] V. p. 184 du *Compte des Recettes* de 1860.

[2] On a quelquefois permis l'admission des navires étrangers à la francisation, moyennant un droit *ad valorem* (10 pour 100 à partir du 17 octobre 1855).

[3] V. le n° 105 du *Bulletin* de 1855 ; il y a des droits de fanaux et de balises conservés.

préjudiciable au commerce [1]. Nous n'acceptons cette assertion
que dans la mesure où l'énorme prépondérance du pavillon
britannique, à l'époque où le droit subsistait, pouvait neu-
traliser les effets de la perception.

[1] Adolphus, t. II, p. 138.

SECTION II.

IMPOTS SUR LES VOYAGES ET SUR LES TRANSPORTS.

Si plusieurs législateurs financiers ont taxé le fait du passage sur les routes, ou la traversée de certains points déterminés, et si ces péages comportent implicitement une certaine taxe sur les transports, puisque la taxe varie d'après l'importance des véhicules, objets ou personnes introduits, le fait du transport des voyageurs a été aussi, en divers pays, assujetti à une taxe spéciale indépendante de tout lieu de passage : nous voulons parler du droit sur les voitures publiques, droit qui représente spécialement dans nos budgets une somme assez considérable (26 millions de francs en 1859).

Ce droit peut être rattaché à la rigueur aux taxes sur les profits industriels. Cependant comme il est absolument invariable dans sa base, qu'il porte sur le prix des places, et qu'il n'y a aucun égard à avoir, dans son assiette, aux produits nets de l'industrie des transporteurs, nous croyons devoir, agissant du reste comme les législateurs qui s'en sont occupés, le considérer comme une taxe spéciale portant sur le fait du transport des personnes et des marchandises, et retombant le plus souvent à la charge des voyageurs.

Le droit sur les voitures publiques a remplacé le produit des anciennes fermes générales des messageries [1].Cet établissement dérivant d'un privilége exclusif, son abolition en 1791 fut la conséquence des nouvelles idées adoptées dans le système des revenus publics. Une régie nationale succéda à la

---

[1] Voyez dans le Dictionnaire général d'administration, l'article *Voitures publiques.*

ferme, mais échoua dans sa lutte contre les entreprises particulières de voitures. « Pour remplir le vide que laissait dans le trésor de l'État l'anéantissement des revenus des messageries, et concilier avec cet intérêt celui de la surveillance que le gouvernement doit toujours exercer, dit un écrivain [1], sur toutes les parties du service public, le Corps législatif rendit la loi du 9 vendémiaire an VI. »

Nous avons déjà mentionné cette loi en traitant de l'impôt sur les postes, dans le volume précédent.

Voici comment elle était motivée par M. Crétet, dans le Conseil des Anciens :

« Les messageries, disait-il, sont abandonnées à l'industrie des citoyens, mais avec les précautions convenables pour assurer le service des routes, jusqu'à ce que cette industrie, éclairée par le temps et familiarisée par l'habitude, puisse exploiter toutes les communications sans crainte de les voir interrompues.

» La résolution établit le droit d'un dixième sur le prix des places dans les voitures régulières ; elle établit aussi une patente sur les voitures d'occasion et partant à volonté. La régie de l'enregistrement sera chargée de cette perception qui est extrêmement simple : elle pourra produire au delà d'un million ; condition préférable sans doute à la régie actuelle qui perd considérablement sur son entreprise traversée par les entrepreneurs particuliers [2]. »

La loi de l'an VI a obligé les entrepreneurs particuliers à verser au Trésor public un dixième des places payées par les voyageurs. En l'an XII, la même redevance a été exigée par la loi du 5 ventôse pour les marchandises transportées simultanément au moyen des mêmes voitures.

[1] D'AGAR, *Manuel des contributions indirectes*, 1817.
[2] Exposé au Conseil des anciens : rapport relatif aux finances de Crétet, séances du 8 vendémiaire. Voir le *Moniteur* du 12 vendémiaire an VI, titre VII.

La législation sur la matière a été complétée par le décret du 14 fructidor an XII, par les articles 112 à 122 de la loi du 25 mars 1817 par l'article 4 de la loi du 17 juillet 1819, enfin par la loi du 28 juin 1833 (article 8) [1].

[1] Le § 4 *Des voitures publiques*, dans la loi du 26 mars 1817, nous paraît devoir être reproduit en entier d'une manière textuelle.

ART. 112. — Le droit du dixième du prix des places et du prix pour le transport des marchandises, auquel sont assujettis les entrepreneurs des voitures publiques de terre et d'eau à service régulier, continuera d'être perçu conformément aux lois en vigueur, sous la déduction, pour les places vides, d'un quart du prix total des places. Seront considérées comme voitures à service régulier toutes les voitures qui feront le service d'une même route ou d'une ville à une autre, lors même que les jours et heures de départs varieraient.

ART. 113. — Tout entrepreneur de voitures publiques suspendues, ou non suspendues partant d'occasion ou à volonté, sera tenu de payer, chaque année, pour tenir lieu du dixième imposé sur les voitures à service régulier, savoir :

POUR UNE VOITURE

A 2 roues, à 2 places.	. .	40 fr.	A 4 roues, à 4 places.	. .	80 fr.
— 4 —	. .	70	— 6 —	. .	100
— 6 —	. .	90	— 8 —	. .	130
— 8 —	. .	120	— 9 et au-dessus.		150
— 9 —	. .	140			

ART. 114. — La remise pour places vides, fixée au quart par l'article 111 ci-dessus, sera portée à moitié pour les entreprises particulières de voitures à service régulier qui seront chargées du transport des dépêches en vertu de traités avec l'administration des postes.

ART. — 115. — Toute entreprise de voitures publiques de terre ou d'eau à service régulier pourra désormais être formée ou continuée, moyennant que l'entrepreneur fasse une déclaration préalable et annuelle et qu'il se munisse d'une licence, dont le prix est fixé à 5 fr. par voiture à 4 roues, et par voiture d'eau, et à 2 fr. par voiture à 2 roues. Les entrepreneurs de voitures partant d'occasion ou à volonté feront la même déclaration, mais sans être tenus au payement de la licence.

ART. 116. — La déclaration énoncera l'espèce et le nombre des voitures, le nombre des places dans chaque voiture, dans l'intérieur et à l'extérieur, et de plus, si l'entreprise est à service régulier, le prix de chaque place, la route que chaque voiture doit parcourir, et les jours et heures des départs.

En cas de variation dans les jours et heures des départs, les entrepreneurs seront admis à rectifier leur déclaration toutes les fois qu'il sera nécessaire.

Si les voitures doivent faire un service d'occasion, les dernières indications ci-dessus seront remplacées par celles du genre de service auquel elles seront destinées.

ART. 117. — Avant que les voitures ainsi déclarées puissent être mises en circulation, il sera apposé sur chacune d'elles, par les préposés de la régie et après

L'impôt est réglé comme il suit, sauf des règles particulières, notamment pour la taxe des voitures publiques, partant d'occasion à volonté, pour celle des voitures en service extraordinaire, et pour celle des voitures mises accidentellement en circulation, à prix d'argent [1].

1° Sur les voitures de terre à service régulier, un dixième, plus un décime du prix des places (deux décimes depuis la guerre de Crimée), et du prix reçu pour le transport des

vérification, une estampille dont le coût, fixé à 2 fr., sera remboursé par les entrepreneurs. Il sera également délivré, pour chaque voiture, un laissez-passer conforme à la déclaration, dont les conducteurs devront toujours être porteurs.

Les voitures déclarées ne pourront être changées, ni les estampilles placées sur de nouvelles voitures, sans une déclaration préalable, auquel cas il ne sera point dû de nouvelle licence.

Art. 118. — Le montant des droits dus par les entrepreneurs pour les voitures à service régulier sera établi, pour le dixième du prix des places, d'après la déclaration, et pour le dixième du prix du transport, sur le vu des registres que doivent tenir les entrepreneurs, et des feuilles remises aux conducteurs. Le payement pourra en être exigé tous les dix jours. A l'égard des voitures partant d'occasion ou à volonté, le droit fixe établi par l'article 113 sera exigible par trimestre et d'avance. Il sera toujours dû pour un trimestre entier au moins, à quelque époque que commence ou cesse le service.

Art. 119. — Il pourra être consenti des abonnements pour les voitures de terre ou d'eau à service régulier. Ces abonnements auront pour unique base les recettes présumées de l'entreprise, pour le prix des places et le transport des marchandises.

Art. 120. — Toute voiture publique qui circulerait sans estampille ou sans laissez-passer, ou avec un laissez-passer qui ne serait pas applicable, sera saisie, ainsi que les chevaux et harnais. En cas de saisie de voitures en route, elles pourront continuer leur voyage, au moyen d'une main-levée qui en sera donnée sous suffisante caution, ou même sous la caution juratoire de l'entrepreneur ou du conducteur.

Dans aucun cas, les employés ne pourront arrêter les voitures sur les grandes routes, ailleurs qu'aux entrées et sorties des villes, ou aux relais. En cas de soupçon de fraude, ils ne pourront faire leur vérification qu'à la première halte.

Art. 121. — Les lois et règlements actuellement en vigueur relatifs aux droits sur les voitures publiques, continueront d'être exécutés en ce qui n'est pas contraire aux dispositions de la présente.

Art. 122. — Toute contravention aux dispositions du présent paragraphe, ou à celles des lois et règlements confirmés par l'article précédent, sera punie de la confiscation des objets saisis, et d'une amende de 100 à 1,000 fr.; en cas de récidive, l'amende sera toujours de 500 fr. au moins.

[1] Voyez *Dictionnaire général d'administration*, loco citato.

marchandises, sous la déduction, pour places vides, d'un tiers du prix total des places;

2° Sur les voitures d'eau, le même droit également réduit d'un tiers, pour le transport des voyageurs seulement.

La différence qui existe entre ces deux sortes de voitures, quant au transport de marchandises, tient à ce que les voitures d'eau paient le droit de navigation.

Dans plusieurs cahiers des charges de chemins de fer concédés avant 1837, la distinction n'ayant pas été faite entre le péage et le prix des transports, il en était résulté que l'impôt avait été prélevé sur la totalité du prix des places. Si cette première base eût été conservée, elle aurait constitué une inégalité entre la condition des entrepreneurs de transport par terre, payant un impôt seulement sur les frais de transport, et celle des compagnies de chemins de fer taxées à la fois sur les droits de péage et sur les frais de transport [1].

Le gouvernement de Juillet, pour satisfaire aux justes réclamations élevées par les anciennes compagnies, et faire disparaître en même temps cette inégalité choquante, décida, par la loi des 2-9 juillet 1838 :

1° Que l'impôt du dixième ne porterait que sur la partie du tarif correspondant au prix de transport (art 1er);

2° Que pour ceux des chemins de fer dont les cahiers des charges ne fixaient pas le tarif, ou dont le tarif n'était pas divisé en *péage et transport*, l'impôt serait perçu sur le tiers du prix des places (art. 3).

Aux termes d'une circulaire du ministre des finances du 29 octobre 1845, quelques variations qu'éprouve le prix des places, le rapport entre le prix total (y compris l'impôt) et l'impôt lui-même, devait toujours rester fixé en raison de la proportion existant originairement au tarif entre le péage et

[1] V. en ce sens Duvergier, notes : p. 527, année 1838.

le transport. Quand les prix des places étaient divisés en péage et transport, et que le péage formait le double du transport, le droit à percevoir était au prix total de la place, comme 11 à 311 ; dans ce cas, la somme payée pour prix de la place se décomposait de cette manière :

Péage.	200 fr.
Transport (moitié).	100
Droit principal. . . . . 10 fr.⎱	
— décime. . . . . 1 ⎰ 11	
Le prix total était donc de.	311 fr.

pour lesquels il était dû au Trésor 11 fr. en principal et décime. Quant aux chemins de fer dont les tarifs n'étaient pas divisés en péage et en transport, le droit, aux termes de l'art. 3 de la loi du 9 juillet 1838, devait être perçu sur le tiers du prix total des places ; mais il se présentait deux cas pour les chemins formant cette catégorie. Si le cahier des charges de la concession portait ces mots : *non compris l'impôt,* le prix total se décomposait ainsi :

2/3 affranchis du droit.	200 fr.
1/3 soumis au droit.	100
Droits (principal et décime).	11
Total.	311 fr.

Par conséquent la somme revenant au Trésor (décime compris) était pour les voitures de *toutes classes,* dans la proportion de 11 fr. à 311 fr., relativement au prix total perçu par l'entreprise.

Si, au contraire, le cahier des charges ne disposait pas que l'impôt n'était point compris dans le prix de la place, le rapport dont il s'agit était de 11 fr. par 300 fr., le prix total se divisant alors ainsi :

2/3 affranchis du droit.	200 fr.
1/3 soumis ⎰ revenant aux Compagnies.	89
au droit ⎱ Impôt, décime compris.	11
Total.	300 fr.

La circulaire de 1845, rédigée en conformité d'un arrêt de la Cour de cassation du 22 juillet 1845, substitua un nouveau système, en ce qui concernait le prélèvement du droit sur les produits des chemins de fer, à celui que l'administration avait cru devoir adopter, et qui faisait l'objet d'une instruction du 9 juillet 1838. Il avait semblé que, conformément à ce qui se pratique pour les voitures publiques des routes ordinaires, ce droit devait, lorsque le tarif était divisé, former 11 p. 100 du transport, y compris l'impôt. Mais il résulta de l'arrêt précité qu'il ne revint au Trésor, en ce cas, que 11 fr. par 111 fr. Ce fut conformément à cette doctrine que les proportions indiquées ci-dessus furent arrêtées par l'administration.

Une loi votée le 15 juillet 1855, sous l'influence des besoins financiers, se rattachant à la guerre de Crimée, a de nouveau prescrit de calculer la taxe du dixième, à partir du 1ᵉʳ août, sur le prix total des places.

L'exposé des motifs de la loi du 15 juillet 1855, signé de MM. Boinvilliers, président de section, Vuitry, rapporteur, et Gréterin, et inséré dans le *Moniteur* du 4 juillet, rappela que l'impôt du dixième sur le prix des places avait été réglementé par les art. 112 et suivants de la loi du 25 mars 1817, que cette législation avait été appliquée aux premiers chemins de fer, mais que plus tard on avait admis une distinction entre le prix du transport et le péage, pour n'assujettir que le premier à l'impôt; qu'il en était résulté un abaissement relatif assez considérable de l'impôt, assis seulement sur le tiers environ du prix réel de la place, bien que l'impôt eut été considéré comme devant être proportionnel aux frais de locomotion; qu'en relevant le produit de l'impôt, il était juste d'en ajouter l'accroissement aux tarifs préexistants fixés en vue d'assurer aux concessionnaires l'intérêt et l'amortissement de leurs capitaux.

Enfin les articles de messagerie expédiés à grande vitesse par les chemins de fer, étaient restés exempts de l'impôt du dixième, et il parut aussi juste de faire cesser cette exemption et d'assimiler complétement sous ce rapport les transports par les voies ferrées aux transports par les routes ordinaires.

La commission du Corps législatif, par l'organe de M. Du Miral[1], adopta l'assimilation proposée entre les conditions du voyage en chemin de fer et du voyage par voie de terre.

« N'est-il pas juste, ajoutait le rapporteur, que l'État qui s'est imposé de si lourds sacrifices pour l'établissement de nos voies ferrées, reçoive de ceux qui en usent un impôt modéré, en échange de ses sacrifices et de l'utilité qu'ils en retirent?

» L'impôt sur les voyageurs est au fond de la même nature que tous ceux qui frappent les objets de consommation, et il a sur eux une supériorité relative précieuse, celle de s'adapter dans son application à l'échelle des fortunes, par suite de la différence notable de prix qui existe entre les différentes classes [2]. »

Les dispositions de la loi furent admises sans discussion dans la séance du 13 juillet dans les termes suivants :

ART. 3. « A dater du 1er août 1855, le dixième dû au Trésor public sur le prix des places des voyageurs transportés par les chemins de fer, sera calculé sur le prix total des places.

» Il sera, en outre perçu, au profit du Trésor public, un dixième du prix payé aux compagnies de chemins de fer

---

[1] *Moniteur* du 14 juillet.

[2] Je n'ai pas besoin de faire observer que divers impôts de consommation, sur le tabac par exemple, et quelquefois sur les sucres et les thés, ont admis aussi, indirectement, le genre de mérite que M. du Miral a constaté, sous ce rapport, pour l'impôt sur le prix des places. Le droit de circulation sur les vins se proportionne aussi à leur valeur présumée d'après les classes de départements.

pour le transport à grande vitesse des marchandises et objets de toute nature.

» Les tarifs des compagnies seront accrus du montant des taxes nouvelles résultant du présent article. »

Art. 4. « A partir de la même époque, la loi du 2 juillet 1838 sera et demeurera abrogée. »

Parmi ces dispositions, celle qui augmente les tarifs des compagnies du montant des taxes nouvelles, sépare profondément notre impôt sur les transports de toute analogie avec l'impôt sur l'industrie du transporteur et en fait retomber le poids sur les voyageurs et expéditeurs de marchandises.

L'impôt, assis sur ses nouvelles bases, a produit, en 1855 : 16 millions qui, suivant M. Teisserenc [1], se répartiraient pour 3,500 fr. par kilomètre sur la ligne de Lyon ; pour 3,000 fr. sur celles de l'Ouest et du Nord, et pour 2,500 fr. sur l'ensemble des autres lignes exploitées qui ont reçu moins de 100,000 fr. par kilomètre de subvention ; « conséquemment, ajoute cet écrivain, l'État récupère déjà de ce chef 2 1/2 p. 100 des sommes qu'il a fournies. »

En 1860, le produit de l'impôt a été analysé ainsi qu'il suit [2] :

[1] Art. Chemin de fer, du Dictionnaire du commerce et de la navigation publié en 1859.

[2] Comptes des recettes, p. 262 et 263.

Le droit sur les voitures publiques produisait en 1839, d'après le compte général de 1860, les sommes suivantes :

	Quotité des droits.	Quantités, nombres et valeurs sur lesquels les droits ont été assis.	Droit résultant de l'application des taxes.
En service régulier et en service extraordinaire exercées :			
En raison du nombre de places. — Déduction du 1/3 par places vides (art. 4 du 17 juillet 1819)......................	1/10 du prod. net.	49,155,212.43	4,915,523.70
Sur le transport des marchandises.......	1/10 —	10,361,260.62	1,036,127.72
		59,516,473.05	5,954,651.42
En service régulier, abonnées :			
De terre......			290,938.72
D'eau..........			15,198.74
			306,137.46
En service accidentel et journalier, en rai-			

1° Sur le nombre des places :

Voitures de terre (routes ordinaires).	2,849,298 fr.
Chemins de fer.	14,055,528
Voitures d'eau.	163,842

2° Sur le transport des marchandises :

Routes ordinaires.	270,791
Chemins de fer, grande vitesse.	2,996,330
Total.	20,335,789 fr.

Voitures abonnées.	99,937
Voitures d'occasion et à volonté.	1,619,716
Voitures en service accidentel et journalier. . .	32.040
Estampilles apposées sur les voitures. . . .	12,406
Total.	22,099,888 fr.
Décime. . . .	4,418,079
	26,517,967 fr.

Plusieurs États européens ont construit eux-mêmes et

son du nombre de places multiplié par celui des jours.	0.15 par place.	84,820 places.	12,723. »
D'occasion et à volonté :			
A 1 et 2 places.	40 fr. par an.	3,649 voitures	145,960 »
A 3　　　—	60　　—	1,128　　—	67,680 »
A 4　　　—	80　　—	2,895　　—	231,600 »
A 5　　　—	96　　—	228　　—	21,888 »
A 6　　　—	110　　—	569　　—	62,590 »
Au-dessus de ce nombre :			
Pour 6 places.	110　　—	1,629　　—	179,490 »
Pour chaque place en sus.	10　　—		98,120 »
		10,098　　—	807,028 »
Estampilles apposées sur les voitures publiques.	2 par estamp.	5,367 estamp.	10,734 »
Décime et forts centimes (le produit des estampilles excepté). .			708,004 86
Total général.			7,796,278 74

Il semble résulter de ce tableau comparé aux produits de 1860, que, si la circulation générale n'a, dit-on, pas diminué sur les routes impériales, celle des voitures sujettes à la taxe a été cependant réduite par la concurrence des voies de fer.

M. Teisserenc a, de son côté, fait observer qu'en Angleterre, de 1824 à 1853, le produit des péages sur l'ensemble des routes à barrières n'avait diminué que de 5 millions sur 31, et que le nombre des voitures payant la taxe s'était même accru pendant cet intervalle de temps. Ces faits doivent être attribués à ce que les aboutissants des chemins de fer sont devenus les centres d'un mouvement considérable qui a remplacé le mouvement qui s'opérait sur les routes parallèles aux chemins de fer eux-mêmes, et cela probablement en Angleterre comme en France.

exploitent leurs lignes de fer, au lieu de les avoir, comme la France et l'Angleterre, concédées à des compagnies. Le mode de gestion des transports, et les tarifs appliqués aux personnes et aux marchandises pourraient équivaloir à la perception d'une taxe, si les produits de ces lignes étaient portés fort au delà de l'intérêt du capital employé à la construction des chemins. Il ne paraît pas que ce résultat se soit réalisé nulle part, d'après les renseignements que M. Rau a réunis à ce sujet [1].

Les lignes saxonnes ont donné, dit-il, en moyenne de 1855 à 1857, 5,38 p. 100 du capital de l'établissement; — les lignes hanovriennes (en 1855), 5,37 p. 100; — les lignes belges (en 1857), 6,3 p. 100; — les lignes bavaroises donnent 3 p. 100; — la ligne badoise a donné (en 1852), 3,63 p. 100.

Ces divers produits étant pour la plupart inférieurs à un taux très-lucratif d'intérêt, ne laissent entrevoir l'interposition d'aucun élément vraiment fiscal dans l'exploitation des chemins de fer appartenant aux États que nous venons de citer.

L'ancienne république de Hollande avait un impôt sur les transports, nommé *veer of passagie geld*, c'est-à-dire *impôt sur le transport ou le voyage*, établi en 1666, et qui consistait dans un quart en sus du prix de la place payée pour un passage dans un vaisseau ou une barque. Cet impôt, en 1791, fut mis à la charge de tous les bateliers et voituriers, qui furent autorisés à le comprendre dans le prix de leurs transports, avec des tarifs particuliers pour certaines barques et voitures suivant des lignes déterminées, ou dans certaines conditions [2].

Cet impôt fut successivement transformé à la fin du siècle

---

[1] *Finanzwissenschaft*, § 219, note B.
[2] V. *Engels*, p. 139 et 140.

dernier [1], et en 1813. Il paraît ne pas avoir survécu à l'année 1816 [2].

Il existe en Angleterre un impôt sur les messageries. Son produit, d'après Rau, était en 1815 de 217,671 livres sterl., et en 1835 [3], de 498,497 livres. Ces chiffres sont en rapport avec ceux qu'a donnés un écrivain français [4]; mais ils paraissent avoir été réduits ultérieurement.

Cet impôt, dit ailleurs [5] M. Rau, consiste dans un droit de concession s'élevant à 5 liv. st., et dans une taxe proportionnelle au nombre des places que donnent les messageries et à la longueur du parcours.

Le savant inspecteur général français, qui a étudié l'administration des finances anglaises, nous donne quelques détails de plus sur cet impôt.

« Le droit sur les *stage coaches* ne s'étend pas, dit-il, à l'Irlande. Il est indépendant de la licence de 125 liv. à prendre pour chaque voiture : le taux en est de 10 centimes par mille, ou de 6 centimes un quart par kilomètre, pour les diligences à quatre places; il s'élève graduellement de 3 centimes un huitième par trois places en sus, jusqu'à 25 centimes par kilomètre pour 21 places et ainsi de suite [6].»

C'est sans doute à une réduction de ces tarifs que l'on doit attribuer l'abaissement du produit du droit sur les message-

---

[1] V. *Engels*, p. 191.

[2] *Id.* p. 331.

[3] § 207, note *c*.

[4] Produit net du droit sur les voitures publiques en Angleterre, d'après l'article de M. Dubost (*Dictionnaire du Commerce et des Marchandises*).

1815.	5,442,000 fr.
1825.	9,065,000
1835.	12,462,000

M. Bailly, qui écrivait en 1837, donne un chiffre analogue.

[5] § 212, note *a*.

[6] Bailly, tome I, p. 543.

ries qui, après avoir été au taux que nous avons cité pour
1835, a été seulement, dans la Grande-Bretagne :

En 1846 de.	. 228,092 liv. sterl.	En 1855 de.	. 133,117 liv. sterl.
1847.	. . 177,247	1856.	. . 114,807
1848.	. . 196,904	1857.	. . 118,588
1849.	. . 188,848	1858.	. . 125,016
1850.	. . 195,674	1859.	. . 127,673
1851.	. . 217,064	1860.	. . 127,969
1852.	. . 218,231	1861.	. . 125,557
1853.	. . 202,814	1862.	. . 138,508 [1].
1854.	. . 173,601		

Les voitures de ville (*hackney carriages*) ont été d'abord
assujetties à un impôt séparé de 12 fr. 50 c., ou 10 schellings
par semaine, outre la licence annuelle de 125 fr. [2]. En 1853
le droit a été réduit de 10 sch. à 7, et même à 6 pour les
voitures non employées le dimanche. Le nombre des voitures
soumises à la licence s'est élevé de 3,224 en 1852, à 6,872
en 1862 [3].

Suivant une correspondance de Londres, insérée au *Moniteur* du 15 avril 1863, la taxe de parcours à laquelle sont
assujetties les voitures publiques est de 1 penny par mille.
Une députation des propriétaires de ces voitures aurait demandé en 1863, à M. Gladstone, la substitution à cette redevance d'une taxe sous forme de patente, sur toutes les
diligences et omnibus, comme plus favorable au dévelop-

---

[1] J'emprunte ces chiffres jusqu'en 1855 au *Report of Inland revenue com-
missioners* de 1856, et pour les années ultérieures à la correspondance obligeante
de M. Hendriks.

[2] Bailly, p. 521.

[3] Voyez le rapport des commissaires du revenu intérieur de 1857. D'après ce
rapport complété par la correspondance de M. Hendriks, le produit de l'impôt sur
les *hackney carriages* aurait été :

En 1852, de.	84,556 liv.
En 1855, de.	69,663
En 1858, de.	82,129
En 1861, de.	91,375

pement de la circulation, etc. Des renseignements de correspondance m'indiquent que l'impôt a été en effet modifié.

La Grande-Bretagne a aussi un impôt sur les transports par chemins de fer. Un droit de un demi-penny par mille par quatre voyageurs transportés par chemin de fer, fut imposé en 1832. En 1842, on y a substitué un droit de 5 p. 100 sur les recettes provenant des voyageurs; et en 1863, le droit a été réduit à 4 p. 100.

En 1844, certains trains *à bon marché* pour les classes pauvres avaient été exemptés d'impôts sous diverses conditions, entre lesquelles nous remarquons celle d'après laquelle la vitesse de ces trains ne devait pas être moindre de 12 milles à l'heure, et qu'ils devaient s'arrêter à toutes les stations réclamées par les voyageurs. Cette législation exceptionnelle paraît avoir disparu dans l'atténuation générale de l'impôt prononcée en 1863.

En résumé, l'impôt britannique sur les chemins de fer est beaucoup plus léger que l'impôt français : il n'atteint pas les marchandises et il frappe les voyageurs d'une manière un peu moins directe et moins patente qu'en France, où la loi a stipulé que l'impôt resterait en dehors des tarifs relatifs au prix des places.

Ce droit, qui ne s'étend pas à l'Irlande, a été généralement croissant depuis plusieurs années. Voici les chiffres donnés soit par les rapports des commissaires du revenu intérieur, soit par nos renseignements de correspondance :

1851. 287,332	1857. 348,611
1852. 280,344	1858. 339,569
1853. 303,386	1859. 359,212
1854. 309,194	1860. 366,288
1855. 323,790	1861. 372,178
1856. 384,063	1862. 383,057

Un impôt sur les transports des personnes et de certaines

marchandises, ne saurait être indéfiniment élevé sans de sérieux inconvénients, et notamment sans celui qui pourrait résulter de la concurrence entre certaines lignes ferrées conduisant au même but à travers des territoires de nationalités différentes.

Cet impôt ne pèse pas sur une consommation, mais sur une multitude de relations et d'actes qui se rattachent à la production, à la consommation, à toutes les manifestations de l'activité humaine. On voyage quelquefois pour des motifs très-dignes de faveur : il y a des envois de marchandises ou de matières qu'il ne faudrait pas surcharger, dans l'intérêt de la production industrielle. Cependant cet impôt, en se proportionnant au prix des places pour les personnes, et en ménageant le déplacement des matières premières, ordinairement transportées par des moyens que la taxe n'atteint point, retire de ces circonstances un certain caractère de proportionnalité, qui suffit pour expliquer, sans aucune évocation de l'inconséquence humaine, comment il a pu être élevé et accru en France, peu de temps après que l'impôt sur le transport des lettres avait été abaissé.

SECTION III.

ACTES DIVERS.

ARTICLE 1.

ACTES DE LA VIE CIVILE.

Parmi les actes qui ne rentrent pas rigoureusement dans les catégories précédentes et qui ont été cependant taxés par les législateurs, nous citerons avant tout les actes capitaux de la vie civile.

A propos de ces actes de la vie susceptibles d'être comptés par ce que nous appelons en France *des Actes de l'État civil*, le législateur financier peut avoir poursuivi deux buts : il peut avoir cherché à taxer l'acte lui-même comme il atteint l'existence annuelle par les capitations : ou bien il s'est proposé seulement de faire payer *au delà du prix naturel*, d'imposer enfin le service de l'autorité publique, constatant l'acte en question. C'est sous ce dernier aspect que nous avons considéré la taxe inhérente à certaines expéditions [1]. Il nous reste à parler de quelques cas dans lesquels le législateur paraît avoir frappé l'acte lui-même.

Nous citerons avant tout les impôts sur les mariages et les enterrements qui sont, à partir de 1695, mentionnés dans les Annales fiscales de la Hollande [2], et qui semblent avoir

---

[1] V. *suprà*, p. 39.

[2] Chaque partie contractant mariage devait payer une somme variable depuis 3 jusqu'à 30 florins, d'après la classe à laquelle elle appartenait. Il fallait payer la même somme avant d'avoir le droit d'inhumer un mort (Over de Belastingen, Amsterdam, 1837, p. 152).

Un impôt analogue, sur les funérailles existe de nos jours, au profit d'un grand

été importés vers la même époque en Angleterre par Guillaume III [1], et réessayés une seconde fois dans ce dernier pays en 1783. Nous ne sommes pas fixés sur la manière dont ils ont été levés, mais eussent-ils paru le prix d'une formalité administrative, ce prix appliqué à des actes inévitables et nécessaires comme les décès, serait devenu en réalité un impôt sur l'acte lui-même.

On retrouve aussi cet impôt en Danemark, d'après Christian (p. 94).

On en a fait aussi l'essai en France, mais, là comme en Angleterre, on en a ressenti les inconvénients qui en ont abrégé la durée et n'ont plus laissé subsister que l'usage pour les fabriques de percevoir encore des droits importants sur les pompes funèbres. La ville de Paris a cependant aussi une taxe sur les inhumations portée au compte de 1861 pour un produit de 295,252 fr.

« A côté des créations d'offices les plus extraordinaires, dit un célèbre écrivain en parlant du ministère de Chamillard, figure un impôt sur les baptêmes et les mariages. Le résultat de cette mesure n'était pas difficile à prévoir. Les pauvres baptisèrent eux-mêmes leurs enfants, et se marièrent *sous le manteau de la cheminée.* Cette vexation sans exemple eut les résultats les plus funestes pour l'ordre public ; l'état civil d'un grand nombre d'enfants fut compromis ; des séditions se produisirent dans beaucoup de localités. En Quercy, en Périgord, on pilla les bureaux des préposés. Cette ferme, qui devait rapporter 300,000 livres par an, n'en rapporta

nombre de villes des **Pays-Bas**, au moins dans certaines provinces. Tandis, en effet, que nous voyons dans le Limbourg la ville de Maestricht seule percevoir ce droit, nous le trouvons en vigueur dans la moitié environ des communes de la Hollande septentrionale. Il donne près 7,000 florins à Amsterdam, et près de 6,000 à Harlem.

[1] Tayler, à propos de ce règne, parle de *duties on marriages, births, burials,* p. 31 : *History of taxation.* — V. aussi *Tablet of Memory,* p. 107, 106-113.

que 40,000, et on fut bientôt forcé de la supprimer [1]. »

« Sous prétexte, dit de son côté Bailly [2], que les curés n'observaient pas avec exactitude les règles établies pour la conservation des actes, on institua de offices de greffiers, conservateurs des registres de baptême, mariage et décès. Le tarif des droits arrêté par le conseil fut aussitôt négocié, et pour moins de 400,000 livres, on vit dans tout le royaume les traitants porter leurs mains profanes jusque sur les sacrements. Dans le Périgord et le Quercy, les habitants, pour se soustraire à cette exaction, baptisèrent eux-mêmes leurs enfants, et se marièrent sans formalités. Poursuivis par ceux qui exploitaient l'impôt, ils résistèrent, etc. »

En Castille, il y a eu au moyen âge un impôt plus spécial sur les veuves qui passaient à de secondes noces avant l'accomplissement d'une année depuis la mort de leur premier mari. Don José Lopez Juana Pinilla, qui mentionne cette taxe nommée, dit-il, *Boda*, nous apprend qu'elle fut supprimée en 1168 [3].

---

[1] Saint-Simon, t. III, p. 376, cité dans un article du *Moniteur* du 26 novembre 1858 (V. par le même point *Les Finances françaises sous l'ancienne Monarchie, la République, le Consulat et l'Empire*, par le baron de Nervo, t. I, p. 457.

[2] *Histoire financière de la France*, t. II, p. 10.

[3] *Bibliotheca de Hacienda da España*, t. I, p. 297.

ARTICLE 2.

PÉTITIONS.

A côté des actes les plus importants de la vie humaine, le fisc a établi parfois ses exigences sur les actes les plus insignifiants.

Les pétitions exemptes en France du droit d'enregistrement y sont soumises en général à la légère contribution du timbre.

Les demandes adressées à l'administration, ne peuvent en général être admises, même quand elles sont en forme que sur papier timbré [1].

[1] Loi du 9 vendémiaire an **VI**, art. 54. A compter du jour de la promulgation de la loi, la formalité du timbre fixe ou de dimension établi par la loi du 5 floréal dernier est étendue aux pétitions et mémoires présentés soit aux ministres, soit aux administrations de département et municipalités, ainsi qu'à la trésorerie et comptabilité nationale et aux directeurs de la liquidation.

ART. 55. Sont exceptés de la formalité du timbre, les pétitions et mémoires qui auront pour objet les demandes en avancement, congés absolus ou limités, pensions de retraite, payement des arrérages de rentes et pensions, secours et encouragements et première demande en réparation de torts occasionnés par une autorité constituée ou au fonctionnaire public.

La loi organique du 13 brumaire an VII, dans son article 16, exempte seulement « les pétitions présentées au corps législatif; celles qui ont pour objet des demandes de congés absolus et limités et de secours, et les pétitions des déportés et réfugiés des colonies tendant à obtenir des certificats de résidence, passeport et passage pour retourner dans leur pays. »

ARTICLE 3.

PUBLICATIONS.

Le fait de la publication des journaux a été frappé dans
divers pays, où ces écrits se sont multipliés, d'une taxe qu'on
pourrait considérer tout à la fois comme un impôt sur certaine industrie, ou comme un impôt sur un acte spécial.
C'est sous ce dernier rapport que nous en dirons quelques
mots ici.

En France, le timbre des journaux et écrits périodiques,
qui a quelque temps emporté avec lui l'affranchissement
postal, ainsi que nous l'avons vu plus haut [1], a donné, en
1860, 6,858,407 fr. de droits constatés ; celui des écrits non
périodiques a fourni 84,285 fr.

Les droits perçus sur l'affichage se sont élevés à 3,223 fr. [2].

La statistique italienne du comte Serristori, mentionne
un impôt sur les *gazettes*, levé dans les États romains.

Les taxes sur les journaux anglais sont confondues, par
M. Mill, avec les taxes sur le transport des lettres et sur les
annonces (*advertisements*), sous l'expression générique de
taxes sur les *communications*. Cet auteur regarde toutes ces
impositions comme peu dignes de faveur, et comme devant
être renfermées soigneusement dans d'étroites limites.

Les impôts sur les journaux ont eu souvent un motif politique.

---

[1] T. III, p. 369.
[2] Voyez le *Compte des recettes de* 1860, p. 110.

« En 1712, dit M. Cucheval-Clarigny, dans son histoire de la presse en Angleterre et aux États-Unis, quelques membres de la commission du budget s'avisèrent que le moyen le plus efficace de supprimer les libelles serait de mettre un droit très-lourd sur tous les journaux et toutes les brochures. Cette proposition fut accueillie avec acclamations. La chambre des communes vota un droit de timbre d'un sou sur toute demi-feuille imprimée, de deux sous sur chaque feuille entière, et de vingt-quatre sous sur toute annonce insérée dans un journal. Ces droits existaient encore il y a trois ans [1], tels qu'ils avaient été votés en 1712; seulement sous Georges Ier on avait dû modifier la rédaction de la loi, etc. »

L'impôt du timbre fut successivement accru en 1725, 1765, 1781, 1789, 1797 et 1808 [2]. Il fut porté en définitive à 40 centimes par numéro; ce qui, suivant M. Cucheval-Clarigny [3], donnait lieu à une fraude considérable. L'impôt fut réduit à 10 centimes en 1836, et cet allégement eut pour conséquence un accroissement important dans la vente des journaux. Le timbre de 10 centimes faisait office de droit de poste; mais depuis, les journaux ont été dispensés de l'obligation de faire timbrer les numéros qu'ils ne mettent pas à la poste. Le timbre des journaux destinés à la poste a rapporté, dans le Royaume-Uni, pour l'année terminée au 31 mars 1860, la somme nette de 141,557 liv. st.

Il n'y a plus dans ce pays de véritable impôt sur les journaux. Le maximum du produit de cet impôt avait été, en 1831, de 586,636 liv. [4].

D'après l'historien de la presse anglaise que nous avons

---

[1] L'ouvrage de M. Cucheval-Clarigny a été publié en 1857.
[2] *Tablet of Memory*, p. 117.
[3] P. 153 et suiv.
[4] Correspondance de M. Hendriks.

déjà cité [1], il y a eu aussi en Angleterre une taxe sur les
annonces :

« Jusqu'en 1854, les annonces ont été soumises à un droit
de 1 sh. 6 pences ou 1 fr. 80 c., dont l'abolition fut votée
dans la session de 1853. Le droit, dont le montant était
compris dans le coût de l'annonce, ne pesait en apparence que sur le public : il n'en était pas moins funeste aux
journaux, parce qu'il portait à 2 sch. et demi, c'est-à-dire à
plus de 3 fr. le prix d'une annonce de deux lignes, et qu'il
empêchait ainsi les petites bourses de recourir fréquemment
à la publicité. »

---

[1] Cucheval-Clarigny, p. 136.

ARTICLE 4.

PESAGE, MESURAGE, JAUGEAGE, VOIRIE.

Le § 9 de la loi de 1837, sur l'organisation municipale française énumère, parmi les recettes autorisées de la part des communes, le produit des droits de pesage, mesurage et jaugeage, et des droits de voirie.

Ces diverses taxes, dont les dernières s'appliquent aux réparations, constructions et ouvertures sur la voie publique [1], se rapportent toutes à des actes de l'homme, et rentrent dans la division des impôts dont nous nous occupons actuellement.

Les taxes de pesage, de mesurage et de jaugeage pourraient être, jusqu'à un certain point, rangées dans les taxes de consommation sur les denrées soumises au pesage, au mesurage et au jaugeage. Toutefois elles portent sur ces denrées seulement à l'occasion d'un *acte* consommé dans certains lieux publics, et c'est pour cela que nous terminons

---

[1] J'ai sous les yeux le tarif des droits de voirie, examiné au conseil d'État en 1844 pour 57 communes du département de la Seine. Le tarif est divisé en quatre paragraphes concernant : les droits pour constructions neuves, les droits pour saillies fixes ou mobiles, les droits pour travaux et réparations, enfin les droits divers, relatifs, par exemple, aux dépôts de matériaux, etc.

Les droits de voirie sont également perçus au profit des caisses municipales sur les rues communales et sur les traverses de routes dans l'intérieur des villes ou communes (Instruction du ministre de l'intérieur du 2 avril 1841).

Le traité de M. Davenne intitulé *Législation et Principes de la voirie urbaine* contient (p. 192 et suiv.) des détails historiques intéressants sur l'origine et le développement des droits de voirie.

par elles l'énumération sans doute incomplète des impositions qu'une classification exacte doit réunir sous le titre du
dernier de nos *livres* consacrés aux impôts d'application
générale.

LIVRE VII.

Des taxes provinciales, départementales et locales.

Toutes les taxes en vigueur dans l'ensemble d'un État ne sont pas, en fait, d'une application absolument générale. Il en est qui n'atteignent que certaines personnes, d'autres certains biens, certaines jouissances, certaines consommations ou certains actes. Ces divers impôts réunissent une condition de généralité dans la loi qui les institue et l'ensemble de la nation qui les subit avec une condition d'individualité ou d'accidentalité dans les personnes qui les acquittent. Quelquefois même s'il s'agit d'un péage à payer, la condition accidentelle prend le caractère d'une condition locale.

Mais, à côté ou en dedans de l'action de ces diverses impositions, il est d'autres taxes qui sont locales dans un autre sens : ce sont les taxes provinciales, départementales, communales, qui sont établies pour les dépenses de ces circonscriptions restreintes, dont la vie administrative se coordonne avec l'existence de la nation dont elles font partie.

IV.   9

Quelquefois les circonscriptions intérieures d'un pays suffisent à leurs besoins locaux par des suppléments ou centimes additionnels aux contributions générales. Mais souvent aussi elles sont autorisées à lever des taxes propres, qui n'ont pas leurs semblables dans l'État. Cela est vrai surtout des villes qui constituent par leurs clôtures des organisations isolées du reste du pays et dont le système fiscal est sous ce rapport beaucoup plus spécial que celui des circonscriptions plus étendues.

Ces taxes provinciales et locales qui, sous le rapport économique, rentrent toutes dans la classification générale des divers impôts que nous venons d'étudier, constituent des faits administratifs et financiers très-importants, et sous cet aspect il nous a paru utile de les examiner à part, d'autant plus qu'il y a une grande diversité dans leurs formes chez plusieurs peuples de l'Europe.

Pour retracer tout de suite l'aspect général et la diversité possible de certaines organisations financières sous ce rapport, je dirai qu'en Prusse le système des suppléments aux impôts généraux, soit directs soit indirects, joue un grand rôle dans l'organisation des finances locales.

En Bavière, au contraire, les taxes sur la viande, le blé et la farine, sont abandonnées exclusivement aux communes qui, en outre, ont une partie des droits sur la bière [1].

En Angleterre, il y a surtout des taxes directes mais spéciales, sur les propriétés et les revenus.

En France, ce sont des suppléments aux taxes directes générales et aussi des impôts de consommation particuliers.

Ce dernier moyen est pratiqué en Espagne.

En Hollande, nous rencontrons des impôts de même nature et, en outre, des capitations graduées.

[1] Reden, I, 65.

En Belgique règne depuis peu un système tout particulier et qui n'a pas d'analogue en Europe.

Il est impossible d'assigner à ces faits, que nous étudierons plus attentivement, aucun caractère général, si ce n'est toutefois que les impôts de timbre, et d'enregistrement ne paraissent avoir presque nulle part inspiré les financiers lorsqu'ils ont été occupés de créer des impositions locales.

Quelquefois le législateur des taxes locales semble avoir voulu profiter de la latitude particulière qui résulte de son champ d'action restreint.

Ainsi pour ces taxes sur les consommations urbaines qui portent parmi nous le nom d'*octrois*, le législateur a permis aux conseils municipaux d'embrasser, à cause de la sphère localisée de la taxation, des objets qu'il n'eut jamais voulu imposer dans l'intérêt de ses propres finances, par le motif que la constatation de la matière imposable n'eut pu sans tyrannie et vexation s'étendre sur la surface d'un vaste pays tout entier.

Un fait général doit être signalé encore dans ces impositions locales, c'est que dans les cas où leur objet se confond avec celui des impositions générales, des mesures législatives particulières dans l'intérêt de la taxation générale ont circonscrit et limité la taxation locale. En Hollande autrefois, les droits municipaux sur le vin étaient limités par ceux du Trésor [1] ; quelque chose de tout à fait analogue se retrouve dans la limitation de nos taxes d'octroi sur les boissons.

A cause de cette subordination des taxes locales aux taxes générales, les premières ont souvent un caractère d'imperfection spéciale, qui résulte d'une culture d'esprit moins parfaite chez ceux qui les votent, et souvent de leur

[1] *Christian,* p. 81.

ancienneté, qui les destine à représenter pour ainsi dire l'archaïsme de la taxation.

La subdivision du livre que nous consacrons à l'étude des taxes locales, sera différente de celle qui a été adoptée par nous dans l'étude des taxes générales ou du moins des taxes prises en elles-mêmes, abstraction faite de leur sphère d'application.

A l'égard de celles-ci, c'est la nature seule de la taxe que nous avons discutée, et nous avons classé les impôts d'après leur incidence sur les personnes, les richesses, les jouissances, les consommations et les actes infiniment variés de l'existence humaine.

Ici, au contraire, en parlant des taxes locales, nous avons pensé que la classification géographique était à la fois la plus naturelle et la plus logique.

Nous n'avons pas besoin de faire observer que tout en acceptant la donnée générale qui résulte de notre ouvrage, destiné à l'observation des faits étrangers comme des faits français, le caractère nécessairement incomplet de nos recherches sur la législation étrangère sera peut-être plus sensible dans ce livre de notre ouvrage que dans les autres. Si en effet tout ce qui concerne les revenus nationaux tend aujourd'hui, dans toute l'Europe, à se divulguer et à se produire dans des budgets communiqués au public, la taxation locale se cache au contraire dans l'ombre, et il suffira, pour expliquer la difficulté d'atteindre les faits qui s'y rattachent, de faire remarquer quelle petite place tiennent dans nos documents officiels les ressources, cependant si considérables et si variées, fournies en France par l'octroi, les centimes additionnels, les droits de voirie et de places, etc., aux caisses municipales.

CHAPITRE I.

PRÉLIMINAIRES.

Nous connaissons assez mal la nature des revenus des villes de France dans l'ancien régime, revenus appelés alors *patrimoniaux*. J'ai trouvé dans les archives du Cantal la mention de divers droits de *courtage, poids et taules* (tables) comme *revenus patrimoniaux* de la ville de Mauriac au xviii° siècle. Il paraît que les octrois ou taxes sur les consommations jouaient déjà dans les revenus urbains un rôle considérable.

Aujourd'hui les revenus des villes tirés des taxes se composent en France : de centimes additionnels aux contributions directes, de l'impôt des chiens, du droit sur les permis de chasse, de certains droits de voirie et de place, des octrois, des péages communaux, du prélèvement sur l'impôt des voitures et du produit de l'expédition des actes administratifs et de l'état civil, tandis que les départements tirent leurs ressources des suppléments aux impôts directs et de quelques autres perceptions fort accessoires, telles que les péages autorisés au profit des départements, etc.

Les prestations en nature servent aux communes et aux départements en même temps.

L'arrondissement n'a pas de ressources propres.

Il y a peu à dire sur les droits de place et de pesage, ainsi que sur les droits de voirie [1] autorisés au profit des communes.

Ces impôts dont nous avons parlé plus haut sont peu productifs [2] ; la statistique en est peu connue ; quelques-uns sont perçus dans peu de communes.

Mais les *octrois municipaux* sont un sujet original et fécond dans l'histoire des taxes locales françaises. D'un autre côté les prestations en nature, mentionnées souvent çà et là dans le cours de notre ouvrage, comportent, ainsi que les octrois, quelques développements à part, à cause du caractère, à la fois original et important, qu'elles revêtent pour l'observateur des faits financiers. Enfin les centimes communaux et départementaux, quoique présentant simplement l'application de mécanismes institués au profit de l'État et déjà étudiés par nous, méritent cependant de fixer l'attention sous divers rapports, et notamment eu égard à leur importance financière à peu près équivalente à celle des octrois.

Le droit pour l'État d'autoriser les taxes départementales et communales au delà d'un certain maximum légal, constitue en France un des principaux attributs de la *tutelle administrative* qui est elle-même l'un des principaux ressorts de la *centralisation* [3].

[1] Les droits de voirie n'existent que dans un certain nombre de communes assez restreint et spécialement dans les environs de Paris. D'après M. Davenne (p. 192), ces droits qui n'étaient d'abord qu'exceptionnels et réservés à de grandes cités, se sont étendus à des communes moins considérables surtout depuis que leur existence, remontant pour Paris au XVIIᵉ siècle, a été régularisée par un article de la loi du 21 avril 1832.

[2] En 1850, d'après un rapport de M. Darcy, les droits de pesage, mesurage, jaugeage, les droits de voirie, mêlés avec certaines perceptions, en quelque sorte domaniales, des communes, comme les concessions de places, les locations de sépultures, etc., donnaient 20 à 21 millions; tandis que les centimes communaux fournissaient 68 millions et l'octroi 84 millions.

[3] Le décret de mars 1852 a donné aux préfets le droit de statuer sur les tarifs des droits de voirie et des droits de pesage, de mesurage et de jaugeage. Il en est tout autrement des centimes extraordinaires et des tarifs d'octroi.

SECTION I.

DES OCTROIS MUNICIPAUX.

On donne le nom d'*octrois* aux taxes établies sur les consommations, dans les villes et dans les bourgs, pour les
besoins de l'administration communale.

Ce nom dérive d'un mot de la basse latinité (« *ottroium*
licentia vasallo data, » dit Ducange [1]); il indiquait, dans
l'ancien langage français, une concession de l'autorité
souveraine. Il a été appliqué dans le sens restreint qui nous
occupe actuellement, par suite de la formule adoptée dans
les édits qui autorisèrent primitivement pour les communes
des impôts de consommation auxquels le fisc royal s'associait
souvent par un prélèvement variable, des deux tiers par
exemple en 1323, de moitié seulement en 1663.

« Les taxes d'octroi, établies temporairement en 1323, pour
le compte exclusif de l'État, cessèrent bientôt et reparurent
à diverses époques. En 1352, la ville de Compiègne obtint la
première l'autorisation de percevoir l'octroi à son profit,
mais à la condition de verser au trésor royal le quart des
sommes perçues. Depuis lors, et comme indemnité de la
concession que l'État faisait de l'un de ses priviléges, le
droit régalien, il ne fut octroyé aucune permission sans la
stipulation de prélever pour le Trésor, tantôt une portion

---

[1] Ménage tire le mot d'*octroi* de *auctorium* et *auctoriare*, corrompus d'*aucto-*
ritas et *auctorisare*. Ducange prétend que dans la basse latinité, on a dit *auctor-*
gare, d'où les Espagnols auraient fait *otorgar,* et les Français *octroyer.* (*Ency-*
clopédie des gens du monde. V. Octrois).

éventuelle des produits, tantôt une somme fixe une fois
payée. »

« Par une déclaration de 1647, il fut enjoint que tous les
produits des droits d'octroi et autres, que percevaient les
villes et communautés, fussent portés à l'*épargne*, avec
permission toutefois de lever ces droits par *doublement* pour
le compte des mêmes villes et communautés. Les événements
ayant suspendu l'effet de cette déclaration, un édit de 1663
la renouvela avec cette différence seulement qu'il attribua
au roi le prélèvement, à perpétuité, de la moitié des droits
d'octroi à percevoir aux entrées des villes. Nonobstant ce
partage, il y avait en faveur des troupes, tantôt modération,
tantôt exemption complète des droits; les approvisionne-
ments de la marine consommés même à terre, dans les
ports, étaient affranchis de toute taxe communale; de plus,
la moitié revenant au Trésor était libre de toutes charges,
exemptions ou priviléges, tandis qu'au contraire la portion
des communes y restait assujettie [1]. »

Nous avons vu de nos jours reproduire quelque chose
d'analogue à cette participation de l'État aux bénéfices de
l'impôt local par le prélèvement du dixième du produit net
des octrois au profit du Trésor public, prélèvement établi vers
le commencement de ce siècle, en remplacement de l'obligation imposée antérieurement aux villes de fournir le pain
de soupe aux troupes [2], et supprimé dans l'intérêt des con-

---

[1] *Dictionnaire général d'administration*, 1 vol. in-4°, 1849, Paris, Paul Dupont.

[2] La possession d'une garnison est devenue, depuis le décret du 23 avril 1810,
la source d'une autre obligation spéciale pour les communes qui perçoivent des
droits d'octroi. En compensation de l'impôt levé indirectement sur la nourriture
des troupes, ces communes sont chargées des dépenses du casernement et des lits
militaires, dépenses dont le maximum ne peut, en aucun cas, s'élever au-dessus
de 7 fr. par an pour chaque homme, et de 3 fr. par cheval. M. de Chabrol, dans
son rapport au roi sur l'administration des finances, publié en mars 1830, évaluait
à 1 million environ le produit de cet abonnement, porté aujourd'hui à 1 million
500 mille fr.

sommateurs par le décret du Prince Président de la République relatif à la fixation du budget de l'exercice 1852 [1].

Suivant le système de priviléges en vigueur, avant 1789, beaucoup de personnes étaient exemptes des taxes d'octroi.

Un décret de l'Assemblée Constituante du 28 janvier 1790 abolit toutes les exemptions et fit porter la perception sur la généralité des habitants.

Environ un an après, un rapport d'ensemble sur les taxes, vulgairement nommées droits d'entrée, fut fait au nom du comité de l'imposition par MM. de La Rochefoucauld, Dauchy, d'Allarde, Rœderer, Defermon et Dupont de Nemours.

Le projet de loi, placé à la suite de ce rapport, avait pour objet la refonte systématique des droits d'entrée et d'octroi. Il autorisait l'établissement dans les villes de taxes levées au profit de l'État sur les marchandises et productions consommées plus généralement par les habitants aisés ou riches.

Ces taxes devaient être limitées par des maxima de produits échelonnés depuis 20 sous par tête d'habitant jusqu'à 18 livres, suivant une gradation de huit classes, dans lesquelles étaient distribuées, suivant leur population, les villes peuplées de plus de 2,500 habitants.

D'après l'article 13 du même projet, les villes, pour faire face à leurs dépenses municipales et à celles de leurs hôpitaux, ainsi qu'aux dettes qui leur seraient personnelles, pouvaient proposer à l'Assemblée nationale d'ajouter aux taxes d'octroi perçues au profit général de la nation des sous municipaux pour livre à la charge que ces sous municipaux pour livre n'excéderaient jamais ni en totalité, ni dans aucun article du tarif, la somme perçue au bénéfice de l'État.

---

[1] Diverses villes aidées dans cette voie par la jurisprudence du conseil d'État, ont fait porter la réduction du dixième ordonnée en 1852 sur certains articles spéciaux de leurs tarifs.

A cette époque, on le sait, les projets de réformes se changèrent bientôt généralement en innovations destructives et radicales. Ce résultat se produisit en ce qui touche l'objet qui nous occupe.

Peu de jours après le rapport dont nous venons d'analyser les conclusions, et sans s'y arrêter, l'Assemblée constituante décréta, le 19 février 1791, la suppression de tous les impôts perçus à l'entrée des villes. Les octrois disparururent pour un certain temps

En l'an VII, cependant, une loi du 27 vendémiaire rétablit pour Paris un octroi dit *municipal et de bienfaisance.*

La détresse des hospices civils de la ville de Paris, l'interruption de la distribution de secours à domicile, circonstances indiquées dans les motifs de la loi, expliquent cette dénomination nouvelle.

La loi du 11 frimaire an VII généralisa quelques règles relatives à l'établissement de taxes indirectes et locales qu'il fut permis d'instituer, à défaut de recettes ordinaires, *dans les communes formant à elles seules un canton* ou considérées comme telles.

Il y avait dans cette dernière condition un principe de limitation, fondé sur l'importance et la population des localités, principe qui avait été déjà posé dans le rapport de Dupont de Nemours, et qui a été peut-être trop incomplétement retenu depuis dans la jurisprudence des octrois.

Les octrois ont subi de très-grandes fluctuations sous le rapport de leur nombre, et, après leur rétablissement au commencement de notre siècle, la quantité s'en était élevée fort au delà de ses limites actuelles.

Il n'y avait en l'an IX que 293 localités sujettes à octroi. Le nombre s'éleva en l'an X à 370, en l'an XI à 499, en l'an XII à 2,641 et en l'an XIII à 3,262 pour les cent huit départements de la France d'alors.

Le Pas-de-Calais en avait en l'an XIII, 931. — L'Escaut, 306. — Les Vosges, 151. — Les Deux-Nèthes, 139. — Les Basses-Pyrénées, 110. — La Lys, 109[1].

Aujourd'hui le nombre des octrois pour un territoire, il est vrai, moins étendu, est d'environ moitié de ce qu'il était en l'an XIII, et sauf dans le département du Finistère, ces impôts locaux n'existent guère que dans les villes de quelque importance.

Plusieurs lois, aux dates des 2 vendémiaire, 19 frimaire, 5 ventôse an VIII, 5 ventôse an XII et 24 avril 1806; divers décrets impériaux des 21 brumaire an XIII, 17 mai 1809 et 8 février 1812; les lois et ordonnances plus récentes des 8 et 9 décembre, 25 décembre 1814, 28 avril 1816, 25 mars 1817, 3 juin 1818, 17 août 1822, 24 juin 1824, 12 décembre 1830, 22 juillet 1831, 11 juin 1842, 10 mai 1846, 3 juillet 1847, enfin le décret du 17 mars 1852, sont les principaux documents de notre législation sur la matière.

Une partie assez mobile de ces règles a été celle qui est relative au mode d'administration des octrois. Abandonnée sans réserve, dans l'origine, aux autorités locales, cette administration fut placée en 1809 sous la protection du principe de centralisation, et même entièrement confiée, par le décret impérial du 8 février 1812, à la régie des contributions indirectes. Ces liens étroits entre le service des octrois et l'administration générale des finances produisirent la suppression de nombreux abus, tolérés par la faiblesse et le défaut d'intelligence des administrations locales. On a cru pouvoir les relâcher un peu plus tard sans de trop graves inconvénients, et la loi du 28 avril 1816 a rendu aux communes une assez grande indépendance dans l'établissement

[1] V. dans les archives du conseil d'État la collection des rapports présentés à S. M. l'empereur Napoléon Ier, à son retour de la grande armée sur diverses questions agitées à l'expiration de l'an XIII.

et la gestion de leurs octrois, sauf toutefois le contrôle de l'autorité centrale, qui s'exerce par voie d'approbation, non-approbation ou même restriction des tarifs proposés, mais sans faculté d'aggravation.

Quant à la perception des droits autorisés, elle a lieu, au libre choix des communes, par l'un des quatre systèmes distincts communément usités à cet effet, et qui sont désignés sous les noms de *régie simple*, *bail à ferme*, *régie intéressée et abonnement avec la régie*, toujours cependant sous la surveillance du ministre des finances, qui approuve les baux et nomme les préposés en chef des octrois [1].

Depuis la loi du 11 juin 1842, aucun tarif ou règlement de perception ne peut être changé sans que la proposition en ait été discutée par le conseil d'État, *dans la forme des règlements d'administration publique.* Les deux sections ou comités spéciaux correspondant aux ministères de l'intérieur et des finances examinent ce genre d'affaires à des points de vue divers, et l'assemblée générale du conseil d'État donne son avis sur toutes les modifications de tarifs. Le principe, adopté depuis 1840, d'une limite décennale imposée à la durée des tarifs d'octroi nouvellement établis ou soumis à la révision de l'autorité centrale, accroît considérablement l'importance du contrôle administratif sur cette branche des revenus locaux, et soumet l'ensemble du régime des octrois à une surveillance constante.

Le fonds de la législation française sur les octrois a peu varié depuis leur rétablissement au commencement de notre siècle. Nous allons en indiquer les bases principales ainsi que les modifications les plus saillantes.

La loi du 11 frimaire an VII, le décret de 1809 et l'ordon-

---

[1] La forme de l'abonnement individuel des contribuables n'est pas admise dans les octrois français. Elle l'était dans certaines communes de la Savoie avant son annexion à la France.

nance du 9 décembre 1814 apportaient dans l'intérêt des consommateurs certaines limites à la désignation que pouvaient faire les conseils municipaux des objets soumis aux droits d'octroi. L'ordonnance de 1814, en classant les matières imposables en cinq catégories conservées depuis (1° boissons et liquides; 2° comestibles; 3° combustibles; 4° fourrages; 5° matériaux), excluait de la deuxième catégorie, par son article 16, les *grains et farines, fruits, beurre, lait, légumes et autres menues denrées*.

L'article 147 de la loi du 28 avril 1816 n'a pas maintenu ces limitations, et il a même été décidé qu'un conseil municipal avait rigoureusement le droit d'imposer les farines [1]. Mais le droit des conseils municipaux est toujours subordonné aux restrictions que le gouvernement et le conseil d'État croient devoir apporter aux propositions des administrations locales, restrictions qui ont eu souvent pour résultat de protéger contre une taxation injuste ou inopportune les denrées et combustibles spécialement à l'usage des indigents. En admettant exceptionnellement l'établissement ou le maintien des droits sur les blés et farines, le conseil d'État n'a pas négligé d'indiquer quelquefois des circonstances locales, telles que l'emploi des châtaignes pour la nourriture des classes pauvres, qui lui ont paru faciliter l'autorisation de ces droits [2]. Cependant il faut aussi reconnaître que l'octroi sur les farines a été toléré dans quelques villes du Midi sur une assez large échelle. A Marseille, le droit des farines rapportait naguère plus de 600,000 fr. sur un produit d'environ 4 millions.

La jurisprudence habituelle du conseil d'État, fondée sur l'article 11 de l'ordonnance du 9 décembre 1814 et sur l'ar-

[1] Arrêt de la Cour de cassation du 18 juillet 1834.
[2] Octroi de Bastia, 15 juillet 1847.

ticle 148 de la loi du 28 avril 1816, exclut encore des tarifs d'octroi les objets qui ne paraissent pas devoir rester rigoureusement dans la consommation locale ; ce qui ne comprend pas seulement les matières admises au bénéfice de l'entrepôt et les combustibles employés à la fabrication des objets de commerce général, mais encore les objets qui, comme les bois de charronnage et de tonnellerie, semblent, d'après les circonstances locales, devoir plutôt entrer dans les exportations que dans les consommations intérieures.

Il y a eu d'ailleurs une décision spéciale du ministre des finances, rendue en 1811, pour exempter des droits d'octroi les bois destinés aux constructions mobiles d'artillerie.

Sont aussi exemptées du payement des droits, en vertu d'ordonnances ou décisions ministérielles :

1° Les consommations faites à bord des bâtiments de l'État ;

2° Les matières servant à la fabrication des poudres;

3° Les papiers imprimés du gouvernement;

4° Les médicaments;

5° Les morues.

Le sel n'est sujet au droit d'octroi que dans la ville de Paris ; le papier est taxé à Bordeaux et à Nice, le papier peint à Alais et à Uzès.

Les matières soumises à des droits de douane, comme les sucres et les cafés, sont assez exceptionnellement atteintes par les tarifs d'octroi. Cependant il n'y avait, il y a peu d'années, pas moins de cent deux localités, dans le Centre, l'Ouest et surtout le Midi de la France, dans lesquelles les sucres étaient taxés.

Il importe de respecter, dans l'établissement des octrois, la liberté de la concurrence; et en conséquence les objets fabriqués ou récoltés dans l'intérieur de la commune doivent être en général soumis à la même taxe que les objets venant du dehors [1]. Toutefois des différences variables suivant les cas peuvent être établies entre la bière venant du dehors et celle fabriquée dans l'intérieur [2]. On a vu aussi des droits différentiels établis sur certains objets d'après le lieu de leur fabrication, par exemple pour les tuiles et carreaux [3]. On a même admis en Corse la faculté d'imposer sur les vins, d'après leur provenance, des tarifs différentiels dont les octrois de Bastia et d'Ajaccio montrent l'application.

Un assez grand nombre d'avis du conseil d'État ont repoussé les droits différentiels entraînant des difficultés de perception, ou favorisant déraisonnablement la consommation d'une espèce de produits par rapport à une autre. Telles ont été les distinctions proposées entre les fourrages provenant des prairies naturelles et ceux des prairies artificielles (4 et 25 juin 1846), entre les bœufs et les vaches (25 février et 13 juillet 1847), entre les agneaux suivant les saisons (24 août 1847).

D'après l'ordonnance du 9 décembre 1814, les préfets doivent veiller à ce que les objets portés aux tarifs des octrois de leurs départements soient, autant que possible, frappés du même droit dans les communes d'une même population.

Depuis le 1er janvier 1847, et en exécution de la loi du 10 mars 1846, les droits d'octroi sur les animaux de toute espèce ont été établis à raison du poids. Toutefois ils ont pu rester fixés par tête, là où la taxe sur les bœufs n'excède pas 8 francs.

La législation des octrois présente une tendance marquée vers la restriction des droits sur les boissons déjà frappées d'une taxe au profit du trésor public. Le motif de cette res-

---

[1] Ordonnance du 9 décembre 1814, article 24.
[2] *Ibid.*, art. 14.
[3] Octroi de Melun 12 août 1847.

triction est le même que celui qui fait limiter, dans les
lois budgétaires, les centimes laissés à la disposition des
communes. Aussi cette règle ne s'applique-t-elle pas en
Corse, où aucun droit n'est perçu sur les boissons au profit
de l'État [1].

L'article 149 de la loi du 28 avril 1816, suivant la voie
déjà indiquée à cet égard par l'article 12 de l'ordonnance du
3 décembre 1814, ordonnait, en général, que les droits
d'octroi établis sur les boissons à l'avenir ne pourraient excéder les droits qui étaient perçus au profit du Trésor sur les
mêmes boissons aux entrées des villes ; mais cette disposition législative admettait en même temps qu'une ordonnance spéciale du roi pourrait déroger à la règle qu'elle ins-
tituait.

La loi du 11 juin 1842, reprenant le même principe
avec plus de force, a décidé qu'il ne pourrait y être dérogé
que par une loi, et a, en même temps, limité au 31 décembre 1852 la continuation des taxes précédemment réglées
sur un pied différent et supérieures au taux des droits d'entrée [2]. A cette date du 31 décembre 1852 on a examiné la
portée financière de la réduction et on a calculé qu'une
somme totale de 1,754,402 fr. [3] disparaîtrait de ce chef du
budget de certaines villes, sauf les prorogations qui ont pu
intervenir pour certaines localités par des lois spéciales.

Voici, en particulier, le tableau comparatif des produits du droit sur l'alcool en 1852 et après la réduction
opérée le 31 décembre 1852, ainsi que des quotités de

---

[1] Octroi de Sartène, 24 novembre 1846.

[2] On ne saurait nier que la législation de 1842 n'ait dépassé son but sur quelques points du territoire, lorsqu'on a vu, par exemple, la ville de Quimper obligée
de compenser par une élévation du droit sur la viande l'abaissement du droit sur
l'alcool prescrit par cette loi.

[3] D'après le rapport de M. Réal sur la loi de 1842, le produit des surtaxes
sur les boissons était à cette époque de 10,281,000 francs perçus dans 449 communes.

droits perçus sur cette boisson dans diverses localités. Produit dans 967 communes :

1852.	1853.	Perte.
4,514,926	4,176,598	338,328

Voici les quotités de droits autorisés en 1853, à savoir 4 fr., 6 fr., 8 fr., 12 fr., 14 fr., 16 fr., suivant les populations, comparées à celles qui étaient perçues avant 1853, au moins pour les plus forts écarts.

Briançon.	12 fr.	90	4 fr.
Marseille.	17	60	16
Chatellandren (côtes-du-Nord).	10		4
Lannion.	10		4
Saint-André (Eure).	8	10	4
Quimper.	66	50	6
Guengate, Boors et Goulven.	19	10	4
Poullan.	14	30	4
Tufiagat.	28	60	4
Bourgblanc, Daoulas et Goueznon, etc., 12 ou 15 autres localités du Finistère.	28	60	4
Landerneau.	57	30	4
Bordeaux.	17	60	16
Saint-Jacques (Ille-et-Vilaine).	12		4
Morcz (Jura).	19	70	4
Châteaubriand (Loire-Inférieure).	9	60	4
Anneaulin (Nord).	19		4
Seclin (Nord).	19	10	4
Avesnes.	23		4
Quesnoy.	26	70	4
Douai.	22	90	10
Bergues.	27	80	4
Bourbourg.	19	20	4
Gravelines.	25		4
Hondschoote.	28	60	4
Bailleul.	22	90	4
Cassel.	38		4
Estaires Lagorgue, Merville Steenwurde.	22	90	4
Condé.	21	10	4
Saint-Amand	22		6
Carvin (Pas-de-Calais).	15	30	4
Wiauville.	11	40	4
Berck.	9	50	4
Saint-Jean-de-Luz.	11	50	4
Rouen.	28	25	16
Civray.	11		4

IV.

Le décret du 17 mars 1852 ne s'est pas borné à confirmer la loi du 11 juin 1842. Il a combiné la règle posée par cette loi avec une diminution de moitié sur les droits d'entrée perçus au profit du Trésor, diminution devant, par contrecoup, amener une nouvelle réduction des droits d'octroi sur les boissons, mais seulement dans un délai de trois ans après le terme marqué pour le premier *nivellement*, s'il est permis d'employer cette expression, prescrit par la loi du 11 juin 1842, afin d'éviter l'action cumulée des deux réductions [1].

L'effet de ces dispositions du décret du 17 mars 1852 a été un remaniement assez profond dans les octrois d'un grand nombre de communes. Déjà les dispositions de la loi du 11 juin 1842 atteignaient 371 localités. On a calculé que la seconde réduction de 1852 réduirait pour un chiffre de 3,558,303 fr. les recettes de 941 communes en 1856.

Plusieurs lois spéciales sont venues faciliter la transition résultant du jeu combiné des lois de 1842 et de 1852. Ce serait une chose intéressante que de suivre l'action que les réductions de droit ont pu exercer sur la consommation des villes. Quelques relevés, relatifs aux consommations de 1852 et de 1853, n'avaient pas montré des résultats très-sensibles : à côté de beaucoup de résultats nuls j'ai noté cependant qu'à Lannion la consommation de 260 hect. en 1852, s'était élevée

---

[1] C'est ce qui résulte de l'article 15 du décret du 17 mars 1852 qui est ainsi conçu : « Les taxes d'octroi qui sont actuellement, et celles qui, après l'exécution de la loi du 8 juin 1842, demeureront supérieures aux droits d'entrée dont le tarif est annexé au présent décret, seront de plein droit réduites au taux de ce dernier tarif dans un délai de trois ans à partir du 1er janvier 1853.

» Une prolongation de délai pourra être accordée, en la forme déterminée par l'article 8 de la loi du 11 juin 1842, aux communes qui, suivant des stipulations formelles d'emprunts régulièrement contractés ou autorisés antérieurement au présent décret, auront affecté exclusivement le produit de leurs taxes actuelles d'octroi sur les boissons au service des intérêts et de l'amortissement de cet emprunt. »

à 345 hect. en 1853 après une réduction de droit de 10 fr. à 4 fr., et à Landerneau de 314 hect. à 451 hect. pour une réduction de droit de 57 fr. 30 c. à 4 fr.

Le décret du 17 mars 1852 a eu aussi pour résultat de réduire, dans une certaine mesure, l'usage assez fréquent des taxes additionnelles à l'octroi, précédemment exemptes du prélèvement du dixième au profit du trésor public dans certains cas déterminés par la loi.

Quelques restrictions que subisse le droit des municipalités au sujet de l'établissement des octrois d'après les règles que nous venons d'analyser, cependant, lorsqu'il s'agit de protéger contre la fraude l'exécution des tarifs approuvés, la législation arme de la manière la plus puissante l'intérêt fiscal des localités. Rien n'est plus remarquable, à cet égard, que la disposition toujours en vigueur de l'article 152 de la loi de 1816, qui permet l'extension du rayon de l'octroi autour des grandes villes, dans le but de restreindre la fraude. Le gouvernement est autorisé, sur la demande *d'une grande ville*, à comprendre dans les limites de la perception non-seulement le territoire rural de la commune, mais encore les communes voisines, même sans leur aveu, et sous cette seule réserve que les recettes faites dans ces banlieues agglomérées doivent toujours appartenir aux communes dont elles sont composées.

Ce droit exceptionnel confié au gouvernement, dans l'intérêt des grands centres de population, et qui n'est exercé que dans un très-petit nombre de communes, peut du reste être l'objet d'un recours par la voie contentieuse de la part des localités ainsi agglomérées [1].

Nous venons de jeter un coup d'œil rapide sur la législation et la jurisprudence des octrois, il y a lieu maintenant

---

[1] Ordonnance du 23 août 1836, commune de Saint-Pierre.

de considérer cette institution financière plus spécialement sous le rapport statistique et économique.

Les octrois ont acquis en France, depuis le demi-siècle qui a suivi leur établissement, un développement assez marqué et très-progressif quant à leur revenu, sinon quant au nombre des localités qui y sont soumises. Voici, à cet égard, quelques faits qui permettent de mesurer le mouvement suivi par cette branche des revenus municipaux.

D'après M. de Chabrol, dans son rapport sur l'administration des finances, à la date de mars 1830, les droits d'octroi étaient établis dans 1,508 communes, ayant ensemble une population de 6 millions 500 mille âmes. Leur produit total était de 67 millions. La taxe par tête ressortait de 1 fr. 50 jusqu'à 30 francs.

La Révolution de juillet obligea de supprimer quelques octrois, et d'en adoucir d'autres, de telle sorte qu'en 1831 ce droit existait seulement dans 1,378 communes. Son revenu brut fut de 54,300,000 fr. Ce produit s'éleva graduellement, et en 1835 il atteignit le chiffre de 71,995,000 fr. pour 1,423 communes soumises à l'octroi à cette époque. Paris comptait à lui seul pour 29,048,000 fr. Le Trésor a prélevé sur ce premier total, pour dixième du produit net, une somme de 5,199,084 fr. [1]. A cette date, il y avait 708 octrois en *régie simple*, 3 en *régie intéressée*, et 712 en *ferme* [2].

M. Bocher a donné, dans son rapport sur l'impôt des boissons, fait en 1851 à l'Assemblée législative, un tableau du développement des droits d'octroi, année par année, depuis 1831 jusqu'en 1847, année où ils ont produit 88,612,209 fr. Sur ce chiffre les boissons de toute nature figurent pour un

---

[1] Ce prélèvement était évalué à 6,071,000 fr. dans le budget de 1843.

[2] *Encyclopédie des gens du monde*, octrois.

chiffre de plus de 36 millions, et la viande pour environ 24 millions [1].

De même qu'entre les renseignements donnés par M. de Chabrol en 1830, et ceux que renferme le rapport de M. Bocher pour 1831, nous remarquons l'intervention évidente d'une baisse assez considérable dans le produit des droits d'octroi, correspondant à la révolution de 1830, qui fit supprimer les taxes de cette nature dans trente ou quarante localités, une diminution analogue, bien que moins forte, se serait aussi manifestée après la Révolution de 1848, dans le revenu des octrois, si les chiffres de 86 millions pour le produit brut, et de 66 millions pour le produit net, assignés par M. Lanjuinais à l'année 1847, sont exacts [1].

En 1850, au contraire, les droits se sont rapidement relevés, puisque, d'après un état rédigé par les bureaux du ministère des finances, nous avons trouvé pour cette année un total de 1,436 octrois portant sur une population de 7,655,203 habitants, et produisant brut 95,176,602 fr. 43 c., dont 32,962,597 fr. pour les vins, cidres et alcools, 9,119,785 fr. 32 c. pour les autres liquides, 29,301,335 fr. 49 c. pour les comestibles, 10,858,230 fr. 55 c. pour les combustibles, 5,079,624 fr. 27 c. pour les fourrages, 5,711,969 fr. 63 c. pour les matériaux, et 2,143,030 fr. 16 c. pour les objets divers. Sur ce total de 95,176,602 fr. 43 c., le produit des octrois en régie atteignait la somme de 90,182,329 fr. 25 c.

On voit ainsi que les octrois qui, dans certaines villes, telles que Paris, fournissent les 4/5 du revenu local, cons-

---

[1] M. Lanjuinais, Rapport fait au nom de la commission d'enquête législative sur la production et la consommation de la viande de boucherie, p. 52. — Rapport de M. Bocher, p. 27.

[2] Voyez encore le Rapport fait au nom de la commission, etc., p. 52.

tituent environ le tiers des recettes ordinaires des communes de France évaluées à 230,633,909 francs dans le rapport de M. Darcy au nom de la commission administrative présidée par M. Vivien, et chargée, par le décret du 30 mars 1850, d'examiner les questions relatives à la situation financière des communes et départements [1].

En étudiant en détail le tableau des 1,436 octrois existant en 1850, on a constaté que peu de villes importantes sont en état de dispenser de ce genre de revenu. On ne pouvait citer alors d'autres chefs-lieux d'arrondissement privés d'octroi que les villes de Nogent-sur-Seine, Beaune et Montmédy.

Le système des octrois a été appliqué aussi mais exceptionnellement jusque dans les plus petites localités.

Il y avait, en 1850, 19 villes dans lesquelles l'octroi produisait plus de 500,000 francs; les chiffres les plus élevés étaient les suivants :

Paris.	37,293,826 fr.	82
Marseille.	4,049,046	15
Lyon.	3,331,465	99
Bordeaux.	2,251,073	70
Rouen.	2,027,349	40
Toulouse.	1,339,752	85

Mais il se trouvait aussi, d'autre part, une centaine de communes dans lesquelles l'octroi ne rapportait pas 500 fr. [2]. Au 30 octobre 1863 il y avait en France 1,514 octrois, et

[1] Voyez aussi le Rapport déjà cité de M. Lanjuinais, p. 18. D'après un écrit sur les Finances de la France publié en 1861 par M. le baron de Nervo, receveur général des finances, le produit des octrois s'est élevé entre 1831 et 1847, de 54 à 88 millions (p. 24). Le dernier de ces chiffres est exactement en rapport avec les citations qui précèdent.

[2] A Labrevalaire, dans le Finistère, l'octroi levé sur 243 habitants a donné 52 fr.; à Fontanil (Isère), pour 621 habitants il a donné 82 fr. 52. V. aussi à cet égard DE HOCK : *Administration financière de la France*, chap. VIII, p. 348.

celui de Paris, en 1862, avait donné 78,810,121 fr. [1].

D'après un relevé indiquant les vingt et une communes de l'empire, où les taxes d'octroi sur les bestiaux vivants et sur la viande à la main sont les plus élevées relativement à la matière taxée, ainsi que le produit desdites taxes pour l'exercice 1857 [2], nous voyons que l'octroi de Paris a donné sur les viandes 8,458,300 francs 50 centimes, celui de Marseille, 876,417 francs 27 cent., celui de Rouen, 497,105 fr. 71 centimes, celui de Toulouse, 424,425 francs 81 cent., celui de Toulon, 306,688 francs 85 centimes, celui de Montpellier, 241,292 francs 9 centimes, celui de Besançon, 182,584 francs 30 centimes, celui de Caen, 171,397 francs 95 centimes, celui de Brest, 139,762 francs 18 centimes, celui de Roubaix, 97,983 francs 68 centimes, celui de Boulogne-sur-Mer, 84,469 francs 16 centimes, celui de La Rochelle, 80,690 francs 50 centimes, celui de Niort, 79,191 fr. 80 centimes, celui de Cahors, 49,111 francs 44 centimes, celui de Châlons-sur-Marne, 48,902 francs 40 centimes, celui d'Auch, 44,580 francs 68 centimes, celui de Draguignan, 32,281 francs 42 centimes, celui de Gap, 27,722 fr. 85 centimes, celui de Digne, 18,195 francs 57 centimes, et celui de Privas, 6,208 francs 32 centimes.

La répartition des octrois sur la surface du territoire est aussi très-inégale, et sans doute cette variété doit être attribuée en même temps à la différence des ressources patrimoniales et à la diversité du produit utile des centimes laissés à la disposition des communes dans les divers départements, peut-être aussi à la continuation d'anciens usages locaux, quant à la forme des ressources fiscales pour les

---

[1] Renseignements dus à l'obligeance de M. Barbier lorsqu'il était directeur général des contributions indirectes.

[2] Renseignements dus à l'obligeance de M. Gréterin, directeur général des douanes et des contributions indirectes.

municipalités. Nous avons remarqué, par exemple, que 20 départements comptaient à eux seuls il y a quelques années 832 octrois, c'est-à-dire plus que tout le reste de la France. Le Finistère en comptait 153, le Var, 55, les Bouches-du-Rhône, 54, Vaucluse, 51, le Lot-et-Garonne, 47, l'Isère, 45, le Nord, 44, etc. Il y a dans le Finistère, notamment, un certain nombre d'*octrois*, dits *ruraux*, dont les produits, frappant seulement les liquides, sont perçus par les agents des contributions indirectes dans leurs tournées.

L'effet des octrois a été parfois comparé à celui d'autant de petites douanes intérieures changeant dans chaque ville les conditions de l'existence matérielle, et pouvant par cela même influer assez considérablement sur les conditions du travail industriel, non moins que sur la direction de l'agriculture, plus ou moins favorisée, dans l'écoulement de ses produits, par la combinaison des tarifs d'octroi.

Pour mesurer la première partie de ces résultats, il suffit de remarquer que la taxe d'octroi, qui n'est que de quelques centimes par tête d'habitant dans certaines localités, s'élève jusqu'à 25 francs par tête à Marseille et 40 francs à Paris. La déduction qui doit être faite sur ces chiffres, à raison de la population flottante associée par sa consommation à l'acquittement de ses produits, est probablement compensée en partie par l'influence inévitable de la fraude, qui introduit une certaine quantité de denrées en dehors de celles sur lesquelles il y a perception du droit, mais dont les auteurs mettent à profit le renchérissement provenant de l'influence de l'octroi sur le marché local.

En ce qui concerne l'agriculture, l'effet qu'exercent sur ses productions les octrois des grandes villes, et surtout l'octroi de Paris, dont l'acquittement réel ou l'escompte probable exerce son influence sur les marchés d'une grande partie de la France, est connu de toutes les personnes qui ont étudié la condition des branches de récolte atteintes par les droits de cette nature, telles que les vignobles, par exemple. La comparaison des consommations des diverses villes montre, du reste, que cette consommation décroît assez notablemment, en raison inverse de l'élévation des droits dans chacune d'elles [1].

Le choix des matières imposables et l'évaluation des tarifs convenables à chaque localité exigent donc une attention très-grande. Mais le contrôle des mesures adoptées à cet égard par les conseils municipaux intéressés peut difficilement être opéré avec fruit par l'administration supérieure, qui renferme ordinairement sa mission dans le maintien de certains principes généraux, sans pouvoir trancher toutes les questions de détail, souvent très-importantes, que soulèvent les tarifs d'octroi quant à leurs conséquences économiques et commerciales.

On remarque, au reste, en général, que les droits d'octroi sont mis en rapport, quant à leur quotité, avec la nature plus ou moins populaire des consommations.

Ainsi nous avons étudié le tableau comparatif des droits sur la bière et le vin pour un nombre de communes d'environ 170, dans lesquelles la bière paye un droit supérieur à 5 francs par hectolitre, le vin étant assujetti à un droit beaucoup moindre; et nous avons constaté que partout, sauf une localité placée dans des circonstances particulières [2], cette différence était en harmonie avec les quantités relatives de la consommation de ces deux sortes de boissons; le droit élevé perçu sur la bière n'était que la conséquence de la qualité de boisson de luxe qui avait

---

[1] Voyez dans la brochure de M. Barillon, sur la *Suppression des Octrois*, publiée en 1841, le tableau de la consommation des vins à Paris, Lyon, Bordeaux, Grenoble et Toulouse, p. 41.

[2] Mauriac (Cantal).

été attribuée à cette denrée dans ces mêmes localités.

Dans les départements du nord-est de la France, où les droits sur la bière et le vin se rapprochent davantage l'un de l'autre, nous avons aussi comparé, pour 40 à 50 localités, la quotité des droits et la quantité de consommation de ces mêmes denrées, et nous avons retrouvé la même loi de rapport inverse entre l'élévation du droit et l'expansion de la consommation des objets comparés, sauf une localité [1] où, le droit sur la bière étant plus élevé, la consommation est aussi plus considérable, et un petit nombre d'autres communes où, en sens inverse, le droit sur le vin étant le plus fort, la consommation de cette boisson reste cependant aussi la plus considérable [2].

Une preuve assez grande de la facilité au moins relative, avec laquelle les droits d'octroi sont acceptés en France, ressort de la possibilité accordée par la législation, et quelquefois mise à profit par les administrations municipales, de pourvoir, par une addition à l'octroi, au remplacement de certaines taxes d'une perception difficile ou impopulaire.

Ainsi les villes peuvent être autorisées, depuis 1816, à consentir un abonnement sur leur octroi, en remplacement du droit de détail sur les boissons. Ce système de la taxe unique, pratiqué, il y a peu de temps, dans 78 localités, ne l'est plus que dans 48 depuis les modifications apportées dans la quotité des droits de détail et d'entrée par le décret relatif au budget de 1852.

Les villes peuvent aussi remplacer leur contribution mobilière soit en totalité, soit en partie, par une augmentation de leur octroi. Quelquefois le remplacement porte sur la partie de la contribution mobilière qui frappe les

[1] Bischwiller.
[2] Lauterbourg, Huningue, Bourmont (Haute-Marne), Saint-Dié, Darney et Raon-l'Étape (Vosges).

loyers inférieurs à une certaine somme, et alors l'impôt indirect, ordinairement peu favorable aux classes pauvres, vient au contraire contribuer à leur soulagement dans une certaine mesure [1].

Ce remplacement total ou partiel de la contribution mobilière par le produit des octrois n'a lieu que dans un petit nombre de villes, et on en trouve des exemples à une date déjà ancienne. Le lecteur peut consulter, en effet, dans les pièces annexées au rapport de M. de Chabrol sur l'administration des finances en 1830, le tableau de 25 villes qui profitaient déjà à cette époque de cette faculté lde remplacement et qui sont divisées en quatre catégories :

1° Les villes où la totalité de la contribution était payée par l'octroi ;

2° Celles où la portion non-prélevée sur l'octroi était répartie au marc le franc des valeurs locatives ;

3° Celles où la portion non prélevée était perçue au moyen d'un tarif modifié par le solde à recouvrer ;

4° Celles où les sommes non payées par l'octroi étaient perçues au moyen d'un tarif gradué [2].

La loi du 31 avril 1832, dans son article 20 a exclu ce dernier ordre de choses, en prescrivant que la portion de contribution personnelle-mobilière non prélevée sur l'octroi serait répartie en cote mobilière seulement au centime le franc des loyers d'habitation, après déduction des faibles loyers que les conseils municipaux croiraient devoir exempter de la cotisation.

---

[1] Article 20 de la loi du 21 avril 1832 et *suprà*, t. I, p. 154 et t. II, p. 117.

[2] Dans cette dernière catégorie ne se trouvaient que trois villes, Nantes, Valogne et Paris, cette dernière en vertu d'une ordonnance royale remontant au 26 germinal an XI, et Valogne en vertu d'une ordonnance royale du 30 octobre 1822.

Le décret relatif à la ville de Nantes, préparé au rapport de M. Defermon, le 17 janvier 1807, est inséré dans les procès-verbaux manuscrits du conseil d'État, où nous en avons vérifié l'existence.

Depuis lors cependant, la ville de Paris a été maintenue en possession de son tarif gradué pour la répartition de sa contribution mobilière. Du reste, le nombre des villes profitant de la faculté de remplacement de tout ou partie de la contribution mobilière par l'octroi a décru constamment depuis 1830, ainsi que nous l'avons vu plus haut en traitant des impôts sur les personnes et des impôts sur les loyers.

Si l'on veut se rendre compte du mérite de l'institution des octrois, on se trouve en présence de deux questions principales qui dominent toute discussion à cet égard.

On a d'abord soulevé contre les octrois une objection fondée sur le principe de l'égalité des taxes : « Parce que » dans l'intérêt industriel, commercial et agricole du pays, » des citoyens se réunissent et forment des agglomérations » urbaines, est-il juste, dit-on, qu'ils payent le vin, la » viande, le bois, la farine beaucoup plus cher que ceux » réunis en un moindre nombre [1]. »

Cette objection ne porte pas seulement sur les octrois ; elle met encore en question l'existence distincte des budgets municipaux. Elle est, sous ce rapport, évidemment mal fondée. L'agglomération des citoyens dans les centres de population est au fond la cause d'avantages sociaux très-réels, qui peuvent motiver des charges correspondantes. Il suffit qu'elle produise des besoins à la fois spéciaux et communs à tous les habitants des villes considérées à part, pour que le reste de la nation n'en ait point la charge.

Une autre question fondamentale pour l'appréciation du mérite économique de l'institution des octrois, est celle-là même que soulève souvent en général l'existence des impôts de consommation. On peut dire, en effet, qu'il existe entre les diverses branches d'un même système d'impôts

[1] Barillon, p. 17.

une étroite solidarité, que diverses circonstances historiques ont permis quelquefois de constater avec évidence [1].

Comme pour les contributions indirectes en général, on peut dire en faveur des octrois que leur poids se fait peu sentir, par cela même que la taxe se 'confond avec le prix des choses qu'elle grève et des jouissances sur lesquelles elle prélève son tribut. On peut ajouter que les produits de ces taxes s'élèvent, par une heureuse élasticité, avec l'accroissement de la prospérité générale. Enfin on doit faire remarquer que beaucoup de personnes étrangères aux localités frappées par des impôts de consommation s'en trouvent indirectement et accidentellement atteintes, à l'occasion soit de leur résidence temporaire, soit même de leur passage dans le rayon de l'octroi, ce qui allége d'autant la charge des domiciliés. Mais ce qui, de nation à nation, peut paraître sous ce rapport un bénéfice légitime et réciproque devient un inconvénient, lorsque la banlieue d'une ville peut être plus grevée de l'incidence de l'octroi sur le débit de ses productions qu'elle n'est favorisée par les ressources de la cité offertes aux populations voisines.

Si certains avantages communs peuvent être signalés en faveur des octrois et des impôts indirects en général, on peut aussi combattre les uns et les autres par des objections de même nature. Le résultat des taxes sur les consommations équivaut à une sorte de capitation qui tient peu de compte de la fortune des contribuables, si ce n'est en tant que les consommations de l'homme riche sont accrues par celles des serviteurs attachés à sa famille.

Les frais de perception sont aussi, en général, plus considérables pour les taxes de cette nature que pour les impôts directs. Les dépenses pour la perception des

[1] Molroguier, *Histoire critique de l'impôt des boissons*, p. 27 et suiv.

droits d'octroi sont généralement évalués, en moyenne, à 10 p. 100 du produit brut [1], proportion qui correspond au prix des abonnements consentis avec la régie par un assez grand nombre de villes, et qui est un peu supérieure à celle des frais de perception avancés pour les contributions indirectes levées au profit de l'État. Ce résultat est facile à comprendre, à cause de l'accroissement relatif des frais généraux, en raison directe du peu d'étendue des services de perception [2].

On a pu remarquer, sans infirmer la moyenne de 10 p. 100, que, dans un grand nombre de villes importantes, les frais de perception des droits d'octroi montaient, il y a quelques années, jusqu'au taux de 12 p. 100 [3], et il existe quelques localités dans lesquelles ce chiffre s'élève exceptionnellement plus haut [4]. A ces inconvénients il faut joindre ceux de la gêne des communications et des vérifications qui pèsent sur des circulations à distance rapprochée. De tels inconvénients sont beaucoup mieux acceptés à la frontière d'un pays qu'au pied des murailles d'une ville.

Il est peut-être impossible de s'occuper longtemps de la pratique des questions d'octroi sans remarquer en outre que ces taxes sont, dans les petites localités surtout, l'occasion de quelques abus, que l'autorité supérieure réprime du reste dès qu'elle en a connaissance. Ici l'on a vu se ré-

---

[1] Sur les 90,182,329 fr. 25 c., produit des octrois en régie, les frais d'exploitation s'élevaient naguère à 9,478,410 fr. 23 c.

Les octrois affermés ont produit, dans la seule année 1850, un total de 4,994,273 fr. 18 c. dont 4,155,529 fr. 99 c. pour la ferme des communes, et 838,713 fr. 19 c., représentant l'excédant de recette réalisé par les fermiers.

[2] A Paris, la perception n'absorbe que 5 fr. 95 c. p. 100. — *Annuaire de l'Économie politique* de 1844, p. 98.

[3] Barillon, *Suppression des octrois*, p. 21.

[4] En Belgique, on a contaté que le taux de 10 p. 100, reconnu pour les frais de perception dans les grandes villes, s'élevait ailleurs jusqu'à 22 et 33 p. 100 (*Rapport de la commission* de 1848, p. 36).

véler tardivement une évaluation vicieuse du tarif, par
suite de la conversion inexacte du droit par tête sur le bétail en un droit au poids; là, on a constaté que la faculté
légale d'entrepôt avait été méconnue par l'administration
locale, etc., etc.

Il est difficile, malgré l'action, au fond si puissante et si
vigilante, de la centralisation française, que quelques irré-
gularités de ce genre ne se produisent pas dans de petites
localités, où les règles administratives sont ordinairement
peu connues ou mal appliquées.

Une réforme heureuse, suivant nous, pourrait être tentée
à l'occasion d'une révision générale des octrois, conséquence
logique, au fond, du principe depuis longtemps accepté de
la limitation décennale pour les tarifs nouvellement établis
ou modifiés, et qui s'est réalisée d'ailleurs en grande partie
par la seule force de la législation sur les boissons. Il y aurait
alors lieu d'apporter les obstacles administratifs les plus per-
sistants au maintien de ces perceptions dans les localités
d'une faible importance, et dans lesquelles aussi tous les
centimes possibles à exiger, ou même quelques centimes de
plus, en certains cas, n'auraient pas été préalablement
votés par les communes [1].

Il faut souhaiter encore que des efforts sérieux soient
entrepris ou continués par les administrations locales pour
abaisser les droits sur les objets, dont la consommation est
capable de s'accroître par cet abaissement, surtout quant
aux objets qui, comme la viande, importent à la santé et à
la vigueur des populations ouvrières.

Sauf ces réformes accessoires, il paraît singulièrement

---

[1] D'après la jurisprudence du conseil d'État, exprimée notamment dans un avis
relatif à l'octroi de l'Aigle du 23 décembre 1852, une ville ne peut augmenter les
ressources de son octroi qu'après le vote des centimes additionnels ordinaires et
des centimes spéciaux affectés par les lois à divers services.

difficile de supprimer, surtout d'une manière générale, des taxes importantes, qui répondent aux besoins des villes et aux charges considérables contractées par plusieurs d'entre elles pour embellir et assainir leurs places, leurs rues, leurs édifices publics. On ne pourrait le faire qu'en cédant aux communes, comme on l'a fait en Belgique, certains des revenus actuels de l'État.

Aussi y a-t-il dans l'existence des impôts municipaux sur les consommations un fait assez général, que nous retrouverons dans beaucoup d'autres parties de l'Europe.

SECTION II.

DES PRESTATIONS EN NATURE.

La prestation en nature, telle qu'elle est instituée aujourd'hui, date du commencement du xixᵉ siècle. Elle est spécialement destinée à l'établissement et à l'entretien des chemins vicinaux, et peut toujours être convertie en argent. C'est une ressource qui profite à la fois aux communes et aux départements. Quoique nous en ayions déjà dit quelques mots dans le cours de cet ouvrage [1], nous devons l'étudier plus en détail, non plus seulement en elle-même et dans son assiette, mais aussi dans son histoire, son développement et ses rapports avec les intérêts locaux auxquels elle est destinée à pourvoir.

Les chemins servent à tous les habitants; tous les parcourent et les détériorent; le soin de les réparer, de les entretenir doit être également une obligation pour tous. La prestation en nature découle de cette obligation; elle doit être considérée comme une charge commune à tous, sans distinction, et dans l'intérêt de chacun. Cette généralité de la taxe la sépare nettement de la corvée qui, imposée, avant 1789, sur une partie seulement de la population, avait pour principal but aussi la confection et la mise en état des voies de communication [2].

---

[1] Voyez notamment t. I, p. 156 et suiv.

[2] Coquille définit ainsi la corvée sous le régime féodal : « L'œuvre d'un homme, un jour durant, pour l'aménagement du seigneur aux champs, soit de sa personne seule, soit avec bœufs et charrettes, pour faucher, moissonner, charroyer. » A partir de la seconde moitié du xviiiᵉ siècle, la corvée fut, sous l'administration de Trudaine, employée à la réparation générale des routes du royaume. Necker, dans

Sous le régime antérieur à la révolution, les chemins vicinaux étaient considérés comme faisant partie du domaine
des seigneurs qui en avaient la police et l'administration ;
les communautés pourvoyaient à leur entretien, soit au
moyen de leurs revenus, soit au moyen de taxes spéciales,
soit par les corvées.

La loi du 1er décembre 1790 déclara que les chemins dépendaient du domaine national. La loi du 6 octobre 1791
prescrivit aux communautés d'entretenir à leurs dépens les
chemins reconnus nécessaires à la communication des paroisses ; il pouvait y avoir, à cet effet, une imposition au
marc la livre de la contribution foncière.

D'autres modes furent essayés pour cet objet pendant la
période révolutionnaire.

Le premier acte de la législation moderne, qui parle de la
prestation en nature, est l'arrêté consulaire du 4 thermidor
an X. Cet arrêté dispose que les chemins vicinaux seront à
la charge des communes, que les conseils municipaux émet-
tront leurs vœux sur le mode qu'ils jugeront le plus convenable pour parvenir à leur réparation, et qu'ils proposeront,
à cet effet, l'organisation qui leur paraîtra devoir être préfé-
rée pour la prestation en nature.

« La brièveté même de cette énonciation, dit M. Her-
man [1] annonce assez qu'il ne s'agissait pas d'un impôt nouveau, qu'il s'agissait seulement d'un mode de réparation des
chemins, déjà connu des populations, qu'elles avaient pu
apprécier et auquel il ne fallait que donner une meilleure
organisation. C'est ce que le ministre de l'intérieur chercha
à faire par une instruction du 7 prairial an XIII. »

Cette instruction commençait par indiquer, en ce qui con-

son administration des finances, évalue à 20 millions les corvées ou impositions qui
en tenaient lieu, dans les provinces où le rachat était autorisé.

[1] *Traité de voirie vicinale*, page 4.

cernait la prestation en nature, que des différences notables s'étaient produites dans son assiette; que dans quelques départements elle n'était exigée que de la part des propriétaires fonciers, tandis que dans d'autres, on y assujettissait tous les habitants indistinctement, et que d'autres préfets établissaient des exceptions fondées sur la cote des contributions. En attendant un règlement d'administration générale sur la matière, il convenait, pour éviter l'arbitraire, d'adopter une base commune qui établît une sorte d'égalité proportionnelle que réclamait la justice. C'était en raison de l'intérêt de chacun que devaient être partagées entre tous les journées de travail nécessaires à la réparation des chemins. Une exemption semblait devoir être accordée à ceux dont toutes les contributions ne s'élevaient pas au-dessus de trois ou quatre journées de travail; on ne devait pas en effet demander de travail gratuit à celui qui était obligé de travailler journellement pour assurer sa subsistance et celle de sa famille. L'instruction signalait aussi la conversion en argent des journées de prestation en nature; elle voulait que le conseil municipal fixât en même temps le prix pécuniaire de la journée de travail, afin de mettre les habitants à portée de choisir le mode qui leur serait le plus convenable. Les fonds, provenant de la prestation pécuniaire volontaire, devaient être mis en réserve pour le payement des ouvriers chargés de la confection des ouvrages d'art, lesquels ne pouvaient être effectués à l'aide de la prestation en nature. Si les fonds paraissaient devoir être insuffisants, le maire devait engager les contribuables les plus aisés à fournir un plus grand nombre de journées en numéraire.

La prestation, à laquelle les règlements ne mettaient d'autres bornes que celles des besoins arbitrés par les conseils municipaux et par les préfets [1], fournit pour la réparation et

[1] Le défaut de maximum donna quelquefois la faculté de porter la taxe à une

l'entretien des chemins des moyens d'autant plus grands et d'autant plus prompts, que l'autorité absolue du gouvernement donnait plus de force aux actes de l'administration.

Cet état de choses changea à la Restauration. La prestation en nature, quelques avantages qu'elle offrît, ne tarda pas à être abandonnée, ou ne fut plus admise que comme moyen de racheter l'impôt, qui lui-même était rentré sous la direction des règles ordinaires.

La loi du 15 mai 1818 rendit cet abandon obligatoire ; ses articles 39 et 41 décidèrent qu'aucune imposition extraordinaire pour dépenses communales ne pourrait être votée par les conseils municipaux sinon avec l'adjonction des plus imposés, et que l'imposition votée dans cette forme, ne pourrait être perçue qu'en vertu d'une ordonnance royale.

Une circulaire du ministre de l'intérieur du 18 mai 1818, considérant la prestation en nature comme une imposition extraordinaire, déclara qu'elle ne pourrait plus être votée et autorisée que dans les mêmes formes, et aux termes d'une seconde circulaire (22 mai), elle ne dut même être autorisée par ordonnance, qu'autant que, combinée avec les autres impositions locales, elle ne dépasserait pas le maximum de centimes voté par la loi de finances.

Tous les travaux de voirie vicinale entrepris s'arrêtèrent alors, et le mal s'accrut dans une progression plus effrayante encore qu'il ne l'avait fait au commencement de la révolution.

---

quotité accablante pour le propriétaire. Le produit en argent de la prestation était toujours incertain puisqu'il ne se composait que de la valeur des journées qui n'avaient pas été faites, ce qu'on ne pouvait connaître qu'après que le rôle avait été épuisé : de là des retards préjudiciables dans la confection des ouvrages d'art, et souvent obligation de convertir par un arrêté arbitraire et illégal la prestation en nature en contribution pécuniaire ; enfin on doit comprendre encore parmi les inconvénients de ce système la mauvaise direction des ateliers et le peu de travaux qu'on en obtenait (Voyez la Proposition de M. de Cotton, p. 14 et 15. Impressions de la Chamdre des députés)?

Des plaintes unanimes s'élevèrent de la part des conseils de département et réclamèrent un prompt remède.

M. de Cotton, député du Rhône, avait déjà, avant la loi du 15 mai 1818, déposé une proposition relative aux chemins vicinaux [1]; il demandait, entre autres dispositions, que la législation consacrât : — l'obligation pour les communes de pourvoir à l'entretien des chemins, soit sur leurs revenus ordinaires, soit par une prestation extraordinaire qui ne pourrait excéder le $\frac{1}{4}$ des contributions directes sauf l'autorisation du roi ; — la faculté d'établir cette prestation en nature ou en numéraire, en partie l'une et en partie l'autre, pourvu que la totalité ne s'élevât pas au-dessus de la limite fixée, avec la facilité aux contribuables de les racheter l'une par l'autre en en faisant la déclaration dans un temps donné ; — enfin un compte annuel des prestations, soit en nature, soit en argent, dans les formes voulues pour les recettes et dépenses communales.

L'auteur de la proposition s'étendait dans ses développements sur les abus auxquels la prestation en nature avait donné lieu ; il en trouvait la cause dans les vices de l'organisation adoptée, mais croyait qu'elle devait être néanmoins maintenue, et pensait qu'elle pouvait avoir, même au point de vue politique, d'heureuses conséquences. « En effet, disait-il [2], si on adoptait le principe, que les chemins, qui sont à l'usage de tous les habitants, ne sont pas uniquement une charge attachée au droit de propriété, mais encore à celui d'habitation, il en résulterait que tout habitant, par le seul fait de l'habitation, devrait une prestation, très-modique à la vérité, pour leur entretien, mais uniforme pour tous, comme toute taxe qui tient à l'individualité et

---

[1] Séance du 14 février 1818. Une proposition avait déjà été faite en 1816 par M. de Lezay-Marnésia.

[2] Pages 23 et 24.

non pas à la fortune. Pour une raison semblable, tout possesseur de bêtes de somme ou de trait devrait une prestation pour ces mêmes bêtes. Sans doute cette sorte de prestation ne pourrait qu'être minime pour ne pas fatiguer la classe malaisée; mais la reconnaissance et l'établissement d'un pareil principe ne m'en paraît pas moins mériter une sérieuse attention; car, outre l'avantage qui en résulterait pour l'entretien des chemins, le principe en lui-même me paraît moral et politique; en effet, jusqu'à présent, la classe des prolétaires semble être restée étrangère à tout ce qui est d'un intérêt général; elle regarde la jouissance des choses publiques bien plus comme une dette de la société que comme un bienfait, en même temps qu'elle se croit elle-même dispensée de tout devoir envers elle; cette idée, dangereuse dans ses conséquences, est nourrie par l'exemption de toute charge quelconque de la cité; la faire contribuer à l'entretien de la propriété commune des chemins, c'est l'incorporer dans la famille, la lier par son travail même à l'intérêt public, lui en inspirer l'esprit de conservation, et rendre en quelque sorte chaque habitant le gardien et le surveillant contre des abus et des contraventions, dont eux-mêmes ne sont que trop souvent les auteurs lorsque le préjudice n'en retombe pas sur eux. »

La commission chargée de l'examen de la proposition de M. de Cotton y donna son adhésion; comme lui elle proposait une prestation en nature, mais rachetable en argent, au gré du contribuable, d'après une évaluation arrêtée par chaque conseil municipal (maximum 10 pour 100 des contributions) et la justifiait à peu près dans les mêmes termes [1]

« Les chemins sont la propriété des communes; chaque habitant s'en sert tous les jours, à chaque instant; il a donc

_____

[1] Rapport du 9 mars 1818, par M. de Pommerol, page 7

intérêt à ce qu'ils soient bons; lui demander d'y contribuer, c'est exiger de lui qu'il concoure à son bien, à son utilité; il travaillera pour lui, pour se procurer un avantage personnel. »

Le rapport de la commission indiquait que le Ministre de l'Intérieur avait consulté les conseils généraux des départements à cet égard, et que, sur 71 qui avaient répondu, 55 avaient demandé la prestation en nature, savoir : 9 purement et simplement; 8 avec des modifications particulières; 38 avec la seule modification de la déclarer rachetable à volonté; 4 conseils avaient voté pour la prestation en argent; les 12 autres avaient indiqué différents modes et presque isolés.

La proposition de M. de Cotton ne fut pas prise en considération.

En 1821, une nouvelle proposition fut faite sur la matière par M. du Hamel, et le gouvernement se décida alors à présenter un projet de loi sur les chemins vicinaux.

L'article 6 proposait de pourvoir aux dépenses sur les revenus ordinaires des communes, et, en cas d'insuffisance, au moyen de contributions extraordinaires, lesquelles devaient être réparties au centime le franc du rôle des contributions directes. Il n'était fait aucune mention de la prestation.

Le rapport du comte du Hamel (4 juin 1821) releva cette omission; il constatait que l'expérience avait prouvé par la pratique que le mode de réparation en nature, sagement combiné avec des prestations en argent, pouvait opérer les plus heureux résultats; que presque tous les conseils généraux avaient exprimé des vœux en ce sens, enfin, que des réclamations nombreuses étaient parvenues à la commission. Celle-ci proposait donc de décider que les contributions extraordinaires seraient votées par les conseils municipaux, soit en argent, soit en nature, rachetables l'une par l'autre.

Le projet de loi de 1821 ne fut pas discuté. Mais les vœux réitérés des conseils généraux, l'urgence de remédier à la situation fâcheuse des voies de communication déterminèrent le gouvernement à le reproduire trois ans après.

Le nouveau projet, présenté le 18 juin 1824, n'était pas cependant conçu ni libellé dans les mêmes termes. Au nombre des ressources affectées aux chemins vicinaux, il inscrivait en première ligne la prestation en nature, et le gouvernement s'exprimait ainsi à cet égard :

« On n'a de choix qu'entre deux moyens : les contributions extraordinaires ou les prestations. L'expérience faite depuis trente ans a permis de juger l'un et l'autre moyen; elle a prouvé que, toutes les fois qu'à défaut de revenu on n'a eu recours qu'à la voie des contributions, les chemins communaux ont été mal réparés, mal entretenus... La très-grande majorité, on pourrait dire la presque unanimité des conseils généraux, réclame les prestations. L'emploi de ce puissant moyen, par le précédent gouvernement, avait mis les chemins communaux en bon état, et il en a été tout autrement du jour où on l'a abandonné. Nous ne prétendons pas qu'il doive être reproduit tel qu'il était alors pratiqué; il n'était soumis à aucune règle, à aucune limite..... Des prestations, telles que nous vous les présentons, payables en argent ou en nature, à la volonté de celui qui les acquitte, sont sans doute des contributions, mais il est évident qu'elles sont bien plus en rapport avec le but qu'on se propose, qu'elles sont d'une perception plus facile et moins onéreuse quoique plus étendue, qu'elles sont d'une application plus immédiate et plus juste.

» Les chemins communaux sont une propriété des communes; tous leurs habitants ont un droit égal à s'en servir, tous les détériorent plus ou moins ; la charge doit donc être en principe une obligation de tous..... Pour cette partie du projet, nous avons bien moins pris notre exemple dans ce qui s'est pratiqué en France sous le précédent gouvernement que dans ce qui se pratique depuis longtemps en Angleterre, où les chemins sont si bien entretenus [1] ; c'est par un système de prestation, semblable à celui que nous vous proposons, qu'on y est parvenu à obtenir, à conserver ces utiles résultats. Le projet de loi prescrit de moindres quotités de prestations qu'on n'en exige chez nos voisins. La mesure, si elle est adoptée, différera de la leur en ce qu'elle sera moins onéreuse. Nous croyons qu'elle suffira, parce que nous avons moins en vue le luxe de nos chemins que leur absolue nécessité :

» Nous parlons devant des hommes éclairés et nous jugerions superflu de repousser le reproche que pourraient faire au projet ceux qui voudraient voir dans les prestations une ressemblance avec l'ancienne corvée : l'ancienne corvée était une charge arbitraire, imposée à une seule partie de la population, à la plus malheureuse, pour des travaux non limités, et qui servaient à des choses sur lesquelles elle n'avait aucun droit de propriété. Les prestations, au contraire, sont des contributions imposées à tous, à chacun pour sa propre chose; elles sont seulement payables en nature ou en argent, à la volonté des contribuables, et, par conséquent, d'une libération plus facile, moins onéreuse que les autres contributions. »

Le rapport fait encore par le comte du Hamel, dans la séance du 29 juin, donnait son adhésion aux deux grandes bases sur lesquelles le projet de loi était appuyé tout entier,

---

[1] Nous faisons nos réserves au moins de doute sur cette assertion, et nous pensons que l'auteur de ces lignes a pu confondre les droits de barrière levés sur plusieurs routes anglaises avec nos prestations en nature.

et qui étaient *les prestations en nature et celles en argent, rachetables l'une par l'autre, au choix des contribuables...* Seulement, la commission avait pensé qu'il y avait lieu de retrancher une disposition, par laquelle le gouvernement proposait de décider que les prestations payées en nature ne seraient requises que hors du temps des semailles et des récoltes; l'interdiction des travaux à telle ou telle autre époque de l'année lui avait semblé offrir de graves inconvénients et pouvait, selon les localités, entraver toute l'année les réparations à faire ; elle avait regardé comme plus sage de laisser toute latitude aux habitudes des différents pays.

La Chambre des députés accepta, entre autres dispositions, cet amendement de la commission.

Une assez vive discussion s'était élevée dans son sein sur l'ensemble de la loi, et notamment sur la prestation en nature. Nous la trouvons résumée en ces termes dans l'exposé des motifs, présenté le 8 juillet 1824, par le Ministre de l'Intérieur à la Chambre des pairs.

« On a dit que les prestations, que le projet autorise et qu'il distribue en journées de travail, payables en argent ou en nature, seraient contraires à la Charte, qui veut que tous les Français contribuent *aux charges de l'État* en proportion de leur fortune ; qu'elles auraient encore l'inconvénient d'alléger la dette des propriétaires et d'exagérer celle des autres classes de la population.

» Mais il ne s'agit dans la proposition de loi que des charges communales, qui diffèrent des charges de l'État par la nature des choses qu'elles concernent, par les principes qui les régissent. Les habitants des communes, seuls membres de la communauté, ont seuls droit aux biens et aux fruits qui lui appartiennent, droit qui s'attache aux personnes et non aux possessions, qui se divise par famille et dont sont exclus les forains, quoique tenant à la commune par leurs propriétés. Il serait difficile de ne pas placer les chemins communaux sous l'empire de ce droit, de ne pas reconnaître dans les dépenses qu'ils occasionnent une charge personnelle des habitants qui seuls en sont propriétaires, comme constituant seuls la communauté. Sans doute il faut y reconnaître aussi une dette des forains, mais qui prend à leur égard un autre caractère, qui n'est de leur part qu'une subvention en échange d'une utilité.

« Prendre les contributions directes pour unique base de ces charges serait donc s'écarter des règles et des faits auxquel il importe le plus de s'attacher, puisque la possession et l'usage des communaux tiennent essentiellement à l'habitation.

» . . . . . Nous nous croyons donc fondés à soutenir que des prestations en journées sont, plus que toute autre base, en harmonie avec la nature de l'obligation, avec les principes qui doivent la régir ; qu'elles sont en rapport avec son étendue par la répartition qu'en fait le projet de loi, et que ces prestations unies, selon les besoins, à des contributions portées jusqu'à 5 centimes pour les cas ordinaires, et jusqu'à un plus grand nombre de centimes pour les cas extraordinaires, forment avec celles-ci un ensemble de moyens qui, imposés à l'habitation, à la propriété et à l'industrie, dans la mesure de la dette présumée de chacune d'elles, satisfait, autant qu'on peut y prétendre dans ces sortes de matières, aux conditions toujours indispensables de régularité et de justice distributives. »

Le rapport du comte de Breteuil, dans la séance du 17 juillet, conclut à l'adoption du projet, et déclara que la commission avait reconnu que la prestation était le seul moyen de remédier aux maux existants.

La loi qui prit la date du 28 juillet 1824, disposait que,

lorsque les revenus des communes ne suffiraient point aux dépenses ordinaires des chemins vicinaux, il y serait pourvu par des prestations en argent ou en nature, au choix des contribuables. (Art. 2.)

Tout habitant chef de famille ou d'établissement à titre de propriétaire, de régisseur, de fermier, ou de colon partiaire, qui était porté sur l'un des rôles des contributions directes, pouvait être tenu pour chaque année :

1° A une prestation qui ne pouvait excéder deux journées de travail, ou leur valeur en argent, pour lui ou pour chacun de ses fils vivants avec lui, ainsi que pour chacun de ses domestiques mâles, pourvu que les uns et les autres fussent valides et âgés de vingt ans accomplis ;

2° A fournir deux journées en plus de chaque bête de trait ou de somme, de chaque cheval de selle, ou d'attelage de luxe, et de chaque charrette en sa possession pour son service et pour le service dont il était chargé. (Art. 3.)

En cas d'insuffisance des moyens ci-dessus, il pouvait être perçu sur tout contribuable jusqu'à cinq centimes additionnels au principal de ses contributions directes. (Art. 4.)

Les prestations et les cinq centimes étaient votés par les conseils municipaux qui fixaient également le taux de la conversion des prestations en nature ; les préfets en autorisaient l'imposition ; l'assiette et le recouvrement devaient en être opérés comme en matière de contributions directes ; les dégrèvements prononcés sans frais, les comptes rendus comme pour les autres dépenses communales. (Art. 5.)

Une instruction générale fut adressée le 31 octobre 1824, par le Ministre de l'Intérieur, pour l'exécution de la loi du 28 juillet ; elle définissait la prestation une charge de l'habitation aux droits de laquelle étaient liés la possession et le plus grand usage des chemins communaux, et qui, par cela même, devait, à son seul titre, contribuer aux frais qu'ils occasionnaient.

La loi de 1824 fut bien accueillie à son apparition, mais elle resta impuissante. Toutes les mesures qu'elle prescrivait étaient en effet facultatives, et elle ne donnait à l'autorité supérieure aucun moyen coercitif pour vaincre la mauvaise volonté ou l'indifférence des communes qui refuseraient ou qui négligeraient de subvenir aux charges qui leur étaient imposées, aucun moyen non plus de venir à leur secours par des subventions, ni de les grouper utilement pour la confection des chemins d'intérêt général. Elle n'avait rien organisé en ce qui concernait la prestation ; ainsi le droit de déterminer le taux de la conversion était dévolu aux conseils municipaux, mais ce droit s'exerçait sans contrôle et sans concert, de telle sorte que le tarif variait par chaque commune, et avec des disproportions choquantes qui, tantôt, empêchaient la libération en argent, tantôt la facilitaient, mais au préjudice des ressources communales; de plus, la fixation de l'époque des travaux dépendait absolument des maires, et aucun délai n'avait été fixé pour l'option du contribuable.

Cependant le principe sur lequel reposait la loi était bon, et il ne s'agissait que de trouver les procédés pratiques d'application : c'est ce que réclamèrent bientôt de toutes parts les conseils généraux des départements ainsi que tous les organes de l'opinion publique.

Deux propositions furent déposées pour cet objet en 1834, l'une à la Chambre des Députés, l'autre à celle des Pairs.

La première, du 28 janvier 1834, avait pour auteur M. Vatout, qui fut chargé également du rapport en date du 11 avril 1834. Ce rapport contenait une codification entière de la législation sur les chemins vicinaux.

Parmi les ressources, il mettait au premier rang la pres-

tation en nature, mais avec faculté pour le redevable de la
convertir en argent dans le délai d'un mois, conformément
au tarif voté par le conseil général; la prestation devait être
toujours indiquée en tâches, et se combinait, du reste, avec
les centimes additionnels, ce qui, suivant le rapporteur,
semblait établir une juste proportion entre les diverses
classes de contribuables.

La proposition faite à la chambre des pairs, par M. Hum-
blot-Conté le 7 mars 1834, avait également pour base la prestation en nature, que son auteur qualifiait de principe vital
de la loi de 1824; le rapport fut fait par le vicomte Dode.

Les deux rapports ne furent pas discutés.

Une commission composée de pairs de France, de députés,
d'administrateurs et d'agriculteurs, fut chargée par le gouvernement de préparer un nouveau travail.

Le projet de loi, qui fut le résultat de ces études, fut
présenté à la chambre des députés par le ministre de l'intérieur, le 24 mars 1835. Le chapitre II comprenait, au
nombre des voies et moyens pour l'entretien, la réparation et la construction des chemins vicinaux et communaux, des prestations en nature dont le maximum était
fixé à trois journées de travail pour tout habitant porté au
rôle d'une des contributions directes, autres que la personnelle. La prestation devait être appréciée en argent, conformément à la valeur qui serait attribuée dans la commune, à
chaque espèce de journée, par le conseil d'arrondissement,
sur la proposition du conseil municipal; elle pouvait être
convertie en tâches; elle était acquittable en nature ou en
argent, au gré du contribuable, mais devenait exigible en
argent toutes les fois que celui-ci n'avait pas opté ou exécuté sa tâche dans les délais prescrits. Toute prestation non
rachetée ne pouvait être employée que sur les chemins communaux. Les rôles étaient dressés par le maire en conseil

municipal, et rendus exécutoires par le sous-préfet, et les réclamations jugées dans les mêmes délais et avec les mêmes formes qu'en matière de contributions directes.

« Nous ne nous dissimulons pas du tout, disait l'Exposé des motifs, ce que le mode des prestations, sous forme de journées de travail ou de tâches déterminées, peut offrir d'inconvénients dans beaucoup de localités.

» Mais nous avons cédé, sur ce point, aux assurances que plusieurs préfets nous ont données des bons résultats qu'ils avaient obtenus de ce double mode dans certains départements. Nous comptons aussi, pour en faire une heureuse application, sur le zèle éclairé des autorités municipales qui, sans doute, répondront par une coopération active à la confiance que cette loi leur témoigne.

» Quant au rachat des prestations en argent, aucune objection ne peut s'élever, surtout avec la garantie que présente le projet, en établissant pour ce genre de prestations un rôle exécutoire, comme pour les contributions directes. Ce mode offre en même temps l'avantage de procurer du travail aux indigents non contribuables, que le projet affranchit de la prestation personnelle, et qui trouveront ainsi des secours que la loi du 6 avril 1792 avait eu pour objet de leur assurer, en ordonnant que les fonds de secours annuels seraient consacrés à établir des ateliers de charité pour les travaux des chemins vicinaux. »

Le rapport, fait par M. Vatout, le 22 avril 1835, déclara que la commission n'avait pas hésité non plus à conserver la prestation en nature d'après le vœu presque unanime des conseils généraux. Il faisait remarquer que la loi en exemptait les individus voisins de l'indigence; qu'à cette condition, et combinée avec les centimes, la prestation serait juste; que devenue facultative, elle serait possible; enfin qu'employée sous la direction d'agents spéciaux, et convertie en tâches, partout où cela serait jugé utile, elle cesserait d'être illusoire et deviendrait féconde en ressources pour les chemins. La commission avait remplacé l'article, qui disposait que la prestation non rachetée ne serait employée que sur les chemins communaux, par un amendement qui portait qu'elle ne serait jamais employée hors du territoire de la commune.

Après une longue discussion et un renvoi à la commission, le projet fut adopté par la chambre des députés, le 8 mars 1836, à peu près dans les termes que nous avons indiqués plus haut. Seulement l'exemption en faveur des indigents fut plus nettement définie. L'article 3 comprenait un paragraphe ainsi conçu : « Chaque année le conseil municipal, lors de la formation du rôle, désignera les habitants qu'il croira devoir exempter de la prestation. »

Le projet présenté à la Chambre des Pairs, le 11 mars, fut l'objet d'un rapport du comte Roy, dans la séance du 25 avril. Ce rapport proposait diverses modifications, et notamment que la prestation en nature, qu'il considérait comme la partie essentielle des ressources de la voirie vicinale, fût employée en première ligne et avant d'avoir recours aux centimes additionnels; il supprimait aussi le dernier paragraphe de l'article 3, dans la pensée que la loi du 26 mars 1831, qui autorisait le conseil municipal à ne point porter les indigents au rôle des contributions, suffisait pour atteindre le but philanthropique que s'était proposé la Chambre des Députés.

La discussion donna lieu encore à d'autres amendements. En ce qui concernait la prestation non rachetée, on retrancha l'interdiction de l'employer hors du territoire de la commune à moins d'offre du conseil municipal, par le motif que cette interdiction se conciliait mal avec le droit donné aux préfets de faire contribuer, soit en centimes, soit en prestations, au chemin vicinal ordinaire situé sur le territoire d'une seule commune, les communes environnantes intéressées à ce chemin.

La loi amendée fut, suivant le droit constitutionnel d'alors, renvoyée à la Chambre des députés, qui l'adopta sur le rapport conforme de M. Vatout.

Elle fut promulguée le 21 mai 1836, et forme encore aujourd'hui le Code de la voirie vicinale.

L'article 2 de la loi porte : qu'en cas d'insuffisance des ressources ordinaires des communes, il sera pourvu à l'entretien des chemins vicinaux à l'aide soit de prestations en nature, dont le maximum est fixé à trois journées de travail, soit de centimes spéciaux en addition au principal des quatre contributions directes, et dont le maximum est fixé à cinq.

Le conseil municipal pourra, sans le concours des plus imposés, voter l'une ou l'autre de ces ressources, ou toutes les deux concurremment.

Aux termes de l'article 3, tout habitant, chef de famille ou d'établissement, à titre de propriétaire, de régisseur, de fermier ou de colon partiaire, porté au rôle des contributions directes, pourra être appelé à fournir chaque année une prestation de trois jours : 1° pour sa personne et pour chaque individu mâle valide, âgé de dix-huit ans au moins et soixante au plus, membre ou serviteur de la famille et résidant dans la commune ; 2° pour chacune des charrettes ou voitures attelées, et en outre pour chacune des bêtes de somme, de trait, de selle, au service de la famille ou de l'établissement dans la commune.

Ainsi tout habitant, dit l'instruction ministérielle du 24 juin 1836, peut être imposé à la prestation en nature, d'abord directement comme membre de la communauté, et intéressé, par conséquent, à tout ce qui peut contribuer à

IV.   12

sa prospérité et notamment au bon état des chemins ; puis à cette obligation personnelle vient s'en ajouter une autre, s'il a une famille, s'il est propriétaire, s'il gère une exploitation agricole ou industrielle ; dans ce cas, en effet, il a nécessairement un intérêt plus étendu à la prospérité de la communauté et au bon état des communications ; d'ailleurs l'exploitation de son établissement, quel qu'il soit, ne peut se faire sans dégrader les chemins de sa commune, et il est juste qu'il contribue à la réparation ordinaire de ces chemins dans la proportion des moyens d'exploitation, qui les dégradent.

Les commissions de répartition s'abstiennent souvent de porter sur les états-matrices de la prestation les chefs de famille malheureux, pour lesquels cette contribution serait trop onéreuse [1].

L'art. 4 de la loi de 1836, dispose que la prestation sera appréciée en argent, conformément à la valeur qui aura été attribuée annuellement pour la commune à chaque espèce de journée par le conseil général, sur les propositions des conseils d'arrondissement. Le tarif des conversions n'est pas obligatoirement uniforme pour tout le département.

La prestation pourra être acquittée en nature ou en argent, au gré du contribuable. Toutes les fois que le contribuable n'aura pas opté dans le délai prescrit, lequel est généralement d'un mois, la prestation sera de droit exigible en argent.

La prestation non rachetée pourra être convertie en tâches, d'après les évaluations et bases de travaux préalablement fixées par le conseil municipal.

Si le conseil municipal, mis en demeure, n'a pas voté, dans

[1] Rapport du 18 juin 1863, p. 10.

la session désignée à cet effet, les prestations et centimes nécessaires, ou si la commune n'en a pas fait emploi dans les délais prescrits, le préfet pourra, d'office, soit imposer la commune dans les limites du maximum, soit faire exécuter les travaux (art. 5).

Les prestations donnent lieu annuellement à la formation d'états-matrices, rédigés et revisés, comme le sont les matrices des contributions.

Les taxes payables en argent sont perçues de la même manière, et donnent lieu aux mêmes poursuites que les contributions directes.

Les demandes en dégrèvement, qui peuvent être écrites sur papier libre, doivent être présentées dans les trois mois. Elles sont jugées par les conseils de préfecture, sauf pourvoi au conseil d'État.

Les prestations, soit en nature, soit en argent, ne sont pas seulement employées sur les chemins même de la commune ; lorsqu'un chemin intéresse plusieurs communes, le préfet, d'après l'article 6 de la loi, désigne, sur l'avis des conseils municipaux, celles d'entre elles qui devront concourir à sa construction ou à son entretien, et fixe la quote part de chacune.

De plus, le conseil général détermine les communes qui doivent contribuer à la construction ou à l'entretien des chemins vicinaux de grande communication, et celles-ci acquittent la portion des dépenses mises à leur charge, au moyen de leurs revenus ordinaires, et, en cas d'insuffisance, au moyen de deux journées de prestation sur les trois journées autorisées par l'article 2, et des deux tiers des centimes votés par le conseil municipal[1].

L'article 21 de la loi de 1836 a délégué à chaque préfet

---

[1] Art. 7 et 8.

le soin de faire, dans l'année qui a suivi sa promulgation,
un règlement pour en assurer l'exécution. Ce règlement a
dû fixer, entre autres, les époques auxquelles les prestations
en nature doivent être faites, le mode de leur emploi ou de
leur conversion en tâches [1].

« Entre toutes les lois d'intérêt matériel, la loi du 21 mai
1836 est, sans contredit, une de celles qui ont contribué,
dans la plus large proportion, à l'accroissement de la richesse publique. Il n'en est pas dont l'application ait été
poursuivie depuis dix ans avec plus de zèle et de persévé-
rance. »

C'est ainsi que s'exprime le ministre de l'intérieur dans
le Rapport qu'il a présenté à l'Empereur, le 18 juin 1863,
sur le service des chemins vicinaux pendant la période quinquennale de 1857 à 1861.

La prestation en nature occupe une grande place dans ce
rapport; nous allons en résumer à cet égard les résultats
généraux.

L'ensemble des ressources affectées à la voirie vicinale,
qui n'était en 1837 que de 44 millions, s'est élevé progressivement, dans la dernière période quinquennale, à
une moyenne annuelle de plus de 87,500,000 fr. Voici
le tableau exact de cet accroissement, par périodes de cinq
ans.

ANNÉES.	PRESTATIONS.	ARGENT.	TOTAL.
1837 à 1841................	109,442,642 f.	133,606,319 f.	243,048,961 f.
1842 à 1846................	163,576,308	133,763,311	297,339,619
1847 à 1851................	178,999,090	171,557,397	350,556,487
1852 à 1856................	188,714,765	200,127,299	388,842,064
1857 à 1861................	218,356,025	219,544,600	437,900,625
	859,088,830 f.	858,598,926 f.	1,717,687,756 f.

[1] Une instruction complète sur la loi du 21 mai 1836 a été adressée le 24 juin
par le Ministre de l'Intérieur aux Préfets.

Ces ressources si considérables ont permis de construire en vingt-cinq ans :

66,000 kilomètres de chemins vicinaux de grande communication.

38,000 kilomètres de chemins vicinaux d'intérêt commun.

116,000 kilomètres de chemins vicinaux ordinaires.

Plus de 140,000 ponceaux et aqueducs, et plus de 6,000 ponts ont été, en outre, établis sur ces voies publiques.

La prestation, on le voit, a constitué la plus importante des ressources de la voirie vicinale. Les 859 millions, qu'elle a produits de 1837 au 31 décembre 1861, d'après les évaluations des tarifs de conversion, s'élèvent à plus de 50 pour 100 du chiffre total.

Sur les 37,510 communes qui composent l'Empire, 37,019, d'une population totale de 30,255,667, sont pourvues d'états-matrices ; les 491, où il n'en pas été établi, sont celles qui subviennent aux dépenses du service vicinal avec leurs revenus ordinaires, ou qui n'ont pas de territoire suburbain.

Le nombre des hommes imposables dans les communes pourvues d'états-matrices, est de 5,720,408, soit un cinquième de la population totale de ces mêmes communes, et 1, 22 par famille, si on rapproche le premier chiffre du nombre d'articles portés aux états-matrices (4,671,075). Le nombre de ces articles est inférieur de près d'un tiers à celui des cotes de la contribution personnelle (6,755,804), différence due d'abord aux conditions spéciales de sexe, d'âge et de validité, et aussi aux exemptions tolérées en faveur des chefs de famille malheureux.

Le nombre des chevaux recensés pendant la période de 1857 à 1861 est de 2,063,311 ; celui des mulets de 269,526 ; celui des ânes de 242,015 ; celui des bœufs de 1,629,505 ; celui des vaches de 1,156,902 ; celui des voitures à deux roues de 2,068,547; enfin celui des voitures à quatre roues de 449,369.

Une journée de prestation, assise sur ces bases imposables, est d'une valeur de 16,357,221 fr., formant pour chaque chef de famille une cote moyenne de 3 fr. 50 cent. Cette cote s'élèverait à 10 fr. 50 cent. si les trois journées étaient imposées dans toutes les communes; elle n'est, en réalité, que de 9 fr. 66 cent., présentant une augmentation de 1 fr. 18 cent. sur la cote moyenne générale de la période 1852 à 1856, qui avait été de 8 fr. 48 cent. La moyenne est dépassée dans 39 départements; elle est inférieure dans 50; la moyenne la plus élevée se trouve dans la Seine-Inférieure, où elle atteint 13 fr. 58 cent.; elle descend ensuite graduellement jusqu'à 4 fr. 68 dans le Var.

Les chiffres des journées votées ou imposées d'office ont été les suivants [1] :

---

[1] Sur les 218,356,025 fr. qui forment la valeur de toutes les journées de prestation de 1857 à 1861, 202,927,148 fr. ont été votés spontanément par les conseils municipaux; le surplus, 15,428,877 fr. ont été imposés d'office par les préfets, mais sans que cette imposition ait presque donné lieu à des réclamations. Il y a sur la période précédente augmentation dans le nombre des journées votées, diminution dans celui des journées imposées d'office. Les prestations fournies en nature représentent une valeur de 152,055,648 fr., celles qui ont été fournies en argent 66,300,377 fr.

Si l'on recherche comment la prestation se répartit entre les 89 départements, on trouve qu'il en est trois (l'Aisne, la Charente-Inférieure et la Gironde) où la valeur de cette contribution dépasse annuellement 1,000,000 fr.; six (Marne, Nord, Pas-de-Calais, Saône-et-Loire, Seine-Inférieure et Seine-et-Oise) où elle s'élève à plus de 800,000 fr.; sept où elle est supérieure à 700,000 fr. (Ardennes, Charente, Dordogne, Eure, Oise, Seine-et-Marne et Yonne); 41 ou sa valeur annuelle varie entre 600,000 et 400,000 fr.; elle s'abaisse ensuite graduellement dans la Lozère à 100,000 fr: et même jusqu'à environ 76,000 dans la Seine.

Les prestations en nature se sont subdivisées à peu près ainsi qu'il suit, de 1857 à 1861, entre les diverses dépenses :

Chemins vicinaux ordinaires.	84,460,000 fr.
Chemins vicinaux d'intérêt commun. . . .	35,700,000
Chemins vicinaux de grande communication. .	40,890,000

La prestation en nature contribue dans une proportion beaucoup moindre aux

Journées d'hommes.	79,846,278
Journées d'animaux.	74,294,586
Journées de voitures.	33,584,022

Aux termes de l'article 4 de la loi de 1836, la prestation peut être acquittée en nature ou en argent.

La valeur des journées exigibles en argent a été de 66,300,377 fr. ; la portion des journées de prestation, qui a dû s'acquitter en nature, a présenté, d'après les tarifs, une valeur de 152,055,648 fr. Ainsi sur 100 contribuables 70 environ ont déclaré préférer l'impôt en nature à l'impôt en argent. La cote moyenne du rachat en argent est de 2 fr. 93 cent. pour les 89 départements ; mais il y a, à cet égard, de grandes différences. Dans 12 départements la prestation s'acquitte presque entièrement en nature (Hautes-Alpes, Ariége, Charente-Inférieure, Côtes-du-Nord, Drôme, Finistère, Meurthe, Basses et Hautes-Pyrénées, Haute-Saône, Tarn-et-Garonne et Vosges, où la cote moyenne de rachat descend à 0fr. 14 cent. sur une cotisation totale de 8 fr. 49 cent.) ; au contraire la cote proportionnelle de rachat dépasse les deux tiers de la cotisation totale dans les Bouches-du-Rhône, le Lot, Lot-et-Garonne, la Sarthe, la Seine, la Vienne et la Haute-Vienne, atteint les $\frac{3}{4}$ dans Indre-et-Loire, l'Oise et la Somme, et arrive même jusqu'à 93 pour 100 dans la Mayenne. Ces différences, qui se sont toujours fait remarquer depuis la mise à exécution de la loi de 1836, semblent devoir être attribuées au degré d'aisance des populations, à leurs habitudes et surtout à l'écart qui existe entre le prix de la journée fixée par le conseil général et le prix réel de la journée salariée.

Le prix moyen de cette dernière journée est, en effet, d'a-

travaux des chemins vicinaux de grande communication qu'à ceux des chemins vicinaux ordinaires et d'intérêt commun. Cette différence provient principalement de ce que la presque totalité des subventions, votées par les conseils généraux, est affectée à la confection de ces voies principales.

près les renseignements statistiques recueillis, supérieur dans tous les départements à celui de la première ; le prix minimum de la journée salariée est de 1 fr. 20 cent. Le prix moyen de 1 fr. 98 cent.; le prix maximum de 2 fr. 56 cent.; 47 départements sont au-dessus de cette moyenne, 42 au-dessous. Le prix minimum de la journée d'homme, d'après les évaluations des conseils généraux est de 0 fr. 75 cent.; le prix moyen de 1 fr. 25 cent.; le prix maximum de 2 fr. 36 cent.; 32 départements sont au-dessus de cette moyenne; 14 la représentent exactement; et 43 sont au-dessous.

La valeur réelle du travail obtenu des journées de prestation peut être évaluée en moyenne à 1 fr. 39 cent.; c'est-à-dire qu'elle est supérieure de 0 fr. 14 cent. à la moyenne des tarifs de conversion.

Dans la dernière période quinquennale le prix de la journée de l'ouvrier salarié était évalué à 1 fr. 75 cent., le prix de la journée de prestataire, d'après le tarif, à 1 fr. 5 cent., le prix de la journée de travail effective du prestataire à 1 fr. 10 cent.

Le rapport contient des calculs identiques et comparatifs sur les journées salariées et de prestation des animaux et voitures, et conclut également que la valeur moyenne des premières est généralement supérieure à celle des secondes.

De véritables progrès ont été réalisés, de 1857 à 1861, dans l'emploi de la prestation en nature ; 64 départements l'ont appliquée avec succès à l'amélioration des communications vicinales des trois catégories. Le système de la conversion du travail en journées en travail à la tâche, qui présente de grands avantages, ne s'est pas propagé avec la rapidité que faisaient présager ses premiers essais; il n'a reçu encore d'application à peu près générale que dans 40 départements; c'est, du reste, un progrès marqué sur la période de 1852 à 1856.

En résumé, la prestation en nature est chaque année en progrès et comme quotité de ressource et comme produit effectif. « Du reste, les assemblées municipales, dit le rapport [1], en augmentant chaque année le nombre des journées spontanément votées, ont prouvé que les préventions, dont la prestation avait pu être l'objet, s'effacent de plus en plus et que les populations préfèrent un impôt en nature à un impôt en argent. Le vote combiné des centimes spéciaux et des taxes en nature justifie toutes les prévisions de la loi du 21 mai 1836. Dans les années d'abondance, où les contributions s'acquittent avec facilité, les journées de prestation sont plus fréquemment rachetées, et c'est alors l'argent qui sert principalement à subvenir aux dépenses du service. Dans les années calamiteuses, au contraire, l'argent devient plus rare, mais les bras ne font jamais défaut et, à l'aide de quelques subventions réparties avec discernement, on peut parvenir à faire des travaux qui suffisent pour assurer le bon état des chemins. »

Ces détails suffisent pour faire apprécier cette *corvée améliorée*, dont la répartition plus équitable et l'emploi à un service plus rapproché des contribuables, ont fait disparaître l'ancienne impopularité, au grand profit de ces chemins vicinaux, qui font la vie et le progrès matériel des campagnes de la France.

[1] Page 9.

SECTION III.

DES CENTIMES DÉPARTEMENTAUX ET COMMUNAUX[1].

ARTICLE 1er.

CENTIMES DÉPARTEMENTAUX.

Les centimes additionnels aux contributions directes constituent la ressource principale des budgets de nos départements [2]. Leur origine remonte aux premières années de la Révolution de la fin du siècle dernier.

La loi du 28 messidor an IV mit à la charge des départements certaines dépenses sous le nom *de dépenses d'administration*, et leur attribua pour y pourvoir des *sous additionnels*, qui ne pouvaient en aucun cas excéder le cinquième des contributions.

Diverses lois vinrent compléter et modifier ce système : entre autres les lois des 15 frimaire an VI et 11 frimaire an VII, qui arrêtèrent une nomenclature des dépenses (distinguées postérieurement en fixes et variables) à la charge des départements, en déterminèrent les recettes, lesquelles

---

[1] Voyez entre autres sources le Rapport de la commission instituée par décret du 30 mars 1850, pour examiner les questions relatives à la situation financière des communes et des départements, la proposition de M. Lequien à l'Assemblée législative et le rapport sur le même objet (7 août 1851), les budgets et comptes définitifs des recettes.

[2] Les autres ressources des départements consistent : dans le revenu et le produit des propriétés du département non affectées à un service départemental; le revenu et le produit des autres propriétés du département, tant mobilières qu'immobilières; le produit des expéditions d'anciennes pièces ou d'actes de la préfecture déposés aux archives ; le produit des droits de péage autorisés par le gouvernement au profit du département ainsi que des autres droits et perceptions concédés au département par les lois. (ART. 10 de la Loi du 10 mai 1838.)

devaient se composer de centimes additionnels aux contributions foncière et personnelle, dans la limite d'un maximum fixé annuellement par la loi, et créèrent un fonds
commun destiné à accorder un supplément de ressources
aux départements, dont les besoins ordinaires ne pouvaient
être couverts par leurs recettes spéciales ; la loi du 28 pluviôse an VIII qui, reprenant et complétant l'œuvre de l'Assemblée constituante, remit l'exécution entre les mains d'un
seul agent, le préfet, et plaça à côté de lui, pour délibérer
sur les intérêts du département, un conseil général investi,
entre autres attributions, du droit de déterminer le nombre
de centimes additionnels dont l'imposition serait demandée
pour les dépenses fixes et variables ; enfin la loi du 28 ventôse an XIII, laquelle autorisa ces mêmes conseils à voter
des centimes facultatifs, jusqu'à concurrence de 4, pour les
dépenses qu'ils jugeraient utiles de faire dans l'intérêt de
leurs circonscriptions. De cette dernière loi date réellement le budget départemental. Les dépenses, auxquelles
il était précédemment chargé de faire face, n'étaient en
effet qu'un démembrement du budget général. L'État, qui
aurait dû seul y pourvoir, avait seul aussi le droit d'en
arrêter le chiffre.

Voici les proportions, dans lesquelles se renfermait sous
l'Empire le service départemental :

2 centimes pour dépenses fixes [1].	4 millions.
10 — » variables [2].	20 —
2 — fonds commun.	4 —
4 — facultatifs	8 —
— extraordinaires.	6 —
Produits éventuels (recouvrements de toute nature auto- risés par les préfets).	8 —
	50 millions.

[1] Les dépenses fixes, toutes d'intérêt général, comprenaient : les frais du personnel des préfectures, des maisons centrales de détention, des bâtiments des
cours d'appel, des établissements thermaux et sanitaires, etc.

[2] Loyers et mobiliers des préfectures, prisons, casernement de la gendarmerie,

Sous la Restauration, la loi du 28 avril 1816 qui rétablit le fonds commun, abandonné dans les dernières années
de l'Empire, et celles du 21 mars 1817 et du 15 mai 1818 con-
sacrèrent un régime qui s'est maintenu jusqu'à la loi du 10
mai 1838, sauf des modifications dans le taux des centimes.

Le rapport de la commission de 1850, auquel nous avons
emprunté le détail des ressources des départements sous
l'Empire, les évalue ainsi pour la période qui finit à 1830.

6 4/10 centimes fixes.	12	millions.
7 6/10 — variables.	14	—
5 fonds communs.	9	—
5 facultatifs.	13	—
5 extraordinaires.	5	—
Produits éventuels (cadastre, max. : 5 centimes). . .	3	—
	56	millions.

La loi du 20 juillet 1837 réunit les dépenses fixes au
budget de l'État, et reporta par suite à ce budget les centimes destinés à y faire face.

En même temps, des lois sur l'instruction primaire
(18 juin 1833) et sur les chemins vicinaux (21 mai 1836)
mettaient de nouvelles ressources spéciales à la disposition
des conseils généraux, comme l'avait déjà fait pour le cadastre
la loi du 4 juillet 1821.

La loi du 10 mai 1838 constitua définitivement le budget
départemental, tel qu'il existe encore aujourd'hui.

Aux termes de son article 10, les recettes de ce budget
comprennent :

1° Le produit des centimes additionnels aux contributions directes affectés par la loi de finances aux dépenses
ordinaires des départements et la part allouée au département dans le fonds commun établi par la même loi.

_____

menus frais des tribunaux, constructions et réparations d'églises, enfants trouvés,
mendicité, routes, enseignement et secours, etc.

Ces centimes ne portent que sur les contributions foncière, personnelle et mobilière. Les dépenses auxquelles ils ont, avec certains produits éventuels, pour objet de pourvoir, sont connues sous le nom d'*obligatoires* ou ordinaires, et forment la première section du budget départemental. En voici la nomenclature : 1° les grosses réparations et l'entretien des édifices et bâtiments départementaux ; 2° les contributions dues par les propriétés du département ; 3° le loyer, s'il y a lieu, des hôtels de préfecture et de sous-préfecture ; 4° l'ameublement et l'entretien du mobilier de ces hôtels ; 5° le casernement ordinaire de la gendarmerie ; 6° les loyers, mobiliers et mêmes dépenses des cours et tribunaux, et les mêmes dépenses des justices de paix ; 7° le chauffage et l'éclairage des corps de garde des établissements départementaux ; 8° les travaux d'entretien des routes départementales et des ouvrages d'art qui en font partie ; 9° les dépenses des enfants assistés ainsi que celles des aliénés, pour la part afférente au département ; 10° les frais de route accordés aux voyageurs indigents ; 11° les frais d'impression et de publication des listes d'électeurs pour les juges des tribunaux de commerce, les frais d'impression des cadres pour la formation des listes électorales et des listes du jury et des cartes d'électeurs ; 12° les frais d'impression des budgets et des comptes des recettes et dépenses des départements ; 13° la portion à la charge des départements dans les frais des tables décennales de l'état civil ; 14° les frais relatifs aux mesures qui ont pour objet d'arrêter le cours des épidémies et des épizooties ; 15° les primes fixées pour la destruction des animaux nuisibles ; 16° les dépenses de garde et de conservation des archives du département ; 17° les dépenses de l'enseignement primaire en cas d'insuffisance des ressources communales ; 18° les dépenses des bureaux d'assistance judi-

ciaire; 19° les frais de poursuite et de procédure pour contravention en matière de roulage sur les routes départementales; 20° les dépenses des chambres d'agriculture;
21° les dépenses des locaux et des imprimés pour l'administration et la comptabilité des sociétés de secours mutuels en
cas d'insuffisance des ressources communales; 22° les dépenses des locaux et du mobilier nécessaires à la réunion
du Conseil départemental de l'instruction publique, du local
des bureaux de l'inspecteur d'académie et de ses frais de
bureau (art. 455 du décret du 31 mai 1862); ces diverses
dépenses peuvent être inscrites ou augmentées d'office, jusqu'à concurrence du montant des recettes y destinées, par
le décret qui règle le budget.

2° Le produit des centimes additionnels facultatifs
votés annuellement par le conseil général, dans les limites
déterminées par la loi de finances. Ces centimes sont destinés à faire face aux dépenses facultatives d'utilité départementale qui composent la 2° section du budget départemental. Le conseil général en a la disposition exclusive.

Ils ne portent, comme les précédents, que sur la contribution foncière et la contribution personnelle et mobilière.
La loi de 1838 avait permis de centraliser une fraction
de ces centimes pour former un second fonds commun;
mais il a été supprimé par la loi du 7 août 1850.

3° Le produit des centimes additionnels extraordinaires
imposés en vertu de lois spéciales, généralement sur les
quatre principales contributions directes. Chaque session législative voit rendre un certain nombre de ces lois.

4° Le produit des centimes additionnels affectés par les
lois générales à diverses branches du service public,
savoir : 5 centimes au maximum pour les chemins
vicinaux et 2 centimes pour dépenses de l'instruction primaire, portant sur les quatre contributions; 5 centimes

pour le cadastre, affectant la seule contribution foncière.

Voici l'état des centimes départementaux pour l'année 1839, la première qui ait suivi la mise en vigueur de la loi nouvelle.

Centimes ordinaires (8 c. 2/10). . . 15,581,506 f.		
Centimes pour le premier fonds commun (4 c. 6/10). 8,740,844	13 c. 2/10. 25,082,423 f.	
Centimes pour le deuxième fonds commun (0 c. 4/10). 760,073		
Centimes facultatifs (max. 5 centimes).	9,546,316	
Centimes extraordinaires. . . . . , ...	11,724,906	
Centimes spéciaux pour les chemins (max. : 5 c.).	8,716,000	
Centimes pour l'instruction primaire (max. : 2 c.).	3,971,321	
	59,040,966 f.	

Les centimes départementaux ont suivi depuis 1838 une progression constante; leur total était parvenu en 1852 à 84,253,251 fr., savoir :

Centimes ordinaires 10 c. 4/10. . . 20,386,298 f.	17 c. 4/10 34,107,844 f.	
Fonds commun 7 c. 13,721,546		
Centimes facultatifs (max. : 7 c. 6/10).	14,317,726	
Centimes extraordinaires.	18,699,120	
Centimes spéciaux pour les chemins (max.: 5 c.)	12,142,369	
Centimes pour l'instruction primaire (max. : 2 c.).	4,986,192	

La progression, que ce tableau accuse dans le chiffre des centimes sur 1839, reconnaît pour cause principale l'accroissement des dépenses obligatoires des départements, notamment pour les routes, les enfants trouvés et les aliénés, qui a nécessité des prélèvements considérables sur les ressources destinées aux dépenses facultatives. Cette situation a attiré plusieurs fois l'attention du législateur et de l'administration.

Une proposition avait été faite à cet égard, en 1850, par M. Lequien à l'Assemblée législative; une commission avait été également instituée, par décret du 30 mars 1850, pour

examiner les questions relatives à la situation financière
des départements.

La loi de finances du 5 mai 1855 a mis à la charge du
budget de l'État, à partir de 1856, les dépenses ordinaires
des prisons départementales, ainsi que les frais de translation des détenus vagabonds et forçats, moyennant un prélèvement de 1 centime 4/10 sur les fonds applicables aux
dépenses ordinaires des départements, et de 6/10 sur les
fonds des dépenses facultatives.

Les centimes départementaux se sont alors trouvés réduits
à 9 pour les dépenses obligatoires, et à 7 au maximum pour
les dépenses facultatives, le fonds commun restant de
7 centimes [1].

Mais, dans les trois exercices suivants, le prélèvement,
opéré en 1855 sur les recettes du budget des départements,
leur a été successivement restitué. La loi du 11 juin 1859 a
fixé, à partir de 1860, les centimes pour dépenses obligatoires à 10 centimes 5/10, ceux pour dépenses facultatives
à 7 centimes 5/10 en maximum. Le fonds commun est demeuré à 7 centimes.

Voici, d'après le compte définitif de 1861, le chiffre des
recettes des départements, pour cet exercice :

---

[1] Dans les budgets de 1853 et 1854 le fonds commun avait été augmenté de
5/10 de centime pour l'ameublement des sous-préfectures ; mais cet accroissement
temporaire a été supprimé au budget de 1855.

	CONTRIBUTIONS				
	FONCIÈRE.	PERSONNELLE ET MOBILIÈRE.	PORTES ET FENÊTRES.	PATENTES.	TOTAL.
Centimes imposés par la loi. (17 cent. 5/10.)					
Pour fonds applicable aux dépenses ordinaires de chaque département (10 c. 5/10)........	17,450,325 f. 87	4,098,946 f. 29	»	»	21,549,271 f. 16
Pour fonds commun { Pour dép. à répartir entre { ordinaires. les dép. (7 c.).	14,612,279 12	2,782,630 70	»	»	14,344,909 82
Centimes votés par les conseils généraux.					
Pour dépenses facultatives d'utilité départementale (max. : 7 c. 5/10 excepté pour la Corse (14 c. 6/10) et les Alpes-Mar., la Savoie et la Haute-Savoie (18 c. 5/10).	12,650,153 81	2,976,279 56	3,234,228 f. 25	6,535,974 f. »	15,626,433 37
Pour dépenses extraordinaires approuvées par des lois spéciales, autres que celles de l'instruction primaire........	18,704,665 47	4,552,663 55	1,354,066 76	2,401,818 29	33,027,523 27
Pour subventions aux dépenses des chemins vicinaux et autres (max. : 5 centimes)........	8,432,735 22	1,816,874 86	550,660 68	933,770 80	13,705,495 43
Pour dépenses de l'instruction primaire (max. : 2 centimes).....	3,340,673 74	739,999 98			5,565,405 21
Pour dép. du cadastre (max.: 5 c.)....	64,964 81	»		»	64,964 81
TOTAL........					103,883,702 f. 77

A cette somme d'environ 104 millions il faut ajouter les produits éventuels, qui ont été appliqués aux dépenses des départements pour l'exercice 1861, et qui se composent : 1° des recettes locales spécialement attribuées par la loi de 1838 aux dépenses ordinaires et facultatives ; 2° des subventions des communes et des particuliers pour travaux des routes ou autres dépenses d'utilité départementale; 3° des

IV.   13

emprunts contractés par des départements en vertu des lois spéciales ; 4° des contingents communaux et des souscriptions particulières pour travaux de chemins vicinaux de grande communication. Ensemble 34,454,997 fr. 25 [1].

Ces 34 millions se subdivisent ainsi :

Produits éventuels { pour dépenses ordinaires.	800,999 f.	51 c.
pour dépenses facultatives. . . .	1,809,817	33
Subventions communales et particulières.	10,564,141	86
Emprunts autorisés par des lois.	8,183,159	04
Contingents communaux et souscriptions pour chemins vicinaux.	13,096,879	51

L'ensemble des ressources du service départemental, pour l'exercice 1861, a donc été de 138 millions. C'est une augmentation de plus d'un tiers depuis la mise en vigueur de la loi du 10 mai 1838 [2].

[1] Ces 34 millions ne sont pas les produits propres à l'exercice 1861 ; ce sont les fonds que les ordonnances du ministère de l'intérieur ont appliqués aux dépenses de cet exercice. Ils proviennent en partie de reports.

Quant aux produits éventuels provenant de l'exercice 1861, ils se sont élevés à 24,954,760 fr. dans lesquels les revenus et produits des propriétés tant immobilières que mobilières, de toute nature, des départements, figurent pour 833,046 fr., les droits de péage et tous autres, autorisés ou concédés, pour 95,474 fr., les revenus et produits de dons, legs et fondations pour 215,124 fr.

[2] L'exercice 1843, le premier dans les comptes duquel le service départemental a figuré d'une manière complète, donnait pour ce service une somme seulement de 87,685,000 fr.

ARTICLE 2.

CENTIMES COMMUNAUX.

Les centimes additionnels aux contributions directes occupent une place importante parmi les recettes des communes, moins importante cependant que parmi celles des départements; ils ne forment, en effet, que le quart environ des ressources des budgets communaux, tandis que pour les autres la proportion s'élève aux trois quarts au moins [1]

La loi du 14 décembre 1789, sur la constitution des municipalités en France, confia au conseil général de chaque commune le soin de délibérer sur l'emploi de ses revenus, et entre autres sur les impositions extraordinaires. Celle des 5-10 août 1791 décida, dans son article 8, que les villes et communes seraient tenues de pourvoir à leurs dépenses locales par des sous additionnels aux contributions foncière et mobilière, ainsi que par les 2 sous pour livre que la loi du 2 mars 1791 leur attribuait sur le produit des droits de patentes. Ce prélèvement sur les patentes en faveur des communes fut confirmé et porté au dixième du produit net par les lois des 6 fructidor an IV et 1er brumaire an VII.

La loi du 9 germinal an V réserva sur les sous additionnels à la contribution personnelle et mobilière, 4 sous 3 deniers pour les dépenses des administrations municipales

---

[1] Voyez ci-après la nomenclature des recettes ordinaires et extraordinaires des communes.

des cantons ainsi que des administrations communales.

Les lois des 15 frimaire an VI et 11 frimaire an VII arrêtèrent la nomenclature des dépenses et des recettes des communes. Ces recettes se composaient, entre autres, de centimes additionnels aux contributions foncière et personnelle mobilière, dans les limites d'un maximum déterminé annuellement par la loi de finances. Le chiffre du maximum a depuis lors été généralement fixé à 5 c.

Par l'article 15 de la loi du 28 pluviôse an VIII, le conseil municipal fut investi du droit de délibérer sur le compte des recettes et dépenses municipales, sur les besoins particuliers et locaux de la municipalité, sur les emprunts, sur les octrois ou contributions en *centimes additionnels qui pourraient être nécessaires pour subvenir à ces besoins.*

L'approbation et le contrôle du budget communal appartenaient à l'administration supérieure, laquelle autorisait également les impositions extraordinaires en dehors des 5 centimes.

Il est à peu près impossible d'indiquer quels étaient sous l'Empire le chiffre et le produit total des centimes communaux imposés annuellement.

Les premières lois de finances de la Restauration maintinrent le maximum de centimes pour les dépenses des communes, et subordonnèrent à des règles spéciales l'établissement des impositions extraordinaires.

L'article 31 de la loi du 15 mai 1818 fit une innovation; il disposa qu'il serait, comme précédemment, imposé en sus 5 centimes au principal de la contribution foncière et de la contribution personnelle et mobilière pour subvenir aux dépenses des communes, à l'exception de celles qui auraient déclaré que cette contribution leur a été inutile. Depuis lors cette règle a été toujours suivie.

La même loi, par son article 27, maintint aux com-

munes l'attribution des 8 centimes du principal des patentes. La loi du 25 avril 1844 a reproduit cette disposition.

Suivant le Rapport au Roi du 15 mars 1830, le nombre des
centimes tant ordinaires qu'extraordinaires des communes
ne s'élevait qu'à 10 produisant 18 millions, tandis que,
avant 1814, ils avaient atteint les chiffres de 70, 80 et même
100 du principal. La loi du 2 août 1829 évaluait les ressources communales additionnelles aux contributions directes, pour l'exercice 1830, à 20 millions 129,600 fr., savoir :

Centimes pour dépenses ordinaires sur les contributions foncière
et mobilière.   9,000,000
Centimes pour dépenses extraordinaires sur les quatre contributions.   9,200,000
Attributions sur les patentes.   1,929,600

Sous le gouvernement de juillet, les lois des 18 juin 1833
et 21 mai 1836 mirent à la disposition des communes,
comme à celle des départements, des centimes spéciaux pour
le service de l'instruction primaire et des chemins vicinaux.

La loi du 18 juillet 1837 a arrêté de nouveau et définitivement la nomenclature des recettes et des dépenses municipales.

Les recettes sont ordinaires ou extraordinaires [1]. Les pre-

---

[1] Les recettes ordinaires se composent : 1° des revenus de tous les biens dont
les habitants n'ont pas la jouissance en nature ; 2° des cotisations imposées annuellement sur les ayants-droit aux fruits qui se perçoivent en nature ; 3° du produit des
centimes ordinaires affectés aux communes par les lois de finances ; 4° de la part
accordée aux communes dans l'impôt des patentes ; 5° de la part revenant aux
communes dans les droits de permis de chasse ; 6° du produit des octrois municipaux ; 7° du produit des droits de place perçus dans les halles, foires, marchés,
abattoirs, d'après les tarifs dûment autorisés ; 8° du produit des permis de stationnement et des locations sur la voie publique, sur les ports et rivières et autres
lieux publics ; 9° du produit des péages communaux, des droits de pesage, mesurage et jaugeage ; des droits de voirie et autres droits légalement établis ; 10° du
prix des concessions dans les cimetières ; 11° du produit des concessions d'eau, de
l'enlèvement des boues et immondices de la voie publique, et autres concessions
autorisées par les services communaux ; 12° du produit des expéditions des actes
administratifs et de l'état civil ; 13° de la portion que les lois accordent aux com-

mières comprennent, entre autres, le produit des centimes ordinaires affectés aux communes par les lois de finances, et qui ne portent que sur les contributions foncière et personnelle mobilière, ainsi que la part, qui leur est attribuée dans l'impôt des patentes.

Au nombre des recettes extraordinaires figurent les contributions extraordinaires dûment autorisées. Ces contributions sont de deux sortes :

1° Celles qui sont destinées à subvenir aux dépenses obligatoires [1]. Elles sont approuvées par arrêté du préfet, lorsque

munes dans le produit des amendes prononcées par les tribunaux de simple police, par ceux de police correctionnelle et par les conseils de discipline de la garde nationale; 14° des intérêts de fonds placés au Trésor; 15° d'une portion des droits à percevoir dans les écoles préparatoires à l'enseignement des lettres et des sciences, et dans les écoles préparatoires de médecine et de pharmacie; 16° du bénéfice résultant de l'administration des collèges; 17° des ressources affectées au traitement de l'instituteur et de l'institutrice primaires; 18° des indemnités pour enrôlements volontaires; 19° du produit de la taxe municipale sur les chiens.

Et généralement du produit de toutes les taxes de ville et de police, dont la perception est autorisée par la loi. (Décret du 31 mai 1862, art. 484).

Il faut ajouter à ces recettes dix centimes sur le principal de la contribution relative aux chevaux et voitures de luxe, d'après la loi du 2 juillet 1862.

Les recettes extraordinaires se composent : 1° des contributions extraordinaires dûment autorisées; 2° du prix des biens aliénés; 3° du prix d'aliénation des rentes sur l'État; 4° des dons et legs ; 5° du remboursement des capitaux exigibles et des rentes rachetées; 6° du produit des coupes extraordinaires de bois; 7° du produit des emprunts, et de toutes autres recettes accidentelles. (Ibidem, arti 485).

[1] Les dépenses des communes sont obligatoires ou facultatives.

Sont obligatoires les dépenses suivantes : 1° L'entretien de l'hôtel de ville, ou, s'il y a lieu, du local affecté à la mairie; 2° les frais de bureau et d'impression pour le service de la commune ; 3° l'abonnement au *Bulletin des Lois* ou au *Moniteur des Communes* ; 4° les frais de recensement de la population; 5° les frais des registres de l'état civil et la portion des tables décennales à la charge des communes; 6° le traitement du receveur municipal, du préposé en chef de l'octroi et les frais de perception ; 7° le traitement des gardes des bois de la commune et des gardes champêtres; 8° le traitement et les frais de bureau des commissaires de police, tels qu'ils sont déterminés par les lois et décrets ; 9° les pensions des employés municipaux et des commissaires de police, régulièrement liquidées et approuvées; 10° les frais de loyer et de réparation du local de la justice de paix, ainsi que ceux d'achat et d'entretien de son mobilier dans les communes chefs-lieux de canton; 11° les dépenses de la garde nationale, telles qu'elles sont

la commune a moins de 100,000 fr. de revenu; par décret impérial, si le revenu de la commune est supérieur à cette somme; dans le premier cas le conseil municipal ne peut voter la contribution à établir qu'avec l'adjonction des plus imposés. Si le conseil municipal refuse de subvenir à des

déterminées par les lois; 12° les dépenses relatives à l'instruction publique, conformément aux lois; 13° l'indemnité de logement aux curés et desservants, et autres ministres des cultes salariés par l'État, lorsqu'il n'existe pas de bâtiment affecté à leur logement; 14° les secours aux fabriques des églises et autres administrations préposées aux cultes dont les ministres sont salariés par l'État, en cas d'insuffisance de leurs revenus, justifiée par leurs budgets et leurs comptes appuyés de pièces; 15° le contingent assigné à la commune, conformément aux lois, dans la dépense des enfants assistés; 16° les grosses réparations aux édifices communaux, sauf l'exécution des lois spéciales concernant les bâtiments militaires et les édifices consacrés aux cultes; 17° la clôture des cimetières, leur entretien et leur translation, dans les cas déterminés par les lois et les règlements d'administration publique; 18° les frais des plans d'alignement; 19° les frais et dépenses des conseils des prud'hommes, pour les communes où ils siègent, les mêmes frais des Chambres consultatives des arts et manufactures, pour les communes où elles existent, ainsi que des sociétés de secours mutuels; 20° les contributions et prélèvements établis par les lois sur les biens et revenus communaux; 21° les secours et pensions accordés aux sapeurs-pompiers, à leurs veuves et à leurs orphelins; 22° la part contributive de la commune dans la dépense des travaux de défense contre les inondations; 23° les frais de tenue des assemblées électorales pour l'élection: 1° des députés au Corps législatif, des conseils généraux, des conseils d'arrondissement et des conseils municipaux; 2° des membres des tribunaux de commerce et des conseils de prud'hommes; 3° des chambres consultatives des arts et manufactures et des chambres de commerce; 24° l'acquittement des dettes exigibles et généralement toutes les autres dépenses mises à la charge des communes par une disposition législative.

Toutes dépenses autres que les précédentes sont facultatives.

Le Conseil municipal délibère sur le budget de la commune et en général sur toutes les recettes et dépenses, soit ordinaires, soit extraordinaires.

Le budget de chaque commune, proposé par le maire et voté par le Conseil municipal, est définitivement réglé par arrêté du préfet. Toutefois, pour les villes dont les revenus sont de 100,000 francs ou plus, le budget est réglé par un décret impérial lorsqu'il présente des impositions extraordinaires proprement dites, mais seulement pour l'exercice qui donne lieu à la demande de ces impositions.

Les dépenses, proposées au budget d'une commune, peuvent être rejetées ou réduites par l'autorité qui règle le budget.

Elles ne peuvent être augmentées, et il ne peut en être introduit de nouvelles, qu'autant qu'elles sont obligatoires.

(Décret du 31 mai 1862, articles 486, 489, 490, 494, 496).

dépenses obligatoires, l'imposition peut être faite d'office
par le gouvernement, dans les limites d'un maximum
fixé annuellement par la loi de finances et qui est de 10 c.,
sauf pour les dettes résultant de condamnations judiciaires
(20 c.). Au-dessus de ce maximum une loi est nécessaire.
Les impositions extraordinaires portent sur les quatre contributions directes, à l'exception des centimes relatifs aux
salaires des gardes champêtres, qui sont assis sur l'impôt
foncier seulement[1], et des centimes pour bourses et chambres de commerce, prélevés sur la taxe des patentes[2].

2° Celles qui sont votées pour des services temporaires et
extraordinaires, et qui portent sur les quatre contributions.
Elles doivent être autorisées par décret impérial pour les
communes ayant moins de 100,000 fr. de revenu, et par
une loi pour les communes ayant un revenu supérieur à
cette somme.

Enfin, comme nous l'avons déjà dit, les communes ont à
pourvoir aux services spéciaux de l'instruction primaire et
des chemins vicinaux au moyen de centimes également
spéciaux, dont le maximum est fixé pour le premier à 3 c.,
et pour le second à 5 c.

Voici l'ensemble des centimes, pour dépenses communales, imposés, pendant l'exercice 1838, le premier qui
suivi la mise en vigueur de la loi du 18 juillet 1837.

[1] (L. 28 messidor an III et 21 avril 1831).
[2] (L 28 ventôse an IX).

	CONTRIBUTIONS				
	FONCIÈRE.	PERSONNELLE ET MOBILIÈRE.	PORTES ET FENÊTRES.	PATENTES.	TOTAL.
Centimes pour dépenses ordinaires..............	7,808,842 f. 20	1,697,633 f. 56	»	»	9,506,475 f. 76
Centimes pour dépenses extraordinaires (frais de Bourse et Chambre de commerce; frais de confection et de perception des rôles des diverses impositions communales).............	9,498,819 82	4,201,187 95	491,729 f. 33	568,153 f. 40	11,759,890 50
Centimes pour dépenses de l'instruction primaire (max. : 3 c.)............	2,761,117 38	447,049 35	258,777 50	187,054 17	3,653,998 40
Centimes pour dépenses des chemins vicinaux (max. : 5 cent.).................	3,909,306 21	692,993 03	423,643 25	397,533 75	5,423,475 24
Attributions sur les patentes (8 cent.).................	»	»	»	2,529,760 71	2,529,760 71

Le total général est de 32,873,600 fr. 61 cent.

Un état annexé au rapport de la commission, instituée en 1850 pour examiner les questions relatives à la situation financière des départements et des communes, évalue l'ensemble des ressources de ces dernières, pour l'exercice 1846, à 338,729,730 fr. [1] sur lesquels les centimes tant

[1] Voici le détail de ces 338,729,730 fr.

Recettes ordinaires.

Cinq centimes additionnels ordinaires.	9,662,379
Attributions sur les patentes.	2,814,108
Impositions annuelles pour couvrir l'insuffisance des revenus ordinaires.	56,086,498
Produit brut de l'octroi (dont 34,209,659 fr. pour Paris seulement).	84,421,434
Droit de location des places aux halles, et du pesage, mesurage, etc. (4,412,115 fr. pour Paris).	14,758,778
Fermage des biens communaux (1,028,403 fr. pour Paris). . . .	11,019,203
Coupes ordinaires de bois.	5,618,141
Taxes affouagères et de pâturage.	11,221,384
Rentes sur l'État.	3,157,023
Rentes sur les particuliers et intérêts de capitaux placés. . .	720,005
Taxes communales diverses (transports des corps, concessions de sépultures, péages, droits d'expéditions, droits de voirie, de mar-	
A reporter. . .	199,478,953

ordinaires qu'extraordinaires figurent pour 77,976,603 fr.,
savoir :

Cinq centimes additionnels ordinaires.   9,662,379
Attributions sur les patentes.   2,814,108
Impositions annuelles pour couvrir l'insuffisance des revenus ordi-
  naires.   56,086,498
Impositions extraordinaires applicables aux besoins extraordinaires.   9,413,618

Voici, d'après le compte définitif de 1861, l'état des centimes affecté pour cet exercice aux dépenses communales :

                                    Report. . .   199,478,953
    que, etc.) (3,222,829 fr. pour Paris seulement).   6,308,751
Intérêts de fonds placés au Trésor.   3,297,660
Recettes diverses éventuelles (attributions sur amendes, etc.). . .   21,548,545
                                                  _____
                                                  230,633,909

                    Recettes extraordinaires.

Ventes d'immeubles.   9,732,523
Coupes extraordinaires de bois.   12,623,559
Impositions extraordinaires applicables aux besoins extraordinaires.   9,413,618
Emprunts.   6,293,520
Dons et legs.   2,693,026
Recettes éventuelles diverses (remboursements de capitaux, etc.). .   67,339,575
                                                  _____
                                                  108,095,821

CONTRIBUTIONS	FONCIÈRE.	PERSONNELLE ET MOBILIÈRE.	PORTES ET FENÊTRES.	PATENTES.	TOTAL.
Centimes pour dépenses ordinaires (max. : 5 centimes)............	8,309,488 f. 33	1,952,317 f. 12	»	»	10,261,805 f. 45
Centimes pour dépenses extraordinaires et centimes pour frais de Bourse et Chambres de commerce (approuvés par des actes du Gouvernement ou des arrêtés des Préfets)............	26,212,738 27	4,281,843 40	3,223,994 f. 59	5,423,133 f. 34	39,144,709 24
Centimes pour dépenses des chemins vicinaux (max. : 5 cent.)...	7,668,332 73	1,613,923 80	1,187,532 49	1,897,785 77	12,367,574 49
Centimes pour dépenses de l'instruction primaire (max. : 3 centimes)............	4,515,244 10	1,063,423 22	794,418 62	1,516,630 96	7,889,446 90
Centimes pour frais de perception des diverses impositions communales (3 centimes du montant de ces impositions)............	1,415,660 48	266,465 63	460,908 37	277,809 48	2,420,843 96
Fonds de 8 centimes attribué aux communes sur les patentes. (L. 25 avril 1844.)............	»	»	»	4,381,597 36	4,381,597 36

Le total général est de 76,162,947 fr. 40 centimes.

Le nombre des centimes extraordinaires varie, suivant les besoins et les ressources de chaque commune considérée individuellement; mais le vote de ces centimes, pour les dépenses non obligatoires des communes, est en général limité au maximum de 20 c. [1].

[1] Le 16 avril 1817, une circulaire du sous-secrétaire d'État de l'intérieur, M. Becquey, aux préfets, s'est exprimée ainsi qu'il suit :

« En règle générale et administrativement admise, les impositions, auxquelles

Le décret du 25 mars 1852 avait autorisé les préfets à approuver, jusqu'à concurrence de 20 c. et pour une durée de 5 ans, les impositions extraordinaires votées par les conseils municipaux. Après une année d'expérience, la loi des 10-15 juin 1863, relative à la conversion des dettes actuelles des départements et des communes, a modifié sous ce rapport le décret de mars 1852 et maintenu les impositions directes extraordinaires, votées par les communes, à peu près sous même loi de tutelle que l'établissement des octrois.

L'*article* 4 de la loi de 1853 ainsi conçu : « Les paragra-
» phes 36 et 37 du tableau A, annexé au décret du 25 mars
» 1852, sont abrogés [1], » a rétabli un état de choses, qui concentre chaque année par milliers dans les bureaux du mi-

les communes sont obligées de recourir, ne doivent pas excéder 20 à 25 cent. du principal des contributions. »

Une autre circulaire de M. Lainé du 18 mai 1818 porte : « Quelle que soit la nature des besoins, la quotité des centimes, que les communes seront autorisées à s'imposer par addition au principal de leurs contributions, n'excédera point, pour chaque année, 20 centimes sur chaque nature de contribution ; cette règle sera invariablement suivie, sauf dans des cas très-rares et extraordinaires. »

[1] Voici les raisons données dans l'exposé des motifs du 14 mai 1853 :

« Le but de la loi étant d'alléger sur-le-champ des charges trop pesantes, et de ne permettre l'emploi des ressources devenues libres que par des travaux d'une utilité publique incontestable et régulièrement constatée, la loi décide que le nombre des centimes additionnels extraordinaires ou les taxes additionnelles d'octroi, affectés au remboursement des emprunts anciens, seront réduits en proportion de l'abaissement que la conversion amènera dans la dépense annuelle.

» Cependant le but de la loi pourrait être, jusqu'à un certain point, éludé si, tandis que l'administration supérieure convertirait leurs dettes et allégerait leurs charges, les communes ou les départements pouvaient obtenir des diverses administrations locales l'autorisation d'en contracter de nouvelles. La nécessité de soumettre à l'autorité centrale tout ce qui concerne les emprunts et les impositions extraordinaires des départements et des communes, ressort donc du système nouveau que veut suivre le gouvernement, et le projet de loi abroge en conséquence les § 36 et 37 du tableau A annexé au décret du 25 mars 1852 qui, en ce point, a le caractère législatif. »

Le rapport du 26 mai (par M. de Belleyme), fut encore plus succinct et s'exprima dans les termes suivants :

« L'article 4 du projet de loi a obtenu l'assentiment complet de la commission.

» Il a pour but d'empêcher que les communes et les départements ne puissent

nistère de l'intérieur et dans la section de l'intérieur du conseil d'État, des affaires d'administration communale [1].

contracter de nouvelles dettes avec la simple autorisation des autorités locales, en dehors de l'action et sous la surveillance de l'administration centrale.

» Il ne serait pas rationnel, en effet, de laisser les communes ou départements se grever d'impôts, pendant que le gouvernement s'occuperait de les dégrever. »

[1] Il arrive au ministère de l'intérieur environ 6,000 demandes d'impositions extraordinaires non soumises au conseil d'État ; un tiers est renvoyé aux préfets pour plus ample instruction, les deux autres tiers sont approuvés directement par l'administration supérieure.

La loi de 1837 ne prescrit qu'une simple *ordonnance* pour les impositions extraordinaires, à la différence du *règlement d'administration publique* dont la forme est imposée aux décrets sur les octrois. La section de l'intérieur du conseil d'État est cependant aussi consultée sur un certain nombre de décrets autorisant des impositions extraordinaires, quand il se présente des difficultés, et en outre lorsque le même projet de décret contient une imposition et un emprunt ; dans ce dernier cas l'avis de la section est indispensable. (Loi du 18 juillet 1837, art. 41). Sur environ mille affaires de cette nature soumises à la section de l'intérieur, de 1852 à 1860, il n'y a eu guère en moyenne annuelle que 25 à 30 *avis* le plus souvent portant sur la forme plus que sur le fonds des décrets (V. p. 56 et 57 du Compte général des travaux du conseil d'État, publié en 1862).

SECTION IV.

DES IMPOTS DANS LA VILLE DE PARIS.

Nous avons fait connaître les trois principales sources de la taxation spéciale des départements et des communes en France. Mais nous ne voulons pas terminer nos recherches sur ce point, sans donner quelques détails particuliers sur les impôts de la ville de Paris, capitale puissante, dont le budget excède en importance celui de plusieurs États, et dont les édifices rivalisent aussi d'éclat et de luxe avec les palais des plus grands souverains.

Nous nous bornerons dans ce but à extraire, pour la curiosité de nos lecteurs, de pièces officielles le produit des ressources de la caisse parisienne.

Voici l'état des recettes de la ville de Paris, pour l'exercice 1861, clos le 31 mars 1862, d'après le compte général, arrêté par M. le préfet de la Seine,

1re SECTION.

Recettes ordinaires.

Centimes communaux (savoir : cinq centimes sur le principal de la contribution foncière; cinq centimes sur le principal de la contribution personnelle et mobilière; huit centimes sur le principal des patentes; trois centimes sur le principal des quatre contributions pour les dépenses de l'instruction primaire; remboursement des frais d'expertise sur réclamations en matière de contributions directes). 2,693,099.91

Octroi. (Produit des droits d'octroi (77,391,415 fr.); rétribution pour escorte de marchandises en transit; produit des amendes et consignations en matière d'octroi; produit de la redevance de 2 centimes par mètre cube de gaz consommé dans Paris à payer par les compagnies d'éclairage pour tenir lieu du droit d'octroi). 79,094,542.47

Halles et marchés. (Remise sur les ventes en gros dans les halles d'approvisionnement ; droits de location de places dans les marchés ; marchés existant sur les territoires annexés). 7,032,464.90

Poids public et mesurage. 742,785.45

Droits de grande et petite voirie. 505,411.60

Établissements hydrauliques (fourniture d'eau par abonnement, etc.). 3,670,086.23

Droits perçus dans les abattoirs. 2,146,379.25

Entrepôts. 417,931.39

Locations d'emplacement sur la voie publique. (Droits de stationnement des voitures publiques 2,172,318 fr. 40, c. et droits de stationnement des charrettes et bêtes de somme des marchands forains qui viennent approvisionner les halles et marchés, 72,561 fr. 21 c.). 2,669,847.06

Loyers de propriétés communales. 628,508.26

Expéditions d'actes. 127,030.15

Taxe des inhumations [1]. 295,252.55

Concessions de terrains dans les cimetières. . . . . . . , 1,195,938.00

Exploitation des voiries. 603,795.94

Contributions, legs et donations pour travaux et services divers. (Entre autres : contribution de l'État dans les frais d'entretien ou d'amélioration du pavé de Paris (son chiffre total pour 1861 est de 3,359,805 fr.) et dans les dépenses de la police municipale (3,847,000 fr.) ; contribution des propriétaires et riverains pour les frais de pavage et balayage, etc.) 9,635,163.16

Recettes diverses annuelles. (Produits d'amendes, intérêts de fonds placés au trésor : taxe municipale des chiens (423,215 fr.), droit d'entrée à la Bourse jusqu'au 25 novembre (423,923 fr.) etc. 2,887,067.71

Total des recettes ordinaires. . 114,345,304.03

2e SECTION.

Recettes extraordinaires.

Articles divers. (Impositions extraordinaires sur les territoires annexés ; produits de la vente d'immeubles provenant d'expropriations ; contributions particulières ; 3e annuité due par l'État en exécution du traité du 3 mai 1858) [2]. 7,410,494.83

Total des recettes du budget primitif. . 121,795,798.86

Recettes supplémentaires de 1861. . . . . 942,270.08

Total des recettes propres à 1861. . 122,698,068.94

[1] Cette taxe est due pour tout transport de corps, sauf celui des indigents. Elle est versée dans la caisse municipale pour faire face aux dépenses du service ordinaire des pompes funèbres. Son taux varie suivant la classe ; de 40 fr. pour la première et la seconde, elle descend graduellement à 6 fr. pour la neuvième. (Voir Décret du 18 mai 1806, article 2, et Décret du 4 novembre 1859).

[2] Si la ville de Paris reçoit diverses subventions du Trésor public, ses repré-

3ᵉ Section.

Recettes supplémentaires.

Reliquat de caisse de l'exercice 1860. . . .	19,536,652.95	22,274,996.84
Restes à recouvrer du même exercice. . . .	2,738,343.89	

4ᵉ Section.

Recettes extraordinaires applicables à des services spéciaux.

Emprunt municipal de 1860 (4 termes). . .	48,825,212.50	
Vente de terrains en dehors d'alignements. .	3,858,038.15	
Location de propriétés invendues.	383,022.05	57,581,026.47
Produits divers.	16,799.72	
Reliquat de caisse de 1860.	4,455,091.60	
Restes à recouvrer du même exercice. . . .	42,862.40	

Total général des produits constatés (fixation définitive d'après les titres justificatifs.)	202,554,092.25
Les recettes effectuées ont été de.	199,807,203.20
Restes à recouvrer à reporter à 1862. . .	2,746,889.05

On voit que les recettes ordinaires de la ville de Paris sont, pour la presque totalité, composées du produit de divers impôts et, pour beacoup plus de moitié, par le seul produit de l'octroi sur les consommations.

Peut-être l'étude de ce tableau suffit-elle pour rendre très-épineuse et presque pour écarter l'idée de la suppression générale des octrois en France. Il est difficile d'entrevoir par quel nouveau mécanisme le puissant octroi parisien pourrait être remplacé.

La ville de Paris avait naguère dans les tourniquets de la Bourse une ressource particulière dont nous avons parlé plus haut [1] et à laquelle elle a été contrainte de renoncer

sentants font observer qu'elle contribue dans une proportion exceptionnelle à l'accroissement des ressources de l'État. Cette part de la ville de Paris dans l'accroissement des produits des contributions directes, de l'impôt sur les boissons, du timbre et de l'enregistrement est évaluée à 54 pour cent par an dans le Rapport de M. Devinck au conseil municipal, inséré au *Moniteur* du 11 janvier 1864. ·

[1] V. le présent volume, p. 178.

en face de réclamations dont on a pu accuser l'extrême vivacité, même après coup [1].

En échange de ce péage, qui a eu le sort de tant d'autres impôts de même nature en France, le prélèvement sur l'impôt des chevaux et voitures, voté en 1863, figurera prochainement dans les comptes de recettes de la cité parisienne.

[1] Voici comment s'exprime au sujet de la suppression des tourniquets un écrivain récent :

« Il semblerait étrange de soutenir aujourd'hui que les conditions du crédit et de la prospérité de la Bourse trouvaient une barrière insurmontable devant ces tourniquets, et que dans le maintien de ces petites portes de fer résidait le seul obstacle à la liberté des transactions. Telle était du moins alors l'opinion du public, en général, qu'elle leur donnait une importance, qu'aujourd'hui on estime à sa juste valeur.

Ils ont été enlevés ces terribles tourniquets, et qu'y ont gagné la liberté et les affaires ?

C'est ainsi qu'en France nous déroutons une grave question de principe par des puérilités.

Q'appelle-t-on une Bourse libre ? Est-ce permettre à tout allant et venant d'entrer là où se traitent les affaires de papier ou de marchandises ? Est-ce le droit pour toute personne de se mêler aux groupes des banquiers, des agents de change ou des courtiers ? Est-ce le droit de réunion illimitée et non qualifiée pour des négociations financières ou commerciales ? A ce titre, nous le dirons, la Bourse ne doit pas être libre. Et lorsque le marché français aura pris l'importance qui lui est réservée et qu'il est en droit d'attendre, il faudra que la Bourse, pour faciliter les négociations, ne soit pas publique, dans toute cette libre acception et dans cette puérile interprétation du mot de liberté.

Mais, si par Bourse libre on entend les négociations de toutes denrées, de toute valeur mobilière, par toute personne solvable et honorable, le libre accès des affaires à tout individu non failli ou compromis de réputation, l'achat et la vente de toute espèce de papiers, valeurs françaises ou étrangères, sans privilége, sans distinction de faveurs ou de charges, alors on peut le prédire, la Bourse sera libre. Mais pour arriver à ce résultat, qu'avait à faire le maintien ou la suppression des tourniquets ! et quel grand résultat a donc produit leur enlèvement ! Car depuis lors, combien de fois n'avons-nous pas vu affichés des ordres préventifs pour empêcher la négociation de toute valeur non admise à la cote officielle ? Combien de fois n'a-t-on pas arrêté l'essor du marché dès qu'il voulait sortir des limites que lui imposaient les réclamations d'intérêts privés, calculés faussement sur le bénéfice d'un marché restreint. »

(*De notre système financier*, par E. Chastenet, p. 17. Paris, Dentu 1863).

CHAPITRE II.

PRÉLIMINAIRES.

Dans la Grande-Bretagne, les taxes indirectes formant la plus grande partie du budget des recettes de l'État [1], les comtés, les bourgs, les cités et les paroisses ont dû chercher surtout dans des taxes directes les moyens de couvrir leurs dépenses. Cependant il existe à cet égard quelques exceptions. Voici en quels termes s'est exprimé en 1853 sur ce sujet M. Frère-Orban, ministre des finances de Belgique :

« Il sera peut-être curieux de donner ici la proportion dans laquelle les propriétés de tous genres contribuent aux recettes de l'État britannique ; nous nous servirons des chiffres des exercices 1858 et 1862 donnés dans le Rapport Belge adressé à M. Frère-Orban :

	Livres sterling 1858.		1862.	
Propriété foncière (avec 1/2 des impôts sur le timbre et le revenu).................	8,480,355	13 p. %.....	10,903,326	15 p. %.
Richesse mobilière (id.)......	9,371,001	14...........	11,764,684	17
Consommations (douanes et accises)...................	42,019,943	64...........	42,933,650	60
Monopoles (postes)..........	3,200,000	5...........	3,510,000	5
Recettes diverses............	2,405,984	4...........	2,042,534	3
Total.........	65,477,283	100	74,154,194	100

On voit que les consommations, c'est-à-dire les taxes indirectes, forment plus de la moitié des recettes.

« Naguère des taxes indirectes, désignées sous le nom de
petty customs, towndues, etc... se rencontraient dans beaucoup de villes du Royaume-Uni. Ces taxes, qui ne sont pas
sans quelque analogie avec nos droits d'octroi, ont été abolies dans la plupart des localités ; et, dans le petit nombre de
celles qui les ont conservées, le chiffre en a été peu à peu
réduit, et le produit généralement consacré à des besoins
spéciaux, tels que l'entretien de la voirie, les dépenses au
profit du commerce et de la navigation dans les ports de
mer, etc... Les plus notables de ces taxes sont : — les droits
sur les fruits, les grains, les vins et les charbons à Londres
(ce dernier article rapporte 5 millions de francs annuellement) ; — les droits de ville à Liverpool ; — les droits de
commutation, de chausséage, et le droit sur le bétail à Édimbourg ; et quelques autres, etc... [1].

» Comme sur le continent, les administrations municipales du Royaume-Uni se réservent en général le droit d'é-
tablir les marchés, et d'en louer les étaux. Dans beaucoup
de villes, elles exploitent aussi les abattoirs, les bains et lavoirs publics, et les distributions d'eau. Un monopole d'une
espèce particulière existe à Manchester ; la municipalité y est
en possession exclusive de la fabrication et de la vente du
gaz d'éclairage. Elle en a retiré en 1857 un bénéfice de plus
d'un million de francs. »

Les taxes indirectes ne s'exerçant guère donc qu'au profit
de l'État, nous n'aurons à étudier ici que les taxes directes
imposées par les communes pour faire face à leurs dépenses.

Nous avons puisé les principaux éléments de ce travail
dans le rapport sur les taxes locales du Royaume-Uni,
adressé à M. Frère-Orban, ministre des finances de Belgique,

---

[1] Un Guide du voyageur en Écosse, publié au commencement de ce siècle,
mentionne des droits sur la volaille, le poisson et autres denrées, levés à Édimbourg
(The Travellers guide through Scotland, p. 34). *Note de l'auteur.*

par MM. Fisco et Van der Straeten, en 1859 ; nous nous
sommes servi aussi d'un rapport anglais traitant des mêmes
matières, publié en 1843 par MM. Georges Nicholls, Georges
Cornewal Lewis et Edmund Walker-Head. Nous avons enfin
consulté également, pour une époque plus ancienne, le livre
de M. Bailly.

La réunion de l'Angleterre, de l'Écosse et de l'Irlande
date, on le sait, d'une époque relativement récente. Bien
que soumises au même régime politique, les trois grandes
fractions du Royaume-Uni n'ont pas subi une fusion complète. Dans l'ordre des intérêts locaux notamment, chacune
a conservé ses lois distinctes et son organisation propre ; le
système administratif varie de l une à l'autre dans ses éléments et dans ses formes, de même que les taxes qui s'y
rapportent.

De là, la nécessité de diviser cette étude en trois parties :
la première comprenant l'Angleterre proprement dite, avec
le pays de Galles ; — la deuxième, l'Écosse ; — la troisième,
l'Irlande.

SECTION I.

ANGLETERRE ET PAYS DE GALLES.

PRÉLIMINAIRES.

Les taxes locales ont été établies en Angleterre par cent soixante-treize statuts, dont les premiers datent du règne d'Édouard Ier; mais la plus grande partie de ces statuts ne remonte qu'à la vingt-deuxième année du règne de Henri VIII.

Outre ces statuts, on compte un nombre très-considérable de décisions relatives à l'interprétation des lois et autres documents dans lesquels il faut même chercher exclusivement ce qui a rapport à quelques-unes de ces taxes.

Il est impossible de définir exactement l'objet précis de certaines taxes locales. Souvent il arrive que les objets sont multiples, et n'ont aucun rapport entre eux. A mesure qu'une dépense non prévue s'est présentée, on a eu recours à une taxe déjà établie, bien qu'elle n'eût pas été créée en vue de cette dépense : et cela, par un abus que le Parlement n'est pas encore arrivé à faire disparaître. D'autres fois, une même dépense est couverte par plusieurs taxes ensemble.

Les taxes locales d'Angleterre peuvent se diviser en trois grandes catégories, suivant qu'elles s'appliquent à chaque paroisse en particulier, ou bien à un comté, ou bien encore à un bourg ou cité.

Ce sont là en effet les divisions administratives de l'Angleterre et du pays de Galles.

ARTICLE 1.

TAXES DE PAROISSE [1].

Ces taxes sont :

I. La taxe des pauvres.

II. Les taxes établies sur les mêmes bases que la taxe de pauvres.

III. Quelques taxes reposant sur des bases diverses.

§ I. — Taxe des Pauvres. (Poor's rate).

La loi en Angleterre veut que tout indigent qui manque des choses nécessaires à la vie, soit nourriture, vêtement, logement ou secours médical, obtienne immédiatement

---

[1] « Le principe fondamental de la paroisse anglaise (unité ecclésiastique comme en France) est que le pouvoir souverain réside dans l'assemblée de tous ceux de ses habitants qui payent la taxe des pauvres (*all rate-payers*) ; cette assemblée se nomme *vestry*, et tout membre de la *vestry* se nomme *vestryman*. De ce premier principe découle toute l'organisation paroissiale. C'est la *vestry*, corps constituant, qui élit les officiers de la paroisse, et ceux-ci, n'agissant que comme mandataires du *vestry*, lui doivent compte de tous leurs actes : ce compte, tous les *vestrymen* ont le droit de le demander. La *vestry* s'assemble toutes les fois qu'il plaît à ses membres d'en provoquer la réunion ; dans cette assemblée, tout *vestryman* peut exposer ses vues, ses griefs, ses plaintes ; la discussion y est complètement libre ; tous les intérêts de la paroisse y sont livrés à la controverse, et c'est la décision de la majorité qui fait loi. » (M. G. de Beaumont de *l'Irlande*.) Nous trouvons dans Tomlins, au mot *vestry*, que chaque *vestryman* vote en raison de ce qu'il paye à la taxe des pauvres ; et jusqu'à concurrence de six voix et dans la 2e édition du rapport belge, p. 57, le tableau suivant établit que dans les *vestries* :

Les biens d'un revenu annuel au-dessous de			50	liv. donnent	1 voix.
—	—	—	50 à 100	—	2
—	—	—	100 à 150	—	3
—	—	—	150 à 200	—	4
—	—	—	200 à 250	—	5
—	—	—	250 et au-dessus	—	6

assistance dans le lieu où il se trouve en avoir besoin.

La bienfaisance publique procède par deux moyens : les secours distribués à domicile, et les établissements de charité, maisons de travail, écoles et asiles.

Dès le xvi° siècle, l'autorité se préoccupa du soulagement de l'indigence; elle fit appel à la charité volontaire; plus tard, on employa la contrainte envers ceux qui refusaient de se cotiser eux-mêmes; et l'on en vint enfin à établir une taxe générale et obligatoire sur les bases qui existent encore.

Aux termes d'un statut de la quarante-troisième année du règne d'Élisabeth, chap. ii, chaque paroisse est tenue de pourvoir à l'entretien de ses pauvres. Les dépenses sont couvertes par une taxe spéciale, dite taxe des pauvres (*poor's rate*). Originairement, le but de cette taxe était de subvenir aux charges de l'administration légale des pauvres, tels que les secours à domicile, l'établissement et l'entretien des maisons de travail, des écoles et des asiles, le transport des pauvres à leurs paroisses de domicile, l'enterrement des indigents, l'évaluation des biens imposables à la taxe, et les frais d'instances judiciaires concernant le service des pauvres. Mais le législateur, dans un but de simplification et d'économie, lui a donné d'autres destinations encore; et elle est devenue, à vrai dire, un impôt général des paroisses plutôt qu'une taxe spéciale pour le soulagement des pauvres. Ainsi on a successivement imputé sur son produit plus de vingt chefs de dépenses, dont la plupart n'ont pas de rapport avec son objet primitif, et qui ont paru sans doute de trop peu d'importance pour en faire une répartition particulière entre les contribuables. On en trouvera plus d'une fois la preuve dans le cours de ce chapitre.

L'administration des pauvres, depuis un acte de 1834, est placée sous la haute direction et le contrôle d'une commission supérieure qui porte le nom de commission de la loi des pauvres [1].

L'unité de ressort pour l'administration est en général la paroisse; mais plusieurs paroisses peuvent être réunies, par les commissaires de la loi des pauvres, en *union*, pour être administrées en commun. Le service dans chaque paroisse est dirigé par les *maîtres des pauvres* [2].

Le comité des maîtres des pauvres, dans chaque paroisse ou chaque union, est chargé de déterminer périodiquement, par trimestre, par semestre ou par année, la somme à percevoir pour subvenir aux besoins de l'administration des pauvres dans le ressort. Dans les localités encore régies par l'ancienne législation, et où il n'y a pas de maîtres des pauvres, le montant de la taxe est fixé, et la perception en est faite par les soins des marguilliers et des inspecteurs des pauvres.

La taxe a pour base le revenu net annuel des terres, carrières, sources, etc... (*lands*); des maisons et constructions quelconques pouvant servir d'abri (*houses*); des dîmes (*tithes*) ou *rent-charges* que l'on paye à la place des anciennes dîmes; des houillères (*coal-mines*); des bois destinés à la vente, et exploités par coupes périodiques (*saleable underwoods*); enfin des fonds engagés dans le commerce (*stocks in trade*) [3].

---

[1] Cette commission siége à Londres; elle se compose du lord président du conseil, du lord du sceau privé, du principal secrétaire d'État de l'Intérieur, du chancelier de l'Échiquier, et d'un président, et d'un ou plusieurs autres membres nommés par la reine. — La commission fait les règlements nécessaires pour la marche du service. Les Règlements généraux doivent être communiqués au Parlement.

[2] Les maîtres des pauvres sont à la nomination de la *vestry*, et sont nommés pour cinq ans.

[3] L'expression *stock in trade* est prise ici comme collective; ce seront dans certains cas les capitaux placés à intérêt, les ustensiles productifs, etc. .

Les *stocks in trade* ne peuvent être taxés qu'autant que le possesseur desdites marchandises est *inhabitant*, c'est-à-dire mange, boit et dort là où sont ses marchandises, là où ses employés mangent, boivent et dorment. De là résultent de

La taxe est due par tous les habitants de la paroisse ou de l'union, occupant des biens soumis à l'impôt.

L'expression «occupant» (*occupier*) s'applique à quiconque a l'usage, la jouissance ou la possession réelle du bien, n'importe où il réside; mais si le locataire est imposé, le propriétaire est exempt, la même propriété ne pouvant être taxée deux fois.

Les maîtres des pauvres sont chargés de déterminer dans les paroisses ou unions de paroisses le revenu imposable des biens pour la répartition de la taxe entre les contribuables. Ces biens sont décrits dans un registre spécial, avec l'indication de leur revenu imposable, lequel est soumis à une révision périodique. L'évaluation et la révision du revenu se font en général par des experts désignés par le comité des maîtres des pauvres.

La répartition de la taxe entre les contribuables est opérée par les inspecteurs des pauvres (*overseers*), d'après les données du registre *ad hoc* ou matrice. L'impôt est réparti par trimestre, par semestre ou par année, dès que le montant en

curieuses inégalités. Le riche négociant peut toujours, autant qu'il le voudra, résider hors de la paroisse où se trouvent ses marchandises, et économiser ainsi en évitant la taxe, une somme plus que suffisante, la plupart du temps, pour payer les dépenses d'une résidence éloignée. Mais le pauvre trafiquant ne peut que rarement faire de même.

Il y a des bizarreries plus grandes encore. Supposez plusieurs personnes de la même condition, ayant le même intérêt sur une même propriété : que l'un des associés reste dans le lieu où sont les marchandises, il sera taxé pour la partie qu'il possède, et les autres associés, s'ils ne résident pas dans la paroisse, ne le seront point.

De plus, comme la taxe porte sur le profit retiré de la vente des marchandises, il est très-difficile de déterminer quel est ce profit. Si les marchandises n'appartiennent pas au commerçant (ce qui se produit souvent à cause du crédit), il n'est pas sujet à la taxe; si elles sont à lui, il faudrait savoir de combien le profit qu'il en tire dépasse ses dépenses, celles de sa famille, ses dettes, etc..., toutes choses qu'une inquisition sévère, et du reste intolérable, n'arriverait pas à préciser.

Aussi ne taxe-t-on aujourd'hui les *stocks in trade* que dans quelques districts du sud et de l'ouest de l'Angleterre, et encore a-t-on été forcé de les évaluer à un taux purement arbitraire.

a été fixé par le comité des maîtres des pauvres pour une de ces périodes.

Les rôles dressés par les inspecteurs des pauvres sont exposés pendant quelque temps à l'examen du public, et sont ensuite rendus exécutoires par ordonnance de deux juges de paix. Les inspecteurs sont tenus d'en faire publier la mise en recouvrement le premier dimanche qui suit la date de l'ordonnance, et ce, sous peine de nullité. La publication a lieu par affiches apposées à la porte de toutes les églises et chapelles de la paroisse.

Cette formalité accomplie, les rôles ne peuvent plus être modifiés par les autorités paroissiales ; les contribuables qui se croiraient en droit de réclamer sur le chiffre de leurs cotisations, doivent se pourvoir devant les cours de justice.

La perception de la taxe est effectuée au domicile des contribuables par les inspecteurs des pauvres, qui sont assistés au besoin par des agents salariés, nommés par l'assemblée de la paroisse (*vestry*) ou par les juges de paix. Des collecteurs spéciaux peuvent être institués par les commissaires de la loi des pauvres, partout où la demande en est faite par les maîtres des pauvres. Le recouvrement s'opère au besoin par voie de saisie et de vente des biens (*goods or chattels*) du redevable, sur ordonnance de deux juges de paix, rendue à la requête des inspecteurs des pauvres. A défaut de saisie, le délinquant (*offender*) peut être colloqué par arrêt de deux juges dans la prison du comté jusqu'au payement des sommes dues. Des décharges pour cause d'indigence peuvent aussi être accordées par arrêt de deux juges.

Le déficit causé dans le produit de la taxe par les cotes irrecouvrables est couvert par une augmentation équivalente du contingent de la paroisse dans l'imposition subséquente.

L'emploi des fonds provenant de la taxe est confié aux

maîtres des pauvres, et exceptionnellement aux inspecteurs, qui étaient seuls chargés de ce soin avant l'acte de 1834.

Indépendamment des secours distribués à domicile, les maîtres des pauvres doivent pourvoir à l'enterrement des personnes indigentes décédées dans la paroisse, et ils peuvent établir des cimetières spéciaux pour l'inhumation des pauvres. Si un indigent décède dans une paroisse qui n'est pas son lieu de domicile, les maîtres des pauvres sont autorisés à se faire rembourser les frais d'inhumation par la paroisse à laquelle le défunt appartenait.

La loi permet aux propriétaires et occupants de biens imposables de voter des emprunts jusqu'à concurrence de la moitié du chiffre moyen de la taxe des pauvres pendant les trois années précédentes, afin de former un fonds pour faciliter l'émigration des indigents établis dans la paroisse. Les sommes empruntées sont mises à la disposition des maîtres des pauvres; elles doivent être amorties dans les cinq années au moyen d'un supplément extraordinaire à la taxe. Les avances faites aux émigrants qui refuseraient de partir après les avoir reçues, ou qui reviendraient après avoir émigré, doivent être remboursées par eux.

§ II. — Taxes établies sur les mêmes bases que la taxe des pauvres.

Ces taxes sont :

- 1° La taxe des dépôts de mendicité;
- 2° La taxe d'arpentage et d'évaluation;
- 3° La taxe des frais de prison;
- 4° La taxe des constables;
- 5° La taxe des grandes routes;
- 6° La taxe d'éclairage et de surveillance;

1° *Taxe des dépôts de mendicité* (Workhouse building rate [1]).

Cette taxe, dans son mode de perception et d'imposition, est identique à la taxe des pauvres. Le rapport belge n'en fait pas mention et le rapport anglais de 1843 allègue qu'elle est prélevée sur la taxe des pauvres, et n'existe que de nom.

[1] Les paroisses ou unions de paroisses entretiennent des maisons de travail (*workhouses*) pour les pauvres. Ils y sont admis sur un ordre délivré par les inspecteurs ou les maîtres des pauvres. Les droits à l'admission sont déterminés par les règlements arrêtés par les commissaires de la loi des pauvres.

Lorsque les maîtres des pauvres refusent d'envoyer un indigent dans la maison de travail, l'intéressé a la faculté de se pourvoir devant un juge de paix, lequel peut ordonner aux maîtres des pauvres de faire admettre le plaignant, ou de lui procurer de l'ouvrage, s'il est capable de travailler. Les maîtres des pauvres qui refusent de se conformer à l'ordre du juge encourent une amende, et une partie de celle-ci est donnée au pauvre ayant porté plainte. Si le juge de paix constate que le plaignant est un vagabond, il a le droit de le colloquer dans une maison de correction.

Les directeurs des maisons de travail et les inspecteurs des pauvres, chacun en ce qui le concerne, tiennent des registres de tous les pauvres secourus dans les maisons de travail ou en dehors. Indépendamment des noms des pauvres, ces registres donnent des détails sur le domicile, la famille et les occupations des individus inscrits.

Les maîtres des pauvres des paroisses ou unions de paroisses peuvent lever des emprunts pour construire des maisons de travail, pour agrandir ou pour améliorer celles qui existent. Le capital emprunté ne peut excéder le montant de la taxe des pauvres, calculé sur une moyenne de trois années. L'intérêt et l'amortissement des emprunts sont prélevés sur la taxe des pauvres, et l'annuité d'amortissement ne peut être inférieure au dixième du capital. Les plans des constructions doivent au préalable être soumis à l'approbation des commissaires de la loi des pauvres.

Les commissaires de la loi des pauvres ont le droit de grouper en *district* les paroisses ou unions de paroisses, pour l'établissement de l'entretien d'*écoles* pour les enfants pauvres. Une paroisse éloignée de plus de 15 milles (24,000 mètres) du centre du district ne peut en faire partie. De même, les paroisses de plus de 20,000 âmes ne peuvent être réunies à d'autres sans le consentement des maîtres des pauvres.

A Londres, Manchester, Bristol, Leeds, Birmingham, et autres localités populeuses, pour pourvoir à l'entretien des pauvres sans logement, et prévenir les maladies contagieuses que leur introduction dans les maisons de travail ordinaires pourrait occasionner, les commissaires de la loi des pauvres ont le droit de réunir en *district* les paroisses ou unions de paroisses, dans le but d'établir et d'entrete-

2° Taxe d'arpentage et d'évaluation (Survey and Valuation rate [1]).

Cette taxe semble n'exister que de nom ; et nous pensons que, dans la plupart des localités, elle est prélevée sur la taxe des pauvres [2]. Elle paraît avoir pour but de subvenir aux dépenses qu'occasionne l'arpentage des biens destinés aux taxes, et l'évaluation de leur revenu annuel.

nir des *asiles* temporaires, pour occuper les gens sans abri qui demandent des secours et qui sont à la charge de la taxe des pauvres, dans ces paroisses ou unions.

Les maisons de travail, les écoles et les asiles, sont en général réunis dans le même établissement. On trouve alors dans l'enceinte du *workhouse* un hospice pour les vieillards et les invalides, une chapelle anglicane une chapelle catholique, un hospice de maternité, une crèche pour les enfants en bas âge, deux écoles avec ateliers d'apprentissage, l'une pour les filles, l'autre pour les garçons ; un hôpital séparé pour les prostituées malades, un autre pour les aliénés ;..... les logements du directeur, du concierge,..... et les bureaux de l'administration. Les filles et les femmes valides y sont occupées aux divers services de la maison, tels que les soins à donner aux enfants et aux malades, la confection et l'entretien des vêtements, le blanchissage du linge, le nettoyage des locaux, etc..... Les hommes valides qui ne sont pas employés au service intérieur de l'établissement, ont pour tâche de casser des pierres qu'on vend ensuite pour l'entretien des routes, ou d'aller faire au dehors des travaux que la paroisse exécute.

On trouve dans le *workhouse* un vaste dortoir ouvert tous les soirs jusqu'à minuit pour loger les personnes qui viennent réclamer un asile momentané. Elles ne peuvent y séjourner plus de trois jours, et n'obtiennent les repas qu'après avoir exécuté la tâche manuelle assez légère qui leur est imposée. — Dans les *workhouses* la séparation des sexes est rigoureusement observée.

La nourriture y est abondante et de bonne qualité : elle consiste principalement en pain bis, viande ou poisson, pommes de terre ou autres légumes, avec de la bière et du thé pour boissons. Des médecins sont attachés à chaque établissement.

Tous les jours, les enfants font une promenade d'une heure au dehors, se livrent à des exercices variés dans l'intérieur, sous la surveillance d'agents de l'administration ; — les vieillards ont la faculté de sortir du *workhouse* une fois par mois ; — les autres pensionnaires y restent enfermés pendant toute la durée de leur séjour. — L'établissement est ouvert une fois par semaine aux personnes qui viennent y visiter les pauvres. (Voir le rapport de MM. Fisco et Van der Straeten, p. 60 et suivantes, nouvelle édition, et sur les *Workhouses* à l'époque de M. Bailly. V. son livre, p. 360, t. II.)

[1] Cette taxe est indiquée dans le rapport de 1843 *on local taxation*, p. 7. — Le rapport belge n'en mentionne ni l'existence ni la suppression.

[2] C'est ce que dit le même rapport anglais, p. 22.

3° *Taxe des frais de prison* (Gaol fees rate).

Cette taxe affecte les mêmes personnes et les mêmes propriétés que la taxe des pauvres, et est souvent prélevée sur
elle, ou sur toute autre taxe. Elle est destinée au remboursement des frais qu'occasionne la détention des vagabonds
dans les prisons des comtés. Ces frais sont mis par la loi à la
charge de la paroisse à laquelle ces vagabonds appartiennent.

4° *Taxe des constables* (Constables rate) [1].

Cette taxe, l'une des plus anciennes de l'Angleterre, a
perdu toute l'importance qu'elle avait jadis. Autrefois, lors
de l'ancienne subdivision du pays en comtés, centuries et
décuries, elle était levée pour subvenir aux charges qui suivent : amendes diverses infligées pour délits ; — entretien des
prisons ; — dépenses de la Cour des Lords ; — entretien des
chemins vicinaux, des grandes routes, des canaux, des ponts;
frais occasionnés par les empêchements à apporter aux em-
piétements divers, etc.

Les aides royales, taxes et subsides, pouvaient être prélevées sur cette taxe.

Mais depuis que les *townships*, dans lesquels la taxe était
levée, se sont confondus avec les paroisses, et depuis la création de la taxe des pauvres, la taxe des constables, ramenée
aux mêmes bases d'imposition et de répartition que cette dernière, est généralement remplacée par la taxe des pauvres,
grâce à un statut du roi Georges III qui autorise cette substitution.

Les autres charges primitives de la *constables rate* ont été

---

[1] Cette taxe n'est pas mentionnée dans le rapport belge de MM. Fisco et Van
der Straeten.

l'objet de taxes spéciales, telles que la taxe des routes, etc.

Malgré le remplacement habituel de la *constables rate* par la taxe des pauvres, cette taxe spéciale est levée là où n'existe pas de taxe des pauvres et où existe la taxe de comté ; quelquefois aussi, malgré l'existence de la *poor's rate*, on lève cette taxe spéciale si le ressort de la taxe de comté n'est pas aussi étendu que celui de la taxe des pauvres. Elle est encore imposée dans quelques comtés du nord de l'Angleterre pour rembourser aux constables leur contribution aux taxes de comté [1].

5° *Taxe des grandes routes* (Highway rate).

Les routes et chemins publics en Angleterre et dans le pays de Galles se divisent en deux catégories : les routes à barrières (*turnpike roads*) et les routes paroissiales (*cross roads or highways*). Ces dernières sont à la charge des paroisses qu'elles traversent.

Dans chaque paroisse, la *vestry* nomme un inspecteur de la voirie (*surveyor*). Les paroisses adjacentes peuvent se réunir pour nommer un inspecteur de district, outre les inspecteurs de paroisse. Dans les localités de plus de 500 habitants, la *vestry* a le pouvoir d'instituer une commission (*board of highways*) pour l'administration des routes.

Les dépenses pour la construction et la réparation des routes paroissiales sont couvertes au moyen d'une taxe (*higway rate*), ayant les mêmes bases d'imposition que la taxe des pauvres. Cette taxe est établie périodiquement selon les besoins, et répartie entre les contribuables par les inspecteurs de paroisse. Le taux en est très-variable : il augmente ou diminue en proportion des frais à couvrir, lesquels s'augmentent

---

[1] V. sur ces détails un peu obscurs le Rapport de 1843, *on local taxation*, p. 9, 10, 25 et 26.

quelquefois d'une manière considérable, par suite d'achats
de terrains et de frais de procédure [1]. Toutefois, la quotité
de la taxe par année ne peut s'élever au delà d'un *maximum*
que la loi détermine, à moins pourtant que les quatre cinquièmes de l'assemblée des contribuables convoqués à cet
effet n'y donnent leur assentiment.

Avant d'être mis en recouvrement, les rôles d'imposition
sont rendus exécutoires par deux juges de paix, dans la même
forme que pour la taxe des pauvres. S'il s'élève des réclamations, elles sont déférées aux juges de paix en session spéciale, et en appel à la cour de session générale ou trimestrielle.

Le recouvrement de la taxe est opéré par les inspecteurs
de paroisses ou par leurs délégués.

La comptabilité des recettes et des dépenses pour la voirie
est tenue par les inspecteurs, et les comptes doivent être
présentés annuellement en session spéciale aux juges de
paix, qui les vérifient et les approuvent. Dans les paroisses
ayant une commission des routes, les comptes sont tenus
par le secrétaire de la commission, et ils sont soumis chaque année à la *vestry*.

6° *Taxe d'éclairage et de surveillance* (Lighting and Watching rate).

Un acte de 1833 permet aux paroisses d'organiser un
service de police et d'éclairage, ou l'un de ces services
seulement. Cette mesure est facultative et laissée à la libre
décision des contribuables.

Depuis l'organisation de la police dans les comtés, l'acte
n'est plus appliqué que pour l'éclairage, excepté dans les

---

[1] Ces frais donnent lieu, lorsqu'ils se présentent à des taxes additionnelles à la
taxe principale, et désignées sous le nom de taxe pour achat de terrains (*purchase
of land*), et de taxe pour frais de procédure (*law expenses*).

bourgs où il forme une taxe distincte, la *watch rate in boroughs*, dont nous aurons à parler dans l'article des taxes de bourg.

L'administration de ce service est confiée à des inspecteurs élus par l'assemblée des contribuables.

Les dépenses sont couvertes au moyen d'une taxe sur toutes les propriétés imposables à la taxe des pauvres; mais avec cette différence que les propriétés bâties paient trois fois autant que les terres. Chaque année, les contribuables sont convoqués pour fixer le maximum de la taxe que les inspecteurs sont autorisés à lever dans le cours de l'exercice.

Le rôle de la taxe doit être publié dans la même forme que celui de la taxe des pauvres, et la perception se fait sur mandats adressés par les inspecteurs de l'éclairage aux inspecteurs des pauvres ou autres agents chargés du recouvrement de cette taxe.

Les inspecteurs de l'éclairage sont tenus d'instituer un trésorier chargé de la comptabilité des recettes et des dépenses.

Ils soumettent leurs comptes à l'assemblée des contribuables convoqués à cet effet chaque année. Une expédition de ces comptes doit être affirmée devant deux juges de paix, par tous les inspecteurs ou par deux au moins [1].

§ III. — Taxes reposant sur des bases diverses.

Ces taxes sont :

1° La taxe d'église ;

2° La taxe de réparations ou de constructions d'églises ;

---

[1] Outre les six taxes dont nous avons parlé dans ce paragraphe, le rapport anglais de 1843 mentionne *la taxe* de *milice*, taxe qui, malgré certaines exceptions personnelles qu'elle aurait comportées en principe, aurait été confondue (*merged*) avec la taxe des pauvres. Cette taxe serait assise dans la paroisse ou le

IV.   15

3° La taxe des cimetières;

4° La taxe des égoûts;

5° La taxe de drainage et de clôture.

1°. *Taxe d'église* (Church rate).

Si les revenus de l'église sont insuffisants, on a recours à une imposition particulière, qui prend le nom de taxe d'église (*church rate*). Cette taxe est votée par la *vestry*, sur la proposition des marguilliers, d'après les besoins qui se produisent. Sa quotité ne peut dépasser un shelling par livre (1/25) du revenu annuel des propriétés imposables, qui sont les mêmes que pour la taxe des pauvres, sauf quelques différences qui disparaissent dans la pratique. La répartition et le recouvrement s'opèrent comme pour cette dernière. Les contribuables qui se croient surtaxés peuvent se pourvoir en réclamation devant la *vestry*, et en instance supérieure devant les cours ecclésiastiques. Les poursuites, en cas de non payement, sont aussi de la compétence de ces cours, sauf quelques exceptions.

La taxe ne peut être levée lorsque la majorité de la *vestry* s'y oppose, et tel est depuis longtemps le cas dans beaucoup de paroisses. On n'a d'autre ressource alors que de recourir à des contributions volontaires, lesquelles communément ne font pas défaut.

A la fin de chaque année, les marguilliers doivent rendre compte des recettes et des dépenses au ministre de la paroisse et à la *vestry*. Les cours ecclésiastiques ont également le droit de se faire produire ces comptes; mais le droit

township. Mais d'un autre côté, les comtés étant chargés de pourvoir aux dépenses de la milice qui ne sont pas à la charge de l'État, d'après le rapport belge (p. 99 et 295), il paraît en résulter que la *militia rate* serait probablement levée dans la paroisse et dépensée par le comté. V. le rapport anglais, p. 7, 22, 24, 39, 30 et 70. Cette ambiguité nous a empêché de classer définitivement la *militia rate* que nous mentionnons ici dans une simple note.

de les vérifier et de les approuver appartient exclusivement
au ministre du culte et aux paroissiens.

2° *Taxe pour réparations ou constructions d'églises* (Church rate for Repairs, New Churchs).

Cette taxe est imposée sur les mêmes propriétés et est due
par les mêmes contribuables que la *church rate*. Toutefois,
par suite de la rareté des occasions dans lesquelles on aurait
à l'imposer, on en surcharge assez ordinairement la taxe
d'église, qui comporte alors un taux plus élevé.

Il apparaîtrait néanmoins que cette taxe peut être levée
séparément, et même sans l'assentiment de la *vestry ;* puisque la *Cour du Banc de la Reine* a le droit de l'imposer aux
habitants de la paroisse, quand bien même la *vestry* ne voudrait pas de la taxe, ou voudrait en amoindrir la quotité.

3° *Taxe des cimetières* (Burial Ground rate).

Les cimetières appartiennent en général aux paroisses ;
mais il s'en trouve aussi qui dépendent d'églises particulières, ou qui sont la propriété de compagnies autorisées
par actes du Parlement. Partout où un cimetière paroissial
existe ou doit être créé, la *vestry* nomme un comité d'inhumation parmi les habitants de la paroisse qui contribuent à
la taxe des pauvres ; le ministre de la paroisse est éligible
sans avoir la qualité de contribuable.

Deux ou plusieurs paroisses adjacentes ont la faculté de
se réunir pour établir des cimetières en commun.

Les comités sont chargés de l'administration des cimetières et du soin des inhumations.

Leurs dépenses sont couvertes par les droits d'enterrement et au besoin par un prélèvement sur la taxe des pauvres, et non par une taxe spéciale, comme l'exigerait la loi.
Cette taxe n'a donc qu'une existence nominale.

Les comités ont le pouvoir de faire des emprunts pour couvrir les frais d'établissement, d'agrandissement ou d'amélioration de cimetières.

Les commissions instituées en vertu d'un acte de 1858 pour l'administration locale peuvent être investies des attributions des comités d'inhumation dans les paroisses.

4° Taxe des égoûts et conduits (Sewers' rate).

La *sewers' rate* est une taxe particulière par rapport au genre de propriétés auxquelles elle est imposée. Le statut de la vingt-troisième année du règne de Henri VIII, ch. v, enjoint à la commission d'établir les bases de la taxe d'après la valeur des « terres, fermes et rentes [1]. »

Ici le mot « terre » paraît comprendre, outre les différents états de la terre, que le statut d'Élisabeth soumet à la taxe des pauvres, les mines et les bois. On en excepte cependant les terres montagneuses et élevées qui ne peuvent être ni inondées ni entourées d'eau, et qui par suite n'ont pas occasion de profiter des bénéfices de l'établissement de la taxe. Par le mot ferme *(tenements)*, on entend tout ce qui est susceptible de s'affermer. Sont compris également sous ce mot les dîmes des laïques, les droits de passage ou de bac, quand ils constituent un droit privé, etc... Quant aux rentes, ce sont à la fois le cens seigneurial et la redevance représentative de denrées qui sont compris sous ce mot.

Outre ces valeurs, le statut mentionne expressément le droit commun de pâturage, et le droit sur les tourbières, ainsi que sur les profits de la pêche comme servant de base à l'impôt.

La *sewers' rate* n'atteint point la propriété mobilière.

Telles sont les différences théoriques qui existent entre

[1] V. rapport anglais, p. 41 et 42.

cette taxe et la taxe des pauvres; mais on peut dire que, dans la pratique, on ne fait nulle attention à ces différences, et que la *sewers' rate* est levée sur les mêmes propriétés que la *poor's rate*.

Les individus soumis à la *sewers' rate* sont :

1° Ceux qui causent par leur faute, les dépenses auxquelles cette taxe est obligée de pourvoir;

2° Ceux qui profitent le plus des mesures prises dans l'emploi de cette taxe. Dans ce dernier cas, la taxe ne leur est pas imposée en proportion du bénéfice qu'ils en retirent, mais plutôt suivant leur état de fortune.

Cette taxe frappe l'occupant (*occupier*) des biens soumis à l'impôt, c'est-à-dire celui qui en a l'usage, la jouissance ou la propriété réelle, n'importe où il réside; mais si le locataire est imposé, le propriétaire est exempt, la même propriété ne pouvant être taxée deux fois.

Dans la session de 1841 du Parlement, on a créé une nouvelle taxe, dite taxe générale des égoûts (*general sewers' rate*), à l'effet de subvenir à diverses charges de la *sewers' rate*, charges qui ont toutes un caractère temporaire : tels sont les appointements et gratifications des employés, les dédommagements donnés aux témoins assignés devant la cour des Égoûts, les appointements des jurés, les dépenses pour la répartition, la perception et la dépense de l'argent de la taxe, les frais de procédure et autres dépenses imprévues. A la même époque, on l'a fait servir au remboursement des payements à terme, ou de l'intérêt des sommes empruntées.

Du reste, la *General sewers' rate*, sous tous les rapports, présente la plus complète analogie avec la *sewers' rate*.

5° *Taxe de drainage et de clôture* (Drainage and Enclosure rate [1]).

[1] Ni le rapport anglais ni le rapport belge ne donnent de détails sur cette taxe.

ARTICLE 2.

TAXES DE COMTÉ [1].

Ces taxes sont :

   I. La taxe de comté proprement dite;
  II. La taxe pour les asiles d'aliénés;
 III. La taxe d'enterrement des naufragés;
  IV. La taxe de centurie;
   V. La taxe de police;

§ I. — Taxe de comté (County rate).

L'administration financière des comtés est réglée par les juges de paix dans leurs sessions trimestrielles. Ils approuvent les comptes du trimestre précédent, et votent les taxes nécessaires pour subvenir aux besoins du trimestre qui commence, d'après un budget des dépenses et des recettes présumées de ce trimestre, lequel budget est préparé, avec le concours du trésorier du comté, par une commission qu'ils ont choisie parmi eux.

La somme votée est répartie entre toutes les paroisses du comté, proportionnellement au revenu total des propriétés imposables. Ces propriétés sont les mêmes que celles qui

---

[1] Le comté, comme nous l'avons dit, est une des divisions politiques de la Grande-Bretagne. Un caractère particulier de l'organisation des comtés, c'est que les mêmes autorités y sont investies d'attributions à la fois judiciaires et administratives. Dans chaque comté est institué un corps de juges de paix, à la nomination de la reine, qui sont administrateurs en même temps que magistrats. Ils votent les impôts, contrôlent les dépenses et interviennent directement ou indirectement dans la nomination de la plupart des fonctionnaires du comté.

Le premier fonctionnaire du comté, dans l'ordre hiérarchique, est le shérif, qui est nommé par la reine.

sont assujetties à la taxe des pauvres; la seule différence
consiste en ce que le revenu imposable est déterminé pour
cette dernière par les autorités de chaque paroisse, sans
égard à ce qui se fait dans les autres paroisses; tandis que,
pour les taxes de comté, l'évaluation est faite par les autorités du comté pour toutes les paroisses de la circonscription.

La commission est chargée d'établir cette évaluation. Elle
a le pouvoir, pour cela, de se faire remettre, par les agents
chargés de l'administration des taxes publiques ou paroissiales dans le comté, des relevés indiquant le revenu annuel
de toutes les propriétés situées dans les paroisses, villes ou
bourgs, et imposables à la taxe de comté, ainsi que la date
de la dernière évaluation faite dans la localité, le nom de
l'expert qui y a procédé, et la manière dont elle a été opérée. Avant d'être présentés à la commission, ces relevés
sont soumis à la *vestry*, ou à toute autre assemblée ayant le
droit de prendre connaissance des affaires publiques dans la
localité.

La commission a tout pouvoir pour contrôler l'exactitude
des évaluations. Si les documents nécessaires, qu'elle a le
droit d'exiger, même sous peine d'une amende de 20 livres,
lui font défaut, elle peut désigner des agents pour procéder
à l'expertise de toute propriété passible de la taxe de
comté; les frais de ces expertises sont imposés aux localités
qu'elles concernent, en sus de la somme à payer pour la
taxe. La commission peut agir de même, lorsqu'elle croit ne
pas devoir s'en rapporter aux relevés qui lui sont remis;
dans ce cas, si l'expertise faite par son ordre donne un résultat supérieur à l'évaluation indiquée par les relevés, les
agents qui ont dressé ceux-ci peuvent être condamnés par
les juges de paix au payement de la dépense occasionnée
par l'expertise.

Toutes les fois que la commission adopte une évaluation

différente de celle qui a servi précédemment, elle est tenue
de faire imprimer l'exposé des motifs du changement et de le
faire distribuer aux juges de paix et aux autres agents chargés de la répartition et du recouvrement de la taxe de comté.

Dans les vingt et un jours, les inspecteurs des pauvres
doivent convoquer la *vestry* ou l'assemblée locale qui en
tient lieu, afin de lui soumettre le travail de la commission,
lequel peut être examiné par tout contribuable à la taxe des
pauvres ou à la taxe de comté. La commission prend connaissance des réclamations qui ont surgi, modifie s'il y a
lieu son travail, et le transmet à la cour de session générale
ou trimestrielle. La cour statue sur les propositions de la
commission, après les avoir fait publier au préalable dans
les journaux les plus répandus dans le comté. Dès que les
propositions sont adoptées par la cour, elles servent de base
à la répartition de la taxe.

Des états de répartition, présentant d'une part la somme
du revenu imposable, et d'autre part le montant de la taxe
qui y correspond, sont transmis par le greffier de paix aux
maîtres des pauvres et aux inspecteurs dans chaque paroisse,
avec ordre de procéder au recouvrement du contingent assigné à leurs paroisses effectives, et de verser la recette entre
les mains du trésorier du comté dans le délai prescrit. Les
paroisses qui se croiraient lésées par la répartition peuvent
se pourvoir en appel devant la cour de session trimestrielle,
par l'intermédiaire des maîtres des pauvres, des inspecteurs
ou de toutes autres personnes désignées à cette fin.

La cour a le droit de corriger les inégalités, disproportions ou omissions dont l'existence est reconnue. Les contribuables peuvent interjeter appel au sujet de leurs cotisations,
de la même manière que pour la taxe des pauvres.

Lorsque les maîtres des pauvres ou inspecteurs, à qui les
ordonnances d'impositions sont transmises par le greffier

de paix, négligent d'opérer le versement des sommes demandées, les juges de paix désignent d'autres agents pour faire le recouvrement d'office, et alors la taxe est augmentée d'un dixième à titre d'amende. Si un agent désigné en pareil cas reste en défaut de payer au trésorier du comté le montant des sommes à percevoir, tout juge de paix peut, sur la plainte du greffier ou du trésorier, rendre un arrêt pour faire procéder à la saisie et à la vente des biens du délinquant.

Les agents chargés de la perception doivent rendre compte des sommes levées et dépensées par eux aux auditeurs de district, d'après les règles prescrites pour les taxes des pauvres.

Lorsque les maîtres des pauvres ou inspecteurs estiment que la somme demandée est trop peu importante pour faire l'objet d'une répartition spéciale, il leur est loisible de la prélever sur la taxe des pauvres ou d'en faire l'avance, sauf à se rembourser sur le produit de l'imposition subséquente.

Une nouvelle taxe, dite taxe de construction des salles des comtés (*for building shire halls*), a été créée par un statut récent. Mais, s'il faut en croire le rapport anglais de 1843, elle serait inusitée; et les charges qu'elle était destinée à couvrir seraient couvertes par la taxe générale de comté.

§ II. — Taxe pour les asiles d'aliénés (County rate for Lunatic Asylums.)

Le régime des aliénés en Angleterre fait l'objet d'une loi organique du 15 août 1853. Un acte du 20 août suivant pourvoit à l'administration des aliénés pauvres [1]. D'après

---

[1] La haute administration de tout ce qui concerne les aliénés et leurs biens est

cet acte, chaque comté est tenu d'établir un asile d'aliénés, à moins de s'entendre avec un autre comté pour entretenir un asile commun, ou bien d'entrer en arrangement avec des hospices particuliers.

Les bourgs n'ayant pas six juges de paix outre le *recorder*, doivent se réunir au comté où ils sont situés; au besoin le gouvernement peut les annexer d'office.

Il est pourvu aux dépenses des asiles d'aliénés au moyen d'une taxe spéciale votée par les juges de paix, et levée suivant les mêmes règles que la taxe de comté. Les juges de paix peuvent faire des emprunts et les hypothéquer sur le

dévolue à deux commissaires spéciaux ayant leur siége à Londres, et choisis par le lord chancelier parmi les avocats ayant au moins dix années d'exercice.

Les asiles sont sous la surveillance d'une commission de visiteurs (*visitors*) nommés par le juge de paix chaque année. Il y a une commission séparée pour chaque asile; et la commission nomme un secrétaire, un trésorier, un chapelain et les autres agents nécessaires pour administrer l'asile. Elle a le pouvoir d'acheter des terrains ou bâtiments, d'élever de nouvelles bâtisses, de réparer les locaux existants ou de passer des baux, mais elle ne peut vendre ou échanger qu'avec l'autorisation du secrétaire d'État de l'intérieur.

Les maîtres des pauvres, ou à leur défaut les inspecteurs, dressent annuellement un relevé des aliénés pauvres qui se trouvent dans leurs paroisses respectives. Tout aliéné pauvre est visité à chaque trimestre par l'officier de santé de la paroisse ou de l'union, et celui-ci forme des listes trimestrielles qui sont transmises aux commissaires des aliénés à Londres. Si l'officier de santé trouve qu'un aliéné devrait être envoyé dans un asile, soit que son état de liberté offre des dangers, soit que le régime de l'asile puisse être avantageux pour son rétablissement, avis en est donné à l'officier compétent de la paroisse, lequel est tenu d'en référer immédiatement à un juge de paix. Le juge fait amener l'aliéné devant lui, et l'examine avec l'assistance d'un médecin ; s'il reconnaît que l'individu doit être colloqué, il le fait transférer dans l'asile du comité par les soins de l'inspecteur des pauvres, ou d'un autre officier de la paroisse. Si l'aliéné ne peut comparaître, le juge le fait examiner à domicile.

Les juges ont le droit de faire des informations, et d'ordonner des transferts d'office.

Les aliénés pauvres sont à la charge des paroisses de leurs domiciles, et celles-ci doivent rembourser les frais d'entretien dans les asiles ; en cas de contestation sur le domicile, les juges de paix décident. Si le domicile est inconnu et ne peut être établi, l'aliéné tombe à la charge du comté.

Les *visiteurs* des asiles en font sortir les aliénés ; ils envoient à cet effet un avis aux inspecteurs de la paroisse du domicile de l'aliéné, et ces agents doivent immédiatement prendre les dispositions nécessaires pour opérer son transport.

produit de la taxe, avec cette réserve que les sommes empruntées doivent être amorties dans une période de trente ans au plus.

§ III. — Taxe d'enterrement (Burial of Dead Bodies rate).

Cette taxe, dont le but est de subvenir aux frais d'ensevelissement des cadavres laissés sur le rivage, est inusitée, bien qu'elle fasse l'objet d'un statut du roi Georges III [1]. Elle n'aurait d'ailleurs d'application que dans les comtés maritimes.

§ IV. — Taxe de centurie (Hundred rate).

Cette taxe, maintenant hors d'usage, et remplacée par la taxe de comté, avait autrefois une certaine importance. Analogue dans son but à l'ancienne *constable rate*, elle était levée dans le *Hundred* pour le maintien de la Cour des Lords, pour défrayer les dépenses accidentelles du bailli ou grand constable, en tant que chef de la police ; pour le payement des frais judiciaires imposés sur le district ou sur le comté, pour l'entretien des ponts de la centurie ; pour la conservation des ponts, routes, prisons du comté ou d'une réunion quelconque de centuries ; et, durant quelques siècles, pour le traitement des députés du comté [2].

§ V. — Taxe de police (Police rate).

En Angleterre, la police et la sûreté publique constituent une attribution des comtés et des bourgs municipaux.

---

[1] Nous trouvons à ce sujet, dans le rapport anglais de 1843, la remarque suivante : Si l'obligation de lever une taxe spéciale pour l'inhumation des naufragés était remplie, ce serait une absurdité, car la contribution n'irait pas alors, par chaque paroisse, à un liard.

[2] Rapport anglais, p. 10.

Les dépenses de police sont prélevées sur les ressources générales des comtés, ou bien, et tel est le cas le plus fréquent, elles sont couvertes par un impôt appelé *taxe de police*.

La taxe de police est votée par les juges de paix en session générale ou trimestrielle, de la même manière que la taxe de comté. Elle porte sur les mêmes bases que cette dernière, et elle est recouvrée d'après les mêmes règles et par les mêmes agents [1].

[1] Dans certains comtés, les dépenses de la police se divisent en *locales* et *générales* : celles-ci sont supportées en commun par les divers districts dont se compose le comté ; les autres, comprenant les traitements, salaires et frais d'habillement des agents, et telles autres charges que les juges de paix peuvent ranger dans cette catégorie avec l'approbation du secrétaire d'État de l'intérieur, sont couvertes par chaque district séparément.

L'assemblée des juges de paix a le pouvoir de faire construire, d'acheter ou de louer des bâtiments destinés à servir de stations pour la police et de maisons d'arrêt. Les dépenses sont imputées sur le produit de la taxe de police. Les juges de paix peuvent faire des emprunts pour le même objet et les hypothéquer sur la même taxe. Les sommes empruntées doivent être remboursées par des annuités égales au vingtième au moins du capital augmenté des intérêts.

ARTICLE 3.

TAXES DES BOURGS ET CITÉS.

Les principales villes d'Angleterre sont constituées en corporations municipales, et désignées généralement sous le nom de bourgs. Le nom de « cités » s'applique à celles qui sont le siége d'un évêché. Dans l'ordre administratif, les bourgs municipaux ont une existence propre, uniforme et indépendante; mais, pour les institutions judiciaires, ils se rattachent par des liens plus ou moins directs à l'organisation des comtés. L'autorité administrative, dans tous les bourgs, grands ou petits, est le partage des conseils municipaux. Ces corps sont composés d'un maire, qui est le chef de la municipalité, et d'un nombre plus ou moins grand d'*aldermen* et de conseillers, déterminé par la loi. Les bourgs sont généralement divisés en districts (*wards*), pour la plus grande commodité de certains services locaux concernant la salubrité publique. A la tête de chaque district il y a un certain nombre d'*aldermen* et de conseillers.

Les bourgs sont tenus, comme les comtés, d'entretenir des asiles pour les aliénés pauvres, ou bien d'entrer à cet effet en arrangement soit avec le comté voisin, ou avec un autre bourg, soit avec des hospices particuliers.

Les conseils municipaux des bourgs sont chargés de l'administration des biens et des revenus municipaux; des fondations d'intérêt local, à l'exception des fondations charitables; du service des cours de justice locales; de l'administration des maisons de correction et de détention; de l'administration de la police; du service de la voirie, des égoûts et de l'éclairage des rues et places publiques ; etc...

Pour subvenir aux dépenses que nécessitent les travaux qu'ils exécutent, ou autres dépenses, ils ont recours, lorsque les revenus propres du bourg sont insuffisants, aux taxes suivantes :

 I. Taxe générale de bourg ;
 II. Taxe de surveillance générale des bourgs ;
 III. Taxe pour les asiles d'aliénés ;
 IV. Taxe générale de district [1].

§ I. — **Taxe générale de bourg** (Borough rate).

Cette taxe, une fois votée par le conseil municipal, est répartie entre les diverses paroisses qui constituent le bourg, proportionnellement au revenu des propriétés imposables dans chacune d'elles. La taxe de bourg atteint les mêmes propriétés que la taxe des pauvres, et elle est basée sur le même revenu, à moins que le conseil municipal juge ne devoir pas s'en tenir aux évaluations faites pour cette taxe. Dans ce cas, il fait procéder à des expertises dont les résultats servent de base à la répartition de la taxe de bourg. Les états de répartition, avec mandat de recouvrement, sont adressés aux maîtres des pauvres ou inspecteurs dans les diverses paroisses, et les sommes à percevoir doivent être versées dans le délai prescrit entre les mains du trésorier du bourg. Les réclamations contre la répartition entre les paroisses sont de la compétence de la cour de session trimestrielle du bourg ou, à défaut, de la cour du comté où le bourg est situé. Quant aux réclamations des contribuables relativement aux cotisations individuelles, il y est statué comme pour la taxe des pauvres.

[1] Applicable aussi dans d'autres localités que les bourgs (p. 239 ci-après).

§ II. — Taxe de police, ou de surveillance générale des bourgs (Watch rate in Boroughs)

Dans quelques bourgs, où il s'exerce une surveillance jour et nuit, lorsque la taxe de bourg est insuffisante à couvrir les dépenses qu'occasionne cette surveillance, on prélève alors une taxe spéciale, dite de *surveillance de bourg*, laquelle a le même mode d'imposition et de prélèvement que la taxe de bourg.

§ III. — Taxe pour les asiles d'aliénés (Rate for Lunatic Asylums).

Lorsque les bourgs ont des asiles d'aliénés qui leur sont propres, les conseils municipaux lèvent une taxe spéciale (*lunatic asylum's rate*), à l'effet de couvrir les dépenses de ces établissements. Cette taxe ne diffère de la taxe de bourg que par le nom, elle est identique pour le mode de perception et d'imposition.

§ IV. — Taxe générale (General district rate [1]).

Une loi de 1848, ayant pour objet le développement de la salubrité publique (*public health*), permit de créer, dans les lieux non soumis au régime municipal, des comités d'administration chargés d'une série de services locaux. Tout récemment, un acte de 1858 a modifié cette loi, et l'a

---

[1] Nous avons placé cette taxe, dont le rapport belge traite sous une rubrique isolée (p. 184 et suiv.), à l'article des taxes de bourgs, parce qu'il nous a semblé qu'elle ne pouvait avoir d'importance que là où les services locaux auxquels elle doit pourvoir étaient eux-mêmes importants ; et cela ne nous paraît avoir lieu que dans les localités d'une certaine importance qui, pour la plupart, doivent avoir rang de bourgs.

Pour les mêmes raisons, nous placerons cette taxe, dont l'analogue existe aussi en Irlande, à l'article des taxes de bourgs, lorsque nous parlerons des taxes de ce pays. Cela est un peu arbitraire sans doute, mais nous a évité la création d'un article spécial qui eut été fort court.

refondue avec plusieurs autres en un système de législation embrassant tout ce qui se rapporte aux améliorations locales et au bien-être matériel des populations.

Les localités ont pleine liberté pour adopter ou rejeter cet acte, et l'adoption a lieu sans frais [1].

Partout où l'acte est adopté, une commission locale est instituée pour son exécution. Dans les bourgs municipaux ses attributions sont dévolues au conseil municipal ; et dans les localités ayant un comité d'améliorations (*board of improvement commissionners*), elles appartiennent à ce comité ; partout ailleurs la commission est élue par les propriétaires et les contribuables du ressort.

Les attributions des commissions locales sont variées ; elles embrassent notamment : 1° l'éclairage public ; 2° l'administration de la voirie, des jardins et des parcs publics ; 3° la police de la voirie, des voitures publiques et des établissements publics ; 4° l'approvisionnement des eaux [2] ;

---

[1] L'acte peut être adopté : 1° dans les bourgs municipaux, par décision du conseil municipal ; 2° dans les lieux autres que les bourgs, et ayant un comité chargé des améliorations locales, par décision de ce comité ; 3° dans les autres lieux, par résolution de la majorité des propriétaires et des contribuables convoqués en assemblée publique.

S'il s'agit d'un ressort n'ayant pas de circonscription déterminée, d'une agglomération nouvelle, une pétition doit au préalable être adressée par le dixième au moins des propriétaires et des contribuables au secrétaire d'État de l'intérieur, qui a le pouvoir de constituer le ressort d'après les propositions renfermées dans la pétition. Les contribuables et les propriétaires du ressort, pour lequel l'acte est adopté, peuvent dans les vingt-un jours réclamer contre son application à tout ou partie du ressort. Les réclamants doivent représenter le vingtième au moins de l'ensemble des propriétaires et des contribuables. L'adoption ne devient définitive en ce cas qu'après avoir été sanctionnée par le secrétaire d'État de l'intérieur, à qui les réclamations doivent être adressées. Tout propriétaire ou contribuable qui conteste la validité du vote intervenu pour l'adoption de l'acte peut également dans les quinze jours en appeler au secrétaire d'État de l'intérieur.

Le secrétaire d'État a le pouvoir de diviser les ressorts en sections si la demande en est faite par la majorité des propriétaires ou des contribuables.

[2] Les commissions locales prennent les dispositions nécessaires pour approvisionner d'eau les localités placées sous leur administration. Elles ont le droit de

5° le service et la police des incendies ; 6° la police des constructions et la salubrité publique ; 7° les horloges publiques ; 8° les bains et lavoirs publics ; 9° les cimetières ; 10° les marchés.

Les commissions locales pourvoient à leurs dépenses au moyen de la taxe générale de district (*general district rate*). Cette taxe est due pour toutes les propriétés imposables à la taxe des pauvres et à raison du même revenu annuel, sauf les exceptions suivantes :

1° Le propriétaire peut au choix de la commission être imposé au lieu de l'occupant, pour les propriétés dont la valeur imposable ne dépasse pas 10 livres, et pour toutes celles qui sont louées à des occupants par semaine ou au mois, ou dont la location se fait par appartements séparés, et dont la rente est due par période de moins d'un trimestre. Dans ces cas, le propriétaire ne paie qu'à raison des deux tiers au moins ou des trois quarts au plus de la valeur imposable. Et, si le propriétaire consent à ce que la taxe soit établie sans avoir égard à l'occupation ou à l'inoccupation, il ne paye que la moitié de la taxe ordinaire.

2° Les propriétaires de dîmes ou de dîmes converties en rentes, et les occupants de terres arables, prairies, pâturages, bois, jardins maraîchers, pépinières, ou de terres couvertes d'eau, ou servant de canal ou de chemin de halage, ou de chemins de fer construits en vertu d'un acte du Parlement, ne payent qu'à raison du quart du revenu annuel.

forcer tout propriétaire de maison à s'approvisionner d'eau, si elles la fournissent au taux que la loi détermine. Les dépenses générales des distributions d'eau sont couvertes par la taxe de district. Une taxe spéciale *(water rate)* est levée à la charge des occupants de toute propriété approvisionnée pour les usages domestiques. Cette taxe est basée sur le revenu annuel établi comme pour la taxe de district, et perçue de même. Pour l'eau des bains, lavoirs et établissements industriels, on procède par abonnements.

Si, au jugement des commissions locales, les évaluations sur lesquelles est basée la taxe des pauvres ne sont pas exactes, les commissions font procéder à des expertises.

Les commissions locales ont le pouvoir de décréter la taxe d'après les besoins et d'en répartir le chiffre entre les contribuables du district ; la taxe peut-être établie sur tout ou partie du district, suivant la nature de la dépense à laquelle il s'agit de pourvoir. Les cotisations sont inscrites dans un registre (*rate book*) ouvert à l'inspection du public. Un avis doit être publié, sept jours à l'avance, faisant connaître l'intention de la commission d'établir une taxe, et indiquant le lieu où sera déposé le registre dont il vient d'être parlé. Tout contribuable a le droit d'examiner les livres et documents relatifs à la taxe, et d'en prendre copie ou extrait. La répartition, une fois arrêtée, doit être publiée dans la même forme que pour la taxe des pauvres ; le recouvrement est opéré par des agents désignés par la commission.

Les biens inoccupés à l'époque de la répartition de la taxe sont imposés comme les autres ; mais l'impôt n'est pas recouvré tant que dure l'inhabitation. Si le bien est occupé avant l'expiration du temps pour lequel la taxe est établie, le nouvel occupant paie au prorata de son occupation jusqu'à la fin de la période. De même, si l'occupant compris dans la répartition quitte la propriété avant la fin de la période d'imposition, il n'est tenu au payement de la taxe qu'en raison du temps de son occupation.

Lorsque les commissions locales exécutent des travaux d'intérêt privé, elles en couvrent la dépense en établissant une taxe spéciale (*private improvement rate*), à charge des particuliers que les travaux concernent. Cette taxe ne peut dépasser 5 p. cent du revenu imposable des propriétés qu'elle atteint, et elle doit servir à amortir les dépenses faites, en un laps de temps ne dépassant pas trente années. Les redevables ont la faculté de racheter la taxe en remboursant les sommes qui restent dues à la commission.

Les contribuables, en retard de payer leurs cotisations, sont sommés de comparaître devant un juge de paix, qui peut ordonner la saisie et la vente de leurs biens. Lorsque le produit est insuffisant et que le redevable possède des objets saisissables dans d'autres localités, le juge rend son arrêt exécutoire par le juge de paix du ressort où les objets se trouvent. Si le contribuable quitte la localité, ou s'il est sur le point de la quitter sans payer, tout juge de paix ayant juridiction peut le faire comparaître, et ordonner la saisie et la vente de ses biens. Les constables sont chargés d'opérer la saisie et la vente à la réquisition du collecteur de la taxe.

Nous allons ajouter à ce qui précède quelques détails spéciaux sur la cité de Londres, détails qui ne nous semblent pas sans intérêt, et qui trouvent naturellement leur place à la suite de l'article sur les taxes des bourgs et cités.

TAXES DE LA CITÉ DE LONDRES.

Nous examinerons successivement les revenus de la corporation municipale, les taxes pour les travaux exécutés par les commissions métropolitaines et les taxes consacrées à la police de la métropole.

§ I. — Revenus de la corporation municipale.

Indépendamment des revenus des propriétés que la cité semble n'avoir commencé à posséder, en qualité de corporaration, qu'à partir du règne d'Édouard IV, les recettes municipales comprennent le produit de diverses taxes, directes et indirectes :

La taxation directe ne forme qu'une partie insignifiante des recettes de la corporation. Elle se réduit à la taxe dite de *section*, dont l'objet est de couvrir la dépense occasionnée par la réunion des membres de la cour des *wardmotes* [1], et les frais d'administration des sections ; cette taxe ne diffère que pour le nom de la taxe de bourg ;

Les taxes indirectes constituent la branche la plus productive des revenus de la Cité. Elles se composent d'une *taxe sur la houille*, des *droits de mesurage*, du *droit de tonnage* et du *droit sur le vin*.

1° *Taxe sur la houille* [2].

Les charbons sont frappés à Londres d'un droit d'entrée

---

[1] Cette cour est à la tête de toutes les sections *(wards)* de Londres.
[2] V. Suprâ, t. III, p. 100.

de 1 shelling et 1 penny par tonne ; les $\frac{4}{13}$ du produit appartiennent à la corporation de la cité et sont appliqués par
elle à des dépenses locales, principalement à l'amélioration des rues ; les $\frac{9}{13}$ restant sont remis au gouvernement et employés par lui à des travaux d'amélioration hors
des limites de la cité, mais dans la métropole. L'impôt
est dû dans un rayon de 20 milles à partir du bureau
central des postes. Il est applicable à tout charbon, coke
ou fraisil importé dans cette zone, nommée le district de
Londres, soit par navire ou bâteau entrant dans le port de
Londres, ou par les canaux intérieurs, soit par chemins de
fer ou routes ordinaires par lesquelles des importations ont
lieu. Le capitaine ou agent de tout navire, le secrétaire ou
autre agent autorisé des compagnies des chemins de fer ou
des canaux, le propriétaire ou l'agent de tout dépôt de charbons, faisant des envois dans le district de Londres, sont
tenus de faire les déclarations requises et de payer les droits.
Les importations sont contrôlées par l'examen des déclarations faites à la douane, des déclarations mensuelles des d -
verses houillères qui envoient des charbons dans le district de Londres, des ordres de mesurage et des relevés
des arrivages de navires au port de Londres ou dans les
docks ; et quant aux railways et aux canaux, par l'examen
des registres du trafic des charbons pour les premiers, et,
pour les seconds, par des déclarations faites mensuellement
par le secrétaire du canal ou par l'éclusier le plus rapproché
des limites du district.

Les droits sont payés entre les mains d'un receveur, sur
bulletins délivrés par le secrétaire du marché aux charbons,
et constatant que les quantités déclarées ont été reconnues
exactes.

La corporation nomme en outre des collecteurs adjoints
pour les canaux et des inspecteurs du trafic des charbons.

Ces fonctionnaires rendent compte chaque jour au secrétaire du marché aux charbons de tous les faits de quelque importance qu'ils constatent, de sorte que cet agent centralise des informations de toute nature.

Un drawback de 12 pence est accordé pour toute quantité dépassant 20 tonnes (dont le droit a été acquitté) réexportée hors des limites du district, par chemin de fer ou par canal; pour l'obtenir, on doit produire une attestation des fonctionnaires de la douane, mesureurs de charbons, éclusiers ou autres agents ayant connaissance du transit, certifiant que le charbon pour lequel on réclame le drawback a été transporté *bonâ fide* hors des limites du district. Un penny par tonne est retenu sur le droit restitué, pour couvrir les dépenses qu'entraîne l'allocation du drawback. Exemption de l'impôt ou drawback du droit de 13 pence est accordée pour le charbon qui transite par eau sans rompre charge, ou par chemin de fer sans déchargement dans la circonscription du district.

Le conseil commun de la Cité possède, en vertu d'actes du Parlement et de droits anciens, l'administration exclusive de cette branche de revenus; le service est dirigé par une commission nommée par le conseil, et composée de douze aldermen, et d'un conseiller appartenant à chacune des vingt-six sections de la cité.

En 1861 le produit des droits sur le charbon s'est élevé à 223,842 livres sterling, soit environ 5 millions 1/2 de francs [1].

2° *Droit de mesurage sur les grains et les fruits.*

Des droits de mesurage ont été octroyés par charte à la

---

[1] V. Rapport belge, 2ᵉ édition, p. 210.

corporation de Londres, et ils comprennent les perceptions
suivantes :

Le mesurage proprement dit, qui est un droit de $\frac{1}{2}$ et $\frac{1}{11}$
de penny par *last* de 10 *quarters* sur tous grains et graines de
provenance anglaise entrant dans le port de Londres, et de
$\frac{1}{4}$ et $\frac{1}{11}$ de penny sur les grains et graines de provenance
étrangère.

Le droit de remplissage représente les émoluments des
mesureurs. Ces agents sont élus par les autorités de la corporation. Le droit de remplissage est de 8 $\frac{1}{4}$ pence par last de
10 quarters sur les grains légers, et de 10 $\frac{1}{4}$ pence sur les
grains pesants.

Le *lastage* est également payé aux mesureurs comme indemnité, pour tenir un compte exact de leurs opérations et
pour en remettre copie à bord des navires ; ce droit est de $\frac{11}{11}$
de penny par last de 10 quarters sur tous grains importés dans
le port de Londres, à l'exception de ceux qui viennent des
comtés d'Essex et de Kent, qui en sont exempts.

Les droits de mesurage sur les fruits sont réglés par un
tarif, ils atteignent divers légumes ou fruits, mesurés ou
pesés au port de Londres. La perception est faite par des mesureurs spéciaux de la même manière que pour le mesurage
des grains, à charge de l'importateur ou de son agent.
En 1861, le produit des droits sur les grains et les fruits
s'est élevé à 16,900 livres.

3° *Droits de tonnage.*

Ce droit est perçu sur tous les navires qui entrent dans
le port de Londres ou qui en sortent, excepté les caboteurs
chargés de grains, les navires de pêche, les navires employés exclusivement au transport des voyageurs, les navires entrant et sortant sans rompre charge, les navires

de guerre et certains caboteurs chargés de pierres et d'autres objets exempts de déclaration en douane. Le droit
est de $\frac{1}{2}$ penny par tonneau sur les caboteurs venant d'un
port quelconque au nord du cap Ouessant ou y allant,
et de 3 farthings sur tout navire venant d'un port d'Asie,
d'Afrique, d'Amérique ou y allant.

Le droit de tonnage qui était précédemment perçu par la
corporation de la cité, a été placé par un acte récent du
Parlement sous l'administration des conservateurs de la Ta-
mise. En 1856, le produit a été de 17,977 livres [1].

4° Droit sur le vin.

Cet impôt frappe tous les vins importés dans le port de
Londres. Sa quotité est de 4 shellings 9 $\frac{1}{2}$ pence par tonne
de 252 gallons. La perception en est opérée par un receveur particulier d'après les déclarations faites à la douane.
En 1861, les recettes se sont élevées à 6,489 livres. Le
produit en est versé entre les mains du chambellan de
la Cité, avec les $\frac{9}{12}$ des droits sur la houille, au profit du
fonds d'améliorations.

5° Revenus divers.

On peut ranger sous cette rubrique quelques produits
peu importants, tels que les droits de vérification des poids
et mesures, la vente du vieux matériel, le revenu des aqueducs, et d'autres recettes casuelles et accidentelles [2].

§ II. — Travaux publics de la Métropole.

La haute direction de ces travaux appartient à la commis-

---

[1] Rapport belge, 1re édition.
[2] « On n'aurait, disent les auteurs du Rapport belge, 2e édition, p. 212,

sion métropolitaine, qui, pour certains travaux d'une importance secondaire, s'en repose sur deux autres commissions, la commission du district de la Cité, et la commission du district en dehors de la Cité.

La commission métropolitaine, pour couvrir ses dépenses, a recours aux taxes suivantes :

1° *Taxe métropolitaine.*

Le montant de cette taxe est réparti par la commission entre les districts, en ayant égard au revenu net imposable des propriétés, etc., et en ce qui concerne les égouts, aqueducs, etc., proportionnellement à l'avantage que chaque fraction de la métropole doit retirer des travaux. Le revenu sur lequel la taxe de comté est assise, ou un revenu analogue pour les localités où cette taxe n'existe pas, sert de base à la répartition de la taxe métropolitaine entre les districts. Le district de Londres prélève son contingent sur les produits affectés à la voirie de la cité; dans les autres districts du ressort métropolitain, le contingent est prélevé sur le produit de la taxe des égouts secondaires.

2° *Taxe pour l'assainissement de la Tamise.*

Elle est répartie entre les districts, imposée aux contribuables et recouvrée d'après les mêmes règles que la taxe

qu'une idée incomplète du système financier de la cité, si l'on ne tenait note des services administrés par des commissions spéciales qui prélèvent sur les habitants des taxes directes pour une somme importante. Voici l'indication de ces taxes et leur produit annuel :

Taxe des pauvres (*poor rate*), 1861-62 .... l. st.	52,055
— églises (*church rate*), 1860-61	10,375
— police (*police rate*), 1861	30,508
— section (*ward rate*), 1861	2,719
— aqueducs et égouts (*sewers rate*), 1060-61	17,120
— consolidés (*consolidated rate*)	86,144
— métropolitaine (*metropolitan maindrainage rate*).	16,625

métropolitaine, avec cette différence qu'elle ne peut excéder 3 pence par livre de revenu.

La Commission du district de la Cité couvre ses dépenses au moyen de deux taxes, savoir :

1° La *taxe des égouts secondaires*, dont la quotité ne peut dépasser ½ pence par livre de revenu; sous les autres rapports, elle ne diffère que par le nom de la taxe consolidée.

2° La *taxe consolidée*, dont la quotité ne peut excéder 1 shelling 6 pence par livre de revenu imposable à la taxe des pauvres; elle est assise, répartie et recouvrée comme cette taxe.

Les commissions des districts en dehors de la Cité perçoivent les taxes ci-après :

Taxe des égouts secondaires.—Taxe générale de district.— L'assiette, la répartition et le recouvrement de ces taxes sont opérées d'après les dispositions en vigueur pour la taxe des pauvres, sauf le maintien de quelques exemptions ou modérations établies par des actes antérieurs à celui de 1855.

§ III. — Police de la Métropole.

Dans la ville de Londres, le quart des dépenses de la police est prélevé sur les revenus de la corporation municipale; le surplus est fourni par une *taxe de police*, dont le montant est fixé annuellement par une commission supérieure, et réparti par elle entre les sections de la cité. La quotité de la taxe ne peut dépasser 8 pence par livre du revenu net imposable à la taxe des pauvres. Le contingent assigné à chaque section est réparti entre les habitants par les commissaires de section, d'après le revenu servant de base à la taxe des pauvres, sauf quelques exceptions déterminées par la loi.

Les dépenses de la police métropolitaine sont couvertes

d'une part par des subsides de l'État, et d'autre part par une taxe dont le montant est réparti entre les paroisses au prorata du revenu des propriétés imposables à la taxe des pauvres. La répartition en est faite entre les habitants, et le recouvrement en est opéré comme pour cette dernière. La taxe de police dans la métropole ne peut excéder 8 pence par livre du revenu imposable. La taxe dûe pour les propriétés occupées par les agents diplomatiques étrangers ou par d'autres personnes exemptes de l'impôt, est mise à la charge du propriétaire qui, dans ce cas, est considéré comme occupant.

SECTION II.

ÉCOSSE.

PRÉLIMINAIRES.

L'Écosse, comme l'Angleterre, se divise en comtés, en bourgs municipaux et en paroisses, qui, dans leur sphère, sont indépendants du gouvernement et s'administrent eux-mêmes.

De cette conformité de division politique et administrative, naît une assez grande ressemblance entre les taxes des deux pays; mais elles offrent un grand point de dissemblance : en Ecosse, les mêmes rôles d'évaluation servent de base à la répartition de toutes les taxes locales, ce qui donne au système d'impôts locaux en Écosse une uniformité que celui de l'Angleterre ne possède pas au même degré.

Par suite, dès que toutes les taxes d'Écosse reposent sur une même base d'évaluation, il importe de dire avant tout comment s'opère cette évaluation.

Un acte du Parlement, du 10 août 1854, décrète qu'il faut *« qu'une évaluation uniforme soit faite des terres et héritages en Écosse, d'après laquelle tous les impôts publics à percevoir sur la rente réelle des dites terres et héritages puissent être établis et recouvrés, et de plus, que des dispositious soient prises pour que ladite évaluation soit révisée annuellement........ »*

Par *terres et héritages*, la loi entend les terres, maisons, forêts, bois, pêcheries, passages d'eau, débarcadères, ports, quais, bassins, canaux, chemins de fer, mines, carrières et minières en exploitation, machines fixes, fabriques et autres bâtiments quelconques.

L'évaluation s'opère par comté ou par bourg, sans qu'il y ait aucune proportion légale à établir avec l'évaluation faite dans les autres comtés ou bourgs. Cela n'offre aucun inconvénient, puisqu'il s'agit de taxes locales spéciales au comté ou au bourg. En second lieu, l'évaluation ne se fait pas par parcelles, mais en bloc pour tous les biens du même contribuable situés dans la même paroisse, et *formant une exploitation distincte.*

Les rôles d'évaluation doivent être dressés annuellement, ils doivent indiquer la rente ou valeur annuelle de toutes les terres ou héritages, séparément pour chaque paroisse, et spécifier leur nature, les noms et qualités des propriétaires, des tenanciers ou des occupants.

La loi entend, par rente ou valeur annuelle, le loyer auquel on estime raisonnablement que le bien pourrait être loué, année commune, dans son état actuel.

Les rôles d'évaluation doivent être dressés avant le 15 août de chaque année. Le chiffre des dépenses occasionnées par la confection des rôles est ajouté au montant de la prochaine taxe des pauvres à lever dans les paroisses. Si les contribuables se croient surtaxés, ils adressent leurs réclamations aux magistrats du bourg ou du comté, qui statuent en dernier ressort.

Nous allons maintenant étudier successivement dans quatre articles distincts les taxes des paroisses, des comtés et des bourgs d'Ecosse et les taxes de la ville d'Edimbourg.

ARTICLE 1.

TAXES DE PAROISSE [1]

Ces taxes sont au nombre de quatre, savoir :

I. La taxe des pauvres;

II. La taxe pour le traitement des ministres du culte;

III. La taxe d'enseignement primaire;

IV. La taxe pour l'état civil.

§ I. — Taxe des pauvres [2].

Suivant un acte de 1845, l'administration des pauvres en Écosse est placée sous la haute direction d'une commission de surveillance (*board of supervision*).

---

[1] Là gestion des intérêts spéciaux de la paroisse est du ressort des *kirk sessions*, en ce qui touche le temporel du culte et l'enseignement primaire, et de la *commission paroissiale* instituée pour l'administration des pauvres, quant aux autres services locaux. Ce partage des attributions paroissiales tient à ce que, la *kirk session* n'admettant parmi ses membres que les presbytériens, il en est résulté que, comme les sectes dissidentes en Écosse sont très-nombreuses, la *kirk session* ne représentait plus qu'une partie des citoyens. C'est là le motif de la création de la commission paroissiale.

[2] La première loi relative aux pauvres en Écosse remonte au XVe siècle (1424); elle dut son origine à la nécessité de mettre un frein à la mendicité et au vagabondage. Les mendiants et vagabonds furent punis de peines sévères; mais les autorités locales avaient le pouvoir de délivrer des permissions de mendier aux personnes âgées ou infirmes. Jusqu'à la fin du siècle suivant, la mendicité autorisée dans ces conditions était le seul secours auquel les pauvres eussent légalement droit. On adopta alors le principe d'une imposition obligatoire pour subvenir au soulagement de l'indigence; toutefois le droit aux secours fut restreint d'une manière expresse à la seule catégorie de pauvres en faveur desquels la mendicité avait été autorisée par la législation antérieure. Ce système, si restrictif qu'il fût, répondait aux besoins de l'époque ; l'Écosse étant un pays essentiellement agricole, le travail des champs offrait des occupations régulières à la classe nombreuse, dont les mœurs simples et les habitudes de sobriété contribuaient d'ailleurs à

Cette commission [1] fait les règlements généraux d'administration, et les soumet à l'approbation du secrétaire d'État de l'intérieur.

assurer le bien-être. L'impôt resta même presque sans application : il rencontrait une sorte de préjugé ayant sa source dans le sentiment religieux ; et pour l'éviter on préférait se cotiser volontairement. C'est ainsi que les collectes faites le dimanche à la porte des églises, jointes au produit d'une taxe modique sur les annonces des mariages, et à quelques autres revenus accessoires, suffisaient aux dépenses qu'exigeait l'entretien des pauvres. Plus tard, des années de disette, des calamités publiques, le contact plus fréquent avec les provinces du nord de l'Angleterre, les crises survenant dans les nouveaux centres industriels en train de se former, modifièrent cette situation ; les villes populeuses d'abord, d'autres ensuite, furent amenées à introduire la taxe obligatoire. Là où ce changement s'introduisit, une diminution notable se fit remarquer dans le produit des collectes. Du moment que l'on se trouva dans l'obligation de donner, on donna moins. Du reste, absents pour la plupart, les grands propriétaires ne contribuaient en rien aux dons recueillis à la porte des églises ; et les fermiers calculaient que déposer leurs offrandes, c'était mettre de l'argent dans la poche du riche, puisque c'était réduire d'autant l'impôt dont celui-ci devait la moitié.

Dans les bourgs, les fonds destinés aux pauvres étaient recueillis et distribués par les soins des magistrats municipaux ; dans les paroisses, l'administration appartenait aux *kirk sessions* sous le contrôle de l'assemblée des propriétaires. Tant que les nécessités du paupérisme furent restreintes, cette organisation fonctionna convenablement ; mais on ne manqua point de la trouver vicieuse, à mesure que les besoins augmentèrent. La distribution des secours, bien que faite en général avec discernement, se faisait toujours avec une économie extrême, et souvent avec une révoltante parcimonie. Il se produisit à cet égard des faits qui révoltèrent la conscience publique. D'un autre côté, des conflits naissaient souvent entre les *kirk sessions* et les propriétaires, dont le droit de contrôle n'était pas nettement défini ; ces difficultés paralysaient le service dans beaucoup de paroisses. Enfin, le changement survenu dans l'État économique du pays ne permettait plus de maintenir l'exclusion prononcée par la loi contre les pauvres valides ; cette disposition du reste avait cessé d'être appliquée dans les localités importantes : l'intérêt public autant que les sentiments d'humanité portaient les autorités à secourir les individus valides, accidentellement dans la misère, aussi bien que ceux qui pouvaient légalement prétendre à l'assistance. Sous ce rapport, il y avait à mettre d'accord le droit avec le fait. Ces causes et d'autres encore rendirent nécessaire une révision des anciennes lois ; des enquêtes furent ordonnées, et en 1854, un acte intervint qui a organisé l'administration sur de nouvelles bases.

[1] Cette commission est composée de neuf membres, savoir : le lord prévôt d'Édimbourg, le lord prévôt de Glascow, le procureur général d'Écosse, le shérif de chacun des trois comtés de Perth, de Renfrew, et de Ross-et-Cromarty, et trois membres désignés par la couronne.

La commission a le droit de faire des enquêtes sur la situation de chaque paroisse

Les paroisses peuvent se réunir entre elles pour le service des pauvres. Une commission paroissiale est instituée dans chaque paroisse ou union, pour le prélèvement et la dépense de la taxe. Dans les paroisses où semblable impôt n'existe pas, la *kirk session* continue d'être chargée du service des pauvres. Le produit des collectes faites dans les églises est laissé à la disposition des *kirk sessions*, sauf par elles à rendre compte annuellement à la commission paroissiale des recettes effectuées ainsi, et des dépenses qu'elles ont couvertes.

Les pauvres accidentels peuvent être secourus, aussi bien que les pauvres permanents ; mais le droit aux secours n'est reconnu par la loi qu'aux indigents non valides.

Lorsqu'un pauvre demande assistance à l'inspecteur de la paroisse, celui-ci est tenu de faire immédiatement une enquête sur sa position ; et s'il est reconnu que le pauvre ait légalement droit à un secours, lors même qu'il n'aurait pas son domicile dans la paroisse, on doit lui fournir des moyens de subsistance jusqu'à la plus prochaine réunion de la commission paroissiale. La commission continue d'entretenir le pauvre jusqu'à ce que son domicile de secours soit constaté, et qu'il puisse être conduit dans la paroisse à laquelle il appartient. Les secours accordés provisoirement sont notifiés à la paroisse de domicile, qui est obligée de rembourser toutes les dépenses postérieures à cet avis.

En Écosse, comme en Angleterre, il existe des maisons de

---

ou bourg ; elle peut exiger des rapports des autorités locales, citer des témoins, infliger des amendes, etc... Les membres de la commission et les agents délégués par elle ont le droit d'assister et de prendre part aux discussions des commissions paroissiales. La commission de surveillance est autorisée, sous l'approbation du secrétaire d'État de l'intérieur, à nommer deux surintendants généraux, à leur assigner l'administration d'un ou de plusieurs districts, et à leur déléguer le pouvoir dont elle est investie.

La commission est tenue de transmettre chaque année au gouvernement un rapport général sur l'administration dont elle est chargée. Ces rapports sont communiqués aux deux chambres du Parlement.

ravail et autres établissements charitables pour les pauvres.

Lorsqu'une commission paroissiale a décrété l'établissement d'une taxe pour subvenir aux besoins de l'administration des pauvres dans son ressort, elle détermine de quelle manière la répartition en sera faite. La loi l'autorise à choisir l'un des quatre modes suivants :

1° La moitié de la taxe est imposée aux propriétaires, et l'autre moitié aux tenanciers ou occupants de toute propriété foncière située dans la paroisse ou union ;

2° La moitié de la taxe est imposée aux propriétaires des immeubles situés dans la paroisse, et l'autre moitié à tous les habitants suivant leurs revenus (*means and subsistance*), autres que ceux provenant de propriétés foncières sises dans la Grande-Bretagne ou en Irlande ;

3° La taxe est répartie d'après une quotité uniforme sur le revenu de toutes les propriétés foncières situées dans la paroisse, et sur le revenu présumé de tous les habitants, ne provenant pas des propriétés foncières du Royaume-Uni ;

4° Si, à la date du 4 août 1845, la taxe était répartie en conformité d'un acte local ou d'un usage établi, la répartion peut continuer à se faire de la même manière.

Lorsque le premier mode est adopté, les propriétés imposables peuvent être divisées en classes d'après leur nature, et une quotité différente d'impôt est alors assignée à chaque classe, suivant la décision de la commission paroissiale, et sous le contrôle de la commission de surveillance.

On entend par revenu des propriétés foncières le prix annuel et moyen qu'on peut en obtenir, déduction faite des frais de réparation, de l'assurance contre les risques d'incendie ou autres, et de toutes les dépenses nécessaires pour maintenir les biens en bon état d'entretien, ainsi que de toutes les taxes, contributions et charges publiques dont ils sont passibles.

IV.   17

Nul n'est imposable à raison de son revenu personnel, si ce revenu n'atteint pas 30 livres annuellement.

Les membres du clergé sont imposables à raison de leur traitement.

Dès que la commission paroissiale a choisi l'un des quatre modes sus-mentionnés, elle soumet sa décision à la commission de surveillance, qui accorde ou refuse son approbation [1]. Elle fait dresser semestriellement ou annuellement le rôle des sommes à payer par chaque contribuable. Les cotisations sont exigibles en un seul terme, par semestre ou année. La commission paroissiale statue sur les réclamations relatives à la répartition de la taxe.

Le recouvrement de la taxe se fait par l'inspecteur des pauvres ou par d'autres agents. Le montant des cotes irrécouvrables est réimposé au rôle subséquent.

§ II. — Taxe pour le traitement des ministres du culte (stipend-money).

Depuis trois siècles, les dîmes en nature n'existent plus en Écosse, mais elles ont été maintenues en droit, à charge par les possesseurs des biens qui en étaient passibles, de subve-

---

[1] L'Écosse comprend 883 paroisses ou unions. De ce nombre, 154 n'ont pas recours à la taxe des pauvres ; les 729 autres ont dû établir la taxe en 1857. Ces 729 paroisses ou unions, se divisent, quant aux divers modes d'imposition, ainsi qu'il suit :

1er mode, avec classification	123
— sans —	534
2e mode	13
3e —	28
4e —	31
Total	729

En 1845, le nombre des paroisses qui s'imposaient la taxe n'était que de 230 ; d'année en année, le régime des contributions volontaires a fait place au système établi par la loi.

nir au traitement du ministre de la paroisse, de lui fournir
une *manse* avec un terrain y attenant, et de pourvoir à la
dépense des éléments de la communion. Le traitement consiste en une certaine quantité d'orge ou d'avoine, en grains
ou en farine. Ces denrées sont délivrées en nature, ou
évaluées et payées en argent, d'après des mercuriales officielles, suivant les usages ou les facultés des habitants. Après
une certaine période, qui est maintenant de vingt années,
les fixations peuvent être modifiées, si, par les variations sur-
venues dans le prix des denrées, la rente est tombée au-dessous d'un minimum que le dernier acte du Parlement sur
cet objet à porté à 75 livres (1875). Les augmentations sont
accordées d'après la décision des commissaires des dîmes
que la loi a investis de ce pouvoir. La paroisse doit compléter ce minimum au moyen d'une taxe nommée *stipend money*;
s'il est reconnu que la paroisse ne peut remplir cette obligation, l'insuffisance est couverte par le trésor. Voilà pour les
paroisses rurales.

Dans les bourgs et les villes, le clergé est toujours rétri-
bué, soit au moyen d'une taxe, soit par le produit des places
à l'église, ou par un prélèvement sur les fonds municipaux.

La *stipend money* diffère des autres taxes d'Écosse en ce
que les catholiques et les dissidents ne sont pas compris
dans la répartition.

§ III. — Taxe pour l'enseignement primaire.

En aucun pays l'enseignement primaire n'est plus répandu
qu'en Écosse. Chaque paroisse a son école et son instituteur,
quelquefois deux ou un plus grand nombre. [1] Dans chaque

---

[1] Bailly calculait que, dans les mille paroisses environ de l'Écosse, il n'y avait
pas moins de 4,000 écoles, dont 800 écoles du dimanche pour les enfants en
apprentissage.

paroisse, les propriétaires fonciers sont tenus de construire et d'entretentr une école et une maison d'habitation avec un jardin pour l'instituteur : ils lui doivent assurer encore un revenu dont, tous les 25 ans, un acte du Parlement fixe les bases, d'après le prix des grains. La moyenne du traitement est d'environ 25 livres au moins ; ce traitement est garanti par une imposition répartie sur toutes les propriétés foncières. La plupart des instituteurs reçoivent des émoluments supplémentaires, par suite de diverses fonctions qui leur sont attribuées, telles que celles de secrétaire de session, d'inspecteur des pauvres, etc... Dans quelques localités, ils touchent des rentes provenant de fondations créées par des particuliers.

Les propriétaires et le ministre de la paroisse déterminent en outre les rétributions à payer par les élèves. L'instituteur est tenu d'enseigner gratuitement les enfants pauvres désignés par la *Kirk session.*

§ IV. — Taxe pour l'état civil.

Le mode de constatation des naissances, décès et mariages, dans les paroisses en Écosse, laissait beaucoup à désirer, lorsqu'un acte de 1854 est venu y instituer une administration spéciale, sous le contrôle et la direction d'un enregistreur général, siégeant à Édimbourg.

Un enregistreur local est établi dans chaque paroisse. Toutefois le shérif peut diviser en plusieurs districts une localité populeuse, ou grouper plusieurs petites paroisses en un seul district. Les districts sont alors considérés comme des paroisses, des unités simples, quant à l'état civil.

Les honoraires alloués aux enregistreurs locaux à raison du nombre d'inscriptions à leurs registres leur sont payées par les commissions paroissiales, les assemblées de propriétaires ou les conseils municipaux, qui sont autorisés à prélever à cet effet un supplément à la taxe des pauvres, à la taxe des prisons ou à la taxe de bourg. Les mêmes autorités peuvent augmenter les honoraires des enregistreurs; s'ils leur paraissent insuffisants. Elles ont aussi la faculté, sauf l'approbation de l'enregistreur général ou du shérif, d'assigner aux enregistreurs locaux des traitements fixes, à charge par eux de rendre compte des droits qu'ils perçoivent.

ARTICLE 2.

TAXES DE COMTÉ.

L'organisation des comtés écossais [1] embrasse directement ou indirectement les services suivants : l'administration de la justice ; la police ; la milice ; les poids et mesures ; les prisons ; les asiles d'aliénés ; les routes et ponts ; la gestion financière et la perception des impôts pour les dépenses du comté.

Ces impôts sont :

I. La taxe des prisons ;
II. La taxe des aliénés ;
III. La taxe de police ;
IV. La taxe des routes.

Ces taxes sont imposées et réparties suivant le système que nous avons exposé précédemment, et que nous avons dit être le même pour toutes les taxes d'Écosse.

§ I. — Taxe des prisons [2].

Les comtés doivent entretenir des prisons ; ces prisons

---

[1] A la tête du comté écossais se placent le lord lieutenant et le shérif ; les comtés écossais ont, comme ceux d'Angleterre, leurs colléges de juges de paix, mais avec des pouvoirs moins étendus ; car, les fonctions des juges écossais sont presque exclusivement judiciaires ; les fonctions administratives leur sont enlevées, et données aux commissaires des subsides.

[2] Les lois de l'Écosse laissent à la charge de l'État les frais de justice dans les affaires criminelles ; ces frais ne se bornent pas aux dépenses de procédure ; ils comprennent encore les dépenses qu'occasionnent la recherche et l'arrestation des coupables, les enquêtes nécessitées par l'instruction des faits, et le transport des prévenus devant les tribunaux. La somme acquittée par le Trésor, à ces divers titres, en Écosse, atteint annuellement deux millions de francs.

sont communes aux comtés et aux bourgs qui y sont situés
Elles sont administrées, sous le contrôle de la commission
générale instituée en vertu d'un acte de 1854 qui a réformé
complétement l'ancienne administration [1], par des commissions locales, dont les membres sont nommés par les commissaires des subsides des comtés, et par les magistrats des
bourgs municipaux de la circonscription.

Toutes les prisons sont régulièrement inspectées par un
fonctionnaire du gouvernement.

Les dépenses courantes de la prison centrale de Perth,
comprenant les frais de transport et d'entretien des prisonniers, sont à la charge des comtés et des bourgs qui y
sont situés, dans la proportion du nombre des prisonniers
envoyés de chaque localité, et de la durée de leur détention. Les frais d'entretien des détenus sont supportés en
partie par l'État, et en partie par tous les comtés et bourgs
municipaux, suivant le chiffre de leurs population, la proportion des crimes et des délits qui y sont constatés, et le
revenu imposable d'après les rôles d'évaluation dressés en
vertu de l'acte de 1854.

[1] Le régime des prisons est resté longtemps en Écosse dans l'état le plus défec-
tueux. Les bourgs royaux étaient obligés d'entretenir des prisons locales; dans
les comtés, il n'y avait guère que les maisons de détention appartenant aux seigneurs en possession de juridictions héréditaires; plus tard, divers actes spéciaux
autorisèrent l'établissement de prisons de comté, et la perception de taxes pour en
couvrir la dépense. Malgré les améliorations qui s'introduisirent peu à peu, les
prisons étaient en général insuffisantes, mal installées et imparfaitement administrées, excepté à Glascow et à Edimbourg.
  A la suite d'une série d'enquêtes, l'administration a été réformée d'après un
plan uniforme par une acte de 1839. Le système adopté a pour base la séparation
complète des détenus et le travail obligatoire. La commission générale, placée à
la tête de l'administration des prisons, se compose du lord avocat, du procureur-
général, du doyen de l'ordre des avocats près les hautes cours d'Écosse, des shérifs
des comtés d'Edimbourg et de Perth, et de 14 membres au choix de la Reine, dont
3 pris parmi les shérifs. La commission fait les réglements généraux d'administration, et les soumet à l'approbation du secrétaire d'État de l'intérieur. Elle
administre directement la prison centrale de Perth. Chaque année, elle fait un
rapport général, qui est communiqué au Parlement.

La charge des prisons locales incombe aux comtés respectifs ainsi qu'aux bourgs qu'ils renferment.

Le contingent de chaque comté dans les dépenses de la prison centrale, comme des prisons locales, est déterminé annuellement par la commission supérieure sur le rapport des commissions de comté. Il y est pourvu par une taxe (*prison assessment*) sur la propriété foncière, d'après les rôles d'évaluation ; la taxe est répartie entre les comtés et les bourgs suivant la rente imposable combinée avec le chiffre de la population. Dans les bourgs, la taxe est supportée, moitié par l'occupant des biens, moitié par le propriétaire. Hors de là, elle est à la charge du propriétaire; et, si l'occupant est taxé, il peut retenir le montant de la cotisation sur la rente due au propriétaire.

§ II. — Taxe des aliénés.

Un régime analogue à celui de l'Angleterre pour l'administration des aliénés a été établi en Écosse par un acte du 20 août 1857 [1].

L'Écosse est divisée, pour l'administration des aliénés, en huit districts ou unions de comtés. Il y a dans chaque district une commission locale.

Un asile pour les aliénés pauvres doit être établi dans chaque district ; ces établissements sont administrés par les commissions locales et les dépenses générales sont supportées par les comtés et les bourgs du district, en propor-

---

[1] Cet acte a créé à Edimbourg une commission générale (*general board of commissionners in lunacy*) pour la surveillance et la haute direction du service des aliénés. La commission se compose de 5 membres et d'un secrétaire nommé par la Couronne. Elle n'a été instituée que pour 5 ans; à l'expiration de ce terme, deux de ses membres ont pris sa place et ses attributions sous le titre d'inspecteurs généraux.

tion du revenu territorial constaté par les rôles d'évaluations.

Les aliénés pauvres dans les asiles de district sont à la charge de la paroisse de leur domicile [1] ; celle-ci paye pour chaque aliéné une pension ou rétribution dont le montant est fixé par la commission de district. La paroisse du domicile est tenue de rembourser également tous les frais de transport, d'habillement...... Ces dépenses sont prélevées sur la taxe des pauvres ; le recouvrement en est opéré au besoin par l'intervention du shérif du comté.

La répartition des dépenses à la charge des comtés et des bourgs est faite par la commission de district, en proportion du revenu imposable constaté par les rôles d'évaluation ; la taxe destinée à y subvenir est levée par les commissaires des subsides dans les comtés, et par les magistrats dans les bourgs, d'après les règles adoptées en matière de taxes locales.

Les commissions de district ont le pouvoir de contracter des emprunts pour établir les asiles d'aliénés. L'intérêt des sommes empruntées ne peut excéder 5 p. 100 par an, et les emprunts doivent être amortis par annuités dans un délai de 30 ans au plus.

Les commissions de district sont tenues de transmettre annuellement à la commission centrale un état de situation pour les dettes ainsi contractées par elles.

§ III. — Taxe de police.

En Écosse, comme en Angleterre, l'administration de la

---

[1] Les aliénés pauvres sont censés appartenir à la paroisse dans laquelle ils avaient leur domicile au moment de l'émission du mandat pour leur collocation.

Si le domicile de l'aliéné ne peut être reconnu, la dépense tombe à la charge de la paroisse d'où il a été envoyé à l'asile, sauf recours de celle-ci contre la paroisse responsable.

sûreté publique est un service local dans lequel l'État n'intervient que fort indirectement.

Par un acte de 1857, la police d'Écosse, jusqu'alors défectueuse, a été organisée sur de nouvelles bases. Cet acte a posé deux principes importants : le premier est l'obligation pour chaque comté d'avoir une police suffisante; le second est la réunion sous une administration commune du comté et des bourgs qui y sont situés, sauf les exceptions dictées par le respect des droits acquis.

Les commissaires des subsides des comtés pourvoient aux dépenses de la police au moyen d'une taxe (*police assessment*), répartie annuellement par eux sur toutes les terres et héritages en raison de leur valeur annuelle ou revenu; elle est due, soit par le propriétaire, soit par l'occupant, mais celui-ci peut en retenir le montant sur la rente. Sont exempts de la taxe les habitations, magasins et autres bâtiments inoccupés et non meublés, pendant toute la période à laquelle l'imposition se rapporte. Il en est de même pour les bâtiments situés hors de la partie rurale du comté, loués à moins de 4 livres par années ou par termes au-dessous de 6 mois : ils sont exempts de taxe pour toute période entière de 6 mois pendant laquelle les bâtiments n'ont été ni occupés ni meublés.

Les commissaires des subsides peuvent accorder exemption de la taxe aux contribuables indigents, dont le revenu annuel n'excède pas 4 livres.

Des collecteurs nommés par les commissaires des subsides sont chargés du recouvrement de la taxe; leurs remises ne peuvent excéder 5 p. 100. Le produit des recettes doit être versé à une banque. Le payement des dépenses s'opère sur mandat de la commission de police.

§ IV. — Taxe des routes.

Anciennement, en Écosse, on avait recours aux corvées pour la construction de l'entretien des routes et des ponts [1]. Tout propriétaire, cultivateur ou fermier, était, d'après la loi, tenu de fournir, en raison de l'importance de son exploitation ou de ses revenus, un certain nombre d'hommes et de chariots, charettes et tombereaux, attelés de chevaux, bœufs ou autres animaux, suivant l'usage de la contrée, pour travailler trois jours avant et trois jours après la moisson. L'administration était entre les mains des juges de paix et des commissaires des subsides de chaque comté. Les commissaires des subsides tenaient annuellement des assemblées pour régler tout ce qui concernait les routes et les ponts; ils avaient le pouvoir de diviser le comté en districts, afin de répartir les charges plus équitablement, de nommer des inspecteurs et d'autres agents, comme aussi d'élire une commission dans leur sein pour diriger le service.

Au commencement du xviii° siècle, il fut décrété que, dans le cas où les corvées ne suffiraient pas pour l'entretien des routes, il serait permis d'y suppléer par une taxe sur la propriété foncière, n'excédant pas 1/2 p. 100 de la rente évaluée. Depuis cette époque, par suite des diverses nécessités du service, il s'est formé trois catégories de routes :

Les routes de comté ;

Les routes de péages ;

[1] Ce fait serait à lui seul la justification suffisante de l'assertion émise par un ministre français, sous la Restauration, lors de la discussion du projet de loi de 1824 sur les prestations en nature, assertion sur l'exactitude de laquelle nous avons émis un doute, avant d'avoir achevé nos recherches sur les taxes locales du Royaume-Uni. V. Supra, p. 160.) Nous verrons d'ailleurs plus bas, en parlant des produits des taxes locales du Royaume-Uni, que certaines prestations en nature sont mentionnées aussi en Angleterre et en Irlande.

Les routes parlementaires.

1° *Routes de comté.*

Depuis 1850, la plupart des comtés ont obtenu du parlement l'autorisation de convertir les corvées en argent, et d'imposer des taxes à la propriété foncière. Le taux de la conversion et le maximum des taxes varient d'un comté à l'autre, suivant les besoins et les ressources des localités.

2° *Routes à péages.*

Vers 1750, un autre système a été introduit, celui des routes à péages (*turnpike roads*). L'établissement de ces routes est autorisé par des actes spéciaux qui déterminent les droits à payer par ceux qui en font usage. Les principales routes de l'Écosse appartiennent à cette catégorie.

3° *Routes parlementaires.*

Pendant la rébellion de 1715 en faveur des Stuarts, les troupes royales ne purent pénétrer dans les hautes terres d'Écosse (*highlands*) par suite du manque de voies de communication. Pour éviter le même obstacle dans l'avenir, le gouvernement y fit exécuter des routes militaires par les troupes cantonnées dans le pays. Bien que ces routes ne servent plus comme routes stratégiques, l'État supporte la moitié des dépenses que leur entretien ou leur développement nécessite.

ARTICLE 3.

TAXES DES BOURGS [1].

Beaucoup de villes, de cités et de bourgs de l'Écosse, tenaient de chartes concédées à des époques diverses, soit par la couronne, soit par les barons, le pouvoir de s'administrer eux-mêmes. En 1833, intervinrent deux actes qui réformèrent complétement l'ancienne organisation des bourgs municipaux de l'Écosse; quelques modifications y ont encore été apportées en 1852 et 1853.

Les bourgs écossais ont à pourvoir aux mêmes charges que ceux d'Angleterre, et y subviennent par diverses taxes, lorsque les revenus propres du bourg sont insuffisants à couvrir les dépenses. Ces taxes sont :

I. La taxe de l'administration générale ;

II. La taxe générale pour divers services locaux ;

III. Les taxes pour les égoûts ;

IV. Les taxes privées.

Ces taxes reposent toutes sur les mêmes bases d'imposition et d'évaluation. Du reste, nous avons déjà eu occasion de dire que les rôles d'évaluation étaient, en Écosse, les mêmes pour toutes les taxes, quelle que soit d'ailleurs leur nature.

Les biens inoccupés ou non meublés pendant une année

---

[1] L'Écosse renferme près de quatre-vingts localités ayant rang de bourg (*burgh*). Chaque bourg est administré par un conseil électif, composé d'un prévôt (*provost*). de baillis (*bailies*) et de conseillers. Le nombre des baillis et des conseillers varie suivant l'importance des bourgs. Dans quelques petits bourgs, il n'y a pas de prévôt, et les fonctions de ce magistrat sont remplies par le plus ancien bailli. Les bourgs les plus populeux sont divisés en sections (*wards*).

entière, les hôtels de ville, et les édifices publics, sont exempts des taxes, à l'exception de celles qui ont pour objet de remboursement des dépenses faites pour compte particulier. Des déductions d'impôts sont aussi accordées pour les biens inoccupés ou non meublés pendant six mois consécutifs.

Les occupants des biens imposés sont tenus au payement des taxes ; mais le propriétaire ou tenancier est obligé de les acquitter directement, ou d'en laisser retenir le montant sur le loyer qui lui est dû, si les biens sont d'un revenu annuel de moins de cinq livres, ou s'ils sont loués pour moins de six mois.

Les rôles d'imposition sont publiés et soumis à l'inspection du public, et il doit être statué sur les réclamations avant la mise en recouvrement de la taxe.

Au besoin, le recouvrement est poursuivi par voie de saisie, et de vente des biens des retardataires, sur mandat d'un magistrat de police.

Les conseils des bourgs peuvent contracter des emprunts pour subvenir aux dépenses permanentes, telles que constructions, travaux. Pour le service de ces emprunts, il doit être prélevé annuellement 5 p. 100 des revenus imposables, sans que la quotité puisse dépasser 2 1/2 ou 1/2 schelling par livre, suivant qu'un service d'approvisionnement d'eau est ou n'est pas établi dans le bourg.

Nous allons passer maintenant, après ces préliminaires, à l'examen rapide des diverses taxes de bourg [1].

§ I. — Taxe d'administration générale.

Si les revenus propres du bourg ne suffisent pas aux

[1] V. Rapport belge, 2ᵉ édition, p. 303.

besoins de l'administration générale, on peut imposer tous les occupants de biens d'un revenu de trois livres et au-dessus, jusqu'à concurrence de cinq pence par livre, au maximum, du revenu annuel de ces biens.

§ II. — Taxe générale (pour divers services locaux).

Les dépenses de la voirie, de la police, de l'éclairage, sont couvertes par une imposition générale (*general asses-ment*) atteignant les mêmes contribuables que la précédente, et les mêmes revenus. La quotité est la même. La somme éventuellement nécessaire au service des emprunts est ajou-tée à cette taxe, et levée en même temps.

§ III. — Taxe des égouts.

Une taxe distincte de toute autre (*general sewer rate*) est levée pour l'entretien, le curage et les autres dépenses né-cessaires, relatives aux égouts. Les intérêts et l'amortisse-ment des emprunts, remboursables en trente années, et contractés pour la construction des égouts, sont en partie prélevés sur cette imposition. Les bourgs peuvent être divisés en districts, dont chacun est imposé séparément pour les dépenses qui le concernent.

Lorsque de nouveaux égouts doivent être établis, une taxe spéciale (*special sewer rate*) peut être imposée à tous les propriétaires des biens auxquels la dépense doit profiter, jusqu'à concurrence de 6 p. 100 du revenu de ces biens. Le produit de la taxe sert au remboursement des avances faites, dans un terme qui ne peut pas excéder trente années.

§ IV. — Taxes privées.

Lorsqu'en vertu des pouvoirs dont elle est investie, l'admi-nistration du bourg fait exécuter des travaux dont la dépense

incombe à des particuliers, ceux-ci peuvent être frappés
d'une taxe pour le remboursement des avances faites, jusqu'à concurrence d'un maximum de 6 p. 100 du revenu des
biens que les dépenses concernent, et de manière que le
remboursement ait lieu dans trente années.

Si l'administration fait construire d'office, à la charge de
particuliers, des lieux d'aisance, fosses à cendre, puisards,
la dépense est couverte par une taxe (*drainage rate*) levée sur
les occupants des biens auxquels les travaux se rapportent,
pendant six années consécutives; la quotité annuelle de la
taxe doit être le cinquième de la dépense faite. L'occupant
peut exercer son recours contre le propriétaire pour une
partie de la taxe [1].

---

[1] **Rapport Belge.** 2ᵉ édition, p. 304.

ARTICLE 4.

TAXES DE LA CITÉ D'ÉDIMBOURG.

De même qu'à l'article des taxes de bourg d'Angleterre, nous avons ajouté un paragraphe spécial pour la cité de Londres, nous pensons qu'il ne sera pas sans intérêt de dire ici quelques mots sur les revenus de la cité d'Édimbourg.

Les comptes des recettes et des dépenses de cette cité se distinguent en trois parties principales :

I. Le compte municipal proprement dit;

II. Le compte de la police;

III. Le compte de la commission du pavage.

§ I. — Compte municipal.

A ce compte figurent le produit des biens propres de la cité et les sommes levées au moyen de deux taxes particulières, dites *droit de commutation* et *droit d'octroi*.

1° *Droit de commutation* [1].

Ce droit établi en 1840, « consiste en une taxe de 1 penny [2] sur toutes marchandises importées par charrette, camion, brouette, etc., ou à dos de cheval, de mule, d'âne ou d'autres animaux de charge; la quotité est de 2 pence pour les transports faits par chariots, wagons

---

[1] Nous extrayons ces renseignements du *Rapport belge*, p. 306, 307, 308.

[2] Nous ne savons si c'est sur un certain poids ou sur le nombre des colis que la taxe est assise.

IV.   18

ou autres voitures à plus de deux roues. — Les fruits, légumes et autres produits agricoles, récoltés sur le territoire de la cité, et transportés aux marchés, sont passibles de la taxe, comme s'ils venaient du dehors. — Plusieurs catégories d'objets sont exempts, entre autres les charbons, les pierres, les briques, les tuiles, la chaux, etc., et les objets transportés par les voitures publiques ou privées, imposées à l'*assessed tax* au profit de l'État et employées principalement au transport des personnes. Sont également exemptes les marchandises passant en transit par le territoire de la cité, sans qu'elles y soient déchargées ou offertes en vente, ainsi que celles qui sortent et reviennent le même jour et par les mêmes moyens de transport. — Le droit de commutation est perçu par des bureaux établis aux diverses issues du territoire de la cité. »

2° *Droit d'octroi sur le bétail* [1].

Ce droit « a été établi par une loi de 1844 ; il atteint tous les animaux de race chevaline, bovine, ovine, porcine, introduits sur le territoire de la cité, sauf ceux qui passent directement en transit, sans être présentés aux marchés ou sans être offerts autrement en vente. Le droit se perçoit à l'entrée et à la sortie d'après un tarif ; les animaux présentés au marché un autre jour que celui de l'entrée, ou par d'autres personnes que celles qui les ont introduits et ont acquitté le droit, doivent de nouveau le droit d'entrée. La perception se fait, soit à l'entrée ou à la sortie de la ville, soit aux marchés.

§ II. — Compte de l'administration de la police.

« L'administration de la police comprend, outre la sûreté

---

[1] Voyez ce que nous avons dit plus haut d'après une publication de 1834, p. 211.

publique, différents autres services, et notamment l'éclai-rage, le nettoyage et l'arrosage des rues, le service des im-mondices, la police des constructions, l'hygiène publique, etc.
— Il est pourvu aux dépenses de cette administration au moyen d'un impôt sur les propriétés foncières, à raison du revenu constaté par les rôles d'évaluation. Une distinction est faite entre les revenus de 10 liv. st. et au-dessus, et ceux de moins de 10 liv. »

§ III. — Compte de la commission du pavage.

« Deux impôts figurent dans ce compte :
1° une taxe directe sur le revenu des propriétés foncières ;
2° une taxe indirecte, nommée *causeway-mail*, sur les chevaux, voitures, charrettes, et autres moyens de trans-port.

La première ne diffère guère des autres taxes de même nature ; elle a pour base le revenu porté aux rôles d'évalua-tion, et elle est due par l'occupant des biens. »

Nous voyons·qu'en résumé il se lève, à titres divers, cinq taxes à Édimbourg.

Pour l'année 1861-62, les droits de commutation et d'oc-troi ont produit 14,408 livres ; — la taxe de police, 60,881 livres ; — la taxe directe, 8,207 livres et la *causeway-mail*, 1,461 livres, plus quelques recettes accidentelles.

Si l'on ajoute à cela que la quotité de la taxe des pauvres, à Édimbourg, a été, cette même année, de 1 sh. 6 pence, on trouve un total de 3 sh. 9 ½ pence par livre de revenu au dessus de 10 livres., soit 19 pour 100.

SECTION III.

IRLANDE.

PRÉLIMINAIRES.

Le pouvoir exécutif en Irlande est confié à un lord-lieutenant nommé par la reine, et dont les fonctions durent ordinairement cinq ans, à moins de changement de ministère.

Le lord-lieutenant a en Irlande les mêmes pouvoirs que la
reine en Angleterre, et de plus même quelques pouvoirs
extraordinaires que la couronne n'a point en Angleterre.

Le soin de l'administration du pays est dévolu plus
directement à un secrétaire général qui fait partie de la
Chambre des communes, et partage toujours la fortune du
ministère britannique.

L'Irlande se divise en 4 provinces, et celles-ci forment
32 comtés qui se subdivisent eux-mêmes en 252 baronnies
et 2,436 paroisses.

C'est depuis la conquête que les comtés ont été divisés en
baronnies, et les paroisses ont été aussi subdivisées en *townlands* ; mais la baronnie n'est qu'un morcellement administratif du comté, comme le *townland* n'est qu'un fractionne-
ment de la paroisse ; il n'y a de pouvoirs politiques que dans
l'État, les comtés, les bourgs municipaux et les paroisses.

Aussi n'aurons-nous à examiner, dans le cours de cette
étude, que les taxes de paroisse, de comté et de bourg ;
division qui, comme nous l'avons vu, s'applique aussi à
l'Angleterre et à l'Écosse.

Disons auparavant d'une manière générale que les pouvoirs paroissiaux, si étendus en Angleterre, sont beaucoup moindres en Irlande, comme il sera facile de le voir, lorsque nous parlerons de chaque taxe en particulier.

ARTICLE 1.

TAXES DE PAROISSE [1].

Ces taxes sont :

I. La taxe des pauvres ;
II. La taxe d'émigration ;
III. La taxe de paroisse ;
IV. La taxe pour les enfants abandonnés.

§ I. — Taxe des pauvres.

L'origine de la législation des pauvres, en Irlande, remonte à 1838. Ce n'est qu'à cette époque qu'une taxe commença à être levée pour secourir la misère publique. Mais cette taxe, quelque considérable qu'elle fût, ne pouvait subvenir aux besoins de la multitude des pauvres irlandais.

Aussi s'est-on attaché à restreindre le nombre des pauvres secourus, en ne conférant pas au pauvre irlandais le droit strict à l'assistance, et en mettant à la distribution des secours des conditions qui la rendent peu désirable. Nous avons vu qu'en Angleterre et en Écosse, le pauvre pouvait se faire accorder des secours judiciairement ; rien de semblable n'existe en Irlande : le pauvre que l'on n'assiste pas ne possède aucun moyen coërcitif pour se faire accorder ce dont il a besoin.

---

[1] La paroisse est l'unité ecclésiastique ; ses intérêts spéciaux étaient autre-fois entre les mains de la *vestry*, dont il était nécessaire que les membres fussent anglicans ; mais aujourd'hui la *vestry* n'existe plus ; les pouvoirs de la paroisse sont dévolus presque totalement aux grands jurys.

L'administration générale des pauvres est placée sous la haute direction d'une commission, composée de 5 membres siégeant à Dublin et nommés par le gouvernement.

L'unité administrative, pour le soin des pauvres, n'est pas la paroisse, comme en Angleterre et en Écosse, mais l'*union* [1].

Chaque union est partagée en divisions électorales, qui ont ici le même rôle que la paroisse dans l'organisation anglaise.

L'administration locale est confiée dans chaque union aux maîtres des pauvres, nommés par les contribuables.

La charité publique procède par deux moyens : les secours à domicile, et l'entretien dans les *workhouses*.

Le secours obtenu par un pauvre, soit dans le *workhouse*, soit à domicile, est à la charge de la circonscription électorale où il a demeuré le plus longtemps dans le cours de trois années avant la date à laquelle il réclame assistance ; toutefois, s'il n'a pas demeuré habituellement au moins douze mois, pendant cette période triennale, dans la même division électorale, la dépense doit être supportée par toute l'union.

Tous les ressorts électoraux d'une union peuvent se réunir, afin de rendre leurs charges communes à l'union entière.

Dans chaque union, les maîtres des pauvres établissent une taxe (*poor rate*) pour subvenir aux dépenses de leur administration.

La taxe est répartie : 1° sur toute l'union, lorsque le taux pour cent est uniforme pour toute l'union ; 2° sur chaque division électorale séparément, lorsque le taux de la taxe n'est pas le même pour l'union entière. Dans l'un et l'autre cas,

---

[1] L'union est généralement formée d'une ville et des districts environnants, et la circonscription en est tracée sans égard aux limites des comtés ou des baronnies, mais de manière à ne pas scinder des paroisses ou *townlands*.

la perception se fait par division électorale, et le produit constitue un fonds distinct, de la réalisation duquel les maîtres
des pauvres du ressort sont responsables.

Les propriétés imposables à la taxe sont : 1° toutes terres et bâtiments ; 2° les mines ouvertes depuis plus de sept
ans ; 3° les communaux (*commons*) et droits de communaux,
ainsi que de tous autres profits de terres ; 4° les droits de
pêche ; 5° les canaux, voies navigables et droits de navigation ; 6° les droits de chemins ou passages et autres droits ou
servitudes foncières et les péages qui en dérivent 7° tous
autres péages.

Sont exemptes les propriétés ci-après : 1° les tourbières
servant uniquement à fournir du combustible ou de l'engrais, à moins qu'elles ne donnent une rente ou revenu ;
2° les églises, chapelles et autres édifices exclusivement
consacrés au culte ou à l'éducation des pauvres ; 3° les cimetières ; 4° les infirmeries, hôpitaux, hospices, écoles de charité et autres édifices ayant exclusivement une destination
charitable ; 5° toutes constructions, terres ou héritages consacrés et servant à un objet d'intérêt public.

La taxe est basée sur le revenu que les biens sont susceptibles de produire, année commune, déduction faite des frais
de réparation, assurances et autres dépenses, et de tous les
droits, taxes et charges publiques, les dîmes exceptées. Les
compagnies exploitant des chemins de fer, des canaux ou
d'autres voies de communication, doivent tenir un compte
exact de leurs recettes et de leurs dépenses pour servir à
l'établissement de leur quote part dans la taxe.

Les commissaires de la loi des pauvres et les maîtres des
pauvres font opérer l'évaluation du revenu annuel des propriétés imposables. Ces évaluations sont révisées chaque fois
que les commissaires de la loi des pauvres le jugent nécessaire, et il désignent alors ou font désigner par les maîtres des

pauvres de l'union les experts chargés de la révision. Les frais des évaluations sont couverts par la taxe des pauvres ou par une taxe spéciale levée pour cet objet. Avant de répartir la taxe d'après les nouvelles évaluations, les maîtres des pauvres les publient, afin que les contribuables puissent se pourvoir en réclamation.

Les rôles de répartition sont rendus exécutoires par deux juges de paix, et publiés, comme les évaluations, avant d'être mis en recouvrement.

Les taxes sont dues par l'occupant de la propriété imposée. Toutefois, l'occupant d'un bien d'une valeur annuelle au-dessous de 4 livres dans les comtés, et au-dessous de 8 livres dans les bourgs, est exempt, s'il n'en est pas le propriétaire; dans ce cas les taxes sont payées par le bailleur immédiat (*immediat lessor*), et les maîtres des pauvres ont la faculté de réduire l'imposition de 10 p. 100 au *maximum*. Les occupants ont le droit de déduire la moitié de leurs cotisations du loyer éventuellement dû par eux aux propriétaires.

Les juges de paix statuent sur les réclamations en matière de taxe des pauvres. Les cotisations doivent être payées, nonobstant les réclamations.

La perception est faite par les collecteurs de la taxe de comté (*county cess*), admis à cet effet par les commissaires de la loi des pauvres, et ayant fourni la caution prescrite; ou bien par tout autre agent de l'union désigné par les maîtres des pauvres sous l'approbation des commissaires, si le collecteur de la taxe de comté refuse de se charger du recouvrement ou de donner caution suffisante.

Si, dans les deux mois de la mise en recouvrement des rôles, les contribuables ne se sont pas libérés, les maîtres des pauvres peuvent faire procéder à la saisie et à la vente des biens des retardataires.

Le collecteur ne tient compte que du montant des cotes acquittées ou recouvrables; les cotes irrécouvrables sont réimposées dans le rôle subséquent sur tous les contribuables.

Ajoutons ici que les maîtres des pauvres sont aussi chargés de l'administration des cimetières; et qu'ils peuvent, à cet effet, faire des emprunts ou lever des taxes, d'après les mêmes règles que pour la taxe des pauvres.

§ II. — Taxe d'émigration.

Une taxe spéciale peut être levée, dans chaque union ou division électorale, pour faciliter l'émigration des pauvres du ressort. Sa quotité ne peut dépasser par année 6 pence par livre du revenu des propriétés imposables à la taxe des pauvres. Des emprunts peuvent être faits pour le même objet, à la charge de la taxe.

§ III. — Taxe de paroisse.

La taxe de paroisse est levée dans le but de subvenir aux dépenses paroissiales, remboursements et honoraires à ceux qui sont chargés de fonctions publiques dans la paroisse. Elle est due par tous les occupants, qu'ils résident ou non dans la paroisse. Elle est imposée à peu près sur les mêmes propriétés que la taxe des pauvres, sauf les différences suivantes, qui lui sont communes avec la taxe de comté, dont nous aurons à parler tout à l'heure.

Ne sont pas soumis à la taxe de paroisse les mines, les tourbières, les droits de pêche, les canaux, les droits de navigation, les droits de passage et autres servitudes foncières, et les péages de toute espèce. Toutes les autres natures de propriétés, sus-mentionnées en ce qui concerne la taxe des pauvres, sont sujettes à la taxe de paroisse.

Après le vote de la vestry, un avis indiquant le montant de

la taxe et le nom des répartiteurs doit être publié par affiches. Dans les quinze jours, chaque habitant peut se pourvoir contre l'imposition projetée, devant la session générale des juges de paix. Après un nouveau délai de quinze jours, ou immédiatement après la décision de l'assemblée des juges de paix, s'il y a appel, les répartiteurs désignés procèdent à la répartition de la taxe entre les contribuables.

Le rôle est ensuite soumis à l'approbation de la vestry, convoquée à cet effet. Si des réclamations surgissent, la vestry, à la majorité des voix, peut amender la répartition, puis le rôle est signé par le président de l'assemblée. Dans les dix jours, la répartition peut encore être attaquée, en appel, devant les juges de paix, dans leur première session générale.

§ IV. — Taxe pour les enfants abandonnés.

La loi met à la charge des paroisses l'entretien et l'éducation des enfants abandonnés ou exposés sur le territoire de la paroisse ; mais la dépense ne peut exéder 5 livres annuellement par enfant. Ce service est confié à des inspecteurs (*overseers*) choisis chaque année par les habitants convoqués en vestry. Si la vestry refuse d'agir, les inspecteurs sont nommés par le ministre ou le pasteur de la paroisse. Ces agents déterminent le chiffre de l'impôt, en font opérer la perception et en appliquent le produit. On ne perçoit plus que très-rarement la taxe pour les enfants abandonnés ; on y supplée généralement par la taxe de paroisse ou par la taxe de comté.

TAXE DE COMTÉ [1].

L'administration des comtés, confiée en Angleterre aux juges de paix réunis en session générale ou trimestrielle, en Écosse aux commissaires des subsides, appartient en Irlande aux grands jurys assemblés sous la présidence d'un juge des cours supérieures de Dublin. [2]

Les dépenses qui incombent aux comtés, et auxquelles les grands jurys ont a pourvoir par leur vote, comprennent : 1° les travaux de construction ou d'entretien des routes, ponts, aqueducs, quais;.... 2° les frais divers qu'occasionnent la réunion des cours de justice et l'entretien des locaux;... 3° les frais que nécessitent les enquêtes des *coroners;* 4° des indemnités diverses;..... 5° les frais de prison ; 6° ceux des constables spéciaux et extraordinaires [3] ; 7° l'entretien des

[1] Le comté irlandais a à sa tête le shérif, comme en Angleterre et én Écosse.

[2] Le *grand jury* se compose de 23 personnes, à la nomination du shérif du comté, et choisies dans chaque baronnie parmi les plus riches. Le grand jury dirige les affaires du comté comme corps administratif. Il tient ses séances deux fois l'an avec les assises dont il dépend, et il est placé, même pour ses fonctions administratives, sous le contrôle et sous la tutelle du juge d'assises, dont l'approbation est nécessaire à la plupart de ses actes. Le grand jury est installé et dissous par le juge de circuit. Ses attributions financières sont plus étendues que celles des juges de paix d'Angleterre.

[3] En Angleterre, la police est surtout répressive; gardienne des personnes et des propriétés, elle est considérée comme une véritable magistrature. Le peuple l'aime et la respecte partout. En Irlande, la police a un tout autre caractère ; elle présente quelque analogie avec notre gendarmerie. — L'organisation actuelle a pour base un acte de 1836, qui a substitué une force unique (*constabulary force*) sous la direction immédiate du gouvernement, aux divers corps qui dépendaient antérieurement des autorités locales. Comme l'entretien de l'ancienne police était défrayé moitié par les comtés, moitié par l'État, le même principe fut admis par

asiles pour les aliénés pauvres ; 8° les subsides aux hôpitaux ; 9° les enfants abandonnés ; 10° le service des poids et mesures ; 11° les dépôts et magasins de la milice ; 12° la dette des comtés ; 13° l'évaluation des biens pour l'imposition des taxes et dépenses d'administration ; 14° les traitements et pensions des divers fonctionnaires et agents salariés du comté.

De ces divers services, plusieurs forment, en Angleterre et en Écosse, l'objet de taxes distinctes dont nous avons parlé. En Irlande, on subvient aux dépenses de tous ces services par une seule et unique taxe, la *taxe générale de comté*.

Le trésorier du comté adresse aux collecteurs des baronnies un mandat de recouvrement indiquant les sommes à percevoir dans les diverses subdivisions de chaque baronnie

Les ressorts auxquels l'impôt est demandé varient suivant la nature de la dépense qu'il doit couvrir. Ainsi, les dépenses générales sont imposées sur l'ensemble du comté. Lorsqu'il s'agit, au contraire, de la réparation de routes, de ponts ou d'autres travaux publics qui intéressent seulement une baronnie, la somme est levée exclusivement dans cette baronnie. Les mandats de perception émis par le trésorier du comté sur les collecteurs des baronnies, indiquent si la taxe est générale et particulière.

Après la réception du mandat du trésorier, le collecteur envoie, dans chaque paroisse ou autre subdivision de la baronnie, un état indiquant la somme qui lui incombe. Cet envoi est fait aux marguilliers (*churchwardens*) ou à toute

l'acte de 1836 ; mais en 1846, les comtés ont été déchargés de toute intervention dans la dépense, de telle sorte que la force constabulaire est aujourd'hui à la charge exclusive de l'État ; il n'y a d'exception à cette règle que pour le cas où des agents extraordinaires doivent être institués dans les comtés en état de trouble et d'agitation. — La force constabulaire étend son action à toute l'Irlande, sauf le district de Dublin, qui possède une police à part.

autre autorité appelée à convoquer les habitants pour nommer les répartiteurs. Le contingent de la localité est réparti par ces derniers suivant le revenu annuel des propriétés imposables qu'elle renferme. Avant de commencer leurs opérations, les répartiteurs doivent prêter serment devant un juge de paix du comté.

Une expertise générale, avec matrice et cartes de toutes les propriétés soumises à la taxe de comté en Irlande, a été faite en vertu d'un acte de 1836 [1]. Cette sorte de cadastre sert de base à la répartition de l'impôt à faire par le trésorier entre les baronnies, paroisses, etc; on le suit également ment pour la répartition entre les contribuables, mais sans que les répartiteurs soient tenus de s'y conformer strictement. Les maisons d'une rente annuelle inférieure à 5 livres ne figurent pas au cadastre et sont exemptes de la taxe. Les autres bâtiments ne sont évalués qu'à raison des $\frac{2}{3}$ de leur revenu annuel.

Les propriétés soumises à la taxe de comté sont à peu près les mêmes que celles qui sont sujettes à la taxe des pauvres. Les biens ayant une destination publique ou charitable sont exempts; ils doivent néanmoins être expertisés, et leur valeur annuelle est déduite de la valeur totale des propriétés comprises dans le cadastre.

Les biens assujettis à la taxe des pauvres, qui n'entrent pas dans les évaluations pour la taxe de comté, sont les suivants : les mines, tourbières, droits de pêche, canaux et droits de navigation, droits de passage et autres servitudes foncières, et péages de toute espèce.

La taxe est due par les occupants des biens imposés. Lorsque la répartition en est faite dans la paroisse, les répartiteurs transmettent le rôle au collecteur dans les trente jours;

[1] 6 et 7, Guillaume IV, chap. LXXXIV.

s'ilsne le font pas, on suit la répartition précédente. Le payement doit être opéré par celui qui occupe la propriété au
moment du recouvrement, et non par celui qui l'occupait
au moment où la taxe a été imposée. Les rôles sont rendus
exécutoires par deux juges de paix et publiés par affiches.

La perception est confiée à des collecteurs nommés par
le grand jury; il y en a un par baronnie. Le collecteur est
tenu de lever la somme indiquée dans le mandat du trésorier du comté et d'en verser le montant entre les mains de
cet agent, deux jours avant l'ouverture de la session subséquente. Il peut poursuivre le recouvrement par voie de saisie
et de vente des biens des retardataires. Les cotes irrecouvrables sont réimposées aux rôles subséquents des baronnies,
paroisses, etc., qu'elles concernent.

Les collecteurs fournissent caution.

TAXES DE BOURG.

Les bourgs irlandais peuvent se diviser en trois grandes catégories.

Les bourgs de la première catégorie ne sont qu'au nombre de 10 ; mais leur nombre peut s'étendre, au gré du gouvernement : ce sont ceux qui ont conservé la corporation municipale.

Les bourgs de la seconde catégorie sont ceux dont l'administration est confiée à des commissaires municipaux, ou, dans les localités ayant une commission locale chargée de l'éclairage, de la voirie etc.,... aux membres de cette commission.

Les bourgs de la troisième catégorie sont ceux qui, tout en conservant le nom de bourg, ont été par des actes récents ramenés à l'administration paroissiale, et dont les intérêts sont confiés aux maîtres des pauvres.

Les propriétés particulières des bourgs ne peuvent être aliénées ni louées pour plus de trente ans sans l'autorisation des commissaires de la trésorerie.

Comme en Angleterre, le système financier des bourgs, en dehors de leurs revenus propres, est fondé à la fois sur la perception de taxes directes et indirectes, et sur l'exploitation de certains services publics.

Les taxes indirectes n'ont qu'une importance très-secondaire ; elles consistent en droits sur les voitures de place, en licences pour l'exercice de certaines professions, et en droits de ports dans les villes maritimes.

Les services publics ont pour objet l'exploitation des marchés, des abattoirs, des services d'eau, etc.....

Quant aux taxes directes, elles se résument dans les deux suivantes :

I. La taxe générale de bourg;

II. La taxe dite *générale* pour des services spéciaux.

Nous consacrerons ensuite un article distinct à l'étude des différentes taxes que Dublin, qui est à la fois cité, bourg et comté, lève pour faire face à ses dépenses.

§ I. — Taxe générale de bourg.

Cette taxe est due par les mêmes contribuables et pour les mêmes propriétés que la taxe des pauvres : elle n'en diffère que par le nom. Tout contribuable a néanmoins la faculté de se pourvoir contre l'estimation de la valeur annuelle imposable de ses biens devant le *recorder* qui statue en dernier ressort.

§ II. — Taxe générale (pour des services spéciaux).

Par suite de statuts récents, la police, l'éclairage,..... des bourgs sont placés entre les mains de commissions locales, qui, pour pourvoir aux dépenses diverses que nécessitent leurs travaux, imposent une taxe générale (*general assessment*). Cette taxe remplace toutes les taxes d'égoûts, d'éclairage, de police, d'eau, etc., dont nous avons eu à parler pour l'Angleterre.

Le taux de la taxe ne peut dépasser 1 ½ schelling du revenu imposable à la taxe des pauvres, dans les localités où les habitants ne sont pas approvisionnés d'eau par les soins de l'autorité.

Les commissaires peuvent contracter des emprunts, sous

IV.   19

l'approbation du lord-lieutenant. Pour en couvrir l'intérêt
et l'amortissement, ils doivent ajouter à la taxe ordinaire
un supplément de 5 p. 100 des sommes empruntées; mais
ce supplément ne peut dépasser la proportion de 1 ½ schelling du revenu imposable, en sus du taux fixé pour la taxe
elle-même.

Tous les occupants des biens imposés à la taxe des pauvres sont soumis à la taxe générale.

Les terres arables, prairies, bois, jardins maraîchers et
pépinières, les terrains couverts d'eau, les canaux et chemins
de halage, et les chemins de fer servant à des transports publics, ne sont imposés qu'à raison du quart du revenu net
annuel du sol.

Les biens improductifs pour leurs locataires ou propriétaires au moment de la répartition de la taxe, sont exempts
pour la période pendant laquelle dure l'improductivité ou
l'inoccupation.

Le bailleur immédiat est imposé pour les biens d'un revenu
inférieur à 4 livres, à moins que l'occupant ne demande à
l'être lui-même. Le recouvrement à charge du bailleur se
poursuit au besoin par action personnelle, ou bien le payement peut être exigé de l'occupant, qui est autorisé dans ce
cas à prélever le montant de la taxe sur le prix de son loyer.

Le rôle de répartition est dressé chaque année d'après les
évaluations admises pour la taxe des pauvres; il reste soumis pendant quelques jours à l'inspection du public. Après
que les erreurs ont été redressées et qu'il a été statué sur
les réclamatious, ce rôle est définitivement arrêté et remis
au collecteur.

Le recouvrement s'opère au besoin par voie de saisie et
de vente des biens. Les cotes irrecouvrables sont réimposées
au rôle subséquent.

Indépendamment de la taxe générale et de la taxe supplémentaire pour les emprunts, on perçoit des taxes spéciales (*private assessments*) imposées du chef des travaux faits pour le compte des particuliers ; elles ne sont dues que par les personnes intéressées à ces travaux.

Ces deux taxes n'existent pas seulement dans les bourgs ; elles existent encore dans d'autres localités populeuses ; mais nous avons cru devoir les ranger à l'article des taxes de bourg, parce qu'elles paraissent être levées dans tous les bourgs ; tandis que, si nous les avions rangées à la suite des taxes de paroisse, nous aurions alors parlé de taxes ne s'étendant pas à la généralité des paroisses, mais à un petit nombre seulement.

ARTICLE 2.

TAXES DE LA CITÉ DE DUBLIN.

Dublin, étant à la fois un bourg municipal et ayant le titre et rang de comté, a une organisation séparée. Cette ville
a sa police particulière, distincte de la police constabulaire,
et possède un système de distribution d'eau appartenant à la
municipalité, etc.

Pour subvenir aux diverses dépenses, fonds municipal
(*borough fund*), fonds d'amélioration (*improvement fund*),
dépenses des égoûts de district (*district sewer*), allocations
pour le comté (*presentments*), on prélève différentes taxes,
au nombre de sept, à savoir :

1° Taxe d'amélioration (*improvement rate*);

2° Taxe pour les acqueducs et égouts *(sewer s'rate)*;

3° — de comté (*grand jury cess*);

4° — de police (*police tax*);

5° — des pauvres (*poor rate*);

6° — pour l'eau (*public water rate*);

7° — de paroisse (*parish cess*).

La *taxe d'amélioration* est basée sur le revenu de toutes
les propriétés foncières soumises à la taxe des pauvres, mais
certains biens non imposés à cette taxe, sont taxés à raison de la superficie. Sont seuls exempts les édifices du culte,
ceux qui servent à un objet charitable et ceux qui sont occupés par des associations scientifiques et littéraires. L'impôt
ne peut dépasser 2 schellings par livre ; il est dû par l'occupant, sauf pour les propriétés au-dessous de 8 livres de

revenu. Cette taxe subvient aux dépenses de la voirie, de l'éclairage public, de l'hygiène publique, des marchés, etc.

La *taxe des acqueducs et égoûts* atteint les mêmes revenus et les mêmes propriétés que la taxe d'amélioration. Son nom dit dans quel but on la prélève. Son maximum est fixé à 4 pence par livre.

La taxe dite *grand jury cess* ne diffère de la taxe de comté (*county cess*) qu'en ce qu'elle est, malgré son nom, établie par le conseil municipal, au lieu de l'être par le grand jury comme dans les autres comtés.

La taxe de *police métropolitaine* est basée sur les mêmes revenus que la taxe des pauvres, et elle atteint les mêmes contribuables.

La taxe *pour l'eau* est graduée suivant un tarif, et la taxe de *paroisse* varie d'une paroisse à l'autre. On peut estimer ces deux taxes réunies à 1 schelling au moins en moyenne par livre ; de manière que la charge des taxes locales à Dublin équivaut à 6 schellings, 7 pence par livre, soit 30 p. 100 environ du revenu imposable [1].

---

[1] V. le Rapport belge, 2ᵉ édition, p. 374.

SECTION IV.

CONSIDÉRATIONS GÉNÉRALES.

ARTICLE 1.

PRODUIT DES TAXES LOCALES DANS LE ROYAUME-UNI.

D'après Bailly, les sommes levées au moyen des taxes des comtés en Angleterre ont suivi une marche ascendante jusqu'en 1834, époque où une commission du Parlement établit ces taxes sur de nouvelles bases. Des relevés fournis à cette commission par les trésoriers des comtés de l'Angleterre et du pays de Galles, il résulte que la somme que ces comptables étaient appelés à recueillir, inférieure à huit millions de francs en 1792, atteignait ce chiffre en 1803.

Portée en 1813 à. . . . . 12,750,000 fr.
Elle s'est élevée en 1833 à. 19,586,000

On voit par là qu'elle avait plus que doublé. Et si, du rapprochement de l'impôt en masse, on descend à la comparaison par comté, on trouve certaines circonscriptions où l'évaluation, comparativement avec 1793, était dans le rapport de 6 et même de 7 à 1.

Le tableau suivant dressé par Bailly donne cette progression de 1793 à 1833, pour chaque dépense principale :

NATURE des DÉPENSES.	SOMMES PAYÉES		DIFFÉRENCE		PROPORTION pour cent	
	en 1792.	en 1833.	EN PLUS.	EN MOINS.	de l'augmentation.	de la diminution.
Ponts..................	1,056,000	1,863,000	807,000	»	»	»
Prisons, maisons de correction et édifices publics.....	2,308,000	4,431,000	2,123,000	»	92	»
Nourriture et entretien des détenus.	1,145,000	3,182,000	2,037,000	»	178	»
Vagabonds..................	420,000	718,000	298,000	»	70	»
Frais de poursuite et de procédure..................	855,000	3,928,000	3,073,000	»	359	»
Dépenses de la lieutenance et de la milice du comté......	424,000	53,000	»	371,000	»	87
Constables..................	17,000	667,000	650,000	»	3,824	»
Coroners..................	240,000	381,000	177,000	»	87	»
Mémoires d'ouvriers et autres.	225,000	778,000	553,000	»	246	»
Traitements du trésorier, de l'ingénieur des ponts et de l'inspecteur des routes, etc.	408,000	1,285,000	877,000	»	215	»
Dépenses accidentelles......	436,000	823,000	387,000	»	88	»
Dépenses diverses, frais d'impression..................	397,000	1,477,000	1,080,000	»	272	»
	7,895,000	19,586,000	12,062,000	371,000		
					148 p. °/o.	
Augmentation totale.............			11,691,000 fr.			

Un accroissement si considérable n'avait pas été sans exciter des plaintes, et, dès 1830, on dut chercher à y porter remède. Des comités, chargés de la haute surveillance de l'administration, des dépenses et des recettes, furent institués dans chaque comté. Cette institution a porté d'heureux fruits, surtout au point de vue de la comptabilité et de l'affectation rigoureuse des taxes aux dépenses auxquelles elles étaient destinées [1] mais elle n'a pas empêché l'augmentation progressive des charges du comté.

[1] Ainsi, dans l'arrondissement ouest du comté d'York, la surveillance du comité établi en 1831 a procuré une réduction de taxe de 100,000 fr. sur une contribution de 1,100,000 fr. Une diminution plus notable encore a été due, dans le Devonshire, aux soins du comité qui y a été institué en 1828. La contribution qui, à cette époque, s'élevait à 500,000 fr. non compris 100,000 fr. employés en constructions nouvelles, a été réduite, pour chacune des années 1832 et 1833, à 375,000 fr.

Ces dégrèvements rapides s'expliquent par suite d'une surveillance plus grande dans les comptes qui étaient livrés à une confusion déplorable, et de l'interdic-

peut être évaluée à 5 sch. 9 deniers, et par livre de revenu imposable à 1 ½ schell.

En Écosse, du temps de Bailly, la taxe des pauvres produisait environ 50,000 liv. ; en 1860-61, elle a produit 684,354 liv. ; ce qui porte la moyenne de la taxe pour cette année à 5 liv. 6 sch. 1 ½ penny par 100 liv. de revenu imposable, et à environ 4 sch. 4 pence par habitant; ce qui est moindre qu'en Angleterre de plus d'un schelling par tête.

En Irlande, la taxe des pauvres produisait, en 1834, environ 80,000 livres; elle est montée, en 1860-61, à 603,077 liv., somme bien inférieure à celle qui a été levée en Angleterre (le 12ᵉ seulement).

Venons maintenant à la *taxe des routes*. Cette taxe a produit, en Angleterre, d'après le rapport belge, 2,168,816 liv. pour 1856-57.

En Écosse et en Irlande, la taxe des routes rentre dans les taxes de comté. Nous pouvons dire seulement avec Bailly qu'en 1835, elle s'élevait, en Écosse, à 37,600 livres [1].

Nous trouvons dans un article du *Times*, donnant l'analyse du compte-rendu annuel des taxes locales pour l'exercice finissant à Pâques 1862, publié par le ministère de l'intérieur (*home-office*), les renseignements suivants :

Pour la *taxe des églises*, il a été perçu 182,928 liv.; et 19,979 liv. au moyen de la taxe de construction des églises; en tout 232,907 liv.; en outre 50,949 liv. ont été obtenues par rentes, amendes et aumônes. La recette totale a donc été

---

[1] Il sera peut-être curieux de donner ici le produit des péages des routes. :

En Angleterre, ce produit a été, en 1857, de 1,128,591 liv.

En Écosse, il était, en 1834, d'environ 280,000 liv.; et en 1858-59, il est monté à 336,711 liv.

On a vu, à propos des routes de l'Écosse, qu'elles étaient entretenues en partie à l'aide de corvées ; les corvées existent également en Angleterre ; on trouve en effet, dans le *Rapport belge* (p. 408), un tableau des recettes des syndicats des routes pour 1857, où figurent pour 38,100 liv. les abonnements des paroisses au lieu des corvées, et pour 3,891 liv. les corvées effectuées.

TAXES.	SOMMES LES PLUS ÉLEVÉES			DERNIÈRES SOMMES		REVENU annuel de la propriété réelle. 1841.	TAXE par livre sterling d'après le dernier rapport.	
		perçues.	dépensées.	perçues.	dépensées.		percept.	dépense.
		L.	L.	L.	L.	L.	s. d.	s. d.
Poor's Rate ...	1818	9.320.000	7.870.801	1842 6.552.890	5.481.053	62,540,030	2 1 1/4	1 9
Highway Rate..	Moyenne de 1811 à 1813	1.407.200 5	1.407.200 1	1839 1.169.891 1	1.169.891	»	0 4 1/2 2	0 4 1/2
Church Rate..	1832	663.814	645.884	1839 506 812	480.662	»	0 2	0 5 3/4
			Total....	.... 8.229 533	8,362,324 2	»	2 7 1/2	2 8

Entre les données du rapport anglais sur les années 1818 et 1842 pour la taxe des pauvres, il convient de constater avec Bailly, qu'en 1834 la taxe a été de 6,576,000 liv.; en 1835, de 5,729,000 liv.; en 1836, de 4,892,000 liv. On voit une grande diminution de 1818 à 1836, et un accroissement sensible de 1836 à 1842.

Outre la taxe, les fondations charitables donnaient en 1836, 983,000 liv.

Bailly ajoutait donc avec raison qu'en réunissant les sommes obtenues par les fondations ou les impositions, on trouvait pour les dépenses connues du paupérisme, dans l'Angleterre seule, un chiffre approchant de huit millions de livres (200 millions de francs).

En 1860-61, la taxe des pauvres a produit, suivant le rapport belge, une somme de 8,252,168 liv., dont 1,348,208 liv. pour Londres. En 1860-61, on a secouru, à divers titres, 945,418 individus, ce qui fait un peu moins du 225ᵉ de la population totale. La contribution pour chaque habitant

---

1 On n'a rien qui justifie ce chiffre, mais il n'a pu être moindre que celui de la dépense à laquelle il fait face.

2 C'est environ 210 millions de francs.

En 1857 [1], les taxes de comté ont produit une somme de 1,157,254 livres, c'est-à-dire 28,931,350 francs.

D'où il résulte que la quotité des taxes perçues varie de ½ penny à 7 pence par livre du revenu imposable, lequel est évalué à 64,902,769 livres.

En Écosse, Bailly évaluait les taxes de comté à 9,000 livres environ; pour 1834, nous ne trouvons à ce sujet aucuns renseignements dans le rapport belge.

En Irlande, d'après Bailly, les taxes des comtés ont subi la progression suivante :

En 1790.	161,440 liv.
1800.	277,480
1810.	632,680
1820.	822,160
1829.	860,000
1833.	982,200

Cette progression ne s'est pas arrêtée là. En 1857, les taxes de comté ont donné 1,045,131 livres (un peu plus de 26 millions de francs) [2].

Si maintenant nous passons des taxes de comté aux taxes de paroisse, nous trouvons, dans le rapport anglais de 1843, le tableau suivant des sommes qu'ont produites, à différentes années, les taxes principales d'Angleterre :

tion des épices et émoluments que s'attribuaient les greffiers et les autres agents chargés de la perception et de la dépense de la taxe. Les relevés fournis au comité d'enquête de 1833, par 58 des greffiers de paix de l'Angleterre et du pays de Galles, et que plusieurs greffiers ont déclaré n'avoir été établis qu'approximativement, portent le montant des épices ou émoluments touchés par ces officiers :

Pour 1831, à.	1,142,500 fr.
1832.	1,325,000
1833.	1,390,000

Ainsi de la première à la dernière de ces trois années et de l'aveu des officiers qui ne sont pas intéressés à grossir leurs perceptions, l'augmentation avouée a été de 21 p. 100.

Un membre de la chambre des Communes a prouvé que les profits d'une année pour un greffier s'étaient élevés à plus de 75,000 fr.

[1] V. Rapport belge, p. 405.

[2] Ib., p. 426.

de 283,856 livres, soit 7,096,400 fr. Dans le courant de l'année, 12,644 liv. ont été empruntées. Les payements ont compris 129,245 liv. pour l'entretien du culte public; 68,378 liv. pour les réparations ordinaires des églises et des cimetières; et 42,767 liv. pour frais extraordinaires de constructions et d'améliorations. Les intérêts payés pour la dette (*bonded debt*) sont montés à 9,877 liv., et la dette a été remboursée jusqu'à concurrence de 19,016 liv. D'autres payements ont porté les dépenses des bureaux des marguilliers (*churchwardens*) à 330,645 liv., et doivent avoir à peu près épuisé le solde en caisse au commencement de l'année.

On peut comparer ces chiffres avec celui que donne le tableau ci-dessus que nous avons tiré du rapport anglais de 1843. On verra par là que les taxes d'églises qui ont produit en 1832, 663,814 liv., en 1839, 506,812 liv., ont été toujours en diminuant progressivement; en 1860 elles ont produit 344,177 liv., et en 1862, elles ne donnent plus que 283,856 liv. Elles ont donc été réduites de moitié.

Nous n'avons aucune donnée récente sur les taxes d'églises d'Écosse et d'Irlande.

Voici maintenant les produits de diverses autres taxes.

Les états de la *commission des égouts*, dit le *Times*, publiés par le lord chancelier, indiquent qu'en 1862 la taxe est arrivée à 31,120 livres. La commission de la cité de Londres a levé, de son côté, 17,120 liv.

Les commissions de *drainage* ont levé, principalement dans les pays marécageux, 142,053 liv.

Dans 332 localités où l'*éclairage* et le *guet* sont encore sous l'empire du statut de la troisième et de la quatrième année de Guillaume IV, on a levé la somme de 42,256 liv. à titre de taxes.

Une longue liste de villes ayant une commission locale (*local board*) accuse une perception de 436,009 liv. pour les

taxes de district, des grandes routes, d'eau et autres semblables.

Les *commissions d'amélioration* ont levé 290,779 liv.,
mais dans beaucoup de cas il n'a pas été fourni d'états, par
la raison que les comptes de l'impôt sont joints à ceux des
bourgs municipaux, lesquels sont produits au Parlement
dans une forme spéciale.

Dans la métropole, les états portent une perception de
142,734 liv. pour le *main drainage*, et la grosse somme de
830,740 liv. (74,000 d'accroissement sur l'année précédente) pour d'autres taxes telles que celles d'éclairage, etc.,
perçues en conformité du *Local Management Act.*

Dans l'ouvrage de Bailly, publié, comme on le sait, il y a
une trentaine d'années, les recettes faites en 1832 dans la
métropole étaient évaluées à 10,692,000 fr. ou 427,680 liv.,
sur lesquelles le pavage, l'éclairage et le balayage figuraient
pour 304,000 livres ; — les égoûts, pour 116,800 liv. ; —
diverses autres dépenses, pour 6,880 liv.

Bailly évalue (année 1835) ces diverses sortes de dépenses
à 2 millions de francs environ pour l'Écosse, dont la moitié
pour Édimbourg.

Le même auteur évalue, pour la même époque, à 2 millions et demi de francs les contributions de même nature
en Irlande.

116 états pour les ports accusent une recette de 1,042,967
liv., recette moindre que celle de l'exercice 1861 [1].

Les revenus des comités d'inhumation ont été, en 1860-61,
d'après le rapport belge, de 480,297 livres.

L'ensemble des états, dit le *Times*, porte à 3,462,685 liv.

---

[1] Le *Times* donne également le produit des ponts et bacs ; mais dans un
chiffre fort incomplet, parce que les renseignements ont été refusés en grand
nombre, sous le prétexte que les ponts et bacs étaient des propriétés privées. — Les
58 états obtenus accusent une recette, pour droits et péages, de 105,116 livres.

pour 1862, le chiffre total des taxes locales perçues en Angleterre et dans le pays de Galles ; la dette restant hypothé-
quée sur les taxes à percevoir s'élève à 11,287,182 liv. [1].

[1] Nous trouvons dans le premier volume du savant ouvrage allemand de
M. Gneist, publié en 1863, une note curieuse sur l'étendue des charges qui, d'après
un document de 1846, grèvent en Angleterre la propriété foncière. M. Gneist dit
qu'une propriété foncière, de la contenance d'environ 2,198 arpents prussiens
(soit environ 560 hectares à raison du *morgen* calculé à 25 ares, 526), paie :

En dîme	2460	thalers.
Taxe des pauvres	900	
Taxe des routes	225	
Taxe d'église	75	
Income tax du fermier	162 1/2	
Total	3,822 1/2	thalers, ou 14,143 fr. 25 c.

En dehors de ces prélèvements qui sont les impositions propres à la charge du
fermier, le propriétaire touche un fermage de 6,060 thalers (22,422 fr.) ; mais il
paye une taxe foncière de 1 à 2 schellings par acre, ce qui monte ici à environ 630
thalers (2,121 fr.), et enfin une *income tax* de 3 1/2 p. 100.

ARTICLE 2.

CARACTÈRE ADMINISTRATIF ET POLITIQUE DE LA TAXATION LOCALE DANS LE ROYAUME-UNI.

Nous avons vu qu'en résumé les taxes locales du Royaume-Uni, dans toutes ses parties, peuvent se ranger sous deux grandes catégories très-inégales, indépendamment des monopoles ou services exploités par les administrations locales [1].

Ces deux grandes catégories de taxes embrassent :

Les taxes directes;

Les taxes indirectes.

« Ces dernières [2], n'ont été établies que dans les ports de mer et seulement dans ceux où le mouvement de la navigation a quelque importance. A part de rares exceptions, comme à Londres, les droits sur les charbons, les grains, les fruits et les vins ; comme à Douvres, les droits insignifiants sur la chaux et le houblon ; comme à Newcastle, les droits sur les marchandises entrant ou sortant par terre, et à Édimbourg, le droit de commutation et le droit sur le bétail, les taxes indirectes ne sont autre chose au fond que des droits de port affectés au payement des dépenses spéciales faites dans l'intérêt de la navigation et du commerce maritime. Du reste, en Angleterre, l'opinion publique se montre peu sympathique à ce genre de taxes.

---

[1] Par exemple, le monopole du gaz à Manchester, qui a produit 41,772 livres en 1857.

[2] Rapport belge, p. 384.

C'est ainsi qu'à Londres, par exemple, on ne cesse depuis longtemps de réclamer la suppression du droit sur les charbons, qui a rapporté 90,000 livres en 1861. La perception de ce droit devait cesser en 1862; mais un acte de 1861 en a autorisé le maintien pour une nouvelle période de dix ans. On condamne ces taxes parce qu'elles entravent le mouvement du commerce, qu'elles grèvent le travail de beaucoup d'industries, et surtout parce que, toutes choses égales, elles pèsent davantage sur les pauvres que sur la classe aisée. »

« Les taxes directes, continue le même rapport, forment la base principale et presque exclusive du système financier des comtés, des bourgs, des cités, des paroisses et des commissions chargées de services spéciaux. Toutes ces txaes, sauf quelques-unes d'un produit insignifiant comparées aux autres, ont pour type la taxe des pauvres qui, par la généralité de sa perception et le chiffre élevé de son produit, est de beaucoup la plus importante; les différences qu'elles présentent entre elles sont légères et se justifient en général par des raisons d'équité puisées dans la spécialité de la dépense à laquelle la taxe doit pourvoir. »

A côté de la taxe des pauvres se placent pour l'importance la taxe d'église et celle des grandes routes.

Si nous étudions le système des taxes locales du Royaume-Uni en lui-même et dans son caractère général, nous ne pourrons mieux faire que d'en citer ici deux appréciations différentes et presque opposées.

Voici d'abord en quels termes MM. Fisco et Van der Straeten s'expriment à ce sujet :

« S'il est vrai que l'établissement des taxes par le vote des citoyens soit le premier signe de l'émancipation politique, on peut dire qu'en Angleterre l'indépendance des pouvoirs locaux est complète. La loi leur impose bien quelques char-

ges auxquelles ils sont tenus de subvenir, telles que le soulagement des pauvres, l'entretien des prisons et autres,
et elle détermine aussi l'assiette des taxes destinées à
couvrir les dépenses facultatives; mais, dans la plupart des
cas, le comté, la corporation municipale, la paroisse et les
commissions spéciales règlent eux-mêmes le montant de la
taxe.

» Les contribuables obtiennent dans ce système des garanties sérieuses contre les dépenses inutiles ou de luxe. Dans
les pays où le principe de la centralisation prévaut, il est probable qu'une seule taxe locale remplacerait les différentes
impositions directes qui existent dans le Royaume-Uni, car
toutes à peu près sont assises sur la même base ; le travail de
répartition et de perception se trouverait par là considérablement simplifié. Mais la longue pratique du *self government*
rend les Anglais peu sensibles à ce genre d'avantages : en
fait d'impôts, ils veulent avant tout voir clair dans leurs
affaires et les administrer eux-mêmes; et pour introduire
une rigoureuse économie dans les dépenses locales, ils n'ont
rien trouvé de mieux que d'affecter une taxe distincte à chaque spécialité de dépenses. Par là ils donnent d'ailleurs satisfaction au sentiment d'équité qui règne chez eux avec tant
d'autorité : une taxe unique frapperait tous les habitants en
proportion de leurs facultés, mais sans égard au profit particulier que chacun retire de la dépense ; tandis que, dans le
système des taxes spéciales, chacun contribue à la fois en
proportion de ses facultés et des avantages qu'il doit retirer
du produit de la taxe. »

Cette appréciation du mérite de la spécialité compliquée
des taxes locales du Royaume-Uni nous paraît un peu indul-
gente, et peut-être fait-elle trop ressortir les avantages d'un
self government fort atténué dans le cas où ce sont les fonctionnaires des comtés qui décrètent et mettent en vigueur

les taxes locales, comme nous l'avons vu plus haut, spécialement pour l'Irlande.

A l'opposé des administrateurs belges, M. de Mohl, dans son savant ouvrage allemand sur l'histoire et la littérature des sciences politiques, apprécie [1] avec des termes fort sévères le système des taxes locales de l'Empire britannique, qu'il paraît avoir étudié surtout au point de vue administratif :

« Il y a dans ce système de taxes accessoires, dit-il, un effroyable chaos de mauvaises mesures et de désordre ; c'est une preuve nouvelle de la fausseté du principe fondamental de la législation anglaise, qui consiste à pourvoir à chaque cas isolé, en négligeant toutes les pensées et les dispositions générales et puissantes. C'est ainsi qu'on est arrivé à ce résultat, en réalité barbare, d'établir une taxe locale spéciale pour chaque nature de dépense locale [2]. Ces taxes sont souvent si insignifiantes que le contingent de chaque contribuable ne peut guère être saisi, et que les frais de perception dépassent le montant de la taxe elle-même. Ainsi en est-il de la *Dead Burial rate*, pour l'inhumation des cadavres laissés sur le rivage. Dans beaucoup de cas, le contre-sens est si grand que les juges de paix n'exécutent pas littéralement la loi, mais prélèvent la somme nécessaire sur une autre taxe, et ordinairement sur la taxe des pauvres.

» Qui pourrait croire que dans l'Angleterre et le pays de Galles, il n'y a pas moins de vingt-quatre diverses taxes locales qui sont imposées et levées d'après les dispositions de 173 lois différentes par 180,000 fonctionnaires le plus souvent gratuits? Que, pour plusieurs de ces taxes, un mode

---

[1] Tome II, p. 104.

[2] Il est vrai de constater avec M. de Mohl, que c'est là un trait de la taxation dans son époque primitive : témoin la division extrême et la multiplicité des taxes en rapport avec la spécialité des dépenses, dans l'ancienne Espagne.

de perception très-prodigue, une supputation incertaine, une comptabilité défectueuse [1], accompagnent un luxe exagéré dans les dépenses que l'impôt doit couvrir? Qu'il en est de même en Écosse et en Irlande, bien qu'à un moindre degré? Qu'enfin il se lève de cette manière environ 12 millions de livres sterling, soit 300 millions de francs? »

M. Dupont-White porte [2] sur le système des taxes locales britanniques un jugement plus réservé et plus circonscrit; il fait surtout remarquer que ces taxes portent presque exclusivement sur la fortune immobilière, tandis que l'État plus avancé s'est adressé à la totalité des ressources des citoyens par l'*income tax*, et *laisse aux comtés la taxe aussi bien que les pouvoirs du moyen âge.*

Ce point historique est constaté aussi par les administrateurs belges : « Les institutions locales, disent-ils, remontent, tant pour le fond que pour la forme, à la période féodale et n'ont subi depuis lors que peu de changements dans leurs bases essentielles. »

Nous avons déjà vu, dans le cours de cette étude, quel était le jeu de ces institutions, en ce qui concerne l'imposition et la répartition des diverses taxes locales. Il ne nous semble pas cependant hors de propos de résumer ici les traits les plus saillants d'une organisation, qui diffère si profondément de la nôtre.

Nous emprunterons souvent, à ce sujet, les appréciations d'un auteur qui vient de caractériser d'une manière neuve et piquante, quelquefois même avec des nuances vives et heurtées, les mœurs et les institutions de l'Angleterre

---

[1] Nous trouvons dans Bailly, t. II, p. 383, que les *overseers* sont souvent très-ignorants; que 1/4 de ceux du comté de Devon en 1840 ne savaient pas écrire ; l'un de ceux-là répartissait et percevait pourtant des taxes pour 175,000 livres annuellement.

[2] *Revue des Deux-Mondes,* du 15 mars 1862.

(M. Dupont-White), dans un ouvrage destiné à considérer la liberté politique dans ses rapports avec l'administration locale.

Rappelons d'abord et suivons, comme nous l'avons fait pour le détail des taxes, la division du royaume de Grande-Bretagne en trois régions distinctes : Angleterre et pays de Galles, Écosse, Irlande.

C'est dans l'Angleterre et le pays de Galles, qui comprennent du reste les deux tiers de la population et les quatre cinquièmes de la richesse britannique, que se trouve l'application la plus complète du système d'administration locale suivi de l'autre côté de la Manche.

Le territoire se subdivise en *comtés*, *bourgs* et *paroisses* ; mais il n'existe entre ces trois circonscriptions aucune hiérarchie ; elles sont à peu près sans action l'une sur l'autre.

« Le grand pouvoir local, primant le bourg par le nombre et les espaces où il s'applique, primant la paroisse et le gouvernement lui-même par l'importance de ses attributions, dit M. Dupont-White avec raison, c'est le comté. » Il y a 52 comtés dans l'Angleterre et le pays de Galles.

Parmi les autorités du comté apparaît en première ligne, ou mieux hors ligne, le *juge de paix*, choisi par la couronne entre tous les propriétaires ayant au moins un revenu de 100 liv., investi de fonctions gratuites, mais les plus considérables ; « il est [1] entre tous l'organe de la vie et du pouvoir local, non-seulement parce qu'il nomme d'une manière plus ou moins directe les fonctionnaires locaux, et qu'une fois nommé il est en quelque sorte inviolable lui-même, mais parce qu'il exerce tous les pouvoirs du comté » pouvoirs judiciaires, de police, administratifs et même financiers. C'est là le point qui doit nous occuper surtout.

---

[1] *La liberté politique*, etc., p. 14, par Dupont-White.

« Le juge de paix, dit M. Dupont-White, a le vote de l'impôt local. Il n'est pas l'élu des populations et il ne laisse pas que de les taxer ! Qui se serait attendu à cela dans un pays libre et où la liberté signifia toujours *impôt consenti !* »

Le budget des dépenses du comté et le chiffre de l'impôt, destiné à y faire face, sont fixés par les juges de paix en session trimestrielle. Une commission, nommée parmi eux, procède ensuite à l'évaluation de la matière imposable ; nous avons vu que la commission avait, à cet égard, les pouvoirs les plus étendus, qui allaient jusqu'à frapper d'une amende de 20 liv. sterl. le témoin assigné, qui refusait de comparaître. Elle répartit aussi la taxe entre les paroisses, et c'est encore aux juges de paix en session trimestrielle qu'appartient le jugement des réclamations des paroisses contre leur contingent.

La constitution toute spéciale de la société anglaise, la puissance de l'opinion « qui y est légalement armée de toutes pièces, » le milieu d'où sont tirés les juges de paix, véritable personnification de cette aristocratie qui domine et gouverne à tous les degrés de l'échelle, expliquent comment peut exister encore et fonctionner utilement un système si dissemblable de tous ceux qui sont pratiqués dans l'Europe moderne.

La seconde circonscription est *le bourg*, « localité qui tient d'une charte royale ou d'un acte du Parlement certain pouvoir de se gouverner elle-même, » et qui constitue ce que l'on pourrait justement appeler une personne civile. En 1835, il n'existait dans l'Angleterre et le pays de Galles que 183 bourgs avec une population de 2 millions d'habitants. C'est donc une exception ; tous les pouvoirs appartiennent dans le bourg à un conseil électif, lequel nomme ses dignitaires (maires et aldermen). L'électorat est départi à tout citoyen qui paie la taxe des pauvres, l'éligibilité à quiconque paie cet impôt pour un revenu de 15 livres sterling au moins. Les attributions des conseils sont variables; cependant elles ont été jusqu'à un certain point coordonnées par l'acte de réforme municipale rendu en 1835, et par le *local government act* de 1858, qui a pour caractère d'être facultatif.

Les pouvoirs judiciaire et administratif, confondus dans le comté, où la sûreté des personnes et des biens forme la principale attribution de l'autorité, sont séparés dans les bourgs, siéges des grandes agglomérations modernes.

Aux conseils appartiennent les questions administratives; leurs droits surtout en matière de police urbaine, c'est-à-dire de construction, de voie publique, de salubrité, de propreté, sont très-étendus et emportent, comme corollaire indispensable, l'établissement de taxes souvent considérables, lesquelles sont fondées sur des actes dont l'application est locale ou facultative.

Au troisième et dernier rang, M. Dupont-White place naturellement *la paroisse* qui n'est, suivant lui, qu'un agent-voyer et un répartiteur. « La paroisse, dit-il[1], est une localité sans personnification civile; elle est un territoire, un groupe dont le lien primitif était l'église. La paroisse a des charges plutôt que des droits, charges qui consistent dans l'entretien des routes et dans la répartition de l'impôt au-dessus d'elle[2]. »

Cette appréciation peut sembler excessive, surtout au point de vue qui nous occupe. En effet, la paroisse intervient d'une manière soit directe, soit indirecte, mais toujours effective, non-seulement dans la répartition, mais

---

[1] *La Liberté politique*, etc., p. 11.

[2] Le montant des taxes municipales directes perçues à Liverpool s'élève à 21 p. 100 du revenu imposable, ce qui ne dispense pas l'habitant de Liverpool de payer sa part de l'*income tax* et des *assessed-taxes*, c'est-à-dire des taxes sur les maisons, les domestiques, les chevaux, les armoiries, etc. (Dupont-White, p. 38).

encore dans le vote des trois grandes taxes locales, taxe des pauvres, taxe d'église, et taxe des grandes routes.

La vestry composée, on se le rappèlle, de tous les contribuables à la taxe des pauvres, avec cette condition particulière et favorable à la propriété, que l'importance plus ou moins grande des immeubles possédés ou occupés donne droit à un nombre de voix qui peut s'élever à six au plus, vote, dans les limites d'un maximum, la taxe d'église qu'elle a le droit et qu'il lui arrive même souvent, si l'on en croit le rapport belge, de refuser ; elle peut, pour la taxe des grandes routes, autoriser, dans certains cas, les inspecteurs de la voirie, élus d'ailleurs par elle, à dépasser le taux fixé par la loi ; enfin elle nomme les maîtres des pauvres chargés soit dans le sein de la paroisse, soit dans l'union dont elle fait partie, de la direction financière et administrative de cet important service.

Nous ne saurions terminer la nomenclature des autorités préposées en Angleterre aux taxes locales sans mentionner au moins les commissions instituées par divers actes, et notamment par celui de 1858, pour divers services spéciaux soit dans les bourgs, soit même dans les paroisses. On a vu, du reste, dans le cours de ce chapitre, leurs attributions et leurs pouvoirs.

Le système d'administration locale, dont nous venons de résumer les traits principaux, ne se présente pas en Écosse et en Irlande avec les mêmes développements que dans l'Angleterre proprement dite.

L'Écosse, « pays annexé, longtemps rebelle, où le régime féodal a duré trop longtemps, et pour cette imprudence a péri tout entier, » compte environ 80 *bourgs*, dont l'indépendance est à peu près la même que celle des bourgs d'Angleterre ; mais l'action du pouvoir central se fait sentir sur les *comtés* (au nombre de 33), et les *paroisses*, qui sont constitués avec moins de souveraineté et moins de ressources locales.

La gestion des intérêts spéciaux du comté appartient aux commissaires des fonds, dont l'assemblée se compose de quiconque possède un revenu net rural de 100 livres sterling. Mais l'État intervient par un droit de contrôle ou par des subventions en plusieurs matières, et notamment pour ce qui regarde la police, les prisons, les aliénés et les routes qui, en Écosse, sont du ressort de l'administration comtale.

L'intervention de l'État se fait également sentir dans les paroisses auxquelles il alloue des subsides, sous certaines conditions, pour le service du culte et celui de l'instruction primaire. On a vu que l'administration de ces circonscriptions était dévolue, en ce qui concernait la gestion du temporel du culte et de l'enseignement primaire presbytériens, à la *kirk session*, et à une commission paroissiale, pour les indigents et pour quelques services accessoires.

« L'Irlande, dit M. Dupont-White [1] est un pays vaincu et catholique. Ne croyez pas que les vainqueurs vont y laisser de l'indépendance locale, encore moins que les vaincus se laisseront gouverner localement par l'aristocratie protestante ; leur bon plaisir serait plutôt de l'incendier et de l'assassiner. » En effet, presque toute l'administration y est centralisée entre les mains du gouvernement et de ses agents.

Dans les *comtés*, qui sont au nombre de 32, les grands jurys, auxquels est dévolu le droit de régler définitivement les affaires locales et d'imposer des taxes, sont sous la tutelle et le contrôle des grands juges ainsi que du lord lieutenant.

Sur les 71 corporations municipales qui existaient avant

---

[1] *La Liberté politique*, etc., p. 31.

1840, un acte de cette même année n'a conservé d'organisation indépendante qu'à 10 bourgs.

Enfin les paroisses n'ont plus à pourvoir au temporel du culte; elles sont sans attributions quant à l'administration des pauvres; et quand elles ont nommé leurs officiers et réparti les taxes dont elles sont chargées, soit en vertu d'une loi de l'État, soit par un vote des grands jurys pour le service des comtés, il ne leur reste plus rien à faire [1].

Il n'y a donc pas, en réalité, dans le Royaume-Uni, de centralisation *bureaucratique* comme dans certains États du continent, mais il est impossible de n'y pas voir une centralisation en quelque sorte *aristocratique* et *parlementaire*, qui exerce aussi sa force d'attraction et d'unité.

Nous avons vu, en effet, que pour diverses taxes locales, entre autres pour la taxe des pauvres, il y a certaine intervention du Parlement [2].

Enfin la sanction des juges de paix, ou autres fonctionnaires analogues, à l'égard de l'administration des comtés, et la pluralité des votes accordés aux contribuables les plus imposés dans l'administration de la paroisse, montrent bien qu'à la base de la société britannique comme au sommet, l'influence de la monarchie et celle de la grande propriété sont les pièces principales de la charpente politique.

« Nonobstant les pouvoirs répandus sur le sol d'Angleterre, dit donc M. Dupont-White [3], avec une justesse générale de pensée que nous reconnaissons sans examiner si l'aristocratie anglaise est tout à fait ce qu'on doit appeler une caste, la souveraineté ne cesse pas d'y être une et partout semblable à elle-même, comme si elle émanait d'un centre. C'est qu'elle émane d'une caste qui anime tous

---

[1] *Rapport belge,* 2ᵉ édition, p. 337.
[2] V. aussi Dupont-White, p. 45-49.
[3] P. 67.

ses membres d'un même esprit et qui ne va pas apparemment, dans sa fonction locale, entraver sa fonction politique, faire obstacle à l'action du gouvernement, contrarier les lois générales ou embarrasser la marche des services publics. C'est ce qu'on appréhende toujours des autonomies locales, mais qui n'est pas à craindre d'une caste exerçant tous les pouvoirs d'une société. En Angleterre, l'aristocratie donne le ton à ces comtés, à ces paroisses qui ont l'air de fractionner le pays : elle y maintient l'unité. L'aristocratie est le type d'unité, l'agent de centralisation le plus accompli que l'on puisse concevoir : infiniment supérieur sous ce rapport à la monarchie où le monarque peut être mal servi par ses agents, trahi et déserté par ses successeurs, tandis que le gouvernement personnel d'une caste a l'œil partout et que l'esprit d'une caste, s'il est perverti par hasard chez un de ses membres, s'entretient et se perpétue chez tous les autres. »

CHAPITRE III.

DES TAXES COMMUNALES ET PROVINCIALES EN ALLEMAGNE, EN PRUSSE ET EN AUTRICHE.

PRÉLIMINAIRES.

Le savant ouvrage de M. Rau, auquel nous avons fait tant d'emprunts quand nous avons traité des principales taxes levées par les Etats, ne contient presque aucun détail sur les taxes locales, même de l'Allemagne.

Nous avons cherché à remplir cette lacune par quelques renseignements de correspondance.

C'est M. Rau lui-même qui a bien voulu notamment nous aider à réunir quelques notions sur les impositions locales dans les pays d'outre-Rhin.

Nous ferons avant tout remarquer que le système allemand des taxes locales est, comme le système français, un système mixte. Quoique sous des formes très-différentes des nôtres, il balance l'impôt direct avec l'impôt indirect dans les localités comme dans les budgets de l'État lui-même, tandis qu'en Angleterre nous avons vu l'impôt direct dominer presque exclusivement dans les budgets locaux et compenser ainsi en quelque sorte l'excès contraire dans le budget des recettes de l'État.

SECTION I.

DES TAXES COMMUNALES.

En Prusse, la matière semble régie principalement par l'art. 53 de l'ordonnance du 30 mai 1853 pour les six provinces orientales.

Cet article est ainsi conçu :

« Quand les revenus du domaine municipal ne sont pas suffisants pour créer les ressources nécessitées pour les besoins ou les obligations des communes, les représentants des municipalités peuvent établir des taxes communales.

Ces taxes consistent :

§ 1. En additions aux taxes d'État sous les conditions suivantes :

1° La taxe ne peut porter sur le commerce ambulant ;

2° Pour les additions à l'impôt sur le revenu classifié, la propriété foncière située hors de la commune doit être retranchée du calcul ;

3° L'approbation du gouvernement est nécessaire.

a. Pour tous les suppléments à l'impôt sur le revenu.

b. Pour les suppléments aux autres taxes directes excédant 50 p. 100 de la taxe au profit de l'État ou lorsque ces suppléments sont répartis inégalement sur les divers impôts de l'État. Aucune approbation n'est nécessaire pour affranchir totalement ou atténuer la charge des contribuables au dernier degré de la Klassensteuer.

c. Pour les additions aux taxes indirectes.

§ 2. En taxes communales spéciales, soit directes, soit indirectes qui ne peuvent être instituées, élevées ou modifiées dans leurs bases sans l'approbation du gouvernement.

Pour les impôts communaux sur le revenu, la restriction indiquée sous le n° 2 du § 1er ci-dessus [1] est toujours à observer. Les impôts communaux sur le revenu existants sont soumis à l'obligation d'un examen et d'une autorisation nouvelle [2].

Dans les règlements à intervenir sur la perception de taxes communales, le gouvernement pourra introduire, pour réprimer les contraventions, des amendes s'élevant jusqu'au chiffre de 10 thalers. »

Cet article 53 de l'ordonnance du 30 mai 1853 a fourni la matière d'un règlement d'exécution détaillé, portant la date du 17 juillet 1854.

Voici les principales dispositions de cette instruction signée par les ministres de l'intérieur et des finances :

Ne peuvent aux termes de l'art. 3 et de l'art. 21 de l'instruction être l'objet de suppléments au profit des communes :

1° Les taxes et droits de douanes établis par la législation du 26 mai 1818, ainsi que l'impôt sur le sucre de betteraves ;

2° Les taxes sur l'eau-de-vie, le vin et le tabac introduites par la loi du 8 février 1819 ;

3° La taxe du timbre ;

4° L'impôt du sel ;

5° L'impôt sur l'industrie ambulante.

Aux termes de l'article 4, l'impôt foncier ne peut être accru qu'à l'aide d'un supplément communal réparti sur les immeubles compris dans l'enceinte de la commune.

---

[1] Relativement au revenu des immeubles en dehors de la commune.

[2] J'ai entendu dire à Cologne en 1852 qu'il y existait une taxe sur le revenu au profit de la ville, taxe assise sans minimum de revenu imposable.

Il résulte de ce qui précède, comme l'indique au reste l'article 6, qu'avec les taxes directes, les taxes de mouture, d'abattage, et la taxe sur la bière sont les seules, dans le budget de l'État, qui puissent être accrues dans les six provinces orientales de la Prusse pour les dépenses communales.

Aux termes de l'article 11, il y a lieu de ne pas exhausser l'impôt des classes sans élever en même temps l'impôt sur le revenu et réciproquement. Cela concorde bien avec ce que nous avons vu de la coordination de ces deux taxes dans le système des revenus de l'État prussien.

Certaines règles sont tracées hypothétiquement relativement aux diverses taxes nouvelles que les communes peuvent s'imposer, et par exemple, d'après les articles 17 et 18, il y a des formalités plus simples pour l'institution d'une taxe communale sur les chiens que pour celle d'une taxe spéciale sur les maisons, les fonds de terre, les loyers, etc.

L'article 21, qui rappelle certaines prohibitions résultant du Zollverein, et qui décide qu'aucune taxe sur le tabac ne peut être perçue au profit des villes ou des corporations, énumère les denrées qui peuvent être l'objet de taxes communales : ce sont la bière, le vinaigre, le malt, le cidre, les objets soumis aux taxes de mouture et d'abattage, les comestibles portés aux marchés, les combustibles et les fourrages.

Le même article établit des maximums de taxation, au profit des communes et corporations, sur la bière, le vin et l'eau-de-vie.

Il renferme diverses règles concernant la taxation relative des objets similaires produits dans la commune ou introduits du dehors.

La constitution municipale française qui avait été établie sous l'Empire dans les provinces occidentales de la Prusse y a été abolie en 1820.

Diverses réglementations l'ont remplacée et nous pouvons signaler surtout les ordonnances assez analogues entre elles, du 15 mai 1856 pour les provinces du Rhin, et du 19 mars 1856 pour la Westphalie.

L'ordonnance relative à la province du Rhin détermine deux sources de taxes pour les communes :

1° Les suppléments aux taxes directes de l'État, sauf les exceptions en faveur des industries ambulantes, quant à la *gewerbsteuer*, et en faveur des fonds ou établissements industriels situés hors de la commune, quant à l'*einkommensteuer*; par exemple, suppléments assujettis à l'approbation du gouvernement, lorsqu'ils doivent dépasser 50 p. 100 par rapport aux taxes directes ;

2° Les additions aux taxes indirectes (non autorisées en Westphalie) ;

3° Des taxes spéciales, soit directes, soit indirectes, avec l'autorisation du gouvernement.

Voici maintenant le budget de la ville de Berlin, tel qu'il a été publié dans le Rapport fait en Belgique par M. de Brouckère, au nom de la commission instituée en 1847 pour la réforme des octrois: ce budget présente une corrélation particulière entre les chapitres de recette et les chapitres de dépense, qui semble supposer une spécialité poussée très-loin dans le système des recettes.

Budget de la ville de Berlin pour 1843 [1].

RÉCAPITULATION DES RECETTES.	th. g. d.	RÉCAPITULATION DES DÉPENSES.	th. g. d.	DE LA COMPARAISON entre les deux récapitulations il résulte pour 1843. Excéd. de recettes th. g. d.	Excéd. de dép. th. g. d.
A. État (par solde) de l'année précédente	105,026. 9.11	A. Avance de l'année précédente	» » »	105,026.09.11	» »
B. Recettes courantes ordinaires :		B. Dépenses courantes ordin.			
1. De l'administration de la caisse	74,779.19.04	1. De l'administration de la caisse	» »		
2. De l'administration des contributions	924,975.16.03	2. De l'administration des contributions	34,889.24.06	39,896.24.10	
3. De l'administration de la dette municipale	» »	3. De l'administration de la dette municipale	37,145.09.02	887,830.07. »	
4. Administration du service et du militaire	43,698.25.03	4. Administration du service et du militaire	207,135.40.09		207,135.40.09
5. Administration de police et justice	»	5. Administration de police et justice	159,658.04.01		159,658.04.01
6. Pour les Églises	»	6. Pour les Églises	132,303.10.01		418,604.15.05
7. Administration des écoles en général et de celles des pauvres en particulier	72,991.28. 9	7. Administration des écoles en général et de celles des pauvres en particulier	796.07.09 / 154,982.11.04		796.07.09 / 81,990.12.07
8. De l'administration des pauvres	154,265.29.04	8. De l'administration des pauvres	416,040.23. »		264,774.23.08
9. Sommes prises d'autres caisses d'administrations spéciales pour servir aux frais d'administration ci-contre	4,449:18. 2	9. Frais d'administration en compte direct avec la caisse principale de la ville	79,089.23.04		
10. Constructions et bâtisses	1,093.11.01	10. Constructions et bâtisses	37,000.19.02	74,487.29.03	74,640.05.02
11. Recettes diverses	91,464. 2.04	11. Dépenses diverses	16,976.03.01		35,977.08.01
	1,337,649. 0:. 06		4,276,040.26.10	4,002,215.01.02	940,576.27.06
C. Recettes extraordinaires	25,933.27.02	C. Dépenses extraordinaires	99,617.25. »		73,683.27.10
Total y compris le solde de l'année précédente	4,468,609.07.07	Total	4,375,628.21.10	4,107,241.11.01	4,014,260.25.04

Situation de la caisse fin décembre 1843 . . . . . 92,980 thalers 15 gros 9 deniers.

¹ Berlin comptait alors 355,000 âmes de population. Un budget à peine supérieur à 5 millions de francs était léger pour cette capitale.

La plus grande partie de l'article 2 des recettes du budget de Berlin provient de l'impôt communal sur les loyers établi dans la capitale du royaume prussien sous le nom de *Miethsteuer*. Nous le rappelons ici, après en avoir déjà parlé ailleurs [1], en faisant observer que c'est là une application locale et urbaine en Prusse d'un impôt général en France et en Italie. La *Miethsteuer* était comptée en 1843 dans le produit de l'article 2 ci-dessus pour 560,000 écus ; 340,000 écus résultaient de 50 centimes additionnels sur la mouture, et de 25 centimes sur le malt, 14,000 écus provenaient de l'impôt des chiens.

Dans le pays de Bade, en 1854, les revenus de 1,583 communes s'élevaient à 6,147,907 florins.

Sur ce total, les revenus des immeubles rapportaient 2,615,204 fl.

Les intérêts de capitaux 232,347 fl.

Diverses taxes et amendes 396,915 fl.

L'impôt sur l'affouage ou la jouissance des communaux (*abgabe von der Bürgernützung*) 155,100 fl.

Les additions aux taxes directes (*allgemeine Umlagen*) donnaient 1,666,600 fl.

Les taxes de consommation rendaient 132,804 fl.

Ces dernières taxes, analogues à nos octrois, existaient seulement dans 7 villes. Heidelberg n'était pas du nombre.

68,729 florins provenaient de la taxe sur la farine levée dans 6 villes.

17,630 fl. de la taxe sur la viande levée dans 4 villes.

16,473 de la taxe sur le vin dans 7 villes.

12,701 de la taxe sur la bière dans 7 villes.

6,691 de la taxe sur les denrées portées au marché, à Carlsruhe.

4,067 de la taxe sur le bois et la houille dans 4 villes.

T. II, p. 121.

2,028 de la taxe sur la vente des immeubles, à Carlsruhe [1].

Dans le grand-duché de Weimar, la ressource régulière des villes est la taxe de consommation.

Les additions à l'impôt direct sont perçues en cas d'insuffisance des taxes de consommation.

L'ordonnance communale du 23 octobre 1834, pour les villes et les communes rurales de la Hesse électorale, décide dans son § 74 que les droits de pavé (*Pflastergelder* [2]) et les péages de routes et de ponts (*Weg und Brñckengelder*), levés pour les routes et ponts entretenus par les communes, ne peuvent être établis qu'avec l'approbation du ministre de l'intérieur.

Le § 73 ordonne la même chose pour l'établissement des taxes communales sur les objets de consommation, en exigeant aussi le concours du ministre des finances.

Le § 77 décide que les taxes directes communales (*gemeinde umlagen*), ne peuvent être levées qu'en cas d'insuffisance des taxes sur la consommation et des autres revenus des communes.

Cet ordre de préférence entre diverses espèces d'impôts communaux est analogue, on le voit, à celui qui est observé dans le grand-duché de Saxe-Weimar.

En Bavière, on use à la fois des suppléments à l'impôt direct et des taxes de consommation sur les céréales, la viande et la bière, quoique cette dernière boisson soit fortement taxée au profit de l'État. Ce serait en 1813, d'après M. de Reden, qu'en Bavière l'État aurait abandonné complétement aux communes l'impôt sur le vin et sur les céréales [3].

[1] C'est le seul exemple de taxe locale de cette nature que nous connaissions en Europe, avec l'ancien *timbre local* de certaines communes des Pays-Bas.

[2] D'après le *Staatslexikon* de Rotteck et Welcker, t. VI, p. 425, les *Pflastergelder* n'atteignent pas les citoyens des villes, mais seulement les étrangers.

[3] T. I, p. 65.

Dans le Würtemberg, les taxes locales sont tirées des suppléments aux impôts directs.

En Autriche, les caisses municipales perçoivent des suppléments additionnels de la *Verzehrungsteuer* ou taxe de consommation.

A Gratz, en 1843, il était perçu en outre des suppléments aux taxes directes et diverses taxes ou droits (*Taxen und Gebühren*).

M. Mill rapproche l'Autriche de la France sous le rapport de la constitution des taxes locales, et il compte ces deux pays parmi ceux dans lesquels les dépenses locales des villes sont principalement défrayées par des impositions levées sur les consommations à l'entrée de ces villes [1].

A Wismar, ville suédoise engagée depuis 1803 et jusqu'en 1903 au Mecklembourg, l'accise urbaine porte sur les farines, la viande et la bière : elle comprend aussi une perception douanière sur certaines marchandises introduites par la voie maritime et sur les denrées de même nature introduites par terre [2].

A Darmstadt, il y a un octroi perçu sur le vin, le cidre, l'eau-de-vie, la bière, la farine, le pain, les légumes en grains, le bétail, les lièvres, les chevreuils, les oies, la houille, la tourbe et les bois de chauffage. Le produit total est de 120,000 flor., et après déduction des restitutions, de 110,000 florins.

D'après l'article 54 de l'instruction du ministère de l'intérieur de Hanovre concernant les affaires des communes, en

---

[1] *Principles of political Economy*, livre V, ch. v, § 4. Il ne faut pas oublier, malgré l'assertion de M. Mill, que l'Etat perçoit pour les communes en France environ 100 millions de centimes sur les contributions directes ou sur les taxes perçues en vertu de rôles. V. *suprà*, p. 193.

[2] V. Reden, p. 1089 et 1122 et le journal *la Patrie* du 11 mars 1864 (citant l'*Aftonbladet*).

date du 28 avril 1859, « il n'y a pas lieu d'autoriser, en règle, de nouvelles taxes sur les consommations ou sur l'industrie. Il est permis d'avoir recours aux taxes sur les hôtelleries et sur les sociétés de danses publiques. »

SECTION II.

DES TAXES DE PROVINCES ET DE CERCLES.

Les dénominations et l'étendue des divisions territoriales
ne sont pas uniformes en Allemagne.

Dans la Bavière, le Wurtemberg, le grand-duché de Bade,
la Saxe, on nomme *Kreis* ou *Cercle* une circonscription contenant généralement de 300,000 à 500,000 habitants et
correspondante à celle du département français.

Dans les deux Hesses, on se sert du nom de *Provinz*.
Les provinces y sont subdivisées en *cercles*.

En Prusse, la division est plus compliquée : le royaume
se divise en 8 provinces, et la population moyenne de la
province est d'environ 2 millions 250,000 habitants.

Au-dessous de ces provinces sont les régences ou *Regie-
rungs bezirke*, au nombre de 26 dans tout le royaume, et
d'une population moyenne un peu au-dessus de celle des
départements français, puisqu'elle atteint environ 690,000
habitants.

Les 26 régences sont subdivisées en cercles au nombre de plusieurs centaines (334 d'après Schubert [1]), et qu'on
pourrait ainsi comparer à nos arrondissements.

La circonscription judiciaire du bailliage (*Amt*) sert aussi
sous divers rapports, en certains pays, de circonscription
administrative. Dans le Wurtemberg, le bailliage a une po-

---

[1] Handbuch der Allgemeinen Staatskunde von Europa, t. VI, p. 153.

pulation moyenne de 27,000 habitants. Dans le Hanovre, cette population est moindre d'au moins moitié.

Il y a dans le Würtemberg, depuis plusieurs siècles, des assemblées de bailliages, composées de 26 à 30 membres, et qui s'occupent : 1° d'objets d'utilité générale relative à la circonscription ; 2° de certaines compensations équitables entre les communes de la circonscription, par exemple dans le cas où certains sinistres naturels ou des réquisitions onéreuses ont atteint quelques communes ; 3° de certaines fonctions d'assistance envers le gouvernement, par exemple pour la répartition et la perception des contributions directes.

Les *Amtskörperschaften* du Würtemberg, au nombre de 63, d'après le *Staatslexicon* de Rotteck et Welcker [1], ont souvent des biens-fonds et des capitaux. D'après M. Rau, leurs dettes portant intérêt se sont réduites entre 1817 et 1838 de 3,293,000 florins à 377,000.

En Hanovre l'institution des assemblées de bailliage paraît analogue à celle qui existe en Würtemberg.

D'après l'art. 1er de la loi du 28 avril 1859, abrogeant une loi antérieure du 27 juillet 1852, les conseils de bailliage [*Amtsversammlungen*] sont appelés en Hanovre :

1° A délibérer avec l'autorité du bailliage sur les affaires les plus importantes de la circonscription ;

2° A représenter les communes du bailliage, pour leurs affaires communes, dans des cas déterminés.

Au sujet de la première attribution, l'art. 27 étend le cercle des délibérations du conseil aux affaires qui concernent le bien être et les intérêts du district entier ou de plusieurs communes et nommément à ce qui touche :

Les progrès de l'agriculture, de la sylviculture, de l'élève des bestiaux et de l'industrie.

---

[1] T. III, v° *Provinzialstände*. Cet ouvrage porte la date de 1837.

Les affaires de routes, d'irrigation, de desséchement, d'endiguement;

Les précautions contre l'incendie et les assurances;

Les mesures relatives aux subsistances;

Les constructions et démolitions (*an und abbau*);

La situation des habitants non domiciliés;

Les affaires des indigents;

L'établissement des pénalités de police dans le district;

Les charges de l'État (*hoheitslasten*) et leur répartition;

La division ou la réunion de communes.

La seconde attribution nécessite, sous l'approbation de l'autorité supérieure, le vote du conseil de bailliage pour les dépenses relatives au bien public de la circonscription et non prescrites par les lois, spécialement pour l'établissement de caisses d'épargne et de prêt, d'écoles et maisons de travail pour les indigents, etc. (Art. 28 et 29.)

Le conseil de bailliage nomme au besoin le comptable chargé de surveiller la caisse de la circonscription. (Art. 31.)

Le conseil de bailliage est formé des maires (*Vorsteher*) des communes et des propriétaires des principaux domaines (art. 4).

Ces grands propriétaires ne doivent pas, d'après l'article 12, constituer plus du tiers du conseil.

D'après l'art. 13, le conseil ne doit pas régulièrement compter plus de 24 membres.

Les réunions des conseils ont lieu à des époques régulières fixées pour chaque bailliage. (Art. 19.)

D'après l'art. 26, les délibérations des conseils sont publiques, sauf décision contraire de l'autorité du bailliage ou du conseil lui-même.

Aux termes de l'article 38, les représentants des communes dans le conseil de bailliage ont droit à une indemnité à la charge de leur commune ou de la caisse du district.

Si nous examinons d'autres faits administratifs et financiers relativement aux provinces, aux cercles et aux bailliages en Allemagne, nous y retrouverons plus d'un trait étranger à la régularité et surtout au caractère démocratique de nos représentations locales françaises.

La composition des États provinciaux prussiens est encore, par exemple, de forme féodale. On y trouve 3 États habituellement réunis : 1° La *Ritterschaft* ou l'ordre équestre, c'est-à-dire les possesseurs des biens nobles ou *Rittergüter*, 2° les députés des villes membres des conseils municipaux ou exerçant une industrie, mais possédant un bien immobilier ; 3° des paysans propriétaires élus. Dans quatre provinces prussiennes, il y a aussi un 4° État qui a la prééminence sur les autres, c'est celui des princes et comtes, anciens souverains médiatisés. On les nomme *Standesherrn*.

Dans les parties de l'Allemagne où une partie des dépenses publiques est mise à la charge des provinces, et où celles-ci ont des représentants réunis dans des conseils provinciaux, tels que les *Landräthe* bavarois, et les États provinciaux et les États de cercles en Prusse, les ressources financières peuvent être les suivantes.

Pour les dépenses obligatoires il y a des sommes assignées à chaque province prises sur le budget de l'État.

Ainsi, le budget bavarois pour les années dernières (1861-1862), contient une dépense annuelle de 537,612 fl., qui doit être versée dans les caisses des 8 cercles ou provinces [1] : C'est ce qu'on appelle le fonds des cercles : *Kreisfonds.*

Il peut être pourvu aux dépenses facultatives par des centimes additionnels aux contributions directes ou indirectes,

---

[1] Le *staatslexikon* de Rotteck et Welcker confond ces deux expressions relativement à la Bavière. Il décrit la constitution des *Landräthe* bavarois par l'élection de quatre États conformément à la loi de 1828, — à savoir : le clergé, la noblesse, les villes et les paysans. V. t. XIII, v° *Provinzialstände.*

et par des droits de consommation particuliers [1], le tout selon le vote du conseil local approuvé par le ministère, enfin, par le revenu de fonds appartenant à la circonscription, au besoin par des emprunts.

Les impôts perçus pour les dépenses des provinces, cercles, etc., s'appellent *Provincial-umlagen* ou *Kreis-umlagen*, comme les impôts communaux se nomment *Gemeinde umlagen*.

La loi bavaroise du 23 mai 1846, déclare que les dépenses à la charge des cercles (*Kreislasten*) embrassent :

1° La perception et l'administration des fonds des cercles ;

2° Les dépenses du conseil général ;

3° L'enseignement de l'agriculture et de l'industrie, et les autres dépenses afférentes à ces deux branches de travail ;

4° Les établissements sanitaires du cercle ;

5° Les hospices et maisons pour les enfants trouvés (sans tours) ;

6° Les établissements destinés à procurer du travail aux indigents ;

7° Les dépenses que des lois postérieures assigneront aux fonds des cercles ;

8° Celles que le conseil général assumera dans l'intérêt général du cercle.

Dans le grand-duché de Bade, il n'y a eu jusqu'ici point de représentation provinciale, et toutes les dépenses publiques étaient à la charge du Trésor.

Une nouvelle loi publiée le 5 octobre 1863, doit changer

---

[1] Il ne paraît pas qu'il y ait, en fait, d'impôts de ce dernier genre, et on en comprend la difficulté pratique, à cause de l'ouverture naturelle des frontières d'une province, autrement malaisée à surveiller que la banlieue d'une ville.

Quant aux centimes additionnels aux contributions directes, le *staatslexikon* déjà cité rapporte que le cercle du Palatinat en supportait plus de 52 lorsque les autres cercles n'en payaient que 4 1/6 au plus. T. XIII, p. 291.

cet état de choses. Le pays de Bade doit être divisé en cercles, qu'on suppose devoir être au nombre de 10 ou 12.

Ces cercles auront des conseils représentatifs (*Kreis versammlungen*) et des comités délégués par les conseils (*Kreis ausschüsse*). Ces conseils, analogues à nos conseils généraux administreront la bienfaisance publique, l'industrie. Ils s'occuperont des routes, des canaux et ponts, des caisses d'épargne, écoles pour le cercle, hospices et *workhouses*.

Les conseils de cercle pourront voter des sommes auxquelles les communes devront contribuer, quelquefois inégalement, suivant les différences d'intérêt. Ils pourront contracter des emprunts avec l'autorisation du gouvernement.

On sait que le Nord de l'Allemagne conserve certaines institutions empreintes de féodalité. Nous trouvons dans une note due à l'obligeance de M. Desprez, sous-directeur des affaires politiques au ministère des affaires étrangères, quelques renseignements sur l'organisation particulière, sous ce rapport, des provinces hanovriennes représentées par des assemblées qu'on nomme *Landschaften*.

Jusqu'à l'année 1814, les États provinciaux des différentes provinces qui, aujourd'hui, constituent le royaume de Hanovre, avaient une existence complétement indépendante les uns des autres. Ils se composaient des ordres traditionnels, à savoir :

1° De la prélature, là où elle s'était encore conservée;

2° De la noblesse;

3° Des villes;

4° Des propriétaires fonciers libres; on regarde comme tels ceux qui ne se trouvent pas sous une dépendance seigneuriale.

Dans certaines provinces, ces ordres procédaient à leurs délibérations et arrêtaient [leurs résolutions en une seule assemblée commune; dans d'autres, ils se divisaient en curies. Ils avaient le droit de voter les impôts et ils étaient consultés dans les questions législatives. Ils prenaient part également à l'administration ordinaire des contributions par leurs employés et leurs comités permanents. Dans les affaires générales qui réclamaient la coopération des États et qui concernaient plusieurs ou toutes les provinces, le gouvernement était tenu de traiter avec chaque *Landschaft* séparément.

Depuis 1814, cet état de choses a éprouvé une profonde modification. On a établi une assemblée générale des états du royaume.

Cette assemblée a été appelée à coopérer à toutes les affaires qui ont un intérêt commun pour le pays. Les anciens États provinciaux, il est vrai, fonctionnent encore à côté de cette assemblée; mais leur activité est restreinte aux affaires particulières de la province respective. Ils ont donc perdu une grande partie de leur importance. Les anciennes dettes provinciales ayant été confondues avec les dettes générales du pays, qui sont du ressort des États généraux, et les contributions particulières des provinces ayant été abolies, la mission des *Landschaften* se borne à des délibérations sur quelques lois provinciales et à l'administration de certains établissements provinciaux.

Ce qui précède explique, en partie du moins, que l'organisation des *Landschaften* dont les attributions étaient altérées, a dû subir quelques modifications. C'est en 1863 que l'on a commencé à s'en occuper. Aujourd'hui, dans la plupart des provinces du Hanovre, la modification est consommée; dans les autres, elle est à la veille de s'accomplir.

D'après cette nouvelle organisation, les éléments dont se composent les *Landschaften* sont actuellement:

1° La noblesse, c'est-à-dire les propriétaires des terres qui, jusqu'ici, étaient représentées aux diètes et de celles qui viendraient dans la suite à appartenir à l'ordre de la noblesse. Ces terres doivent être d'une certaine étendue ;

2° Les villes, représentées [par leurs bourguemestres ou par des députés spéciaux élus par les magistrats et les chefs de la bourgeoisie ;

3° Les représentants des propriétaires fonciers n'appartenant pas à la noblesse, élus par circonscriptions électorales déterminées.

La distribution des voix est réglée de manière que chacune des trois parties mentionnées ci-dessus en a un tiers dans la *Landschaft*, et dans les provinces où il existe encore des parties de la prélature, les voix de celle-ci se trouvent réunies à celles de la noblesse.

La *Landschaft* se réunit régulièrement une fois par an.

Elle a un comité permanent formé de fonctionnaires nommés à vie et de membres élus pour six années. Le nombre des membres du comité est de 9 à 15. Lorsque la *Landschaft* n'est pas réunie, c'est au comité qu'il appartient de défendre ses droits, d'agir en son nom dans les cas pressants, et d'administrer les propriétés de la *Landschaft*, ainsi que certains établissements provinciaux, à savoir : les institutions publiques d'assurances contre l'incendie, les unes combinées, les autres simples, que l'on trouve dans chaque province, et un orphelinat qui existe dans une des provinces du royaume.

Quant aux droits publics des *Landschaften*, elles consistent dans :

1° Le droit d'assentiment à toutes les lois provinciales par lesquelles la liberté personnelle, la propriété privée ou tous autres droits bien acquis des sujets pourraient être modifiés ;

2° Le droit d'assentiment à toutes les contributions et charges de la province ;

3° Enfin le droit de présentation pour un certain nombre de places dans la magistrature suprême du pays.

Bien que conformément à ce qui vient d'être dit, le gouvernement soit autorisé à introduire des contributions et des charges provinciales d'accord avec les *Landschaften*, il n'a pas fait encore usage de cette faculté depuis l'institution de l'assemblée générale des États.

Il n'y a pas, dans le royaume, de dépenses publiques qui soient à la charge des provinces en leur qualité de provinces.

En résumé, l'assentiment de la *Landschaft* est nécessaire pour la législation provinciale et pour la création d'impôts provinciaux. En outre, dans les mesures qui sont d'un intérêt particulier pour la province respective, le gouvernement peut appeler la *Landschaft* ou son comité à se prononcer sur leur opportunité; et enfin, les *Landschaften* ont un droit d'initiative en ces matières et peuvent faire parvenir leurs représentations ou leurs plaintes au gouvernement.

Le défaut de vitalité administrative, qui ressort de ces renseignements dans l'organisation de la province hanovrienne, ne s'explique pas seulement par la simplicité ou l'inertie des intérêts spéciaux à la province, mais surtout par cette circonstance qu'au-dessous des provinces, c'est aux bailliages qu'incombe, entre autres attributions, la charge de la construction et de l'entretien des routes, qui tiennent le milieu entre les chaussées et les chemins vicinaux [1]. Les représentations de ces bailliages, dont nous avons analysé les attributions déterminées par la loi du 28 avril 1859, ont

---

[1] D'après la statistique financière de M. de Reden (t. I, p. 682 et 853), le Hanovre est divisé en 6 Landrosties (Hildesheim, Hanovre, Lunebourg, Stade, Osnabruck, Aurich et une intendance minière ou Provinces (Klausthal). Ce dernier district ne comptant que 34,874 habitants au dénombrement de 1848, sur les 1,758,847 habitants trouvés dans tout le royaume, chaque Landrostie a en moyenne environ 286,000 habitants. Le nombre de bailliages est de 141, ce qui donne une moyenne de 12,000 habitants.

le droit de voter certaines dépenses en rapport avec leur compétence. D'après l'article 30 de la loi précitée, ces dépenses doivent, dans la règle, être couvertes par des cotisations imposées aux communes (*durch quoten der Gemeinden*), cotisations qui constituent la ressource financière des bailliages.

Je ne saurais quitter le sujet, si imparfaitement traité, des taxes levées en Allemagne sur les circonscriptions si diverses placées entre les États et les communes, sans appeler l'attention des lecteurs que les questions administratives préoccuperaient autant que les questions économiques et financières, sur l'organisation de ces bailliages wurtembergeois et hanovriens que j'ai décrite au commencement de cette section et à laquelle les derniers mots de cette étude me ramènent.

Ces districts correspondent par leur population à nos cantons français, et on peut voir dans leur organisation séparée, fait particulier à quelques parties de l'Allemagne et dont la France, la Grande-Bretagne, l'Espagne et l'Italie ne nous ont présenté aucune trace, une sorte de type de cette idée qui a préoccupé en France certains esprits à diverses époques : l'organisation administrative et représentative des cantons.

CHAPITRE IV.

PRÉLIMINAIRES.

Si nous examinons le système de l'administration locale en Espagne, nous y retrouverons, comme en Allemagne, l'association de l'impôt direct et de l'impôt indirect dans les budgets des localités, mais nous y verrons en outre, sans en être surpris, certaine imitation des institutions françaises. Sur un fonds moral ancien, qui rappelle le mélange des traditions du moyen âge chrétien et de celles des Maures, les Espagnols, que Chateaubriand a appelés des *Arabes chrétiens*, ont construit en effet un système politique et administratif dominé tour à tour par l'influence de deux dynasties étrangères. La maison d'Autriche a laissé à l'Espagne de vastes colonies au dehors, et au dedans divers monuments durables de l'intelligence et de l'art. Mais la maison de Bourbon a imprimé à l'Espagne, depuis un siècle et demi, les habitudes de l'imitation française dans la politique et l'administration. Toutefois nous trouverons aussi, dans le système de la taxation des provinces surtout, certains faits qui impriment à l'organisation administrative espagnole une originalité véritable.

Les contributions en Espagne se divisent, d'après D. Manuel Colmeiro [1], en contributions générales et contributions locales. Les premières sont communes à tout le royaume et sont destinées à satisfaire aux besoins de la nation; on les désigne sous le nom générique de *contribuciones*. Les secondes sont spéciales à certains territoires et sont appliquées à couvrir les dépenses d'une province ou d'une commune; elles se nomment *repartimieutos* ou *arbitrios locales* [2].

Nous allons exposer succinctement les ressources des provinces et des communes espagnoles.

---

[1] *Derecho administrativo Español*, t. II, p. 246, 2ᵉ édition, Madrid, 1858.

[2] Le mot *repartimieutos* s'applique plus spécialement aux impôts directs et le mot *arbitrios* aux impôts indirects.

SECTION I.

DES TAXES PROVINCIALES.

Les revenus des Provinces en Espagne sont ordinaires ou extraordinaires.

I. Les revenus ordinaires se composent :

1° Des produits généraux, tels que : rentes, ceus, redevances de greniers publics, etc. ;

2° Des droits de péages sur les routes et ponts, etc. (*portazgos, pontazgos, barcajes* [1] ;

3° De taxes locales (*arbitrios*) [2] ;

4° Des produits de l'instruction publique ;

5° Des produits des établissements de bienfaisance.

Les ressources ordinaires étant généralement insuffisantes, le déficit du budget provincial est couvert dans l'ordre suivant :

1° Par des taxes additionnelles à la contribution foncière, laquelle est assise sur le produit liquide des biens immeubles, produits de cultures ou de troupeaux ;

2° Par une surtaxe de même nature sur la contribution industrielle et commerciale;

3° Par des surtaxes sur les objets de consommation compris dans les tarifs des droits du trésor sur ces objets;

---

[1] Seulement dans les provinces d'Avila, de Badajoz, Caceres, la Corogne, Logrono, Valladolid et dans les quatre provinces basques.

[2] Seulement dans les provinces de Barcelone, Girone, Lerida, Tarragone, Valence, et dans les provinces basques, d'Alava, Guipuzcoa et Biscaye.

4° Par des impôts sur les autres objets de consommation non atteints par le Trésor ;

5° Enfin, par des impôts sur d'autres objets, articles de consommation ou non, établis avec l'autorisation compétente.

Les députations provinciales, institution analogue à nos conseils généraux, soumettent à l'approbation du gouvernement, les impôts nécessaires pour l'intérêt provincial.

A défaut de loi qui fixe le maximum de la taxe qui peut être établie sur chaque province pour les dépenses d'intérêt commun, le gouvernement espagnol s'est tracé les règles suivantes :

Tout supplément à la contribution foncière, destiné à couvrir le déficit d'un budget provincial, ne peut excéder le dixième du total du contingent de la province. Il en est de même du supplément pris sur la contribution industrielle ou commerciale [1].

Le maximum de surtaxe appliqué aux objets de consommation compris dans le tarif, ne peut excéder une quantité égale au droit correspondant levé pour le Trésor, en tenant compte des taxes communales déjà imposées sur les mêmes objets.

Nous avons maintenant à donner quelques notions sur les dépenses qui incombent aux provinces ; voici celles que nous fournit à ce sujet M. Colmeiro [2].

Les dépenses des provinces se divisent en deux catégories : *obligatoires* et *volontaires*.

Sont obligatoires les dépenses relatives à l'entretien des propriétés provinciales et au paiement des contributions

---

[1] Colmeiro, t. II, p. 258. Ce maximum fixé en 1845 a été dépassé depuis, si l'on se reporte aux tableaux relatifs à l'année 1861, que nous analysons plus loin. Nous y voyons du moins quelques surcharges *extraordinaires* de 4 à 10 p. 100 sur la contribution industrielle, outre les 10 p. 100 de *recargo ordinario*.

[2] Tome II, p. 271 et suiv.

IV.   22

qu'elles supportent; aux dettes de la province; à l'entretien des prisonniers indigents; à la conservation et à la réparation des ponts et chaussées de la province; aux besoins des établissements de bienfaisance et d'instruction publique ainsi que des musées et bibliothèques provinciales; aux frais des juntes et commissions établies pour les diverses branches du service public de la province; aux frais des élections des députés aux cortès et des députés provinciaux; à l'abonnement au Bulletin officiel et aux autres publications périodiques établies par le gouvernement dans l'intérêt de l'instruction publique et de l'industrie; aux frais d'écriture, de bureau, d'impression et de correspondance officielle; enfin toutes dépenses imposées aux provinces par la loi ou qui le seraient à l'avenir.

Les dépenses, non comprises dans la nomenclature précédente, sont considérées comme volontaires.

Le gouverneur établit le budget de la province; la députation provinciale le discute et le vote; le roi l'approuve comme chef suprême de l'État et comme tuteur de toutes les corporations et établissements publics.

Les chiffres suivants font connaître l'importance des budgets provinciaux; nous les empruntons à des états officiels, que nous devons à l'obligeante communication de M. Colmeiro, correspondant de l'Académie des sciences morales et politiques de l'Institut de France, et professeur de droit administratif à Madrid.

D'après un tableau publié par le ministère de l'intérieur, le budget des 45 provinces, non compris les 4 provinces basques, s'est élevé, pour 1861, en dépense, à 172,003,442 réaux; en recette, à 196,503,475 réaux.

Voici la décomposition de ce total de recettes :

Revenus ordinaires :

CHAPITRE I. — Produits généraux. . . . . 7,826,759 réaux.
— II. — Droits provinciaux de péages sur les
routes et ponts, etc. 102,468
— III. — Taxes spéciales (*arbitrios*).. 7,940,000
— IV. — Produits de l'instruction publique. . . 3,777,804
— V. — Produits des établissements de bienfai-
sance. . : 40,094,207
— VI. — Ressources destinées à couvrir le déficit. 84,751,339
— VII. — Reports des budgets antérieurs . . . 52,010,898

Le chapitre VI se divise en deux articles, dont l'un renferme les suppléments ordinaires aux contributions de l'État
et au revenu du monopole du sel, et l'autre, les suppléments
extraordinaires.

Le supplément à l'impôt du sel [1] est de 3 réaux par
quintal de sel vendu par le monopole de l'État. Le produit
de ce supplément est de 3,999,378 réaux. Ce supplément
n'est pas levé dans toutes les provinces.

Les *Consumos* [2], l'impôt territorial et l'impôt industriel
servent de base aux autres suppléments, énumérés dans le
chapitre VI des budgets provinciaux.

Dans les 4 provinces basques les dépenses se sont élevées, pour 1861, à. . . . . 24,074,828 réaux.
Les recettes à. 22,409,740

---

[1] Les impôts de consommation au débit qui sont établis dans un État peuvent
être surchargés de suppléments provinciaux. Mais il n'en serait pas de même des
impôts assis sur certaines consommations à la production. On atteindrait souvent
les consommateurs d'une province en augmentant la taxe assise dans une autre.
C'est ce qui arriverait en France, par exemple, pour l'impôt du sel, qui est un produit de quelques localités débité ensuite dans l'ensemble du pays. En Espagne, au
contraire, le monopole du sel localise la perception de l'impôt à la résidence du
consommateur, et d'un autre côté l'impôt des *Consumos* qui donne lieu à des
suppléments provinciaux paraît aussi exclusivement porter sur la consommation et
la vente, nullement sur la production ou la circulation des objets soumis aux droits.
(V. Colmeiro, *Derecho administrativo*, § 167, t. II, p. 252.)

[2] Ce mot, dans les tableaux que j'analyse, me paraît l'expression générique qui
renferme à la fois les droits d'entrée (*puertas*) et les droits de consommation (*consumos*) proprement dits.

Les recettes des provinces basques se subdivisent ainsi :

Rentes et cens.	76,900 réaux.
Péages.	3,856,600
Taxes spéciales.	13,040,000
Instruction publique.	290,000
Bienfaisance.	18,000
Ressources pour couvrir le déficit.	3,304,400
Reports des budgets antérieurs	1,823,840

Voici quelques extraits plus étendus des tableaux curieux que M. Colmeiro a bien voulu nous adresser et dont nous venons d'analyser certains détails.

Recettes des provinces d'Espagne pour l'année 1861.

PROVINCES.	RECETTES GÉNÉRALES (rentes, cens, restitutions, greniers publics, etc.)	PÉAGES (portazgos) pontenages (pontazgos) naulages (barcajes).	TAXES spéciales (arbitrios).	INSTRUCTION PUBLIQUE.	BIENFAISANCE.	COUVERTURE du DÉFICIT PROVINCIAL — surtaxes sur les cotes d'impôts et le revenu du sel.	COUVERTURE — Pour charges de l'impôt foncier, industriel, de consommation, etc.	REPORT des budgets antérieurs.	TOTAL GÉNÉRAL.	BALANCE GÉNÉRALE — Découvert.	BALANCE GÉNÉRALE — Excédant.
Albacete	»	»	»	50,780	21,940	918,185	»	155,000	1,145,885	»	129,966
Alicante	4,200	»	»	52,653	71,613	2,934,697	»	1,806,834	3,915,787	»	479,054
Almeria	2,980	»	»	28,587	111,114	1,283,805	337,833	926,535	1,962,074	»	93,735
Avila	20,000	»	»	41,386	216,883	1,033,752	52,530	531,192	1,953,083	»	3,315
Badajoz	16,500	24,430	»	46,785	272,553	1,607,123	»	435,447	2,390,010	»	268,905
Baléares	549,501	8,000	»	810,608	217,398	1,260,756	380,897	181,981	2,937,400	»	36,430
Barcelone	7,200	»	3,200,000	167,651	4,342,737	4,630,807	»	7,480,417	22,379,493	»	1,179,452
Burgos	52,000	10,000	»	114,168	204,097	1,303,798	82,000	2,336,067	3,849,933	»	60,382
Cacérès	»	»	»	178,048	488,073	2,189,961	»	801,744	9,077,871	»	189,720
Cadix	19,000	»	»	187,262	1,612,882	4,385,951	601,777	2,302,059	1,774,438	»	2,245,333
Canaries	»	»	»	85,187	442,038	568,706	257,915	406,092	1,966,001	»	303,835
Castellon	1,000	»	»	59,914	188,349	1,428,936	73,538	264,764	1,903,845	»	71,141
Ciudad-Real	4,438	»	»	76,264	116,055	1,462,134	»	247,392	4,511,637	»	318,865
Cordoue (la)	6,842	4,000	»	238,374	886,545	2,710,713	»	671,567	3,984,717	»	81,291
Corogne (la)	11,000	»	»	40,912	689,601	2,675,770	»	707,692	1,903,272	»	281,999
Cuença	»	»	»	165,115	193,067	1,055,249	»	539,841	2,979,901	»	111,657
Girone	48,084	»	500,000	54,806	362,653	1,317,511	»	715,331	4,906,199	»	866,088
Grenade	3,000	»	»	24,711	1,271,148	3,442,805	54,012	1,119,451	1,891,894	»	54,650
Guadalajara	»	»	»	39,061	198,047	985,487	»	186,689	2,266,590	»	121,912
Huelva	2,900	»	»	35,486	109,768	918,130	»	888,023	3,666,445	»	141,498
Huesca	1,925	»	»	158,077	100,887	1,640,413	99,791	365,443	3,404,771	»	305,843
Jaën	»	»	»	20,775	809,342	2,265,492	»	460,810	1,883,347	»	616,760
Léon	»	»	»	24,816	111,639	1,547,626	»	362,718	2,044,390	»	178,228
Lérida	»	»	500,000	60,103	420,770	1,639,342	267,816	817,340	26,830,760	»	»
Logrono	33,270	»	»	36,517	113,859	1,364,823	56,585	212,443	5,586,499	»	»
Lugo	78,061	»	»	42,668	16,063	1,616,676	10,919	482,004	3,017,552	»	»
Madrid	3,193,795	36,000	»	316,585	11,891,276	3,193,645	»	8,853,945	2,577,702	»	8,613,511
Malaga	»	»	»	131,404	859,410	3,048,208	290,449	1,091,847	3,676,223	»	473,498
Murcie	59,250	»	»	41,066	328,361	1,349,283	503,332	1,146,254	2,359,604	»	664,359
Orense	40,803	»	»	10,660	166,127	1,123,449	»	543,788	2,275,044	»	4,428
Oviedo	17,221	»	»	51,927	881,297	1,630,780	»	1,012,953	4,567,423	»	63,548
Palencia	10,000	»	»	59,306	26,735	1,661,558	»	634,037	6,120,086	»	152,815
Pontevedra	33,189	»	»	11,197	595,905	1,914,901	»	854,160	8,029,092	»	40,780
Salamanque	5,550	»	740,000	122,681	13,610	816,784	293,460	2,012,331	2,118,083	»	711,657
Santander	3,161,467	»	»	246,664	271,357	1,261,208	»	724,988	4,130,841	»	415,976
Ségovie	286,262	»	»	141,633	1,834,298	959,013	»	1,993,548	1,632,284	»	65,635
Séville	3,100	20,048	»	61,098	323,712	1,905,815	»	738,135	4,900,399	»	352,670
Soria	4,000	»	»	59,416	98,736	1,211,524	40,025	1,327,874	8,568,641	»	479,464
Tarragone	»	»	»	25,473	14,626	1,007,991	»	380,661	2,980,702	»	488,551
Teruel	24,021	»	»	67,660	2,808,584	3,866,728	»	892,143	2,781,380	»	269,224
Tolède	48,000	»	»	10,770	2,600,163	945,964	»	1,040,980	5,900,193	»	69,401
Valence	36,000	»	1,000,000	25,200	796,444	1,126,890	»	1,107,046		»	1,716,692
Valladolid	24,000	20,048	»	109,231	619,823	2,739,835	121,330	908,431		»	499,485
Zamora	20,000	»	»	63,600	2,343,081		»	413,337		»	363,190
Zaragoza	»	»	»				»			»	683,820
Totaux	7,836,759	103,468	7,940,000	3,777,804	40,094,207	81,227,810	3,523,579	52,010,698	196,503,475	»	24,500,083

Recettes provinciales des Pays basques. (Année 1861.)

PROVINCES.	POPULATION.	RENTES et cens.	PÉAGES (portazgos).	TAXES spéciales (arbitrios).	INSTRUCTION publique.	BIENFAISANCE.	COUVERTURE du déficit.	REPORT des budgets antérieurs.	TOTAL GÉNÉRAL.	BALANCE GÉNÉRALE DÉCOUVERT.	EXCÉDANT.
Alava............	96.398	70.000	990.000	1.740.000	70.000	»	4.500	12.000	2.886.500	»	»
Guipuzcoa........	156.493	»	660.000	3.430.000	»	18.000	»	717.410	4.825.410	»	»
Biscaye..........	160.579	»	800.000	7.870.000	220.000	»	»	»	8.890.000	498.614	55.355
Navarre..........	297.422	6.900	1.406.600	»	»	»	3.299.900	1.094.430	5.807.830	1.221.829	»
	710.892	76.900	3.856.600	13.040.000	290.000	18.000	3.304.400	1.823.840	22.409.740	1.720.443	55.355

Tableau détaillé par spécialité des Recettes des provinces d'Espagne,
pour l'année 1861 [1] :

CHAPITRE Ier. — PRODUITS GÉNÉRAUX.

1. Rentes et cens. 6,578,237
2. Restitutions. 585,527
3. Contributions des communes pour la garde des forêts. . . . 308,390
4. Contributions des greniers publics. 20,538
5. Recettes diverses.. 334,067

CHAPITRE II. — PÉAGES.

6. Droits de barrières (*portazgos*). 60,420
7.   —   ponts (*pontazgos*). 38,048
8.   —   bacs (*barcajes*). 4,000

CHAPITRE III.

9. Taxes spéciales (*arbitrios establecidos*). 7,940,000

CHAPITRE IV. — INSTRUCTION PUBLIQUE.

10. Produits ordinaires. 2,481,147
11. Report des budgets antérieurs. 1,296,657

CHAPITRE V. — BIENFAISANCE.

12. Recettes ordinaires. 24,966,390
13. Report des budgets antérieurs. 15,127,818

CHAPITRE VI. — COUVERTURE DU DÉFICIT.

Surtaxes ordinaires sur le sel et les objets imposés par l'État :

14. Surtaxe territoriale. 19,144,357
15.   —   industrielle. 6,808,385
16.   —   sur les consommations 41,872,812
17. Impositions sur les 30 premières espèces, désignées dans le
    tarif n° 2 [2]. 9,402,878
18. Impositions de 3 réaux par chaque quintal de sel livré au même
    prix que celui du monopole. 3,999,378

A reporter. 140,969,149

---

[1] Ce tableau donne le développement par spécialité de ressources des
196,503,475 réaux dont l'origine par provinces est fournie par le tableau précédent de l'avant-dernière page.

[2] Il y a 90 objets désignés dans le tarif de l'impôt des *Puertas* en Espagne.

Surtaxes extraordinaires :

Report.	140,969,149
19. Surtaxe territoriale.	2,093,461
20. — industrielle.	359,534
21. Produits du 5ᵉ d'augmentation de la surtaxe sur la contribution territoriale (art. 38 du décret royal du 30 juillet 1859). . .	976,567
22. Produit du 5ᵉ d'augmentation de la surtaxe sur la contribution industrielle (même décret).	93,958

CHAPITRE VII. — REPORT DES BUDGETS ANTÉRIEURS.

23. En caisse, le 31 mars.	38,842,676
24. Créances recouvrables du précédent budget.	12,955,999
25. Créances recouvrables des budgets antérieurs.	212,223
TOTAL général.	196,503,467

SECTION II.

DES TAXES COMMUNALES.

Les revenus des communes d'Espagne sont d'abord
ceux qui sont inscrits au budget ordinaire et qui se décom-
posent ainsi :

Revenu net des propriétés mobilières et immobilières,
ainsi que des forêts.

Impositions locales, produits des établissements de bienfaisance et de ceux de l'instruction publique (rétribution
scolaire, etc.).

Enfin les recettes éventuelles et extraordinaires ; car certaines recettes inscrites au budget ordinaire portent ce nom.

Lorsqu'il y a un déficit dans le budget d'une commune,
ce déficit peut être couvert par des ressources de même nature que celles auxquelles les administrations provinciales
ont droit de recourir, et que nous avons indiquées à la première section de ce chapitre, c'est-à-dire par des surtaxes
sur l'impôt foncier, l'impôt industriel et celui des consommations, ainsi que par des taxes spéciales affectant les objets de
consommation ou d'autres objets.

Les conseils municipaux (*ayuntamientos*) délibèrent sur
la suppression, la réforme, le remplacement et la création
des impôts et droits communaux. Toutes ces propositions
sont soumises à la tutelle administrative supérieure.

Aucun maximum n'a été fixé par la loi pour les taxes sub-
sidiaires ; mais le gouvernement espagnol, dans ce cas,
comme en ce qui concerne les provinces, ne se départit
point des règles suivantes qu'il s'est lui-même tracées :

Il y a trois tarifs, l'un applicable à Madrid, l'autre aux villes d'Alicante, Barcelone, Cadix, Cordoue, la Corogne, Grenade, Malaga, Santander, Séville, Valence et Saragosse; le troisième applicable à toutes les autres villes.

« Ce qu'il y a, dit-il, de plus injuste et irritant dans l'impôt sur les consommations (et ces observations de l'auteur espagnol paraissent s'étendre à la fois aux droits de consommation de l'État et aux droits des villes), c'est : 1° ses bases, à raison de l'inégalité des droits relativement à chaque objet et aux diverses localités, attendu que le vin, par exemple, soit fin, soit ordinaire, paye toujours le même droit, ce qui fait plus contribuer le pauvre que le riche, le vin n'ayant pas la même qualité dans le Midi de l'Espagne et dans l'intérieur des Castilles; 2° son administration : le gouvernement s'étant fait accorder en 1848 le droit d'établir la vente exclusive des aliments des espèces sujettes aux droits dans les localités comptant moins de 2,000 âmes de population; ce qui constitue un attentat inouï à la liberté des transactions et un monopole odieux exercé sur les articles les plus nécessaires à la vie de l'homme. »

Plus loin [1] M. Conte donne les frais de perception de l'impôt urbain sur les consommations ainsi qu'il suit :

Personnel.	2,360,225
Id. de visite.	4,572,300
Matériel administratif.	294,040
Id. de visite.	122,200
Frais extraordinaires de mesurage (*fielato*), etc.	120,000

Ces frais sont relativement beaucoup plus forts que ceux qui se rapportent à la perception des droits de l'État [2].

Les dépenses des communes se distinguent, comme celles

---

[1] P. 171.
[2] Ceux-ci ne s'élèvent qu'à 2,898,241 réaux.

puisque dans le tableau qui précède nous avons vu les suppléments provinciaux sur les *Consumos* (les deux impôts étant sans doute réunis sous cette dénomination générique) s'élever à un produit d'environ 50,000,000 de réaux, et dans un tableau suivant nous verrons les *recargos* des municipalités donner environ 93 millions de réaux. La progression entre 1851 et 1861 aurait donc été énorme : car il y aurait eu doublement des suppléments en question.

Il paraît, d'après M. Conte, que le droit de *Consumos* porte sur 9 articles assujettis à l'impôt sur la totalité du territoire : ce sont le vin, le vinaigre, l'eau-de-vie, les liqueurs, l'huile d'olive, la glace, les viandes vivantes, les viandes mortes, le savon. La plupart de ces objets sont taxés suivant un tarif à 7 degrés, d'après la population. L'eau-de-vie, par exemple, paye depuis 5 jusqu'à 22 réaux par arroba : les viandes mortes depuis 2 jusqu'à 13 maravédis la livre, etc., mais la bière, le cidre, le chacoli payent des droits uniformes.

Les droits d'entrée ou de *portes* que M. Conte appelle « *une imitation monstrueuse des octrois français,* » avaient au contraire dans l'origine une étendue presque illimitée quant au nombre des objets grevés ; mais ils ont été bornés par un décret du 31 décembre 1851 à 99 articles rentrant dans la nature des comestibles, boissons et combustibles. Ces 99 articles sont divisés en 9 classes : 1° les cires et graisses ; 2° les oiseaux et le menu gibier ; 3° les combustibles ; 4° les confitures et sucreries ; 5° les fruits ; 6° les graines, semoules et farines ; 7° les légumes [1] ; 8° les poissons ; 9° les articles divers. Ces objets ne sont taxés que dans les chefs-lieux de provinces et dans les ports : enfin dans des localités qui, suivant M. Conte, représentent à peine le septième de la population du territoire.

---

[1] Les légumes (*hortalizas*), suivant M. Conte, auraient été exemptés de taxe, en vertu d'un décret de 1852. Le blé ne supporte qu'un réal par fanègue.

Tout supplément à la contribution foncière destiné à couvrir le déficit d'un budget municipal, ne peut excéder le quart du contingent de chaque commune.

Quand elle est prise sur la contribution industrielle ou commerciale, la taxe additionnelle ne doit pas excéder non plus le quart du produit des cotes portées à la matrice de la commune.

Le maximum de surtaxe appliqué aux objets de consommation, compris dans le tarif, ne peut excéder une quantité égale au droit levé pour le Trésor.

Nous voyons les suppléments à l'impôt de consommation jouer un grand rôle dans les ressources des provinces et surtout des municipalités en Espagne.

C'est peut-être le cas de préciser la nature de cet impôt tel qu'il est décrit par M. Conte [1].

Cet auteur rappelle que les droits appelés *d'entrée et de consommation* (*puertas y consumos*), sont composés d'une partie principale perçue au profit de l'État et de suppléments au profit des provinces et des communes.

Il montre le produit croissant de ces impôts donnant à l'État 141,274,183 réaux en 1845 et 166,802,207 réaux en 1851, dont 77 millions de droits d'entrée et 90 millions de droits de consommation. Les tableaux que M. Colmeiro a bien voulu nous transmettre, portent le produit pour 1861 à 175,998,068 réaux. La progression constatée entre 1845 et 1851 a continué en se ralentissant de 1851 à 1861.

Les suppléments d'*intérêt commun* levés sur ce principal, donnaient en 1854, d'après M. Conte, 30,000,000 de réaux pour les *Consumos* et 40,000,000 de réaux pour les *Puertas* : total, 70 millions de réaux [2].

Ici la face des choses paraît avoir complétement changé,

----

[1] T. II, p. 168 et suiv.
[2] Conte, p. 170 et 176.

des provinces, en dépenses obligatoires et dépenses volontaires [1].

Les dépenses obligatoires sont celles qui sont nécessaires : à la conservation des immeubles de la commune ; aux réparations ordinaires de la maison commune (*casa consistorial*) ou à son loyer ; aux traitements et frais de bureau (*oficina*) de tous les employés et serviteurs de la commune ; à l'abonnement au Bulletin officiel de la province ; aux frais de l'instruction primaire et des établissements locaux de bienfaisance ; aux frais occasionnés par les tirages au sort (*los que causaren las quintas*) ; à l'impression des comptes de la commune ; au payement des dettes et des redevances ; aux avances imposées aux ayuntamientos pour les prisonniers indigents ; enfin toutes dépenses ordonnées par les lois.

Sont volontaires les autres dépenses que peuvent faire les communes.

Le budget municipal, discuté et voté par le conseil, est soumis à l'approbation du gouverneur de la province, s'il ne dépasse pas la somme de 200,000 réaux ; et, dans le cas contraire, à celle du gouvernement.

La même distinction est applicable aux projets de travaux neufs et à ceux de réparations et d'améliorations, suivant qu'ils demeurent au-dessous ou s'élèvent au-dessus du chiffre de 100,000 réaux.

Le gouvernement central et le gouverneur de la province peuvent réduire les dépenses volontaires, mais ne peuvent les augmenter.

Les tableaux officiels que nous devons à l'obligeance de M. Colmeiro, donnent, pour l'exercice 1861, les résultats suivants, en ce qui concerne les communes des 45 provinces espagnoles.

---

[1] Colmeiro : *Derecho administrativo*, t. II, p. 275.

Les revenus ordinaires des communes composés des impositions locales (23,686,698), des produits des propriétés mobilières et immobilières (39,101,000), de ceux des établissements de bienfaisance (9,468,775), ainsi que de l'instruction publique (2,610,703), enfin de certaines recettes accidentelles et extraordinaires (16,763,413), se sont élevés à 91,630,610 réaux. C'est là le chiffre des budgets ordinaires des communes.

Les budgets additionnels qui paraissent formés de reports provenant des exercices précédents, ont été de 43,807,676 r. Ensemble de ces deux premières parties 135,438,286 réaux.

Les suppléments ordinaires sur les contributions foncière et industrielle ainsi que sur les consommations, etc., ont donné 133,384,075 réaux.

Les suppléments extraordinaires sur les mêmes taxes ont fourni 33,498,851 réaux.

Les impôts spéciaux rangés sous trois rubriques dans le tableau officiel, mais qui paraissent porter tous sur des consommations, ont donné 9,784,286 réaux.

Total des recettes, 312,105,498.

Le total des dépenses a été de 303,544,473.

Il y a eu des excédants pour 13,660,988 et des déficits pour 5,099,963 réaux.

Dans les 4 provinces basques les dépenses municipales se sont élevées, en 1861, à 23,660,378 réaux. Les recettes n'ont été que de 19,512,856 réaux, à savoir :

Produit net des propriétés de toute nature.	1,836,438
Impositions locales.	14,427,923
Établissements de bienfaisance.	1,217,869
Instruction publique.	186,890
Recettes éventuelles extraordinaires.	1,276,574
Taxes spéciales (*arbitrios especiales*).	335,485

Recettes des communes d'Espagne pour l'année 1861 (par provinces).

PROVINCES.	IMPÔTS établis.	PRODUIT NET de domaines sous déductions. certaines (biens propres (propios)).	PRODUIT NET (FONDS (montes)).	BIENFAISANCE.	INSTRUCTION PUBLIQUE.	RECETTES extraordinaires et éventuelles.	REPORTS des budgets antérieurs.	COUVERTURE DU DEFICIT. SURTAXES ordinaires sur le territoire, l'industrie et les consommations.	SURTAXES extraordinaires sur le territoire, l'industrie et les consommations.	TAXES spéciales (arbitrios spéciales).	TOTAL GÉNÉRAL.	BALANCE GÉNÉRALE. Découvert.	Excédant.
Albacète	271,511	565,946	124,412	10,064	182,620	97,128	646,292	1,363,311	304,810	12,014	3,445,528	69,386	226,340
Alicante	645,086	185,242	8,869	141,606	22,217	238,803	1,142,144	2,996,004	1,487,907	431,397	7,199,334	35,907	302,010
Almeria	185,828	64,930	26,089	»	1,265	55,989	399,448	1,896,212	625,495	439,427	3,694,676	1,109	246,819
Avila	313,782	303,345	229,575	2,019	81,989	321,740	325,064	1,070,780	465,544	117,194	3,828,028	20,989	133,663
Badajoz	687,707	2,680,439	803,385	157	69,934	177,803	1,264,446	1,165,591	36,895	183,706	7,069,683	67,598	347,205
Baléares	535,835	1,176,970	15,584	643,330	»	234,459	1,069,501	1,994,038	776,347	133,963	5,285,645	»	179,631
Barcelone	2,746,838	1,035,839	9,086	41,607	39,160	511,346	2,183,419	10,869,770	1,660,191	37,956	13,133,659	604,345	358,440
Burgos	636,319	480,684	89,884	214,822	117,145	405,910	73,847	346,145	414,314	227,072	4,791,668	»	312,085
Cacérès	214,499	2,307,630	718,942	7,694	45,181	360,835	1,126,340	1,665,918	1,174,697	162,451	7,525,004	118,537	453,790
Cadix	1,039,209	2,335,015	729,805	976,131	20,878	618,891	3,384,336	6,104,303	414,514	118,782	16,485,447	27,490	25,680
Canaries	204,917	154,438	8,366	39,651	32,196	385,249	120,767	781,320	621,653	25,300	2,337,887	28,507	459,447
Castellon	460,650	233,105	72,542	11,084	8,477	219,864	432,540	1,444,736	962,598	183,510	4,028,806	59,326	459,699
Ciudad-Real	740,990	1,763,962	204,070	18,186	13,977	107,673	1,469,689	1,417,515	381,987	63,523	5,165,482	16,638	577,652
Cordoue	379,536	1,111,981	364,686	980,851	18,047	153,960	1,210,810	2,890,728	471,221	13,770	7,598,592	19,770	636,182
Corogne (la)	193,316	16,847	»	284,509	26,000	412,869	1,156,490	3,873,998	1,849,689	711,467	7,728,175	»	86,459
Cuenca	448,833	474,970	140,738	21,474	139,809	89,312	372,313	1,642,675	503,568	159,726	4,074,830	197,726	11,618
Girone	25,310	235,622	11,368	38,615	56,604	134,906	17,770	8,148,932	1,359,361	269,967	3,712,262	17,970	94,589
Grenade	699,486	398,211	134,508	349,491	10,268	435,319	888,997	1,550,464	1,294,518	994,025	7,083,313	206,995	312,037
Guadalajara	255,991	507,484	510,881	23,035	87,389	457,806	881,805	1,027,613	175,373	27,342	4,454,983	177,728	127,658
Huelva	150,493	512,177	207,469	207,029	16,250	169,596	234,479	1,834,104	298,783	1,539	3,179,894	102,586	330,497
Huesca	95,786	471,247	282,884	111,895	240,684	316,751	328,184	2,292,409	869,812	27,766	4,477,138	192,236	815,667
Jaén	608,878	1,943,923	220,499	534,462	38,605	79,061	1,659,023	2,008,144	537,199	304,199	7,311,945	32,491	95,175
Léon	36,183	188,487	38,163	5,679	26,806	475,087	699,170	1,664,775	445,648	225,512	3,438,074	124,172	451,236
Lérida	361,899	368,927	57,025	163,337	148,693	811,813	245,835	1,452,542	1,119,870	257,633	16,633,664	34,344	61,574
Logrono	707,734	187,418	96,011	18,246	67,353	79,061	262,878	1,400,334	488,989	»	3,976,848	»	98,213
Lugo	27,161	10,760	»	432,408	35,036	311,813	1,400,334	24,867,872	271,863	982,849	5,743,023	46,959	926,397
Madrid	2,067,990	1,747,187	829,597	868,244	32,668	2,987,992	5,287,013	4,134,568	649,097	143,679	39,689,931	628,435	276,783
Malaga	916,361	816,892	360,216	302,843	3,422	1,068,334	1,460,370	2,858,520	1,760,000	198,055	10,356,587	198,055	186,791
Murcie	381,610	430,859	62,411	377,262	5,648	215,489	1,041,165	1,364,101	422,137	33,484	5,503,585	139,226	197,119
Orense	309,766	22,613	»	75,556	5,712	32,078	480,651	2,618,569	397,901	»	2,689,278	80,620	326,435
Oviedo	100,126	37,944	28,734	35,975	151,092	327,482	1,129,035	1,364,101	927,023	41,532	5,397,473	283,898	153,294
Palencia	173,177	761,393	179,079	23,388	61,437	142,990	473,517	1,427,292	125,250	15,018	3,389,086	3,533	153,294
Pontevedra	87,602	81,278	»	193,962	18,671	360,792	525,917	2,093,041	886,221	709	3,742,433	80,420	139,783
Salamanque	715,887	308,412	581,987	2,527	41,502	230,586	90,967	1,957,608	164,326	34,955	4,631,707	163	144,871
Santander	122,071	337,194	41,809	278,510	245,384	126,352	493,090	1,628,303	269,963	548,581	3,688,727	559,939	100,506
Ségovie	160,964	633,645	373,242	95,733	26,352	268,389	1,257,702	1,257,702	380,835	76,111	3,722,979	51,283	105,225
Séville	1,072,420	1,677,339	354,361	653,351	59,039	1,894,810	2,531,577	6,814,313	1,772,653	314,346	17,104,209	3,115	608,959
Soria	142,180	149,669	171,332	29,175	19,123	86,429	157,376	1,146,630	672,064	35,248	5,734,345	329,743	1,526
Tarragone	270,360	252,515	6,171	288,304	178,320	230,693	299,901	2,207,309	1,848,239	143,533	4,485,340	19,255	77,435
Teruel	173,318	709,060	178,426	24,848	23,284	135,866	412,004	1,445,974	957,660	438,900	8,617,622	24,799	101,860
Tolède	1,320,834	1,605,354	654,258	341,375	34,949	413,838	2,091,715	1,862,421	312,060	50,625	13,529,031	74,475	1,287,717
Valence	2,177,964	276,335	175,226	202,617	34,494	705,829	2,403,462	5,824,490	1,704,742	23,872	2,846,079	292,785	137,892
Valladolid	429,545	833,023	433,664	390,371	94,834	465,173	715,280	3,032,505	91,686	974,871	7,460,952	8,591	306,030
Zamora	50,591	300,821	118,410	112,504	9,740	22,935	643,061	3,220,486	579,379	414,630	4,478,609	7,948	335,050
Zaragoza	583,739	1,094,615	261,880	31,130	29,335	489,978	1,557,352	3,876,210	1,435,098	330,284	9,682,621	48,971	335,050
Totaux	23,886,698	29,349,574	9,851,447	9,468,775	2,610,703	16,768,413	43,807,676	133,384,075	33,498,851	9,784,286	313,105,498	5,099,963	13,660,988

Recettes municipales des Pays basques. (Année 1861).

PROVINCES.	PRODUIT NET de domaines sous certaines déductions.		IMPÔTS établis.	BIENFAISANCE.	INSTRUCTION PUBLIQUE.	RECETTES extraordinaires et éventuelles.	TAXES SPÉCIALES (arbitrios especiales).		TOTAL général des recettes.	BALANCE GÉNÉRALE.		POPULATION.	DISTRICTS municipaux.
	biens propres (proprios).	forêts (montes).					objets non compris dans les tarifs de consommation.	objets y compris.		DÉCOUVERT.	EXCÉDANT.		
Alava........	227.360	489.007	3.364.290	82.244	86.627	98.451	»	426.378	4.417.037	457.729	2.857	96.398	90
Guipuzcoa....	324.794	75.136	2.603.543	694.248	36.623	274.288	163.820	45.287	4.449.986	144.166	124.512	156.493	93
Biscaye.	181.301	45.046	4.647.139	439.637	18.860	827.405	»	»	6.159.388	335.462	420.544	160.579	125
Navarre......	708.370	149.424	3.812.351	1.770	44.780	76.730	»	»	4.786.425	3.762.678	4.600	297.422	269
	1.441.825	394.613	14.427.323	1.217.869	186.890	1.276.574	163.820	174.665	19.512.856	4.700.035	552.513	710.892	577

Tableau détaillé par spécialité des diverses recettes des communes d'Espagne dans les 45 provinces, pour l'année 1861 :

Revenus ordinaires :

1. Produit de domaines, rentes, et autres biens non aliénés. .	17,645,203
2. Revenu des effets publics de propriété commune.	11,604,371
3. Montagnes et forêts.	9,851,447
4. Impôts établis.	23,686,698
5. Produit des recettes destinées aux établissements charitables. .	7,838,289
6. Excédant de ces mêmes recettes pour les années antérieures. .	1,630,486
7. Instruction publique.	2,610,703
8. Recettes extraordinaires et éventuelles.	16,763,413

Budget additionnel :

9. En caisse.	28,017,926
10. Restitutions.	893,999
11. Créances anciennes acquittées.	14,895,751

COUVERTURE DU DÉFICIT.

Surtaxes ordinaires sur les objets imposés par l'État :

12. Surtaxes ordinaires sur l'impôt territorial.	34,924,605
13. Surtaxes ordinaires sur l'impôt industriel.	9,585,780
14. Taxes sur les consommations, d'après le tarif n° 1.	49,872,211
15. Taxes sur les consommations, d'après le tarif n° 2, dans les capitales des provinces, et les ports.	35,776,808
16. Partie laissée aux conseils municipaux du droit de 50 p. 100 sur les consommations, mis à la disposition des conseils provinciaux.	3,224,671

Surtaxes extraordinaires sur les objets imposés par l'État :

17. Sur l'impôt territorial.	26,412,084
18. Sur l'impôt industriel.	2,409,806
19. Sur les consommations.	633,628
20. Montant du 5ᵉ d'augmentation des surtaxes ordinaires sur l'impôt territorial (art. 38 du décret royal du 30 juillet 1839).	3,104,692
21. Montant du 5ᵉ d'augmentation des surtaxes ordinaires sur l'impôt industriel (même décret).	938,641

A reporter. . . . 302,321,332

Taxes spéciales (arbitrios especiales) [1] :

Report. . .	302,321,332
22. Impositions sur les consommations que mentionne le tarif n° 2, à partir de la rubrique *Cire et Graisses* [2], dans les lieux qui ne sont ni ports ni chefs-lieux.	35,783,761
23. Impositions sur les consommations non mentionnées dans les tarifs.	3,017,083
24. Impositions sur les autres objets (art. 26 du décret royal du 30 juillet 1859).	983,442
Total général.	312,105,498

. [1] Les *arbitrios especiales* figurent au nombre des ressources *extraordinaires* des budgets communaux : les *arbitrios establecidos* sont au nombre des ressources *ordinaires* des *provinces*. Nous constatons ces contrastes sans en posséder l'explication.

[2] *Desde el épigrafo « Cera y Grasas » en adelante.*

CHAPITRE V.

PRÉLIMINAIRES.

L'Italie, poursuivant l'unité financière en même temps que l'unité politique à constituer entre ses provinces récemment aggrégées, a aboli en Sicile le droit de mouture et en Toscane la taxe de famille : elle poursuit aussi, comme nous l'avons vu ailleurs, le problème de la péréquation de l'impôt foncier, au prix de difficultés considérables.

Elle ne paraît pas avoir arrêté encore les règles de la tutelle administrative qui peut rattacher ses provinces et ses communes au gouvernement central.

Mais dans ses efforts pour uniformiser la législation fiscale et la rendre plus productive, elle découvre à nos recherches plusieurs parties de son organisation intérieure si complexe. Nous allons chercher à saisir les faits principaux qui se rapportent en Italie à la taxation des communes et des provinces; cette dernière, ici comme ailleurs, moins importante et moins féconde que la taxation des communes.

SECTION I.

DES TAXES COMMUNALES.

Nous avons lu l'exposition récemment portée à la tribune
de Turin de la part considérable supportée par l'impôt de
consommation dans les budgets des communes italiennes, à
côté des centimes additionnels à la contribution foncière,
centimes dont il serait aussi question d'étendre l'application
à d'autres impositions [1].

Voici en quels termes un ministre italien a expliqué, il y
a deux ans, l'état des impôts de consommation en Italie,
à l'occasion d'un projet destiné tout à la fois à régulariser
et à élargir sous ce rapport les revenus de l'État et ceux des
communes.

« Dans les provinces de l'Émilie et de la Lombardie, a
dit M. Sella, et dans toutes les provinces méridionales, il
n'y a aucune commune dépourvue de taxe sur les consommations. Dans les provinces de la Marche et de l'Ombrie, le
plus grand nombre des communes supporte cette taxe, c'est-
à-dire dans l'une de ces provinces, 227 communes sur 285,
et dans l'autre 152 sur 176. Dans les provinces de l'ancien
royaume et en Toscane, la minorité des communes pratique
cette forme d'imposition. Dans les anciennes provinces, 236
communes sur 2,349 ont une taxe de consommation, et sur
les 246 communes toscanes 6 seulement sont dans ce cas,
à savoir : Florence, Livourne, Lucques, Pise, Pistoie et
Sienne. Dans le royaume d'Italie qui compte 7,719 communes, il y en a donc 6,824 qui payent le *dazio di consumo* et
2,435 qui ne le payent pas. »

[1] V. à cet égard le journal *la Stampa* du 25 juillet 1863.

« Le total de ces taxes représente une somme annuelle supérieure à 43 millions de livres, répartie de la manière suivante :

Provinces anciennes.	. . . .	9,295,626
— lombardes.	. . . .	8,832,534
— napolitaines.	. . . .	8,221,022
— émiliennes.	. . . .	5,190,672
— siciliennes.	. . . .	5,146,402
— toscanes.	. . . .	4,442,885
— des Marches et de l'Ombrie.	. . . .	2,389,753

» Le produit de ces taxes dans certaines provinces ressort complétement au profit des communes, dans d'autres il est réparti entre les communes et l'État, mais cette répartition n'a jamais lieu par proportions égales. »

« Le produit se confond complétement avec les ressources communales, dans les provinces méridionales et toscanes, dans les anciennes provinces et dans celles des Marches et de l'Ombrie. Mais dans la ville de Naples et dans ses faubourgs (Casali), l'État perçoit sur le total indiqué plus haut 343,000 liv. provenant d'une taxe sur la glace, dans les anciennes provinces 623,452 liv. provenant d'une taxe spéciale sur les boissons et sur les comestibles sucrés, établie par la loi du 4 janvier 1853, et dans les provinces des Marches 461,349 liv. pour une taxe sur le vin, établie provisoirement par un édit du 7 octobre 1854, et qui après la destruction du gouvernement pontifical, a été supprimée dans toutes les autres provinces auparavant sujettes de ce gouvernement. »

« Dans les autres provinces, c'est-à-dire dans l'Émilie et la Lombardie, l'État perçoit et s'approprie la plus grande partie de l'impôt de consommation ; dans l'Émilie, 3,036,407 liv. contre 2,154,265 laissées aux communes; en Lombardie, 7,146,222 liv. contre 1,686,312 laissées aux communes, c'est-à-dire à huit d'entre elles : Bergame, Brescia, Côme, Creme, Cremone, Lodi, Milan et Pavie. »

« Ces courtes notions établissent que, sur les 43 millions donnés par l'impôt de consommation, l'État touche plus de 11 millions, le reste étant abandonné aux communes ; et ces 11 millions sont presque exclusivement tirés de l'Émilie et de la Lombardie. Au contraire, les provinces toscanes, siciliennes et ombriennes ne rendent rien à l'État de ce chef, et les provinces anciennes, celles de Naples et des Marches, ne rendent presque rien. »

« Il convient de faire observer que dans les anciennes provinces l'État reçoit des communes, au lieu de taxe sur les consommations, une imposition nommée *canone gabellaria*, dont le produit pour 1862 a été prévu pour une somme de 5,692,137 liv. Avant 1853, il y avait dans les anciennes provinces une *gabelle* au profit du Trésor sur les viandes, sur les peaux, sur les cuirs, sur la vente du vin en détail et sur la fabrication de la bière ; mais la loi déjà citée du 4 janvier 1853 abolit l'impôt sur les peaux et les cuirs et convertit la taxe sur les denrées alimentaires en un canon fixe à la charge de chaque commune. »

« Le produit retiré par l'État de ces *canons* va en compte avec celui qu'il retire des taxes sur la consommation ; ce qui permet de dire que le revenu total, obtenu à ce titre par le Trésor, dépasse la somme de 17 millions. Mais il ne serait pas également exact de porter la même somme en addition avec celles que les communes des anciennes provinces payent pour la taxe de consommation, attendu que ces communes tirent de diverses sources les moyens de satisfaire au *canon gabellaire* qu'elles doivent au Trésor : en fait, en 1858, sur les 6,170,690 livres que les communes payaient pour satisfaire au canon, la taxe de consommation fournissait seulement 1,288,739 liv. [1]. »

---

[1] V. l'exposé des motifs de M. Sella du 7 juin 1862.

M. Francisco Dias, dans son ouvrage sur l'*Administration
financière du royaume des Deux-Siciles*, publié en 1856, énu-
mérait comme revenus des communes dans ce pays [1] :

1° Les rentes foncières domaniales, cens, canons et prestations ;

2° Les produits de juridiction, parmi lesquels il comprenait
les amendes pour contraventions aux règlements municipaux, les droits de place dans les rues et marchés (*porto-
lania*), et les droits de poids et mesures ;

3° Les impôts de consommation portant principalement
sur la mouture, et qui en cette partie ne peuvent dépasser
1 *carlino* par *tomolo* ;

4° Les centimes additionnels (*grani addizionali*) à la contribution foncière, ces *grani addizionali* ne pouvant excéder
le nombre de deux ;

5° Les monopoles volontaires et temporaires, possibles
à organiser à l'égard des comestibles, avec l'autorisation
du ministre de l'intérieur, et assujettis à la condition d'être
affermés annuellement aux enchères.

Ce moyen subordonné de revenu était indiqué comme
pouvant être préféré, suivant l'auteur, à tous les autres dans
certains cas particuliers, comme par exemple en vue d'assurer la subsistance publique, ou au sujet d'une industrie
qui ne peut être abandonnée à tout citoyen, et qui donne
lieu à un monopole de fait, comme l'établissement des
madragues, *tonnaie*.

Certains des impôts mentionnés par M. Dias, et tout au
moins l'impôt sur la mouture, ont été abolis en 1860 par la
lieutenance générale du roi dans les provinces napolitaines [2].

Les communes, en Italie, étant, ainsi qu'il résulte de
l'exposé de M. Sella, très-inégalement taxées, et contribuant

[1] P. 549 à 554.
[2] V. à cet égard l'exposé des motifs de M. Sella, du 7 juin 1862.

aussi très-diversement à la taxe de consommation perçue au profit de l'État, le projet de loi, porté à la discussion par le ministre, avait pour objet d'établir dans tout l'État un système uniforme d'impôt sur les consommations, en même temps que d'accroître, par suite des besoins du Trésor, les recettes obtenues au moyen de cet impôt.

A l'appui de son projet de loi [1], M. Sella faisait valoir que cet impôt général sur les consommations n'était pas une innovation, puisqu'il se prélevait déjà dans presque tout le royaume, soit au profit du Trésor et des communes, soit seulement à celui des communes.

Il ajoutait que cette loi était nécessaire pour plusieurs ordres de raisons, prises en premier lieu de la nécessité d'établir toutes les communes de l'État sur un même pied d'autonomie politique et administrative ; ensuite de la nécessité d'augmenter les recettes de l'État. Or ces deux résultats seraient obtenus par une imposition générale, au profit du Trésor, sur les boissons et les denrées servant à la nourriture ou aux autres nécessités journalières de la vie.

Cet impôt, continuait le ministre, existe dans tous les principaux États de l'Europe ; et si on en portait le taux à 4 fr. 43 c. par tête, comme en Belgique (taux le plus faible de tous ceux qu'on peut constater au sujet d'impôts de même nature en Europe), on n'obtiendrait pas moins de 100 millions. Et, comme les impositions sur les consommations forment, ajoutait-il, la seule ressource des communes, et que par conséquent on ne saurait la leur enlever complétement en réduisant de moitié le taux ci-dessus indi-

---

[1] Les détails qui suivent et qui touchent à la discussion du projet de loi italien sur les consommations sont extraits de documents divers dont je dois la communication à l'obligeance de plusieurs personnes mêlées aux débats de cette législation et spécialement de M. Sella, qui m'a transmis de nombreux renseignements avec un empressement extrême.

qué pour l'impôt général, on arriverait au moins à une recette de 40 millions pour le Trésor ; le reste permettrait largement aux communes de faire face à leurs dépenses.

Entrant ensuite dans la nomenclature des objets qui seraient soumis à la taxe, M. Sella y comprenait les vins, les spiritueux, les viandes, les huiles, les vinaigres, la bière, l'eau gazeuse, etc..., toutes matières que les communes taxaient déjà à leur profit.

Aurait été abandonné aux communes, avec droits de surtaxe sur les matières déjà soumises à l'impôt général, le droit d'imposition sur tous les autres comestibles, sur les combustibles en général, et sur tous les objets qu'on ne peut ranger dans une catégorie bien déterminée.

Quant aux grains, aux farines, aux médicaments et à toutes denrées de nécessité stricte, on ne les aurait point taxés, non plus que les denrées coloniales, pour plus de facilité dans le commerce international ; ces dernières denrées d'ailleurs payent déjà des droits de douane. Auraient été également exemptes, pour cause d'utilité et de service publics, les matières de fabrique destinées aux arsenaux de terre et de mer.

Les surtaxes, mises par les communes sur les matières déjà soumises à l'impôt gouvernemental, devaient, dans le plan de M. Sella, être renfermées dans certaines limites, et soumises au contrôle et à l'approbation des assemblées provinciales. Le gouvernement aurait eu la haute main sur cette partie de l'administration communale, et il aurait empêché les communes d'apporter des entraves au libre cours de l'industrie et du commerce, du trouble dans l'assiette du système d'imposition du royaume, de la perturbation dans la richesse publique.

L'établissement de la taxe devait être fait d'après le poids, le volume et la quantité des objets; et le tarif devait repré-

senter une moyenne entre les tarifs existant déjà dans les
principales localités du royaume, avec une tendance avouée
à rendre le tarif profitable à l'État, sans le rendre trop lourd
aux communes.

Pour n'amener aucune perturbation dans la chose publique, on ne devait appliquer la loi que peu à peu; et la perception de l'impôt devait se faire par les agents du gouvernement. Ces agents auraient perçu également les impositions
des communes. L'inverse devait avoir lieu là où les agents
des communes percevaient cette sorte d'impôt.

Le ministre, faisant ensuite la différence des communes
fermées et des communes ouvertes, ajoutait que dans les
premières, l'impôt pourrait être perçu à l'entrée; et que,
pour les matières sujettes à l'impôt et se fabriquant à l'intérieur, on avait le procédé des déclarations, des vérifications
ou des abonnements.

Pour les communes ouvertes, continuait le ministre, il
s'offre de plus grandes difficultés; mais on pourrait avoir recours aux déclarations, et préférablement aux abonnements.

M. Sella proposait ensuite de décharger le Trésor sur les
communes des subventions données à certains théâtres,
et il concluait en disant qu'indépendamment des besoins
impérieux du Trésor, indépendamment aussi du principe de
justice qui conseillerait de faire peser également sur toutes
les communes les charges de l'État, l'impôt proposé aurait
une portée politique, puisqu'il serait un pas de plus dans
l'unification du système administratif et financier du
royaume d'Italie.

Tel est le résumé succinct de l'exposé présenté à la Chambre
des députés de Turin par M. le ministre Sella.

La Chambre renvoya l'examen du projet de loi à une commission composée de neuf députés, dont M. Restelli était
le rapporteur. Nous allons analyser brièvement les conclu-

sions de cette commission, présentées le 25 juin 1862 à la Chambre.

Approbation donnée aux divers motifs qui avaient mis le ministère dans l'impérieuse nécessité de solliciter la création d'un nouvel impôt, la commission, tout en admettant l'impôt proposé en principe, rejetait le projet de loi de M. Sella, pour plusieurs motifs.

Repoussant d'une manière absolue la proposition de M. Sella relative aux subventions théâtrales, la Commission reprochait au projet de loi en général d'enlever aux communes leurs principales ressources, en taxant au profit de l'État les objets de plus grande consommation, et ne laissant aux communes que des taxes qui ne leur permettraient pas de faire face à leurs dépenses.

De plus, continuait le rapporteur, l'égalité du tarif proposé par tout le royaume, viole la justice, parce qu'il faut tenir compte de la diversité des conditions économiques et sociales des localités différentes de l'Italie. Le tarif serait meilleur s'il était basé sur les prix divers des mêmes objets de consommation en différents lieux, et sur la plus ou moins grande consommation faite.

La Commission demandait en outre que l'impôt ne portât point sur les viandes, ni sur les huiles, ou qu'au moins ce ne fût pas avec un taux uniforme.

M. Sella fut, après ce rapport, remplacé au ministère des finances par M. Minghetti qui, le 29 mai 1863, apporta à la Chambre le projet de loi de son prédécesseur avec certaines modifications.

Des objets de consommation que M. Sella taxait au profit du Trésor, M. Minghetti écartait les huiles, et établissait que, des trois consommations principales (céréales, boissons et viandes), deux seulement devaient êtr sujettes à l'impôt. Les céréales en étaient exemptes.

Répondant ensuite à l'objection de la première commission sur l'uniformité du tarif par tout le royaume, dans le projet Sella, le ministre proposait de diviser les communes en deux grandes catégories : les communes urbaines et les communes rurales. Les premières se subdiviseraient en trois classes, les dernières en deux, suivant le chiffre de la population ; et un tarif différent serait affecté à chaque classe, d'après le principe que, plus une localité est populeuse, plus faciles y sont les moyens d'existence, et par conséquent, moins lourde se trouve la taxe.

Après avoir énoncé divers tarifs pour les objets de consommation taxés, le ministre, passant au mode de recouvrement de la taxe, ajoutait que, dans les grands centres, la perception se ferait aux entrées des villes ; mais que, dans les localités mal agglomérées ou peu populeuses, ce mode de recouvrement entraînerait avec lui la nécessité d'un personnel d'agents considérable, dont les traitements absorberaient une partie notable de l'impôt. Aussi vaudrait-il mieux avoir recours alors au système des abonnements, ou bien exercer une surveillance sur les ventes en détail des boissons et sur l'abattage des viandes. Ces deux systèmes sont déjà en vigueur en Lombardie.

Le ministre terminait son exposé en disant que les modifications qu'il avait apportées au premier projet de loi, tout en laissant à l'État une recette présumée d'au moins 35 millions, laissaient largement aux communes de quoi subvenir à leurs dépenses.

Le nouveau projet de loi fut soumis à la Chambre qui chargea 9 membres de l'examiner. Cette commission fit son rapport, le 21 juillet 1863, et eut pour organe, par une coïncidence assez bizarre, M. Sella, qui se trouva ainsi appelé à juger le projet de son successeur.

Une faible minorité dans la commission voulait que

chaque commune fut considérée collectivement comme un contribuable, qu'on fixât la somme à percevoir par chaque commune, et qu'on laissât ensuite les localités libres de taxer à leur gré les objets de consommation, soit pour payer la somme due à l'État, soit pour subvenir à leurs besoins propres.

Ce système fut rejeté par la majorité de la Commission, comme ne répondant pas à l'accroissement annuel de l'impôt que recherchait le ministère.

Le rapporteur ajoutait que la question de taxer les viandes au profit de l'État avait divisé la commission. La minorité proposait d'accroître le tarif proposé pour les boissons, et de ne point taxer les viandes. La majorité observant que cette surtaxe sur les boissons empêcherait leur imposition par les communes, et enlèverait aux localités, qui ne pourraient faire porter l'impôt sur de grandes consommations de viande, leur principal revenu, avait repoussé le système proposé, et avait trouvé préférable, comme plus conforme aux intérêts des communes, le système ministériel.

La commission, adoptant les modes de recouvrement de la taxe indiquée par M. Minghetti, rejetait ensuite la division des communes en communes urbaines et rurales, comme injurieuse pour certaines villes illustres, que leur faible population ferait ranger dans cette dernière catégorie. L'ancienne division du projet Sella en communes fermées et communes ouvertes était maintenue. Les premières se divisaient en trois classes, suivant qu'elles avaient une population moindre de 25,000 habitants, de 60,000 habitants; ou supérieure à ce dernier chiffre. Quant aux communes ouvertes, elles ne devaient former qu'une seule classe.

L'unité de tarif était adoptée pour les boissons, par tout le royaume.

Quant aux viandes, la commission s'était partagée. Deux avis avaient été ouverts : taxer suivant le poids, ou suivant le nombre des têtes abattues. La commission était d'avis de laisser aux communes le choix libre entre ces deux méthodes.

Continuant la révision du projet ministériel, la commission l'avait rectifié, en demandant qu'il fût tenu compte aux fabriques de spiritueux déjà soumises à une taxe de fabrication, et situées dans des communes fermées, de l'impôt déjà payé sur les matières premières à leur entrée dans ces communes. De même, à l'entrée des viandes dans les communes fermées, on devait défalquer de la taxe le droit perçu sur l'abattage au dehors.

Le projet de loi sur les consommations, avec les modifications proposées par la commission, a été discuté à la chambre des députés de Turin, du 25 au 31 juillet 1863.

Nous allons analyser rapidement cette discussion, nous attachant principalement à la délibération générale, parce que les amendements proposés aux divers articles ont presque tous été rejetés.

Le député Cadolini a ouvert la discussion, et s'est surtout attaché à démontrer que les nombreuses classes, entre lesquelles M. Minghetti partageait les communes, valaient mieux, pour la justice, que la division plus restreinte proposée par la commission.

M. Minervini a pris ensuite la parole ; il a jugé la loi inopportune dans les conditions actuelles des provinces italiennes, et surtout des Deux-Siciles ; et il a fondé le rejet de la loi demandé par lui sur les raisons suivantes : ce serait frustrer les communes au profit du Trésor, des droits qu'elles prélèvent sur les consommations ; le manque de données statistiques sur presque toutes les provinces méridionales empêcherait d'établir une taxe justement proportionnée aux valeurs diverses des denrées, et à la plus ou moins grande consommation qui s'en fait ; l'exemple de l'établissement de cet impôt en France et en Angleterre, exemple cité par le ministre, n'est pas à alléguer dans les conditions différentes de l'Italie quant au développement de l'agriculture, du commerce et de l'industrie ; il est impossible et injuste d'établir un impôt uniforme sur un pays dont les diverses parties sont mal reliées entre elles ; cette loi, en définitive, frapperait d'une grande impopularité le gouvernement, ne rendrait pas les résultats supposés et ferait absorber la moitié des recettes par les dépenses que nécessiterait la perception de la taxe.

M. Minervini, qui faisait partie de la minorité de la commission, ayant ainsi énuméré les diverses raisons qui lui avaient fait repousser le projet de loi, et reconnaissant toutefois que les besoins du Trésor nécessitaient un nouvel impôt, émit devant la chambre la même proposition que nous avons signalée dans l'analyse du discours du rapporteur Sella, et qui consistait à laisser aux communes, pendant cinq ans, le droit de taxer à leur gré les consommations, avec la réserve d'une retenue de 20 p. 100 sur les recettes ainsi effectuées, au profit de l'État. Pendant les cinq années que ce système serait en vigueur, on pourrait, ajoutait l'honorable député, prendre assez de renseignements de toute nature pour pouvoir établir l'impôt proposé sur des bases fixes, solides et équitables.

M. Lazzara, prenant la parole, a combattu la loi en principe ; il l'a trouvée injuste, parce qu'elle frappe plutôt les habitants des villes que ceux des campagnes, et les pauvres que les riches ; illibérale, parce qu'elle met obstacle au libre développement des améliorations dans l'état des communes, auxquelles elle enlève la presque totalité de leurs ressources ; enfin aventurée, comme n'ayant pas été le produit d'un examen profond et réfléchi, mais précipité. Cependant

l'orateur, ne pouvant disconvenir de l'impérieuse nécessité
de grossir le budget des recettes, se flattait que ce résultat
serait obtenu par les économies que produirait une prompte
décentralisation.

Le ministre Minghetti a repoussé ensuite le système Minervini, par les mêmes raisons déjà produites par le rapporteur
Sella; il a ajouté que la décentralisation proposée par le député Lazzara ne saurait se faire tout d'un coup, ni avoir les
résultats immédiats dont le gouvernement a besoin; il a
exposé à la chambre le système dont nous avons déjà parlé,
en analysant son exposé des motifs.

Les députés Carnazza et Cortese ont combattu la loi, en
s'appuyant sur les mêmes raisons que MM. Minervini et
Lazzara. Nous devons signaler pourtant l'idée d'un impôt
sur les farines, qui était proposé par M. Cortese, à la place de
l'impôt sur les consommations, comme devant peser également sur les habitants des villes et sur ceux des campagnes.

M. Lanza, rejetant la proposition faite par M. Cortese, d'un
impôt sur les farines, a fait remarquer que cet impôt, tombant
sur une chose de première nécessité, avait été aboli dans tous
les pays; qu'il ne conviendrait pas de l'établir en Italie sous
quelque forme que ce fût, ni même de laisser aux communes, comme le proposait le ministre, le droit de le lever
à leur profit. Il a ajouté que les dépenses inhérentes à un
impôt général sur les consommations étant si considérables
qu'elles absorbent la moitié des recettes, il préférerait qu'on
augmentât faiblement les droits sur les ventes de vin en détail, et qu'on mît un impôt sur les ventes de vin en gros : on
obtiendrait ainsi, en étendant ce système à tout le royaume,
plus de 35 millions, quittes de frais de perception. L'orateur
a conclu en disant qu'en Belgique, où M. Frère-Orban a
aboli tous droits sur les consommations, les peuples recon-
naissants lui ont élevé une statue; et quant à lui, il doute fort

que les Italiens fassent le même honneur à M. Minghetti.

M. Ferraris, député et conseiller municipal de Turin, a été d'avis que l'impôt proposé ruinerait les communes, et il a cité l'exemple de Turin, s'appuyant à cet égard sur des chiffres que nous reproduirons dans la réfutation de M. Sella.

Le député Fiorenzi, prenant texte d'une idée émise par M. Minghetti, a proposé au lieu d'un impôt sur les consommations, un impôt sur la fabrication des boissons. Il s'est appuyé sur ce que des inconvénients nombreux seraient ainsi évités, et il a calculé que ce nouvel impôt pourrait produire, seulement pour le vin, 42 millions, en supposant 1 ¼ livre de taxe par hectolitre.

Le rapporteur Sella a répondu successivement aux diverses objections contre la loi proposée. Le système proposé par M. Lanza d'une taxe sur les ventes de vin en gros et en détail lui a paru inadmissible, parce que cette taxe ne serait pas générale, et ne s'appliquerait pas, par exemple, au propriétaire qui récolte chez lui le vin qui lui est nécessaire. Ce système, ne s'appliquant qu'au vin du commerce, doit être rejeté.

Passant ensuite à l'objection faite que l'impôt en discussion enlèverait aux communes toutes leurs ressources, M. Sella a ajouté que, si pour Turin, par exemple, comme l'a avancé M. Ferraris, l'État enlève à la municipalité 2,114,000 liv., sur 3,463,937 liv. qu'elle perçoit, d'un autre côté il l'exempte du *canone gabellario*, à savoir de 1,150,486 liv., ce dont M. Ferraris ne tient pas compte et ce qui réduit la perte éprouvée par Turin à 964,243 liv. seulement. Encore faut-il déduire 200,000 à 300,000 liv. pour les frais de perception qui seront dorénavant à la charge du Trésor. La perte véritable pour le budget de Turin n'est donc que d'environ 650,000 liv., c'est-à-dire un peu plus de 3 liv. par tête. Un calcul semblable donnerait 3 liv. par tête pour Naples, et 3 liv. 50 pour Gênes. Ces nouvelles charges des communes ne peuvent pas les ruiner.

M. Sella a continué en répondant à MM. Carnazza et Cortese, qui avaient objecté que, dans les conditions présentes, l'impôt serait inapplicable en Sicile. Il a démontré que cet impôt ne serait que de 1 livre 50 par tête, et il s'est étonné qu'on pût le trouver trop lourd, puisqu'il prendrait la place des taxes actuelles qui pèsent sur les Siciliens, à raison de 6 liv. 5 par tête.

Après avoir répondu à quelques autres objections d'une moins grande importance, et se rattachant plus ou moins directement aux divers articles du projet, l'orateur a conclu en disant que cette loi était nécessitée par les besoins du Trésor, qu'aucune autre ne pourrait la remplacer, et que d'ailleurs elle était déjà largement pratiquée en Lombardie et dans d'autres parties du royaume. Le système proposé, auquel le comte de Cavour avait donné son approbation, présente d'ailleurs, a-t-il ajouté, l'avantage de supprimer le *canone gabellario* et divers autres droits odieux au pays, en même temps qu'il constitue un pas de plus fait dans l'unification administrative, politique et financière du royaume d'Italie.

Tel est, en peu de mots, le résumé des débats qu'a soulevés, dans la Chambre des députés de Turin, la discussion générale du projet de loi sur l'impôt des consommations. Les divers articles ont presque tous été l'objet de nombreux amendements, qui ont été rejetés; sauf un petit nombre que nous allons rappeler.

A l'art. 10 du projet ministériel, sur la proposition de MM. Valerio et Ricciardi, le paragraphe suivant a été ajouté:

« Il est permis aux communes fermées d'imposer une taxe de consommation sur la vente en détail des objets désignés dans la présente loi. »

De même, sur la proposition de MM. de Blasiis et Mellana, il a été adopté que, lorsque les recettes des communes qui, d'accord avec le gouvernement, lèveraient l'entier impôt de consommation, dépasseraient un *minimum* fixé et renouvelé à de fréquents intervalles, l'excédant serait partagé également entre la commune et le gouvernement.

De plus, deux nouveaux articles ont été intercalés entre les art. 13 et 14 du projet ministériel. Ces deux articles résultent de plusieurs amendements dont nous allons donner le sens. Le député Saracco a fait adopter que la perception de l'impôt gouvernemental sur les consommations pourrait avoir lieu par abonnements avec les communes qui en feraient la demande, et qui prendraient l'obligation d'en payer directement le montant établi d'après l'état présent de la consommation dans chaque commune. Il serait alors permis aux municipalités de varier les tarifs, avec la précaution que la somme due au Trésor serait prélevée exclusivement sur les objets mêmes dont la loi réserve la taxation au gouvernement.

A ce paragraphe a été ajouté le suivant, sur la présentation de M. de Blasiis. « Dans le cas où l'accord en question entre les communes et l'État n'aurait pas lieu, ceux qui ont payé les taxes prescrites sur le raisin, le moût, ou le vin introduit dans une commune, et qui voudraient exporter ces denrées, en tout ou en partie, pour les faire consommer ailleurs, ont droit à la restitution de la taxe correspondante. »

La commission a fait observer et admettre qu'alors les communes et les fermiers auraient les droits et les obligations du gouvernement vis-à-vis des contribuables, et que leurs agents auraient les mêmes prérogatives que ceux de l'État.

La chambre a adopté ensuite un amendement du député Cadolini, tendant à reconnaître que, lorsque pour la perception de l'impôt, le gouvernement prendrait la place des communes, et *vice versâ*, il y aurait lieu à transmission des employés, des locaux et de tout ce qui concourt au service.

Sur la proposition du même député, la chambre a approuvé une disposition transitoire, d'après laquelle, là où l'impôt gouvernemental frappe les objets de consommation à un taux plus élevé que celui de la loi, l'excédant doit passer aux communes.

Les autres modifications apportées au projet ministériel n'ont porté que sur la rédaction.

Le projet de loi voté à la Chambre des Députés a été soumis à l'approbation du Sénat le 20 décembre 1863 par M. Duchoqué, rapporteur de la commission chargée de son examen. Ce sénateur, s'appuyant sur les mêmes raisons qui avaient fait proposer par MM. Sella et Minghetti un impôt sur les consommations, en a reconnu la nécessité, et s'est borné seulement à proposer certaines modifications aux articles divers de la loi. Ainsi il désirait que les communes, divisées en cinq classes, pour le tarif, d'après leur population, et, pour le mode de perception, en deux catégories, suivant qu'elles sont *fermées ou ouvertes*, fussent déclarées *fermées*, lorsque leur population les rangerait dans les quatre premières classes, à moins toutefois que le peu d'agglomération de la population, dans quelques-unes de ces communes, n'empêchât d'établir une ligne de perception à l'entour; auquel cas, un décret royal, après avis du conseil d'État, déclarerait ces communes *ouvertes*. Quant aux communes de cinquième classe, elles seraient *ouvertes*, sauf celles qui sont chefs-lieux d'arrondissement (*circondario*), ou celles encore dont les conseils municipaux s'engageraient à établir une ligne de perception aux portes.

Le rapporteur a continué en approuvant les divers articles du projet de loi, sauf quelques légères modifications rela-

tives au texte, l'une d'elles consistant par exemple à désigner, sous la rubrique : *autres objets analogues à ceux indiqués ci-dessus,* les objets que l'art. 10 permet aux communes
de taxer et qui étaient désignés dans le projet de loi sous
la rubrique : *quelques autres objets de consommations.*

M. Duchoqué a ensuite manifesté le vœu que les communes ne pussent taxer tous les objets de consommation que
dans certaines limites fixées par la loi. Il a repoussé l'idée
ministérielle de déduire de la taxe sur les viandes la taxe
d'abattage (art. 7), dans le cas où les viandes abattues dans
une commune, seraient consommées dans une autre ; en
se servant du motif que cette déduction, facile à faire,
lorsque ce serait le gouvernement qui percevrait la taxe,
serait d'une difficulté insurmontable dans le cas opposé,
parce qu'elle entraînerait des comptes interminables de
commune à commune.

Le rapporteur, adoptant les tarifs proposés, n'a demandé
que deux légères modifications : la première exemptant de
la taxe toute charge de raisin, de moins de 5 kilogr. ; la
deuxième, établissant un seul tarif pour les liqueurs, taxées
à 20 fr. par hectol., quelle que soit leur intensité d'alcool.

Nous allons maintenant donner une rapide analyse de la
discussion de la loi au Sénat.

Le sénateur Pareto a désapprouvé la loi, tout en reconnaissant la nécessité de créer de nouvelles ressources au Trésor;
au moins la voudrait-il établie sur d'autres bases. Il a appuyé
sa désapprobation sur deux ordres de motifs, que nous avons
eu à signaler déjà dans la discussion de la Chambre des
Députés italiens : l'enlèvement aux communes de leurs ressources, et la contribution à l'impôt plus lourde, par suite
de la diversité des tarifs, pour l'habitant des villes que pour
celui des campagnes.

Le sénateur Audiffredi, approuvant les diverses observations du sénateur Pareto, a reconnu cependant que le système financier adopté par le ministre était le meilleur à suivre dans les circonstances difficiles où se trouve l'Italie. Il aurait désiré seulement que l'État se réservât exclusivement les impôts directs, en interdisant tous centimes additionnels aux communes, et en leur abandonnant le monopole des taxes sur les consommations.

Le sénateur Gravina, s'attachant à démontrer l'injustice de la répartition de l'impôt proposé, a désapprouvé l'inégalité du tarif entre les communes, suivant leur population, comme ne frappant pas également tous les citoyens; il a rejeté de même la divison des communes en communes *fermées* et *ouvertes*, parce que dans les dernières, l'impôt ne se prélèvant que sur les ventes en détail, les gros consommateurs en seraient exempts, et le pauvre seul serait atteint. Il a développé un amendement où il a proposé détablir l'égalité du tarif par tout le royaume, et de considérer toutes les communes comme *idéalement* fermées. Cet amendement qui aurait modifié toute la loi n'a pas été adopté.

Le ministre des finances a répondu aux objections faites par MM. Pareto, Audiffredi et Gravina, en disant que la loi proposée n'enlevait pas aux communes leurs ressources, puisque l'État ne se proposait de recueillir par cet impôt que 40 millions, somme inférieure à celle que les anciens gouvernements de l'Italie percevaient, tout en laissant aux communes de quoi subvenir à leurs dépenses. Il a ajouté que l'idée du sénateur Audiffredi, de réserver exclusivement à l'État les impôts directs en abandonnant les impôts indirects aux communes, n'était appliquée dans aucun État, et répugnait complétement à ses idées en matière de finances. Quant à l'inégalité prétendue entre l'habitant des villes et celui des campagnes, dans la répartition de la taxe, par suite des divers tarifs, M. Minghetti a dit que, s'il était vrai que la taxe pèserait plus lourdement sur le premier, il fallait considérer aussi que plus une cité est grande, et plus la population y est agglomérée, plus les salaires sont aussi élevés, et plus il y a par suite de facilité à se procurer les choses nécessaires à la vie.

Ces considérations de M. le ministre des finances ont clos la discussion générale. Nous devons signaler pourtant quelques paroles prononcées par le sénateur Farina, à l'appui des idées émises par M. Gravina.

Le Sénat a passé ensuite à la discussion des articles.

L'amendement de M. Duchoqué, tendant à déclarer *fermées* les communes des quatre premières classes a été adopté, et a formé les deux premiers paragraphes de l'art. 5 du texte définitif de la loi.

A l'art. 6, où il était dit que le transit, le dépôt et l'introduction des objets soumis à l'impôt, seraient permis dans les communes fermées (avec les formalités voulues), M. Duchoqué a proposé de n'en permettre l'introduction qu'autant qu'elle serait temporaire (*temporaria*), ce qui a été adopté.

Au même article a été fait, sur la proposition du sénateur Arnulfe, une modification plus importante, tendant à ce qu'à l'introduction dans les communes fermées de bêtes de race bovine abattues, entières et non dépouillées de leur peau, il fût tenu compte à l'introducteur de la taxe d'abattage déjà payée. Ce même sénateur a obtenu (art. 9) que le payement de la taxe de consommation, dans une commune, d'animaux de race bovine abattus dans une autre commune, donnerait droit à la restitution de la taxe précédemment payée ; aucune restitution ne devant avoir lieu pour une quantité inférieure à la moitié de la bête. Cette restriction a provoqué l'hilarité du Sénat, et a été le sujet des lazzis du sénateur Pareto qui a demandé au ministre dans quel sens il fallait prendre la moitié de la bête : en longueur, en largeur, ou bien en sens diagonal.

A l'art. 8, M. Duchoqué a fait ajouter, avec l'approbation du Sénat, aux objets de consommation sur la vente en détail desquels les communes ouvertes peuvent mettre une taxe, les viandes fraîches d'animaux de race bovine abattus dans d'autres communes.

Dans le courant de la discussion, M. Minghetti a proposé un nouvel article qui, avec quelques modifications, apportées par le Sénat, a formé l'art. 12 de la loi définitive. Cet article, comme nous le verrons plus loin, règle la manière dont doivent s'opérer les remboursements auxquels peut donner lieu l'inexacte application de la loi ou des tarifs.

L'art. 14 du projet ministériel, devenu l'art. 17 de la loi définitive, laissait aux communes, qui affermeraient l'impôt gouvernemental sur les consommations, le droit de varier les tarifs ; mais comme aucune restriction de ce droit n'était énoncée, le droit proposé pour les communes de varier les tarifs a été supprimé, sur la proposition du sénateur Arnulphe.

A l'art. 27 (*dispositions transitoires*), le Sénat, sur la proposition du sénateur Arnulfe, d'accord en cela avec M. Duchoqué et avec la commission, a ajouté un troisième paragraphe, donnant au gouvernement la faculté de permettre que la taxe sur les boissons et les viandes, et l'impôt de consommation communal dépassent pendant l'année 1866, le *maximum* dont parle l'art. 13.

La modification proposée par M. Duchoqué, tendant à soumettre les liqueurs à un tarif uniforme de 20 fr. par hectol., a été approuvée.

Quelques autres modifications ont encore été apportées au projet de loi, mais comme elles ne portent que sur la rédaction, nous ne croyons pas devoir les signaler.

La loi votée au Sénat a été rapportée à la Chambre des

Députés, qui a eu à donner son assentiment aux diverses modifications introduites par le Sénat.

Le 19 décembre 1863, M. Sella, rapporteur de la commission, concluait à l'approbation entière des changements apportés à la loi par le Sénat, et proposait en outre qu'à l'art. 17, on donnât aux communes qui affermeraient l'impôt du gouvernement, le droit de varier les tarifs dans les limites fixées par la loi, droit qui, dans la discussion des articles au sénat, leur avait été enlevé, comme nous l'avons vu, sur la proposition du sénateur Arnulphe.

Cet amendement, ainsi que les modifications apportées à la loi par le Sénat, a reçu l'approbation de la Chambre des Députés.

Enfin ce même amendement a été approuvé par le Sénat et la loi a été arrêtée définitivement, dans le texte suivant dont voici la traduction, suivie du tarif d'après lequel l'impôt doit être perçu :

Art. 1er. Est imposée dans tout l'État une taxe sur la consommation sur le vin, le vinaigre, l'eau-de-vie, l'alcool, les liqueurs et les viandes, selon le tarif A annexé à la présente loi.

Art. 2. Est de même imposée dans tout l'État une taxe sur la fabrication de la bière et de l'eau gazeuse, selon le tarif B annexé à la présente loi.

Aux droits de douane mis à l'importation de ces produits sera jointe une surtaxe égale à la taxe perçue à l'intérieur.

A l'exportation de ces mêmes produits, sera restituée la taxe payée à l'intérieur, d'après les formalités que fixera un décret royal.

Art. 3. Pour l'application du tarif A, les communes sont divisées en cinq classes, et pour la perception de la taxe, elles sont divisées en communes fermées et communes ouvertes.

ART. 4. Sont communes de :

1re classe, celles qui ont une population agglomérée supérieure					à 60,000h.
2e —	—	—	—	de	40,001 à 60,000
3e —	—	—	—		20,001 à 40,000
4e —	—	—	—		8,001 à 20,000
5e —	—	—	—	inférieure	à 8,000

Cette division sera faite par un décret royal.

ART. 5. Les communes des quatre premières classes sont déclarées fermées. Si quelques-unes d'elles se trouvent dans des conditions topographiques telles qu'on ne puisse les entourer d'une ligne d'octroi, elles seront déclarées ouvertes par un décret royal, après avis préalable du conseil d'État.

Les communes de cinquième classe ne pourront être déclarées fermées que lorsqu'elles seront chefs-lieux d'arrondissement, ou qu'elles en feront la demande, ou qu'elles auront l'intention de maintenir ou d'établir pour leur compte propre un impôt à l'entrée.

Les portions des communes fermées, non comprises dans la ligne d'octroi, seront assimilées aux communes ouvertes.

ART. 6. La taxe de consommation se perçoit, dans les communes fermées, à l'entrée dans leur enceinte des produits indiqués au tarif. Sont permis le transit, le dépôt et l'introduction temporaire de ces produits, avec les garanties et les formalités déterminées.

A l'introduction dans les communes fermées des animaux de race bovine, venant des abattoirs, encore entiers, et non dépouillés de leur peau, l'introducteur aura droit à la restitution de la taxe payée pour l'abattage, dans les formes et règles prescrites par le règlement.

ART. 7. Si, dans les communes fermées, se trouvent des fabriques d'eau-de-vie, d'alcool et de liqueurs, l'impôt sur la consommation de leurs produits sera perçu moyennant une taxe équivalente sur leur fabrication. On déduira de cette taxe l'impôt gouvernemental déjà payé sur les matières premières à leur entrée dans la commune, suivant les formes, termes et limites que prescrira le règlement.

Il est permis d'entreposer dans des locaux séparés de la fabrique les produits susdits, pour payer la taxe à mesure qu'ils sont destinés à la consommation de la commune.

ART. 8. Dans les communes ouvertes, et dans la portion des communes fermées situées hors de la ligne d'octroi, la taxe de consommation se percevra sur la vente en détail du vin, du vinaigre, de l'eau-de-vie, de l'alcool et des liqueurs ; sur l'abattage des viandes, et sur l'introduction dans les lieux de vente des viandes fraîches d'animaux de race bovine, abattus dans d'autres communes.

La présente loi ne considère pas comme vente en détail toute vente de plus de vingt-cinq litres de vin et de vinaigre, de dix litres d'eau-de-vie, d'alcool et de liqueurs. Est pourtant sujette à la taxe, toute vente supérieure aux chiffres sus-indiqués, lorsqu'elle est faite chez un détaillant.

ART. 9. Le payement de la taxe de consommation d'animaux de race bovine, tués dans une autre commune, donne droit à la restitution de la taxe précédemment payée ; aucune restitution n'a lieu pour une quantité moindre que la moitié de la bête.

ART. 10. La perception des taxes indiquées aux articles 1 et 2 sera faite par suite de la déclaration du contribuable, et suivant l'application du tarif aux matières imposables.

La perception de l'impôt de consommation dans les communes ouvertes et celle de la taxe sur la fabrication tant de la bière, de l'eau gazeuse, en quelque lieu que ce soit, que de l'alcool, de l'eau-de-vie et des liqueurs, dans les communes fermées (art. 7), pourront se faire par convention d'abonnements entre le contribuable et les agents de l'État.

Il sera remis au contribuable, lorsqu'il paiera la taxe, un

reçu ou billet (*bolletta*), qui sera la seule preuve valable du paiement effectué.

ART. 11. Pour la taxe, les amendes et les frais, le Trésor exerce ses droits avant tout autre créancier sur les objets soumis à la taxe, etc.

ART. 12. Le remboursement des différences provenant d'erreurs de calcul dans la perception, ou de l'application inexacte du tarif, sera fait, tant par l'administration que par le contribuable, dans le délai de deux ans. Ce terme expiré, l'administration conserve pour une autre année l'action pour dommage souffert contre l'employé coupable d'une perception nulle ou incomplète. Ces délais de prescription n'ont pas d'application lorsqu'on constate la fraude.

ART. 13. Est donnée aux conseils municipaux la faculté d'imposer sur les viandes et les boissons une surtaxe additionnelle à la taxe mise par le gouvernement.

Les conseils communaux peuvent en outre imposer une taxe de consommation sur les autres comestibles et boissons, les fourrages, les combustibles, les matériaux de construction, les savons, les matières grasses, et autres matières de consommation locale analogues à celles que nous venons d'indiquer.

Cette faculté n'atteint pas les matériaux de construction et les combustibles destinés aux arsenaux de terre et de mer, et effectivement consommés à cet usage.

Aux communes fermées est donnée de plus la faculté de mettre une taxe de consommation sur la vente en détail des objets désignés dans cette loi.

Un décret royal fixera le *maximum* du tarif des taxes de consommation que les communes peuvent s'imposer, et de celles qu'elles peuvent ajouter aux taxes du gouvernement.

ART. 14. Les dispositions établies pour les impositions de l'État devront être observées aussi pour la perception de l'impôt de consommation des communes, quant à la décision des contestations, quant aux contraventions, aux amendes, et quant aux priviléges sur les marchandises de contrebande, priviléges qui s'exercent toujours au profit des communes dans un ordre inférieur à ceux de l'État.

ART. 15. Les taxes imposées par la présente loi en faveur de l'État, seront perçues par des employés du gouvernement, placés sur le même rang que ceux des douanes pour l'exercice de leurs fonctions.

La perception de l'impôt communal dans les communes fermées, et des taxes additionnelles dans les communes ouvertes se fera par le moyen des mêmes agents, et les frais de perception seront répartis proportionnellement aux sommes perçues.

ART. 16. Il est permis aux communes fermées et ouvertes, de percevoir, par leurs propres agents, les taxes de consommation gouvernementale et communale, toutes les fois qu'elles s'entendront avec le gouvernement pour garantir un minimum de revenu sur leurs taxes. L'excédant sur le minimum garanti sera partagé également entre le gouvernement et la commune.

Pour la perception des impôts de consommation, le gouvernement et les communes peuvent consentir des fermages.

ART. 17. La perception de l'impôt de consommation gouvernemental aura lieu par abonnements avec les communes qui en feront la demande, et qui prendront l'obligation de payer directement le montant, qui sera établi sur les bases de la présente consommation locale, d'après les dispositions du règlement. En ce cas, il sera permis aux communes de varier les tarifs, dans les limites prescrites par l'art. 13, et avec le consentement des autorités financières, et l'on aura soin que la somme due à l'État soit prélevée avant tout, au moyen de la taxe sur les objets que la présente loi réserve au gouvernement.

Dans le cas où cet accord n'aurait pas lieu, celui qui a payé la taxe prescrite par la présente loi, pour raisin, moût, ou pour vin fait dans une commune, et qui veut distraire une partie ou la totalité de ces objets pour les faire consommer ailleurs, aura droit à la restitution de la taxe correspondante, conformément aux dispositions du règlement dont il est parlé à l'article 19.

Dans les cas prévus par cet article et le précédent, les communes et les fermiers remplaceront le gouvernement dans ses droits et obligations à l'égard des contribuables, et leurs agents auront le même pouvoir que les agents de l'État.

ART. 18. Lorsque, dans l'administration de l'impôt de consommation, le gouvernement succédera à la commune, et *vice versâ*, la transmission des employés, des locaux et des effets, concourant à ce service, aura lieu aussi d'après les conditions qui seront déterminées par le règlement.

ART. 19. Un règlement, revêtu de l'approbation d'un décret royal, déterminera les dispositions de la présente loi, et portera spécialement :

1° Sur la déclaration des produits, leur vérification et les autres formalités à accomplir à leur entrée dans les communes fermées ;

2° Sur le dépôt, le transit, ou sur la restitution de la taxe dans l'exportation du produit soumis à la taxe dans les communes fermées ;

3° Sur l'exercice et le contrôle des ventes en détail dans les communes ouvertes ;

4° Sur l'exercice et le contrôle des fabriques soumises à la taxe, et sur la circulation de leurs produits ;

5° Sur les modes d'abonnements et de fermages ;

6° Sur les conditions de transmission des employés et des locaux, de gouvernement à commune, et *vice versâ*.

ART. 20. Sera puni d'une amende non inférieure à la taxe due, ni supérieure au quintuple, celui qui, en fraude de la loi, introduira des objets soumis à la taxe, entreprendra ou exercera la fabrication de produits sujets à la taxe, non conformément aux règlements qui seront prescrits ; — ou déclarera une quantité ou qualité inférieure à la véritable ; — et en général quiconque, de quelque manière que ce soit, tant dans les communes fermées que dans les communes ouvertes, soustraira ou tentera de soustraire certains objets au paiement de la taxe.

ART. 21. Toute contravention aux autres prescriptions de la loi et à la discipline du règlement relatif à son exécution, sera punie d'une amende de 5 à 150 livres.

ART. 22. Les agents de l'administration auront droit, comme garantie de l'amende, de séquestrer, outre les objets tombés en contravention, ce qui les contient, et les véhicules qui ont servi à les transporter.

Si les objets séquestrés sont exposés à dépérir, ou si leur garde est difficile et dispendieuse, ils pourront être vendus à l'encan, avec l'intervention de l'autorité compétente.

Le propriétaire pourra toujours obtenir la restitution des objets séquestrés moyennant dépôt en argent, ou caution suffisante pour le montant de la taxe, des frais et de l'amende.

ART. 23. Les locaux des fabriques des marchandises indiquées à l'art. 2, quelque part qu'ils soient situés ; ceux des fabriques d'alcool, d'eau-de-vie et de liqueurs, dans les communes fermées, et ceux de vente dans les communes ouvertes, sont soumis à une surveillance particulière.

Les agents de l'administration pourront entrer dans ces

locaux de jour et tandis qu'ils sont ouverts, pour faire les vérifications nécessaires.

La nuit, ou quand les locaux sont fermés, les vérifications devront s'exercer avec le concours de l'autorité judiciaire, ou bien avec l'assistance du syndic ou de son délégué.

Avec les mêmes interventions, on pourra exercer des vérifications, dans les maisons des particuliers, lorsqu'il y aura des contraventions flagrantes.

Art. 24. Le recours contre la contravention et la fraude se prescrit dans un an, à dater du jour où a été commise la contravention.

Art. 25. Les art. 80 et suivants jusqu'à l'article 91 inclusivement du règlement des douanes approuvé provisoirement avec la loi du 21 décembre 1862, sont applicables aux contraventions à la loi présente, en ayant soin de substituer l'autorité et les agents des impositions de consommation à l'autorité et aux agents des douanes.

Dispositions transitoires.

Art. 26. La présente loi sera en vigueur un mois après sa promulgation.

Art. 27. Du jour de la mise en activité de la présente loi cesseront d'être perçus le *canone gabellario* et les droits relatif de permission dans les anciennes provinces (États sardes), la taxe sur les boissons dans les Marches et les provinces parmesanes, toutes les taxes de consommation, au profit du Trésor, existant actuellement dans les diverses provinces de l'État, sur les boissons et sur les viandes. Néanmoins devront être payées les dettes arriérées aux titres susdits.

Les impôts de consommation, levés au profit des communes, sur les mêmes objets, sont conservés, en tant qu'ils n'excédent pas les limites fixées dans l'art. 13; et ils seront perçus d'après les dispositions de la présente loi et du règlement y relatif.

Est donnée au gouvernement la faculté de permettre que les taxes sur les viandes et les boissons, et l'impôt de consommation communal puissent, pendant toute l'année 1866, dépasser les limites du maximum fixé à l'art. 13, dans les communes où les tarifs actuellement en vigueur excèdent cette limite.

Aᴙᴛ. 28. Seront abandonnés aux communes les impôts maintenant perçus au profit du Trésor sur les objets non compris dans les tarifs annexés à la présente loi, et qu'il est permis aux communes, par l'art. 13, de taxer. Lorsque l'impôt du trésor s'applique actuellement aux mêmes objets avec un tarif supérieur à celui qui est annexé à la présente loi, l'excédant appartiendra dorénavant aux communes.

La perception de ces impôts sera faite d'après les tarifs actuellement en vigueur, tant que les communes ne se seront point mises en état d'appliquer les nouveaux tarifs, dans les limites signalées à l'art. 13.

Est transmise de même à la cité de Naples et à sa circonscription la taxe sur la glace.

Aᴙᴛ. 29. Toutes les lois et tous les décrets contraires à la présente loi sont abrogés.

Seront spécialement abrogés les règlements particuliers pour l'application de l'impôt communal, contraires au règlement général dont il est fait mention à l'art. 19.

Voici maintenant les tarifs annexés à la loi et d'après lesquels les impôts de consommation se prélèveront désormais dans le royaume d'Italie.

TARIF A. TAXES SUR LA CONSOMMATION.	COMMUNES — CLASSES.				
	1re.	2e.	3e.	4e.	5e.
Boissons.	livres.	livres.	livres.	livres.	livres.
Vin et vinaigre en fût, l'hectol............	5 »	4 »	3,50	3 »	2,50
Vin et vinaigre en bouteille, chaque......	0,10	0,08	0,07	0,06	0,05
Moût (seulement dans les c^{nes} fermées), l'hectol.............................	4 »	3,2,	2,80	2,40	2 »
Raisin (*id.*) en quantité supérieure à 5 kil., le quintal.............................	2,50	2 »	1,75	1,50	1,25
Alcool et eau-de-vie marquant moins de 59° à l'alcoomètre de Gay-Lussac, l'hectol...	12 »	9,60	8,40	7,20	6 »
Alcool et eau-de-vie marquant plus de 59°, et liqueurs..............................	20 »	16 »	14 »	12 »	10 »
Alcool, eau-de-vie, liqueurs, en bouteilles, chacune..............................	0,40	0,35	0,30	0,25	0,20
Viandes.					
Bœufs (*buoi e manzi*)......... par tête.	30 »	24 »	21 »	18 »	15 »
Vaches et taureaux...... ..... —	20 »	16 »	14 »	12 »	10 »
Veaux (de plus d'un an)........ —	14 »	11,20	9,80	8,40	7 »
Veaux (de moins d'un an)....... —	9 »	7,20	6,30	5,40	4,50
Porcs (seulement dans les communes fermées)............... —	8 »	6,40	5,60	4,80	4 »
Cochons de lait (*id.*)........... —	2,50	2 »	1,75	1,50	1,25
Agneaux, chèvres, chevreaux et brebis (*id.*)................. —	0,40	0,35	0,30	0,25	0,20
Viandes abattues, fraîches, dans les communes fermées et de bœuf vendues en détail, dans les communes ouvertes....... le quint.	10 »	8 »	7 »	6 »	5 »
Viande abattue, fraîche, de porc (communes fermées)......... —	8 »	6,40	5,60	4,80	4 »
Viande salée (*id.*)............. —	13 »	12 »	10,50	9 »	7,50

La taxe sur les animaux de race bovine et porcine se percevra au poids, et prendra pour base le tarif de la viande fraîchement abattue, avec diminution de 20 p. 100 dans les communes qui en feront la demande et qui seront pourvues des poids convenables.

TARIF B. — TAXE SUR LA FABRICATION.

Bière....................................	l'hectol.	5 liv.
Eau gazeuse.............................	*id.*	3

L'État, comme on a pu le voir dans l'analyse de la discussion de la loi que nous venons de traduire, a enlevé aux communes italiennes une partie de leurs ressources. Voici un tableau qui donne le montant des taxes locales communales d'Italie, en 1861, avant que la nouvelle loi fût promulguée [1].

---

[1] Ce tableau est extrait de l'*Annuaire du ministère des finances du royaume d'Italie pour* 1863, p. 681-682.

NOMS des PROVINCES.	TAXES LOCALES.	SURTAXES AUX IMPÔTS DE L'ÉTAT.	NOMS des PROVINCES.	TAXES LOCALES.	SURTAXES AUX IMPÔTS DE L'ÉTAT.
États Sardes et Lombardie.			Report.	22.467.091 73	36.571.242 60
			Toscane.		
Alexandrie.	1.221.477 29	2.601.121 96	Arezzo.	14.994 »	703.955 »
Bergame.	137.533 »	1.786.862 »	Florence.	153.486 »	2.424.038 »
Brescia.	315.858 »	1.901.079 »	Grosseto.	7.780 »	525.119 »
Cagliari.	77.351 »	840.407 »	Livourne.	65.114 »	529.158 »
Côme.	51.210 »	1.739.198 »	Lucques.	38.131 »	896.842 »
Crémone.	301.771 »	2.432.184 »	Pise.	9.609 »	925.249 »
Cunéo.	1.288.721 »	1.770.573 »	Sienne.	19.015 »	851.557 »
Gênes.	4.081.377 »	1.200.692 »			
Milan.	1.197.486 »	4.649.375 »	*Naples.*		
Novare.	726.718 »	1.614.450 »			
Pavie.	368.075 »	2.315.478 »	Abruzze citérieure. .	264.940 95	17.522 75
Port Maurice. . . .	122.050 »	315.168 »	Abruzze ultérieure 1°.	162.112 »	15.132 49
Sassari.	92.456 »	523.352 »	Abruzze ultérieure 2°.	192.176 50	18.194 25
Sondrio.	» »	307.459 »	Basilicate.	299.872 50	35.474 75
Turin.	3.453.858 »	1.953.526 »	Bénévent.	» »	» »
			Calabre citérieure. .	268.353 49	19.099 54
Émilie.			Calabre ultérieure 1°.	382.439 73	17.689 10
Bologne.	1.372.202 96	1.880.495 23	Calabre ultérieure 2°.	380.903 24	26.763 44
Ferrare.	520.390 70	1.306.222 63	Capitanate.	355.181 42	38.304 73
Forli.	714.145 39	608.592 36	Molise.	112.772 22	17.175 42
Massa Carrara. . . .	28.939 15	221.632 49	Naples.	1.024.605 58	37.251 24
Modène.	160.021 80	721.321 80	Principauté citérieure	731.638 34	36.929 97
Parme.	356.961 40	1.001.092 65	— ultérieure.	531.286 06	27.973 44
Plaisance.	325.831 48	1.015.822 16	Terre de Bari. . . .	815.043 92	51.032 85
Ravenne.	518.815 35	921.876 36	Terre de Labour. . .	1.251.507 01	77.435 »
Reggio.	65.645 21	947.519 96	Terre d'Otrante. . .	885.221 50	43.541 25
Marches.			*Sicile.*		
Ancône.	779.339 »	452.705 »	Caltanissetta. . . .	536.833 68	» »
Ascoli.	348.584 »	407.791 »	Catane.	804.893 »	7.975 »
Macerata.	1.014.543 »	469.378 »	Girgenti.	436.066 48	» »
Pesaro et Urbin. . .	1.288.200 »	274.168 »	Messine.	984.310 40	1.023 52
Ombrie.			Noto.	284.383 22	1.279 12
Umbria.	1.589.031 »	621.630 »	Palerme.	6.981.589 73	» »
			Trapani.	416.157 95	1.675 21
A reporter.	22.467.091 73	36.571.242 60		40.877.487 65	43.916.628 02
			TOTAL général. . .	84.794.115 67	

Si nous nous occupons seulement de l'impôt de consommation remanié par la loi récente d'Italie, nous pouvons résumer la plupart des faits qui s'y rapportent dans le tableau suivant qui représente l'état des choses antérieur à la nouvelle loi, et qui expose le montant des droits qui pesaient en 1861 sur les principales denrées territoriales assujetties à la taxe de consommation italienne [1]. Les données de ce tableau diffèrent peu des renseignements que nous avons extrait plus haut de l'Exposé des motifs de M. Sella [2].

---

[1] Extrait du rapport de M. Nerva sur la péréquation de l'impôt foncier en Italie (année 1861).

[2] V. *Suprà*, p. 356 et s.

| PROVINCES. | MONTANT DE LA TAXE | | TOTAL GÉNÉRAL. | DÉTAIL des droits pesant sur les denrées territoriales 1. |
	AU PROFIT DES COMMUNES.	AU PROFIT DE L'ÉTAT.		
États sardes...........	8.672.244 10	5.992.227 55	14.664.471 65	11.683.137 10
Lombardie.............	1.686.311 58	7.204.699 86	8.891.011 44	6.735.439 66
Parme................	543.744 46	183.902 71	727.647 17	699.455 02
Modène..............	116.822 60	570.151 91	686.974 51	532.590 86
Romagnes............	876.141 20	2.120.353 17	2.996.494 37	1.453.108 16
Ombrie et Marches.....	1.928.405 85	» »	1.928.405 85	2.786.844 02
Toscane..............	4.133.885 34	» »	4.133.885 34	3.826.845 06
Naples..............	7.878.822 24	» »	7.878.822 25	6.715.534 04
Sicile...............	5.146.401 64	» »	5.146.401 64	5.428.062 »
Totaux..........	30.982.779 01	16.071.335 20	47.054.114 20	39.561.016 92

1 *Détail des droits sur les denrées territoriales et qui sont à la charge de l'agriculture.*

Grains, riz et autres céréales.......................	1.832.750	38
Farines, pain.....................................	6.580.269	»
Fourrages..	1.550.067	62
Bestiaux et viande de boucherie....................	11.407.886	34
Fromages..	863.118	28
Fruits, œufs, volailles............................	82.490	82
Vins...	15.920.918	62
Raisin et moût de vin............................	111.901	26
Huiles d'olive et de noix..........................	1.429.423	42
Bois et charbon.	1.782.164	24
Total.........................	39.561.016	92

SECTION II.

TAXES DE TURIN.

Les revenus de la ville de Turin sont classés dans le budget de cette ville en six grandes catégories.

I. L'encaisse disponible des années précédentes (*residui disponibili*);

II. Les revenus patrimoniaux (*rendite patrimoniali*);

III. Les subventions d'autres communes et remboursements divers (*concorso di altri communi e rimborsi-diversi*);

IV. Les revenus divers ordinaires (*proventi ordinari diversi*), tels qu'amendes, etc.

V. Les recettes extraordinaires et éventuelles (*entrate straordinarie e eventuali*), auxquelles M. Sella propose de donner la dénomination de *frutto dei fondi di cassa;*

VI. Les taxes et droits divers (*tasse e diritti diversi*).

Ce dernier article est le seul dont nous ayons à nous occuper ici.

Sont désignés sous la rubrique de taxes et droits divers :

1° La taxe de consommation aux entrées (*dazio di consumo alle porte*);

2° Le droit sur la vente (*dazio sulla vendita*);

3° La taxe pour l'enseignement (*tasse scholastiche*);

4° La taxe sur les chiens (*tasse sui cani*);

5° Les droits de halles et marchés (*entrate relative ai mercati*);

6° La taxe pour la police (*entrate relative alla polizia*);

7° Les droits de funérailles (*dritti relativi alle inumazioni*);

8° Les centimes additionnels aux impôts directs de l'État (*sovrimposta alle contribuzioni dirette*).

La taxe de consommation a produit :

En 1861.	3,432,568 fr. 85 c.	[1],
En 1862. . . . . -	3,513,189 04	
En 1863.	3,802,556 50	
et elle est évaluée pour 1864 à.	4,350,000 »	[2].

Le droit sur la vente est évalué à 720,000 livres.

Nous manquons de renseignements sur les autres taxes et droits que nous avons cités.

Voici seulement un tableau qui donne les recettes totales prévues pour la ville de Turin dans différentes années, avec deux colonnes spéciales, l'une pour le produit des taxes désignées sous la rubrique *taxes et impôts*, et l'autre, pour la surtaxe mise aux impôts directs.

[1] Nous devons rappeler ici un incident de la discussion à la Chambre des Députés italiens de la nouvelle loi sur les consommations. Le député Ferraris avait allégué que cette loi enlèverait à Turin la presque totalité de ses ressources, et la mettrait en insuffisance de pourvoir à ses dépenses. Le rapporteur, M. Sella, évaluant à 3,463,937 liv. environ le produit de l'impôt sur les consommations, a reconnu que la nouvelle loi devait en distraire au profit du Trésor 2,114,000 liv., c'est-à-dire à peu près les deux tiers. Mais, suivant l'observation du rapporteur, Turin n'aura plus à payer le *canone gabellario*, c'est-à-dire 1,150,486 livres; ce qui réduira à moins d'un million la perte subie. Encore faut-il en déduire 2 à 300,000 livres pour les frais de perception qui retomberont à la charge de l'État. Il se trouve donc qu'en réalité la nouvelle loi sur les consommations n'a fait perdre à la municipalité de Turin qu'environ 650,000 livres, somme qui se réduit à 3 livres par tête. V. *Suprà*, p. 368.

[2] On remarquera que certains de ces chiffres sont supérieurs à ceux des mêmes années que nous donnons à la page suivante pour les *taxes et impôts*. Cette contradiction vient de ce que les chiffres donnés ici sont le produit réalisé, tandis que les chiffres donnés pour les *taxes et impôts* représentent les simples prévisions de plusieurs budgets successifs. (Comparez les p. 7 et 17 du rapport de la commission chargée de l'examen du budget projeté de 1864, lu au conseil communal de Turin, le 12 janvier 1864.)

ANNÉES.	PRODUIT DES TAXES ET IMPOTS.		SURTAXE AUX IMPÔTS DIRECTS.		TOTAL GÉNÉRAL DES RECETTES.	
1849................	»	»	»	»	2.808.989	77
1850................	»	»	»	»	4.864.046	15
1851................	1.390.418	»	»	»	2.937.724	18
1852................	1.545.282	50	»	»	3.522.342	24
1853................	2.385.725	»	433.169	64	7.138.567	59
1854................	3.420.114	88	487.159	34	6.750.748	71
1855................	3.297.924	89	271.939	91	5.720.734	12
1856................	3.288.624	88	369.051	43	4.481.199	49
1857................	3.442.300	»	345.381	94	4.873.292	24
1858................	3.522.410	»	330.814	65	4.860.866	47
1859................	3.664.630	34	324.569	48	5.105.064	97
1860................	3.735.422	»	386.476	21	6.272.956	44
1861................	3.166.890	»	839.882	97	7.826.798	65
1862................	3.439.964	»	886.462	45	5.725.907	97
1863................	3.507.981	»	994.885	10	10.510.355	17
1864................	4.663.511	50	1.290.034	83	7.850.529	84 [1]

[1] Extrait du rapport du 12 janvier 1864, p. 16 et 17.

SECTION III.

TAXES PROVINCIALES D'ITALIE.

Nous ne connaissons pas le détail précis des impôts et suppléments d'impôts, dans les provinces d'Italie. Seulement nous donnons ci-après un tableau représentant pour 1863 le montant des recettes provinciales dans leurs principales divisions, tableau que nous devons à l'obligeance de M. Sella, et qui fait ainsi suite à un tableau correspondant pour l'année 1862, publié dans l'*Annuaire du ministère des finances d'Italie* pour 1863 [1].

Le produit des impôts et surtaxes (*prodotte d'imposte e sovraimposte*) qui compose la plus grande partie des recettes dans les budgets des provinces italiennes est en général le résultat de centimes additionnels aux contributions directes. Dans certaines provinces on y comprend aussi des taxes spéciales, par exemple dans la province d'Otrante, un droit sur les huiles [2].

[1] Le tableau de l'*Annuaire* (p. 670-671), donne pour l'exercice 1862 les recettes des provinces, dont le total, que l'on pourra comparer avec celui des recettes de 1863, dans le tableau de la page suivante, se compose ainsi :

Produit des impôts et surtaxes.........................	14,534,724 20
Recettes diverses.....................................	2,145,607 85
Recettes extraordinaires.	3,865,766 74
TOTAL............	20,546,100 79

On voit que dans l'année 1863, les recettes des provinces étant de 26 millions se sont accrues de près de 6 millions. Il est vrai que le tableau de l'*Annuaire* renferme plusieurs fautes d'impression, dont nous n'avons rectifié qu'une seule relative aux revenus de la province d'Arezzo, d'après l'indication de M. Sella.

[2] Renseignements de M. Sella.

NOMS DES PROVINCES.	RECETTES ORDINAIRES		RECETTES extraordinaires.
	Prod. des impôts et surtaxes.	Recettes diverses.	
Piémont, Lombardie, Marches, Emilie, Ombrie.			
Alexandrie..............	509.271 36	23.899 68	63.033 45
Bergame...............	390.000 »	29.083 47	907.538 78
Brescia................	»	345.803 81	146.605 82
Cagliari...............	67.448 42	47.896 34	337.836 74
Côme..................	178.025 15	»	60.140 09
Crémone...............	54.052 48	6.097 04	23.512 32
Cuneo.................	64.756 89	»	530.776 41
Gênes.................	208.350 81	2.500 »	31.591 20
Milan..................	297.531 37	»	39.000 »
Novare................	103.146 26	»	207.863 74
Pavie..................	87.197 40	281 52	35.039 77
Port Maurice...........	52.393 87	»	21.577 13
Sassari................	43.808 76	»	5.432 61
Sondrio................	16.187 64	4.000 »	19.272 98
Turin..................	389.442 58	45.972 19	7.167 57
Bologne...............	1.090.387 46	56.942 20	93.359 48
Ferrare................	953.798 70	182 094 39	41.364 66
Forlì..................	306.029 73	445 78	81.468 96
Massa-Carrara.........	18.414 03	»	47.296 26
Modène................	92.652 93	»	43.388 22
Parme.................	145.959 94	»	46.040 09
Plaisance..............	33.500 »	»	8.000 »
Ravenne...............	427.297 93	3.864 48	74.196 83
Reggio................	93.736 »	»	»
Ancône................	320.523 47	»	42.394 19
Ascoli.................	365.010 68	16.794 37	56.799 34
Macerata..............	248.497 57	44.810 88	44.830 93
Pesara et Urbin.......	440.820 39	581.054 01	31.734 01
Pérouse...............	928.828 89	»	37.499 22
Deux-Siciles.			
Chieti (Abruzzes)......	106.080 »	52.835 97	25 50
A reporter....	7.963.847 38	1.354.363 13	2.984.479 30

NOMS DES PROVINCES.	RECETTES ORDINAIRES		RECETTES ORDINAIRES	RECETTES extraordinaires.
	Prod. des impôts et surtaxes.	Recettes diverses.		
Report....	7.963.847 38	1.354.363 13		2.984.479 30
Teramo (Abruzzes).....	65.873 36	51.423 72		»
Aquila (*id.*)...........	408.147 29	51.062 47		»
Basilicate..............	442.252 44	209.391 07		45.925 07
Bénévent..............	84.727 50	65.662 50		133.875 »
Cosenzo (Cajabres)....	95.880 »	78.342 76		72.080 »
Reggio (*id.*)..........	139.400 »	16.492 »		38.631 79
Catanzaro (*id.*).......	462.480 »	4.075 25		96.282 60
Capitanate............	248.832 95	427.372 50		88.421 25
Molise................	56.419 »	138.650 07		101.292 94
Naples................	503.092 98	380.384 42		7.407 36
Principauté citérieure..	466.341 »	419.413 95		5.187 43
Principauté ultérieure..	86.612 93	429.823 03		133.967 44
Terre de Bari..........	255.000 »	229.909 85		268.179 86
Terre de Labour.......	336.532 09	248.555 07		291.287 22
Terre d'Otrante........	407.957 50	150.417 52		244.013 67
Caltanisetta...........	212.178 44	67.340 80		329.970 »
Catane................	397.296 72	76.220 04		192.187 83
Girgenti...............	238.877 07	202.423 66		765.419 30
Messine...............	344.275 76	32.325 81		436.849 27
Noto..................	542.271 84	45.087 23		»
Palerme...............	853.063 04	104.639 15		20.506 04
Trapani...............	264.512 03	35.045 22		176.601 75
Toscane.				
Arezzo................	248.229 89	47.663 79		»
Florence...............	489.745 48	40.000 »		»
Grosseto..............	250.419 98	27.595 63		»
Livourne..............	418.827 77	244.703 06		»
Lucques...............	308.976 94	46.300 58		»
Pise..................	308.651 50	14.629 04		»
Sienne................				
TOTAL....	15.396.752 58	4.306.911 32	26.133.239 04	6.429.575 41

CHAPITRE VI.

DES IMPOSITIONS COMMUNALES ET PROVINCIALES DANS LES PAYS-BAS.

SECTION I.

DES IMPOSITIONS COMMUNALES.

Sous le régime de l'arrêté du 4 octobre 1816, pris en vertu de la loi fondamentale de 1815, les administrations communales, dans les Pays-Bas, pourvoyaient à leurs dépenses par les moyens suivants :

1° Centimes additionnels sur les contributions foncière et personnelle ;

2° Droits et péages de routes, ponts, quais, ports, grues, écluses et ponts, marchés, halles et autres semblables;

3° Taxes annuelles de répartition (*omslagen*) ;

4° Droits de consommation sur les boissons, denrées, combustibles, fourrages et matériaux de construction [1].

L'arrêté de 1816 est resté en vigueur jusqu'en 1851.

Le budget et les impositions communales sont maintenant dans les Pays-Bas l'objet de diverses dispositions comprises dans les titres 4 et 6 du livre 2 de la loi communale du 29 juin 1851.

[1] Exposé des motifs du projet de loi portant abolition des octrois communaux en Belgique, session 1859-1860, n° 84.

En ce qui concerne le budget, le titre IV comprend les dispositions suivantes :

ART. 203. Le budget des recettes et des dépenses de la commune, avec les indications nécessaires, sera annuellement présenté en Conseil, par le bourgmestre et les *Wethouders* [1], quatre mois avant le commencement de l'année qui va entrer en exercice.

Aussitôt le budget arrêté, le secrétaire de la commune le dépose pour que chacun puisse en prendre lecture ; et il pourra le communiquer, soit en original, soit moyennant un prix en copie.

Après le dépôt et la communication jusqu'à la discussion du budget dans le Conseil, il devra s'écouler au moins quatorze jours, pour en faciliter la connaissance dans le public.

ART. 204. Le budget des recettes comprendra tous les revenus de la commune quels qu'ils soient, et, autant que possible, avec la désignation de la source dont ils proviennent.

ART. 205. On porte au budget des dépenses, qui comprend toutes les dépenses, quelles qu'elles soient, les objets suivants :

1° Traitement du bourgmestre, des *wethouders*, du secrétaire, du receveur, des commissaires de police, et des autres employés et fonctionnaires de la commune ;

2° Jetons de présence des membres du Conseil ;

3° Frais d'éclairage, de chauffage et de bureau, que nécessite le service de la commune ;

---

[1] Le bourgmestre est nommé par le roi pour six ans, et révoqué par lui. Il est aidé dans l'administration financière de la commune, par les *wethouders*, sorte d'adjoints analogues aux *échevins* belges et que le conseil de la commune choisit parmi ses membres. Les *wethouders* sont nommés pour six ans.

4° Prix des écritures et impressions dans l'intérêt de la commune ;

5° Frais d'entretien, d'embellissement et d'ameublement pour l'édifice ou le local où se rassemblent en Conseil le bourgmestre et les *wethouders*, et où se tient aussi le secrétaire de la commune ;

6° Loyer de ce bâtiment ou de ce local, lorsqu'il n'appartient pas à la commune ;

7° Frais d'établissement et de conservation des registres de l'état civil ;

8° Frais d'établissement et de conservation des doubles des cartes et des plans du cadastre ;

9° Frais d'établissement et de conservation des registres de la population ;

10° Frais d'établissement et de conservation des listes électorales et des opérations électorales, de manière que chaque commune supporte le prix des opérations qui la concernent.

11° Frais d'entretien des routes, des pavés, des esplanades (*pleinen*), des ponts, des canaux, et des autres ouvrages locaux mentionnés à l'art. 179 ;

12° Frais d'établissement et d'entretien des cimetières publics ;

13° Secours contre l'incendie ;

14° Frais d'entretien des propriétés communales et payement des charges qui y sont attachées ;

15° Frais d'entretien des chambres de commerce et de chambres de manufactures (*fabrieken*) ;

16° Frais de la police de la salubrité publique ;

17° Intérêts et amortissement des emprunts contractés par la commune ;

18° Acquittement des dettes de la commune ;

19° Frais des procès de la commune ;

20° Prix d'abonnement au journal de l'État (*Staatsblad*), ou à celui de la province (*Provincial blad*) ;

21° Dépenses mentionnées à l'art. 122 [1] ;

22° Dépenses imprévues ;

23° Toutes autres dépenses imposées par la loi aux communes.

Art. 206. Le budget des dépenses et des recettes sera dressé d'après les prescriptions à donner par les États Députés [2], sous notre approbation ;

Art. 207. Le consentement des États Députés est obligatoire, pour l'exécution du budget qui, dès qu'il sera arrêté par le conseil de la commune, devra leur être communiqué, deux mois au moins avant le commencement de l'année qui va entrer en exercice.

Art. 208. Les États Députés statueront sur le budget avant le commencement de l'année qui va s'ouvrir. Ils peuvent cependant en ajourner l'examen, mais en donnant les motifs qui les font agir ainsi.

Art. 209. Le Conseil peut, en cas de non autorisation par les États Députés, se pourvoir devant nous. Sont alors appliqués les art. 200 et 201 [3].

Art. 210. Les États députés donnent ou refusent leur approbation au budget en son entier, tel qu'il a été arrêté par le Conseil, sauf le cas de l'art. 212.

Art. 211. Si cette approbation est refusée, les États députés autorisent la commune à dépenser la moitié des sommes demandées à titre de dépenses dans l'emploi du budget contre lesquelles ils n'ont pas d'objection. Ils autorisent la

---

[1] Cet article est relatif aux objets d'intérêt commun à plusieurs communes.

[2] Commission de 4 à 6 membres constituée par délégation des États provinciaux. (V. art. 45 et suiv. de la loi provinciale du 6 juillet 1850).

[3] Aux termes de l'article 201, la décision du gouvernement intervient dans les deux mois du pourvoi et est transmise aux États Députés, qui sont chargés de l'exécution.

commune à percevoir de la même manière les revenus contre lesquels ils n'ont pas d'objection.

Art. 212. Quand le Conseil refuse de porter au passif du budget les dépenses que la loi met à la charge des communes, cette insertion se fait par les États Députés.

Si dans le cas de ce refus les ressources de la commune sont insuffisantes et que le Conseil ne veuille point établir de nouvelles charges pour y faire face, les dépenses autres que celles que la loi met à la charge des communes, seront diminuées par les États députés, suivant une décision insérée dans le journal provincial, de manière à ce qu'il y ait équilibre entre les dépenses et les recettes de la commune.

Art. 213. Toute dépense étrangère au budget ne peut être faite qu'après autorisation spéciale et préalable des États députés.

Toutefois, dans les cas extraordinaires de nécessité urgente, le Conseil peut agir de son propre chef, en transmettant le plus tôt possible aux États députés les motifs qui le font agir et les recettes destinées à couvrir les dépenses.

Ces nouvelles dépenses approuvées par les États Députés sont portées au budget suivant.

En cas de non approbation des États Députés, l'art. 209 est appliqué.

Si nous ratifions la décision des États Députés, ces dépenses retombent à la charge des membres du Conseil qui les ont votées.

Art. 214. Aucune déduction ni augmentation ne peuvent être apportées au budget des dépenses qu'autant que le pouvoir en est donné par le budget même, ou par une décision du Conseil approuvée par les États Députés.

Art. 215. Le bourgmestre et les *wethouders* prendront le vote du Conseil chaque fois qu'il s'agira de déductions ou d'augmentations autorisées par le budget.

Art. 216. Sera appliqué l'art. 202 pour la décision des États députés concernant l'approbation du budget.

Art. 217. Dans les communes partagées entre plusieurs administrations différentes, et ayant des recettes et des dépenses distinctes, cette séparation peut continuer à subsister.

Hors des cas où la loi en réunissant des communes, fixe elle-même ces séparations, il est permis d'avoir, là où cela est nécessaire, des dépenses et des recettes distinctes pour chaque division locale de la commune, suivant décision du Conseil communal, sous notre approbation, et après avis des États députés.

Les États députés règlent, sous notre approbation, les rapports de ces administrations séparées avec l'administration générale de la commune, d'après les dispositions de la présente loi.

Les règles spéciales au budget des recettes ne sont pas moins complètes que celles qui se rapportent au budget général dans les communes des Pays-Bas.

Le premier chapitre du titre VI du livre 2e de la loi communale néerlandaise (art. 232 à 239) détermine d'abord le mode d'établissement ou de suppression des impositions locales par les votes des conseils municipaux, l'avis des États Députés et l'approbation du souverain.

Nous ne voyons dans aucun de ces articles (232 à 236) de limite au-dessous de laquelle l'approbation du Souverain ne soit pas nécessaire.

L'article 237 énonce le principe que les impositions communales ne doivent pas empêcher le transit des denrées de commune à commune.

L'article suivant porte qu'on doit considérer comme taxes communales, quant à l'application des articles 232 à 237, les taxes de route, de rue, de pont, de quai, de port, de grue, d'écluse et les droits de place dans les marchés, d'inhumation et en général toutes les rétributions pour l'usage de travaux, propriétés, institutions et services communaux.

L'article 239 applique aux prestations en nature ou en travaux, les dispositions des articles 232 à 236.

Le deuxième chapitre du même titre VI (art. 240 à 256) est consacré à la détermination des diverses sortes d'impositions locales.

Voici la traduction textuelle de ces articles importants :

ART. 240. Pour couvrir les dépenses communales, pourront être levés :

Des centimes additionnels au principal de l'impôt foncier ;

Des centimes additionnels au principal de la contribution personnelle ;

Des centimes additionnels au principal de diverses autres semblables impositions de l'État, directement levée sur la fortune ou le revenu, à l'exception des patentes [1] ;

Des cotisations par tête ou impositions locales directes [2] ;

Des taxes sur les consommations ;

Une taxe sur les chiens ;

Une taxe sur les représentations théâtrales et autres divertissements publics [3] ;

Des droits, péages et autres revenus, mentionnés à l'article 238.

---

[1] Cette disposition paraît se rapporter à des projets d'impôts sur la fortune ou sur le revenu, plutôt en perspective que réalisés, dans le système financier des Pays-Bas.

[2] *Hoofdelyke Omslagen* que nous traduisons par le mot correspondant dans la langue financière belge, bien que nous n'affirmions pas l'identité des règles de répartition et d'assiette.

[3] D'après l'exposé des motifs de la loi de 1851, signé de M. Thorbecke, ministre de l'intérieur (p. 22), la taxe sur les représentations théâtrales est considérée comme la continuation du *droit des pauvres* introduit sous la législation française.

241. Le nombre des centimes additionnels pour l'impôt foncier, peut être de quinze pour les propriétés bâties, et de dix pour les propriétés non bâties.

242. Les centimes additionnels sur la contribution personnelle, et les autres taxes locales directes, mentionnées dans le 4ᵉ paragraphe de l'art. 240 de la présente loi, peuvent s'élever au nombre de 25.

Les centimes additionnels sur la contribution personnelle sont, lorsqu'ils atteignent le maximum de 25, prélevés en raison de la valeur des appartements et de la population, d'après le tableau annexé à la présente loi ; s'ils sont au-dessous du même maximum, on suivra les mêmes proportions, mais de manière à ce que la perception ait toujours lieu par centimes entiers.

243. Les capitations et les autres taxes locales directes sont prélevées d'après des bases tirées d'une estimation raisonnable des revenus du contribuable [1].

Ces bases ne peuvent pas être exclusivement tirées d'une ou plusieurs des bases de la contribution personnelle, ou des autres impôts directs de l'État, dont il est fait mention au 4ᵉ § de l'art. 240.

244. Les cotisations personnelles ou autres taxes locales directes ne sont point levées, avant que les centimes municipaux sur l'impôt foncier ne montent à 10 pour les propriétés bâties, à 5 pour les propriétés non bâties, et les centimes sur les autres contributions directes énumérées à l'art. 242, à 15.

Elles peuvent toutefois être levées, si le montant des centimes municipaux déjà prélevés sur les impôts susmentionnés atteint annuellement le cinquième du montant brut des impôts locaux levés dans les cinq dernières années.

---

[1] Ce sont d'après l'art. 238 des droits de barrière, de balance, de quai, de port, de places dans les marchés, etc., etc.

245. Les capitations personnelles ou autres taxes locales directes, ne sont levées que sur les habitants de la commune ou au prorata des séjours mensuels qui y sont faits par les personnes qui ne sont pas restées dans la commune pendant l'année entière. Les personnes qui n'ont pas séjourné trois mois ne contribuent pas. Les fractions de mois sont comptées pour des mois entiers.

246. Les taxes de consommation ne sont autorisées qu'après que les centimes sur l'impôt foncier auront atteint le nombre mentionné à l'art. 244, et que les centimes sur d'autres impôts de l'État seront au nombre de 25, ou que, restant à 15, ces centimes seront accompagnés d'une taxe locale directe qui frappera la commune au moins d'une charge équivalente à dix de ces centimes.

247. Autant que possible, les taxes locales de consommation n'atteindront que les consommations réelles dans l'intérieur de la commune.

248. La consommation des produits d'une autre commune n'est pas imposée plus fortement que celle des produits de la commune elle-même.

249. La consommation du sel, du savon, des pommes de terre, des viandes de porc et de mouton, ne peut être taxée par les communes.

250. L'impôt sur la consommation des objets assujettis à l'accise de l'État, ne peut excéder le principal de l'accise.

Toutefois, lorsque les centimes additionnels à l'impôt foncier (art. 241) et aux autres impôts directs de l'État (art. 242), atteignent le maximum fixé, il est alors permis de taxer plus fortement la mouture du froment, l'abattage des bêtes bovines de tout âge, les vins et les produits distillés; mais sans dépasser une fois et demie le montant de l'accise de l'État [1].

[1] Un tableau annexé au projet de loi de 1851 présentait la liste des communes

Dans les localités dont les habitants sont soumis à une taxe locale directe, cette taxe doit précéder la levée susindiquée des centimes sur la mouture, l'abattage, le vin et les produits distillés.

251. Les matières premières des fabriques ou des autres entreprises industrielles, doivent, autant que possible, être épargnées par les taxes locales.

Les règlements exemptant divers objets des accises de l'État sont appliqués aux taxes locales.

252. Les matériaux de construction nécessaires pour l'établissement ou l'entretien des travaux de l'État et des provinces, ne doivent pas être l'objet d'impositions.

253. Les chiens servant à l'agriculture, à certaines industries ou à la garde des bâtiments et granges, doivent être exempts de taxe, ou moins fortement taxés que les autres.

254. Les droits de barrière, de rue, de place, de balance et autres, indiqués dans le 8e § de l'art. 240 ci-dessus, doivent être limités à la compensation à établir entre les dépenses occasionnées par l'établissement ou l'entretien des objets dont jouit le contribuable, et le profit qu'il en tire.

Les droits de porte (*poortgelden*) [1] et autres droits divers sur la prise de possession des charges et emplois, ne seront plus levés d'aucune manière dans aucune commune.

255. Des lois particulières déterminent les communes, dans lesquelles, à raison de circonstances particulières, on peut déroger aux art. 244, 246, 250 et 254 (premier paragraphe).

qui levaient sur certains objets soumis à l'accise de l'État une somme supérieure à cent p. 100 du principal de cette accise. Nous avons remarqué que parmi ces communes au nombre de 100, comptaient les principales villes des Pays-Bas. Elles trouvaient d'après le même tableau une compensation plus que suffisante dans la possibilité de lever les centimes additionnels et la surtaxe sur les viandes bovines indiquées dans l'article 250 de la loi nouvelle.

[1] Droits d'ouverture des portes des villes pendant le temps de fermeture légale.

256. Des règlements concernant les immunités de taxes accordées aux ambassadeurs ou consuls étrangers, ou aux personnes attachées aux ambassades ou aux consulats, seront arrêtés par nous.

Voici maintenant le tableau dont il est parlé à l'art. 242 :

POPULATION.	NOMBRE DES CENTIMES CALCULÉ D'APRÈS LA VALEUR LOCATIVE.				
	5 c.	10 c.	15 c.	20 c.	25 c.
48,000 hab. et au-dessus..	de 67 à 80 fl.	de 80 à 100 fl.	de 100 à 125 fl.	de 125 à 150 fl.	de 150 fl. et pl.
36,000 à 48,000	50 à 60	60 à 70	70 à 80	80 à 90	90
24,000 à 36,000	45 à 50	50 à 55	55 à 70	70 à 80	80
17,000 à 24,000	40 à 45	45 à 49	49 à 55	55 à 70	70
12,000 à 17,000	35 à 40	40 à 44	44 à 49	49 à 55	55
8,000 à 12,000	30 à 35	35 à 38	38 à 44	44 à 49	49
5,000 à 8,000	25 à 30	30 à 33	33 à 38	38 à 44	44
3,000 à 5,000	22 à 25	25 à 28	28 à 33	33 à 38	38
moins de 3,000	18 à 21	21 à 24	24 à 28	28 à 33	33

Avant la loi de 1851, les octrois qui existent en Hollande dans presque toutes les communes, et dont l'origine paraît fort ancienne, car M. Engels fait remonter les accises communales à l'année 1305, étaient régis par un décret royal du 4 octobre 1806, et par une loi du 29 avril 1819.

Sur le total des communes qui se trouvaient en Hollande en 1851, et qui étaient au nombre de plus de 1,200, d'après un tableau annexé au projet de loi de 1851, l'impôt sur la mouture se percevait dans 379, sur le bétail (*geslagt*), dans 162, sur le vin, dans 267, sur les boissons spiritueuses, dans 560, sur la bière et le vinaigre, dans 39, sur la houille, dans 113, sur la tourbe, dans 138, et sur le savon, dans 5.

Voilà pour les objets soumis aussi aux impôts de l'État.

Quant aux objets non soumis aux taxes générales, 3 communes imposaient des céréales non imposées par l'État, 17 taxaient la viande (*vleesch*), 22 le beurre, 10 le fromage, 14 le cidre et autres boissons non taxées par l'État, 32 le

bois à brûler, 10 les fourrages, 13 les matériaux de construction, 4 l'huile, 3 les chandelles (*smeerkaarsen*), 2 le
tabac, 247 les chiens, 13 les représentations théâtrales et
autres réjouissances publiques, 92, dans 7 provinces, avaient
un droit de timbre local qui rendait 362,637 florins et qui
a été supprimé en 1851, suivant ce que tout indique [1].

La loi du 13 juillet 1855 qui a aboli dans son article 1er
les droits de mouture perçus au profit de l'État a limité le
taux des droits d'accise sur la mouture dans les budgets
municipaux. Voici le texte de son article 3.

« A partir du 1er janvier 1856, la perception des taxes
communales sur la mouture a lieu sous la gérance directe
de la commune.

La taxe ne peut s'élever par 100 kilog. à plus de 2 florins pour le froment, de 1 fl. 60 pour le méteil et de 0 fl. 60
pour le seigle : seulement dans le cas prévu par le 2e alinéa
de l'art. 250 de la loi du 29 juin 1851, la taxe sur le froment
pourra atteindre 3 florins par 100 kilog.

Néanmoins, pour les communes où la taxe ci-dessus est
dépassée d'après les dispositions en vigueur, la perception
du surplus pourra être autorisée jusqu'à l'époque où le système de perception sera en harmonie avec les dispositions
de la loi du 29 juin 1851.

Des lois spéciales désignent les communes en faveur
desquelles il peut être dérogé à la règle tracée par le 2e
alinéa du présent article, en vertu de circonstances particulières [2]. »

Une autre loi du 15 mai 1859 a limité, dans l'un de ses

---

[1] V. l'annexe au Mémoire *en réponse* publié le 19 avril 1851, par le gouvernement hollandais dans la discussion préparatoire de la loi de 1851. Le droit de
timbre local était perçu dans les 7 provinces de Brabant septentrional, Gueldre,
Sud-Hollande, Nord-Hollande, Zélande, Utrecht et Frise.

[2] V. le *Staatsblad* (sorte de *Bulletin des lois* néerlandais) n° 103.

articles, le maximum des impôts de consommation levés par les municipalités :

« Art. 6. Les taxes communales sur les objets de consommations indiqués ci-après ne peuvent être levés au-dessus des quotités ci-après :

Vin.	12 fl.	—	par hectolitre.
Eaux-de-vie indigènes. . . .	13	20	—
— étrangères. . . .	13	30	—

(A 10 degrés de l'aréomètre des Pays-Bas et à la température de 55° Fahrenheit.)

Liqueurs étrangères.	13 fl. 52 par hect.
Bières et vinaigres.	— 70 —

Néanmoins, dans le cas prévu par le 2e alinéa de l'art. 250, de la loi du 29 juin 1851, les eaux-de-vie indigènes et étrangères, les liqueurs étrangères et le vin peuvent être imposés jusqu'à concurrence de la moitié en sus du taux déterminé respectivement par le 1er alinéa du présent article.

Des lois spéciales indiquent les communes en faveur desquelles il peut être dérogé à la règle établie par le 2e alinéa de cet article, à raison de circonstances particulières. »

Indépendamment des modifications réalisées par les lois de 1855 et 1859, différentes tentatives ont été faites successivement pour introduire des réformes plus ou moins importantes dans le système des recettes communales organisé par la loi de 1851.

On sait que dans les Pays-Bas les droits d'accise ont toujours contribué pour une large part aux charges publiques. Au point de vue des nouvelles idées économiques, cet état de choses a soulevé des critiques nombreuses, dirigées surtout contre la disproportion entre l'impôt direct et l'impôt indirect. Pour rétablir l'équilibre, on a réclamé comme urgente la réduction des droits de consommation en commençant par les objets de première nécessité. Le gouvernement n'a pas tardé à se mettre à l'œuvre, et dès 1855, comme on l'a vu, il a renoncé à l'impôt de la mouture perçu au profit du trésor[1]. La situation favorable des finances de l'État permettait de faire ce sacrifice sans compensation. Quelques grandes communes, Amsterdam entre autres, obéissant à l'impulsion de l'opinion publique, ont voulu suivre le gouvernement dans la voie des réformes. C'est ainsi que plusieurs administrations communales se sont hâtées de supprimer à leur tour l'impôt de la mouture sans avoir d'autres ressources pour y suppléer. Il en est résulté une sorte de détresse financière pour diverses municipalités.

Deux projets de loi ont été présentés à la législature, l'un par M. Vrolik, en 1857, l'autre par M. van Bosse, en 1858, dans le but de venir en aide aux communes dans le besoin. Le projet de M. Vrolik n'a pas eu de suite et M. van Bosse a retiré ses propositions lors de la guerre d'Italie et en vue de la question des chemins de fer, pour la solution de laquelle il fallait réserver certains revenus, dont on avait cru d'abord pouvoir faire l'abandon.

Au commencement de 1864, la législature hollandaise était saisie d'un projet de loi nouveau sur les bases suivantes :

Les centimes additionnels aux impôts directs de l'État pourraient être portés à *cinquante*. Le *maximum* actuel est de *vingt-cinq* (art. 242, de la loi communale de 1851).

Des impôts communaux sur des objets de consommation ne pourraient être levés que lorsque les centimes additionnels à l'impôt foncier de l'État auraient atteint le chiffre de *dix* pour les propriétés bâties, de *cinq* pour les propriétés non bâties, et lorsque les centimes additionnels aux autres impôts directs de l'État auraient atteint le chiffre de *cinquante*, au lieu

[1] V. *suprà*, t. II, p. 284.

de *vingt-cinq*, ou dans le cas où il serait levé dans la commune une contribution directe locale, dont le montant équivaudrait au moins à *vingt* centimes additionnels auxdits impôts (Art. 246).

Les objets de consommation ne pourraient pas être imposés par la commune, quand ils ne sont pas imposés par l'État. La consommation du sucre comme celle du sel et du savon ne pourrait jamais être imposée par la commune (Art. 249).

Le projet renferme encore des règles sur le maximum du taux des impôts communaux de consommation, autorisés par la loi.

Il y a dans cette proposition, une tendance manifeste à restreindre autant que possible l'impôt de consommation dans la commune, et à y substituer le système de l'impôt direct. Il serait possible que par cette voie on parvînt bientôt à la complète abolition des octrois communaux; mais les grandes communes des Pays-Bas sont tellement obérées, que pour elles l'époque de l'abolition se fera encore longtemps attendre. Il en est différemment des petites villes et des communes rurales.

Il paraît que les combustibles ont aussi été exemptés récemment de l'impôt de l'État et le fait a été indiqué à propos de la réforme projetée pour les taxes communales [1].

Je dois à l'obligeante communication de M. Godefroi des

---

[1] On lit dans l'*Europe* du 8 mars 1864, sous la rubrique de La Haye, 5 mars : « Le ministre des finances, M. Betz, après avoir dégrevé depuis le 1er de ce mois, les combustibles de toute espèce, a soumis récemment au parlement un projet de loi tendant à interdire aux communes le prélèvement de contributions locales sur tout objet de consommation de première nécessité, tout en autorisant les autorités communales à prélever des contributions directes selon leur guise et d'après les intérêts locaux. » Le correspondant du journal ajoute que la réforme de M. le ministre des finances rencontre en Hollande une opposition sérieuse. Cette réforme est du reste indiquée dans des termes un peu différents pour le détail de ceux que nous retraçons plus haut d'après une correspondance pleine habituellement d'exactitude autant que d'obligeance.

tableaux fort détaillés et fort curieux sur les impositions diverses levées dans les communes des Pays-Bas.

Les centimes additionnels aux contributions directes sont perçus dans presque toutes les communes.

Les capitations sont, dans certaines provinces, très-usités. Par exemple, en Zélande nous n'avons compté que deux communes dans lesquelles la capitation graduée ne fut pas levée, dans la province de Groningen une seule, dans celle de Drenthe aucune.

L'impôt sur les chiens, très-fréquent dans certaines provinces, comme celle de Drenthe, est très-rare dans d'autres, par exemple dans le Limbourg.

L'impôt sur les représentations théâtrales est partout rare.

Voici du reste la reproduction abrégée de ces tableaux avec des calculs qui permettent de comparer les parts respectives que prennent les diverses espèces de taxes dans le produit général des revenus communaux.

Résumé des impôts des 178 *communes de la province de* BRABANT
septentrional. (*Comptes communaux de* 1862).

Prop. p. %

Centimes additionnels :

A l'impôt foncier.	76.508 fl. 93 c.	8
A la contribution personnelle.	96.555 55	10
Capitation.	254.840	21
Impôts sur les chiens, sur les théâtres et les divertissements publics.	11.898 60	2
Rétributions prescrites à l'art. 238 de la loi communale.	125.160 22	13
Impôts de consommations.	454.487 12	46
TOTAL.	1.019.450 fl. 42 c.	100

Impôts du chef-lieu, BOIS-LE-DUC (*S'Hertogen-Bosch*), 13,000
habitants (*compris dans les totaux ci-dessus*).

Centimes additionnels :

A l'impôt foncier.	4.907 fl. 22 c.
A la contribution personnelle.	15.188 05
Impôts sur les chiens, les théâtres et les divertissements publics.	1.320 —
Rétributions prescrites à l'art. 238 de la loi communal.	26.779 —
Impôts sur des objets de consommations. . . .	140.870 —
TOTAL DES RECETTES. . . .	189.064 fl. 27 c.

Résumé des impôts des 33 *communes de la province de* DRENTHE
(48,000 *habitants*). (*Comptes communaux de* 1862).

Prop. p. %

Centimes additionnels :

A l'impôt foncier bâti (15 cent. à 10). . . .	4.057 fl. 43 c.	1,3
— — non bâti (10 cent. à 5) . .	7.431 41	3,2
A la contribution personnelle (25 cent. à 3) .	14,384 05	6,2
Capitation (le produit maximum peut atteindre 105,770 florins).	94.336 25	40,2
Rétribution pour l'enseignement primaire (pour chaque enfant, de 20 fl. à 2,4).	20.932 40	9 »
Impôts sur les chiens (maximum pour chaque chien, 1 fl. à 1,5).	4.170 50	1,5
A reporter.	145.312 fl. 04 c.	61,4

Report. . . . 145.312 fl. 04 c. 61,4

Impôts de consommation.

Centimes additionnels :

Aux boissons distillées indigènes : 60 cent. .⎞
— étrangères : 30 cent. ⎬ 82.298 93 35
Aux liqueurs : 26 cent. . . . . ⎠

Vins importés par 100 litres : 12 fl. à 2,81 1/2. 2.951 10 1,3

Bétail (bœuf ou veau) :

Centimes additionnels : 22 fl. 75 cent., impôts
spécial pour 100 kilogr. de frais ou salé : 0 fl.,
80 à 2,4 fumé : 1 fl. à 3. . . . . . . 5,045 2,3

TOTAL . . . . 235.607 fl. 07 c. 100

*Impôts de la ville D'ASSEN (chef-lieu, 1,100 habitants), compris
dans les totaux ci-dessus.*

Centimes additionnels :

A l'impôt foncier bâti (10 cent.). . . . . 425 fl.
— — non bâti (10 cent.). 257
A la contribution personnelle (cent. 25). 3.000
Capitation. 7.500
Impôts sur les chiens (max. 1 fl. 5). 205

Impôts de consommation.

Centimes additionnels sur les boissons distillées : indigènes
(60 cent.), étrangères (38 cent.), sur les liqueurs (26 cent.). 16.000
Vins transportés par 100 litres (3 fl. 75. . . . . . 1.100
Bétail (bœuf ou veau ; 25 cent. ; et par 100 kilogr., impôts
spécial de 0,8 pour frais, 1 pour fumé. 850

TOTAL DES RECETTES. . . . . 29.355 florins.

*Résumé des impôts (année 1862), des 43 communes de la
province de FRISE (200,500 habitants).*

Centimes additionnels aux impôts directs de
l'État et capitations. . . . . 872.335 fl. 38 c. 55
Rétributions pour ouvrages et établisse-
ments publics. 199.731 98 12,6
Centimes additionnels aux accises de l'État et
accises communales sur des objets égale-
ment imposés par l'État. 505.273 18 31,8
Impôts sur autres objets de consommation . 8.920 50 0,6

TOTAL. . . . . . 1.586.261 fl. 04 c. 100

Impôts du chef-lieu LEEUWARDEN (18,000 *habitants*), *compris
dans les comptes ci-dessus.*

Centimes additionnels :

Aux impôts directs de l'État et capitations.	82.446 fl.	c.
Aux accises de l'État et accises communales. . . .	103.895	—
Rétributions pour ouvrages et établissements publics. .	38,105	45
TOTAL DES RECETTES	224.446 fl.	45 c.

Résumé dans les impôts de 1861 *des* 57 *communes de la province
de* GRONINGUE (144,000 *habitants*).

			Prop. p. °/o.
Centimes additionnels aux impôts directs de l'État.	119.021 fl.	96 c.	13,7
Capitations.	210.491	24	24,3
Rétributions pour ouvrages et établissements publics.	90.476	26	1,50
Impôts de consommations sur les boissons distillées (60 cent. additionnels).	402.968	35	46,6
Sur les vins (12 florins par hectolitre). . . .	42.593	69	4,9
TOTAL.	865.551 fl.	50 c.	100

Impôts du chef-lieu GRONINGUE (24,000).

Centimes additionnels aux impôts directs de l'État.	32.729 fl.	60 c.
Capitations.	30.222	61
Rétributions pour ouvrages et établissements publics.	29.966	03
Taxes de consommation :		
Boissons distillées (60 cent.).	95,641	82
Vins (12 fl. par hectol.).	13.422	06
TOTAL	201.982 fl.	12 c.

Résumé dans les impôts (de 1862) *des* 116 *communes de la province
de* GUELDRE (310,000 *habitants*).

			Prop. p. °/o
Centimes additionnels aux impôts directs de l'État.	230.209 fl.	86 c.	21
Capitations	298.356	15	27
Rétributions pour usages et services publics.	135.406	42	12
Centimes additionnels aux accises de l'État. .	430.563	22	40
TOTAL.	1,064.535 fl.	65 c.	100

Impôts du chef-lieu, ARNHEIM (10,000 *habitants*), *compris dans les totaux ci-dessus.*

Centimes additionnels :

Aux impôts directs de l'État.	28.793 fl.	90 c.
Aux accises de l'État.	92.000	—
Rétributions pour ouvrages et établissements publics.	26.700	50
TOTAL.	147.494 fl.	40 c.

Résumé des impôts de 1862 des 197 communes de la province de HOLLANDE *méridionale.*

Centimes additionnels :			Prop. p. %
A l'impôt foncier.	234.460 fl.	47 c.	4,6
A la contribution personnelle.	370.796	65	7,3
Capitations ordinaires et extraordinaires. .	861.956	30	17,1
Impôts sur les chiens. . . . . , .	11.728	25	0,2
Droits de barrière, de péage et de passage. .	83.443	—	1,6
Droits de quai, de port, d'écluse, de grue, et d'entrée (aux portes).	196.813	19	3,9
Droit de pesage.	50.049	15	1 »
Rétributions pour les marchés publics et les halles.	56.691	62	1,1
Droits et revenus des funérailles.	47.871	12	0,9
Droits de bureau et d'expédition.	10.185	65	0,2
Rétributions pour l'enseignement primaire. .	205.521	60	4,9
Taxes de consommation.			
Sur objets soumis à l'impôt de l'État :			
Bétail	307.507	37	6,1
Boissons distillées.	904.217	63	18 »
Vin, bières, vinaigres.	124.781	86	2,4
Tourbes et houille.	163.059	92	3,2
Sur objets *non* soumis à l'impôt de l'État :			
Mouture.	612.471	46	12,2
Beurre et fromage	753.700	—	15 »
Bois de chauffage.	18.797	14	0,3
TOTAL	5.014.052 fl.	81 c.	100

Impôts de la ville de LA HAYE (82,620 *habitants*), *chef-lieu de la
province et capitale du royaume.*

Centimes additionnels :

A l'impôt foncier.	32.900 fl.
A la contribution personnelle.	93.900
Droits de barrière, de péage et de passage.	8.755
— quai, de port, de grue, d'écluse, d'entrée. . .	15.950
— pesage	1.900
— halles et marchés.	6.000
— funérailles.	6.000
— expédition et de bureau.	1.900
— enseignement public.	15.300

Taxes de consommation.

Bétail (soumis à l'impôt de l'État).	112.800
Boissons distillées —	157.900
Vin, bières, vinaigres, —	46,900
Tourbes, houille, —	126.500
Mouture (non soumis à l'impôt de l'État).	208.200
Bois de chauffage —	14.600
TOTAL.	849.505

Impôts de la ville de ROTTERDAM (111,403 *habitants*).

Centimes additionnels :

A l'impôt foncier.	44.554 fl.	44 c.
A la contribution personnelle.	88.668	05
Capitations.	276.000	—
Impôts sur les chiens.	2.800	—
Droits de barrière, de péage, de passage.	27.030	—
— de quai, de port, de grue, d'écluse, d'entrée.	97.300	—
— de pesage.	35.000	—
— de halles et marchés.	24.300	—
— de funérailles.	15.000	—
— d'expédition et de bureau.	4.000	—
— d'enseignement public.	68.120	—

Taxes de consommation.

Bétail (taxé par l'État).	105.000	—
Boissons distillées, —	290.050	—
Houille, tourbes, —	72.000	—
Beurre (non taxé par l'État).	103.000	—
TOTAL.	1.252.822 fl.	49.

Résumé des impôts des 136 *communes de la province de* HOLLANDE *septentrionale* (410,000 *habitants*).

			Prop. p. %
Centimes additionnels :			
A l'impôt foncier sur le sol bâti (15 cent. à 10).	152.632 fl.	60 c.	3,3
— non bâti (10 cent. à 5). .	42.420	32	0,9
A la contribution personnelle (2 à 25). . .	324.972	39	7,1
Capitations.	962.484	96	20,9
Impôts sur les chiens.	7.875	84	0,2
— sur les représentations théâtrales. .	20.433	33	0,4
Impôts pour l'usage d'établissements publics.			
Droits de barrière ou pavage.	13.185	64	0,3
— de quai, de bac, de péage, etc. . . .	263.460	75	5,7
— de marchés.	65.531	63	1,4
— de pesage.	28.178	03	1,9
— de funérailles.	28.104	30	0,6
— d'enseignement.	56.161	21	1,3
— d'expédition.	14.992	56	0,5
Impôts de consommation.			
Sur objets déjà imposés par l'État :			
Boissons distillées et liqueurs.	842.916	15	18,4
Vins.	166.167	12	3,6
Bétail	358.660	24	7,7
Tourbes.	282.058	76	6,1
Houille.	488.736	24	10,6
Non imposés :			
Mouture.	102.631	03	2,2
Beurre.	249.994	53	5,4
Bois de chauffage.	68.540	95	1,5
Matériaux.	99	—	—
TOTAL.	4.600.237 fl.	58 c.	100

Impôts de la ville D'AMSTERDAM (210,000 *habitants*).

Centimes additionnels :		
A l'impôt foncier sur le sol bâti (15 cent). . . .	110.435 fl.	01 c.
— — non bâti (10 cent.).	493	86
A la contribution personnelle (5-25).	211.091	80
Capitations.	713.621	60
A reporter.	1.035.642 fl.	27 c.

Report.	1.035.642 fl.	27 c.
Droit sur les théâtres.	16.839	64
— de péage, de quai, de port, de bac. . . .	199.378	78
— de halles et marchés.	38.722	99
— de funérailles.	6.972	80
— d'enseignement primaire.	18.937	95
— d'expédition.	11.194	38

Impôts de consommation.

Bétail (taxé par l'État) (150).	281.026	11
Boissons distillées — (90 cent.).	536.743	83
Vins — (12 cent. par lit.).	97.795	92
Tourbes, houille, —	686,657	60
Beurre (non taxé par l'État).	246.031	25
Bois de chauffage —	65.839	82
TOTAL.	3.241.783 fl.	34 c. [1].

Résumé des impôts (en 1862) des 125 communes de la province de LIMBOURG.

			Prop. p. º/º.
Centimes additionnels :			
A l'impôt foncier sur le sol bâti (5 cent. à 15).	7,675 fl.	66 c.	2,2
— — non bâti (5 cent. à 10). .	18.141	15	5,2
A la contribution personnelle (1-25). . . .	34.543	70	10 »
Capitations.	55.622	21	16,1
Impôts sur les chiens (29 localités).	3.165	65	0,9
— sur les représentations théâtrales (ville de Kessel).	80	—	0,0
Impôts pour services publics.			
Droits de barrière ou de pavage (12 villes). .	6.800	56	1,9
— de péage, de quai, de bac, de port, etc., (2 villes).	2.053	—	0,6
Droits d'étalage (halles et marchés) (10 villes).	5.662	—	1,6
— de pesage (ville de Maestricht). . . .	550	—	0,2
— de funérailles. —	1.350	—	0,4
Rétributions pour les écoles primaires. . . .	39.000	64	11,2
Droits d'expédition.	1.515	60	0,5
A reporter.	176.160 fl.	17 c.	50,8

[1] Le budget total de la ville d'Amsterdam est beaucoup plus considérable. Nous avons un exemplaire de son texte pour 1864 (*Vastgestelde Begrooting voor de dienst van* 1864), dans lequel les recettes de 1862 sont portées à 4,478,040 fl., et les prévisions de recettes pour 1864 à 4,648,674 fl.

Prop. p. %

Report. . . . . 176.160 fl. 17 c. 50,8

Impôts de consommation.

Sur objets imposés par l'État (3 villes) :

Boissons distillées.	28.312	—	8,2
Vins, —	9.003	—	2,9
Bières et vinaigres (3 villes).	18.106	—	5,2
Bétail, —	34.324	—	9,9
Tourbes (Venloo).	210	—	0,1
Houille (à Roermonde).	1.400	—	0,4

Non imposés :

Mouture (à Maestricht).	38.000	—	11 »
Beurre (à Maestricht, Roermonde).	11.800	—	3,4
Bois de chauffage (à Maestricht, Venloo). . .	1.294	—	0,4
Matériaux (à Maestricht).	12.000	—	3,5
Objets divers (Venloo, Roermonde, Maestricht).	14.354	—	4,2

TOTAL. . . . . 344.963 fl. 17 c. 100

Impôts de la ville de MAESTRICHT *(29,000 habitants).*

Centimes additionnels :

A l'impôt foncier sur la propriété bâtie (15 cent.). . . .	2.860 fl.
— — non bâtie (10 cent.). . . .	70
A la contribution personnelle.	15.120
A l'impôt sur les chiens.	800
Droits de halles et marchés.	2.600
— de pesage.	550
— de funérailles.	1.350
— d'enseignements	6.000
— d'expédition.	800

Impôts de consommation.

Boissons distillées (57 cent.).	23.100
Vins (11 fl. 25 par hectol.)	6.500
Bières, vinaigres (0 fl. 51 par hectol.).	14.000
Bétail (50 ou 100 cent.)	25.000
Mouture (2 fl. pour froment, 1,6 pour seigle). . . .	38.000
Beurre (0 fl. 03 par kilogr.).	10.200
Bois de chauffage.	1.200
Matériaux, et autres.	22.600

TOTAL. . . . . 170.750 fl.

Résumé des impôts des 61 *communes de la province* d'Over-Yssel (160,000 *habitants*). *Comptes communaux de* 1861.

Centimes additionnels :			Prop. p. %
A l'impôt foncier sur la propriété bâtie (15 cent. à 10)........ A l'impôt foncier sur la propriété non bâtie (10 cent. à 5).......	38.418 fl.	15 c.	5,1
A la contribution personnelle (3-25)....	59.144	97	7,9
Capitations..............	182.387	81	24,2
Impôts sur les chiens..........	5.733	97	0,8
Rétributions pour ouvrages et établissements publics..............	121.433	88	16,1
Impôts sur les consommations.			
Liqueurs et boissons distillées.......	302.274	—	40,2
Vins..................	17.545	—	2,3
Bétail (7 communes)..........	11.761	—	1,6
Combustibles (2 communes)........	13.168	—	1,8
TOTAL........	751.866 fl.	78 c.	100

Impôts du chef-lieu Zwoll (13,500 *habitants*), *compris dans les totaux ci-dessus.*

Centimes additionnels :		
A l'impôt foncier (propriété bâtie 15 c., non bâtie 10 c.).	4.509 fl.	14 c.
A la contribution personnelle (5-25)........	12.562	99
Capitations..............	16.409	13
Impôt sur les chiens...........	716	50
Rétributions pour ouvrages et établissements publics.	15.796	18
Impôts de consommation........	95.244	11
TOTAL........	145.238 fl.	05 c.

Résumé des impôts de 72 *communes de la province* d'Utrecht (120,000 *habitants*) *pour l'année* 1861.

Centimes additionnels :		Prop. p. %.
A l'impôt foncier sur le sol bâti (15 cent. à 10, non bâti (10 cent. à 5)............	55.765 fl.	7,1
A la contribution personnelle (5 cent. à 25)...	95.505	12,1
Capitations (maximum de 436 fl. 61 ; — max. du provenu : 146.018 fl. 32, sur 13.756 cotisations)..	191.483	24,3
A Reporter....	342.553 fl.	43,5

		Prop. p. %.
Report.	342.753 fl.	43.5
Impôts sur les chiens (de 3 florins à 1) et sur les divertissements publics.	6.311	0,8
Rétribution pour l'enseignement primaire (art 138 de loi communale).	32.800	4,2
Droits de barrière, d'expédition, de funérailles, etc., (art. 138 de la loi communale).	91.428	11,6

Taxes sur les consommations.

Centimes additionnels :

Sur les boissons indigènes (90 cent. à 50), sur les boissons étrangères (57 cent. à 25), et sur les liqueurs (39 cent. à 21).	186.271	23,7
Droit d'importation sur le vin (de 4 fl. à 10 fl l'hect.).	30.640	3,9
Droits sur le bétail (3 villes [1]).	44.525	5,7
— sur les tourbes (3 villes) et sur le charbon de de terre (3 villes).	50.477	6,4
— sur la mouture (1 ville).	2.104	0,2
TOTAL.	787.309 fl.	100

Impôts du chef-lieu : UTRECHT (53,000 *habitants*) *compris dans les totaux ci-dessus.*

Centimes additionnels :

A l'impôt foncier (15 sur le sol bâti ; 10 non bâti). . . .	16.401 fl.
A la contribution personnelle (5-25).	44.833
Impôt sur les chiens (max. 2 fl. 5 par chien).	3.344
Capitations.	69.480

Taxes sur les consommations.

Boissons et liqueurs (taxés par l'État ; — 90, 57, 39 cent).	117.049
Droit d'importation sur le vin (10 fl. l'hect.).	23.520
— de bétail.	41.375
— sur la tourbe (10, 6, 4, 2 cent. par tonneau). . .	33.188
Houille.	10.286
TOTAL.	359.476 fl.

[1] Ces 3 villes sont Utrecht, Amersfoort, et Wyk by Duurst.

Résumé des impôts de 1862 des 119 communes de la province de
ZÉLANDE (145,000 *habitants*).

				Prop. p. °/₀
Centimes additionnels aux impôts directs de l'État.	126.199 fl.	44	c.	15,9
Capitations et autres impôts directs communaux.	196.806	42		24,9
Rétribution pour chemins, ouvrages et établissements publics.	95.911	90		12,1
Impôts de consommation.	372.681	66		47,1
TOTAL	791.599 fl.	42	c.	100

Impôts du chef-lieu MIDDELBOURG (18,000 *habitants*).

Centimes additionnels aux impôts directs de l'État. .	18.707 fl.	10	c.
Capitations et aux impôts directs communaux. . . .	24.000	—	
Rétributions pour ouvrages et établissements publics.	16.517	54	
Impôts sur des objets de consommation.	151.083	49	
TOTAL.	210.308 fl.	13	c.

Si l'on additionne les produits des taxes des 1,137 communes[1], existant dans les onze provinces qui composent le royaume des Pays-Bas proprement dit (le Luxembourg y étant rattaché sous une union purement personnelle), on trouve pour 1861 (en négligeant les fractions de florins), 17,061,490 florins.

Il y a sept ans, les revenus provenant des taxes des communes auraient été notablement moindres, si nous nous en rapportons aux tableaux annexés à l'Exposé des motifs du projet belge sur l'abolition des octrois communaux, tableaux desquels nous déduisons les renseignements suivants :

---

[1] Il y en avait 1,206 en 1851, d'après les tableaux annexés au projet de loi de 1851.

Impôts directs en 1857.	5,946,914 fl.	02 c.
Droits de consommation sur les articles soumis à l'accise de l'État.	4,223,106	90
Droits de consommation sur des articles non soumis aux droits de l'État.	1,110,766	36
Péages ou revenus.	1,433,479	48 [1]

TOTAL. . . . . 12,714,866 fl. 76 c.

[1] Il y a en outre d'après ces tableaux d'autres recettes
ordinaires pour. . . . . 2,646,645 fl. 28 c.
et des revenus extraordinaires pour. . . . . . . 3,460,029 fl. 33 »

SECTION II.

DES IMPOSITIONS PROVINCIALES.

Les revenus des provinces néerlandaises proviennent pour environ la moitié de centimes additionnels aux contributions foncière et personnelle de l'État ; en outre, du fermage des barrières de routes, du produit des péages de ponts, canaux, etc., et d'emprunts contractés pour la plupart pour constructions de routes ou de canaux.

Les tableaux suivants présentent : 1° les résultats définitifs des recettes et dépenses provinciales, après approbation par la chambre des comptes, pendant les cinq années 1853 à 1857 ; 2° les budgets provinciaux de l'année 1862 :

Recettes.

	Centimes addit.	Emprunts.	Divers.	Totaux.
1853.	963,977	440,106	966.717	2,370,800 fl.
1854.	1,005,885	25,500	1,037,685	2,079,070
1855.	1,030,703	518,383	832,171	2,380,257
1856.	1,086,528	325,600	670,100	2,082,218
1857.	1,118,107	397,000	858,151	2,373,258

Dépenses.

	Service public.	Travaux publics.	Diverses.	Totaux.
1853.	119,169	1,172,149	914,297	2,225,615 fl.
1854.	121,708	905,526	867,013	1,894,247
1855.	116,476	1,406,560	790,896	2,313,932
1856.	118,523	1,190,137	653,189	1,961,849
1857.	101,307	1,324,342	725,757	2,151,406 [1]

Les budgets provinciaux de l'année 1862 offrent, d'après les renseignements qu'a bien voulu me transmettre M. Godefroi, les chiffres suivants :

[1] Extrait d'un article de MM. de Baumhauer, directeur de la statistique générale à La Haye, inséré dans l'*Annuaire international du Crédit public* de M. Horn, 1861.

PROVINCES.	CENTIMES ADDITIONNELS			RÉTRIBUTIONS pour usage de chemins, travaux et établissem. publics.	BIENS provinciaux.	RECETTES diverses et revenus casuels	RECETTES EXTRAORDINAIRES.			TOTAL des revenus de chaque province.
	à l'impôt foncier.		à la contribution personnelle.				EMPRUNTS.	VENTES de propriétés provinciales.	DIVERSES.	
	Propriétés bâties.	Propriétés non bâties.								
Brabant septent....	14	27.794 21	14	93.461 41	14	63.381 54	41.914 37	1.418 75	448 55	fl. 20.000	»	435 20	248.523 74
Gueldre..........	4	40.064 71	4	27.205 94	6	35.690 99	»	2.576 66	818 25	»	»	100 »	76.456 56
Hollande mérid...	3	29.759 69	3	26.726 »	4	63.085 55	5.647 34	3.707 »	4.885 85	»	»	»	133.804 44
Hollande septent..	6	66.760 19	6	36.636 18	6	85.032 76	»	7.100 51	8.810 »	»	»	»	204.339 64
Zélande..........	6	8.327 03	6	26.733 99	5	15.230 62	41.243 40	4.002 27	34.408 69	»	»	»	99.946 01
Utrecht..........	7	43.863 03	7	21.463 26	6	25.744 63	3.605 »	228 »	4.058 91	»	»	1.358 30	70.321 43
Frise............	16	33.414 40	16	143.636 17	13	57.933 31	18.490 76	5.094 40	30.149 »	45.000 »	33 57	»	303.751 31
Over-Yssel.......	4	5.434 »	4	42.386 93	6	45.744 07	105.736 58	9.848 89	40.650 25	50.000 »	»	»	209.800 74
Groningue........	18	24.937 89	18	86.277 91	13	46.745 72	58.408 »	7.462 99	64.097 91	»	»	»	287.930 49
Drenthe..........	15	5.094 35	15	43.921 11	8	6.669 10	23.525 42	11.965 »	34.899 »	15.000 »	»	»	141.070 99
Limbourg.........	16	9.310 96	16	30.514 13	13	24.318 47	6.442 50		32.526 »	»	»	»	103.411 76
TOTAUX......		234,750 47		488.962 75		439.576 48	275.013 39	53.104 18	225.722 42	130.000	33 57	1.893 50	1.849.056 74

On voit, en comparant le chiffre total des revenus provinciaux de 1862 à celui de 1857, que ces revenus ont
assez considérablement diminué, puisque de 2,373,258 florins (année 1857), ils sont tombés à 1,849,056 florins
(année 1862), dans un intervalle de cinq années, et si l'on
déduit les emprunts, c'est encore 1,976,258 florins en 1857
contre 1,719,056 en 1862. Mais le produit des centimes
additionnels, en particulier, s'est élevé au contraire de
1,118,107 fl. à 1,263,389 fl.

L'art 117 de la loi néerlandaise du 6 juillet 1850, réglant
la réunion et les pouvoirs des États provinciaux, est conçu
dans les termes suivants :

« Aucune accise ne peut être proposée comme imposition provinciale. Quant au surplus, la proposition des taxes
provinciales est soumise aux règles et limites (*perken*) établies par les lois relativement aux impositions du pays. »

La loi de 1850 n'a plus permis aux États des provinces
néerlandaises (représentant les Conseils généraux français)
d'établir des impôts provinciaux, mais seulement d'en faire
la proposition au roi.

D'après l'art. 116 « les impôts provinciaux proposés par
les États, contre lesquels le roi n'aura pas d'objections à
faire, seront aussitôt que possible, soumis par un projet de
loi à l'approbation du pouvoir législatif qui indiquera les
dépenses d'un intérêt purement provincial auxquelles le produit de l'impôt devra être appliqué, et qui fixera les règles
d'après lesquelles l'impôt sera perçu. »

Si j'interprète bien les articles 116 et 117 de cette loi,
il en résulte une assez grande liberté de choix dans l'initiative des provinces relativement aux impôts qu'elles peuvent
voter ; à l'exception toutefois des accises qui, ainsi que nous
l'avons souvent observé, aussi bien d'après la théorie que
d'après les faits constatés dans l'ensemble de l'Europe, se

plient assez mal à la constitution des circonscriptions provinciales.

A côté de cette grande latitude d'initiative, il ne paraît
pas résulter des tableaux publiés ci-dessus que l'usage et
la pratique aient répondu aux possibilités d'extension que
la législation pouvait faire entrevoir.

Les impôts des provinces néerlandaises paraissent s'être
moins accrus que ceux des communes, dans ce petit État
des Pays-Bas, dont les institutions financières ont été étudiées
par nous sous tant d'aspects divers, dans le courant de notre
ouvrage, et que la colonisation de Java semble dédommager
par ses riches produits d'outre-mer des menaces et des dépenses continuelles que l'Océan fait peser sur ses rivages.

FIN DU TOME QUATRIÈME.

TABLE DES MATIÈRES

DU TOME QUATRIÈME.

FIN DE LA TABLE DU TOME QUATRIÈME.

ERRATA

P. 67, 4ᵉ alinéa, au lieu de : *Charles VI*, lisez : *Charles II.*

P. 155, 21ᵉ ligne, au lieu de : 31 *avril*, lisez : 21 *avril.*

P. 209, 5ᵉ ligne, au lieu de : 1863, lisez : 1862.

P. 296, au lieu de : *environ ; pour 1884*, lisez : *environ pour 1834.*

SAINT-DENIS. — TYPOGRAPHIE DE A. MOULIN.

EXTRAIT

DU

CATALOGUE GÉNÉRAL

LE CATALOGUE GÉNÉRAL

FORMANT UNE BROCHURE GRAND IN-8 DE 124 PAGES

Se vend 1 fr. 50.

Il est divisé en trois parties, savoir :

**Ordre méthodique des matières. — Ordre alphabétique des noms
d'auteurs. — Ordre alphabétique des matières.**

EXTRAIT

DU

CATALOGUE GÉNÉRAL

DES PRINCIPAUX OUVRAGES DE FONDS

PAR ORDRE ALPHABÉTIQUE.

A

ABRIAL. Du crédit et des institutions à crédit. Broch. in-8............. 3 »

ALAUZET. Essais sur les peines et les systèmes pénitentiaires. 2ᵉ édition. 1 vol. in-8.............................. 7 »
(Couronné par l'Institut.)

Annuaire de l'Économie politique et de la Statistique, par MM. Joseph Garnier, Guillaumin et Maurice Block.

Année 1844, 1 vol. in-18 (épuisé).... » »
— 1845, id 1 50
— 1846 et 47, chacun 2 50
— 1848 et 49, chacun 3 50
— 1850, 51, 52, 53, 54, chacun. 4 »
— 1855, 56, 57, 58, 59, 60, 61, 62, 63 et 64, chacun.............. 5 »

Annuaire du Crédit public, par M. Horn, pour 1859-60 (1ʳᵉ à 3ᵉ année), 1 vol. grand in-18, chaque..... 5 »

ASSELIN. Précis de la tenue des livres de commerce. Broch. in-8........ 2 »

AUDIFFRET (Mⁱˢ ᴅ'), membre de l'Institut. Système financier de la France. Nouvelle édition. 5 vol gr. in-8 .... 37 50

B

BACQUÈS. Les douanes françaises. 1ʳ édition. 1 vol. gr. in-18.......... 1 50

BAILLEUL (J. Cʜ.). De la richesse et de l'impôt. 1 vol. in-8........... 2 »

BAJAT. Nouvelle table d'intérêts. In-4. 5 »

BANFIELD. Organisation de l'industrie. Traduct. de M. Émile Thomas. 1 vol. in-8. 6 »

BARTHÉLEMY. Nouveau Barème pour le toisé, etc. 1 vol. in-12.......... 2 50

BASTIAT (Fʀᴇ́ᴅ.). OEuvres complètes,

mises en ordre, revues et annotées d'après ses manuscrits. 7 beaux vol. in-8.. 35 »
— Les mêmes en 7 vol. gr. in-18.... 24 50
(Pour plus de détails, voir p. 11 du Catalogue général.)
— OEuvres choisies comprenant les Sophismes, les Petits Pamphlets et les Harmonies. 3 vol. grand in-18......... 10 50
— Harmonies économiques, 3ᵉ édit. 1 vol. grand in-18................ 3 50
— Sophismes économiques, 2 vol.in-16. 2 »

Petits pamphlets format in-16.

— Propriété et loi. — Justice et fraternité.......................... » 40
— Protectionisme et communisme.... » 35
— Capital et rente................. » 40
— Paix et liberté................. » 60
. Incompatibilités parlementaires, 2ᵉ édit..................... » 75
— Ce qu'on voit et ce qu'on ne voit pas. 2ᵉ édition............... » 50
— L'État. — Maudit argent !....... » 40
— Gratuité du crédit............. » 75
— Baccalauréat et socialisme....... » 75
— Spoliation et loi.............. » 40
— Propriété et spoliation......... » 40
— La loi...................... » 50

BATBIE. Le Crédit populaire, avec une introduction par M. Horn. 1 v. gr. in-18. 5 »

BAUDRILLART (H.). Jean Bodin et son temps. Tableau des théories politiques et des idées économiques au seizième siècle. 1 vol. in-8................. 7 50
(Couronné par l'Académie française.)
— Manuel d'économie politique. 1 vol. gr. in-18................. 3 50
(Couronné par l'Académie française.)
— Études de philosophie morale et d'économie politique. 2 vol. grand in-18.. 7 »

BAUDRILLART (H.). Des rapports de la morale et de l'économie politiq. 1 v. in-8. 7 50
(Couronné par l'Acad. franç. et par l'Acad. des Sciences morales et politiques.)
— La démocratie et l'économie politique. 1 vol. gr. in-18.............. 3 50
BECCARIA. Des délits et des peines, avec Introduction et Commentaires, par M. Faustin-Hélie, membre de l'Institut. 1 vol. gr. in-18.................. 3 »
BÉNARD. Les lois économiques. 1 vol. in-18......................... 1 25
BER. Cours de tenue des livres. In-12. 1 50
BÈRES (Émile). Les classes ouvrières : moyen d'améliorer leur sort sous le rapport du bien-être matériel, etc. 1 vol. in-8.. 2 50
— Manuel de l'emprunteur et du prêteur au Crédit foncier. 1 vol. in-16..... 1 50
BERTEAUT. Marseille et les intérêts qui se rattachent à son port. 2 vol. in-8. 12 »
BERTHELOT. Nouveau tarif pour le cubage des bois carrés, etc. 1 vol. in-12.. 2 »
BESSON et RASPAIL. Nouvelle méthode de tenue de livres en partie double. 1 vol. grand in-8................. 7 50

Bibliothèque des sciences morales et politiques.

FORMAT GRAND·IN-18.

FAUCHER. Études sur l'Angleterre, 2e édit. 2 vol..................... 7 »
— Mélange d'économie politique et de finances. 2 vol.................... 7 »
LAVERGNE (L. de). Économie rurale de l'Angleterre, de l'Écosse et de l'Irlande. 4e édition. 1 vol.................. 3 50
— Économie rurale de la France. 2e édition. 1 vol.................... 3 50
— L'agriculture et la population. 1 vol. 3 50
BECCARIA. Des délits et des peines. Édition Faustin-Hélie. 1 vol........ 3 »
REYBAUD (L.). Études sur les réformateurs. 7e édit. augmentée de nouvelles études. 2 vol..................... 7 »
MOREAU DE JONNÈS. Éléments de statistique. 2e édition. 1 vol........... 3 50
— Statistique de l'industrie de la France. 1 vol..................... 3 50
— La France avant ses premiers habitants. 1 vol..................... 3 50
BASTIAT. OEuvres complètes. 7 vol.. 24 50
BLANQUI. Histoire de l'économie politique. 3e édition. 2 vol.......... 6 »
— Précis de l'économie politique, suivi de : Résumé de l'h'st. du Commerce. 2 50
SUDRE (Alf.). Histoire du communisme. 5e édit. 1 vol..................... 3 50
LERMINIER. Philosophie du droit. 1 vol. 5 »

VIVIEN. Études administratives. 3e édit. 2 vol.....................
SAINT-PIERRE (l'abbé de). Sa vie et ses œuvres, par M. G. de Molinari. 1 vol.
BAUDRILLART. Manuel de l'économie politique. 1 vol................
— Études de philosophie morale et d'économie politique. 2 vol............
LEYMARIE. Tout par le travail. 1 vol.
HUBBARD. Saint-Simon, sa vie et ses travaux. 1 vol...................
RAPET. Manuel populaire de morale et d'économie politique. 2e édit. 1 vol....
MARTENS (de). Précis du droit des gens. 2e édition. 2 vol.................
SMITH (Adam). Recherches sur la richesse des nations. 3 vol............
— Théorie des sentiments moraux. 1 vol..........................
YOUNG (Arth.). Voyages en France en 1787, 88 et 89. 2 vol............
— Voyages en Italie et en Espagne en 1787 et 1789. 1 vol...........
COQUELIN. Du crédit et des banques. 2e édit. 1 vol...................
LAFERRIÈRE. Essai sur l'histoire du droit français. 2e édit. 2 vol........
MILL (P.-St.). La liberté. 1 vol.....
— Le gouvernement représentatif. 1 vol..........................
STIRLING (Pat. J.). Philosophie du commerce. 1 vol...............
SAY (J.-B.). Traité d'économie politique. 7e édit. 1 vol...............
GARNIER (Joseph). Traité d'économie politique. 5e édit............
VATTEL. Le droit des gens, etc. 3 vol.
KLUBER. Droit des gens moderne de l'Europe. 1 vol................
MINGHETTI. Des rapports de l'économie publique avec la morale et le droit. 1 vol.........................

BLAISE (Ad.). Sociétés à responsabilité limitée. gr. in-8...............
BLANQUART SEPTFONTAINES. Les intérêts des comptes courants calculés. 1 vol. in-4...................
BLANQUI. Histoire de l'Économie politique. 3e édit. 2 vol. gr. in-18....
— Précis élémentaire d'Économie politique. 3e édit., suivi du Résumé de l'histoire du Commerce. 2e édit. 1 vol. gr. in 18....................
— Voyage en Bulgarie. 1 vol. gr. in-18.
BLOSSEVILLE (Mis de). Histoire de la colonisation pénale et des établissements de l'Angleterre en Australie. 1 vol. in-8.

T. XII. J. B. SAY. OEuvres diverses : Mélanges et correspondances, Catéchisme, Petit volume, Olbie, etc. 1 v. avec un beau portrait........................ 10 »

T. XIII. RICARDO. OEuvres complètes. Nouvelle traduction française, par M. Alc. Fonteyraud. 1 beau vol............. 12 »

T. XIV. Mélanges : 1re partie : DAVID HUME, V. DE FORBONNAIS, CONDILLAC, CONDORCET, LAVOISIER, FRANKLIN, avec notes et notices, par Daire et Molinari. 1 vol................... 10 »

T. XV. Mélanges : 2e partie : NECKER, GALIANI, DE MONTYON, J. BENTHAM, avec notes et notices, par Molinari. 1 vol. 10 »

(Voir pour plus de détails sur les Traductions, les Notes, Commentaires et Notices biographiques, qui accompagnent ces édit., la 1re partie du Catalogue général.)

COLMONT (Ach. de). Histoire des Expositions de l'industrie. 1 vol. in-8...... 5 »

COMETTANT (Oscar). La propriété intellectuelle. 2e édit. Broch. in-18....... 1 50

CONSTANT (Benjamin). Cours de politique constitutionnelle, avec une Introduction et des notes, par M. Ed. Laboulaye, de l'Institut. 2 beaux vol. in-8........ 15 »

COQ (Paul). La monnaie de banque ou l'espèce et le portefeuille, précédé d'une Notice sur W. Patterson. 1 vol. gr. in-18. 3 50

COQUELIN (Ch.). Du crédit et des banques. 2e édit., revue et précédée d'une introduction par M. Courcelle-Seneuil. 1 vol. gr. in-18.................. 3 50

— Dictionnaire de l'Économie politique. 2 vol. gr. in-8. (Voir Dictionnaire et Catalogue général, page 20.)........ 50 »

COURCELLE-SENEUIL. Traité théorique et pratique des opérations de banque. 4e édit. 1 vol. in-8................. 7 50

— Traité théorique et pratique des entreprises industrielles, agricoles et commerciales, ou Manuel des affaires. 2e édit. 1 vol. in-8..................... 7 50

— Traité théorique et pratique d'Économie politique. 2 vol. in-8........... 15 »

— Tratado teorico y pratico di Economia politica. 2 vol. in-8........... 15 »

— Études sur la science sociale. 1 vol. in-8............................ 7 50

COURCY (Alf.). Essai sur les lois du hasard. 1 vol. gr. in-18......... 3 »

— D'une Réforme internationale du droit maritime. 1 vol. gr. in-18....... 2 »

D

DAMASCHINO et BLOCK. Des Magasins généraux et des Warrants. 1 vol. in-8... 4 »

DAMETH (H.). Le Juste et l'Utile. 1 vol. in-8......................... 5 »

DARESTE DE LA CHAVANNE. Histoire de l'administration en France. 2 vol. in-8. 10 »
(Couronné par l'Institut.)

— Histoire des classes agricoles en France. 2e édit. 1 vol. in-8.......... 7 »
(Couronné par l'Institut.)

DARIMON. De la réforme des banques, avec une Introduction par M. É. de Girardin. 1 vol. in-8.............. »

DARWIN (Ch.). De l'origine des Espèces ou des lois du Progrès chez les êtres organisés. Trad. par Mlle Cl. A. Royer. 1 très-fort vol. gr. in-18....... 3 »

DAULNOY. Méthode pour établir les comptes d'intérêts. 1 vol. in-8........ 1 »

DAVID DE THIAIS. Le paysan tel qu'il est, tel qu'il devrait être. 1 vol. in-8... 1 »

DÉGRANGE. La tenue des livres rendue facile. 23e édit. 1 vol. in-8........... 4 »

DEHAIS (Ém.). L'assurance sur la vie en France et les tontines. In-8......... 1 »

DELÉRUE. De la bienfaisance publique et privée. 1 vol. in-8............ 1 »

— Maîtres et domestiques. 1 v. gr. in-8. »

DELHORBE. Manuel du négociant, ou Nouvelles tables d'intérêts, etc. 1 v. in-8. 1 »

DELOCHE (Maximin). Du principe des nationalités. In-8................... »

DE METZ-NOBLAT. Analyse des phénomènes économiques. 2 vol. in-8....... 1 »

Dictionnaire de l'Économie politique, contenant l'exposition des principes de la science, l'opinion des écrivains qui ont le plus contribué à sa fondation et à ses progrès, la Bibliographie générale de l'économie politique, avec des Notices biographiques et une appréciation raisonnée des principaux ouvrages. 2 très beaux vol. grand in-8 raisin collé de près de 2,000 pages à 2 colonnes avec 8 portraits sur acier................... » »

— Le même, en demi-rel. chagrin ou veau....................... » »

(Voir au Catalogue général la liste des collaborateurs, et autres renseignements sur ce magnifique ouvrage.)

Dictionnaire universel théorique et pratique du **Commerce et de la Navigation**. 2 superbes vol. grand in-8, contenant 3,280 pages à 2 colonnes sur papier collé et glacé. Prix...... » »

Relié en demi-veau ou demi-chagrin. » lié

(Voir pages 27 et suiv. du Catalogue général, les noms des collaborateurs et le rapport à l'Institut par M. L. Reybaud.)

DONIOL. Histoire des classes rurales. vol. in-8 .... 7 50

DOURSTHER. Dictionnaire universel des poids et mesures, avec des tables des monnaies de tous les pays. 1 très-fort vol. grand in-8 .... 10 »

DRÉO (A.). De la liberté des transactions. Broch. in-8 .... 1 »

Droit au travail (LE) à l'Assemblée nationale ; recueil de tous les discours prononcés dans cette discussion mémorable, avec notes par M. J. Garnier. 1 vol. in-8. 6 »

DUBERNAD. Traité des principes d'indemnité en matière d'assurances maritimes. 2 vol. in-8 .... 8 »

DUCHATELIER. De quelques modes de la propriété en Bretagne. Broch. in-8 ... 1 50
— L'agriculture et les classes agricoles de la Bretagne. In-8 .... 4 »

DUFAU. Lettres à une dame sur la charité. 2ᵉ édit. 1 vol. gr. in-18 .... 1 25

DU MESNIL-MARIGNY. De la liberté des ventes aux enchères. In-18 .... 3 »
— Les libre-échangistes et les protectionnistes conciliés. 1 vol. gr. in-8 ..... 5 »

DUMONT. Les travaux publics dans leurs rapports avec l'agriculture. 1 v. in-8. 4 »

DUNOYER (CH.). La Révolution du 24 février 1848. 1 vol. in-8 .... 4 »

DUPONT-WHITE. Essai sur les relations du travail et du capital. 1 vol. in-8. 5 »
— L'individu et l'État. 2ᵉ édit. 1 vol. gr. in-8 .... 7 50
— La Centralisation. 1 vol. gr. in-18. 3 50
— La liberté. 1 vol. gr. in-18. (Voyez J. ST. MILL.)
— La liberté politique considérée dans ses rapports avec l'administration locale. 1 vol. in-8 .... 6 »

DUPUIT. La liberté commerciale, son principe et ses conséquences. 1 vol. gr. in-12 .... 12 »

DU PUYNODE. Les lois du travail et de la population. 2 vol. in-8 .... 12 »
— De la monnaie, du crédit et de l'impôt. 2ᵉ édit. 2 vol. in-8 .... 12 »
— Voyage d'un économiste en Italie. 1 vol. gr. in-18 .... 2 »

DURAND SAINT-AMAND. Manuel des courtiers de commerce. 1 vol. in-8 ..... 7 50

DUTENS. Philosophie de l'Économie politique, suivie de la Défense et de l'Appendice. 2 vol. in-8, et 2 broch...... 6 »

DUVAL (J.) Gheel, ou une colonie d'aliénés. In-18 .... 2 »

— Des Rapports entre la géographie et l'économie politique. Br. in-8 .... 3 »
— Histoire de l'émigration européenne, asiatiq. et africaine au xixᵉ siècle. 1 v. in-8. 7 50
(Couronné par l'Institut.)

E

Économistes financiers du dix-huitième siècle. 1 vol. gr. in-8. (V. Collection des principaux Économistes.) ...... 15 »

Économistes et Publicistes contemporains.

(Voir, pour plus de détails, page 8 et suivantes du Catalogue général.)
Ouvrages publiés :
BLANQUI. Histoire de l'Économie politique. 3ᵉ édit. 2 vol. in-8. (Épuisé)...
MAC CULLOCH. Principes d'Économie politique. 2ᵉ édition. 2 vol. in-8 .... 12 »
J. ST. MILL. Principes d'Économie politique. 2ᵉ édition. 2 vol. in-8 .... 15 »
— Le gouvernement représentatif. 1 v. 5 »
P. ROSSI. Cours d'Économie politique. 3ᵉ édit. 4 vol. in-8 .... 30 »
— Traité du Droit pénal. Nouvelle édit. revue et précédée d'une introduction par M. FAUSTIN-HÉLIE. 2 vol. in-8 .... 14 »
— Mélanges d'Économie politique, d'histoire et de philosophie. 2 vol. in-8.. 15 »
BENJAMIN (CONSTANT). Cours de politique constitutionnelle, avec Introduction et Notes par M. Éd. Laboulaye, de l'Institut. 2 vol. in-8 .... 15 »
F. BASTIAT. Œuvres complètes. 7 vol. in-8 .... 35 »
FAUCHER (LÉON). Études sur l'Angleterre. 2ᵉ édit. 2 vol. in-8 .... 12 »
— Mélanges d'Économie politique et de finances. 2 vol. in-8 .... 12 »
BANFIELD. Organisation de l'industrie. 1 vol. in-8 .... 6 »
FIX (TH.). Observations sur l'état des classes ouvrières. 1 vol. in-8 .... 5 »
CHEVALIER (MICHEL). Examen du système commercial. 2ᵉ édit. 1 vol. in-8... 6 »
CAREY. Principes de la science sociale. 3 vol. in-8 .... 22 50
ROSCHER. Principes d'Économie politique. 2 vol. in-8 .... 15 »
CIBRARIO. L'Économie politique au moyen âge. 2 vol. in-8 .... 12 »
MARTENS. Précis du droit des gens moderne de l'Europe. 2ᵉ édit. 2 vol. in-8. 12 »
KLUBER. Droit des gens moderne de l'Europe. 1 vol. in-8 .... 7 50
VATTEL. Le droit des gens, etc. 3 v. in-8 25 »
HAUTEFEUILLE. Des droits et des de-

HUSSON, de l'Institut. Les consommations de Paris. 1 vol. in-8............ 7 50

J

JOUBLEAU. Études sur Colbert. 2 vol.
in-8................................ 12 »
(Couronné par l'Institut.)

Journal des Économistes, re-
vue mensuelle de la science économique
et de la statistique.
PREMIÈRE SÉRIE, formant 37 vol. in-8 et
comprenant douze années (1842 à 1853). 366 »
DEUXIÈME SÉRIE, commençant en janvier
1854 et formant 4 vol. par an.
Prix de l'abonnement :
Par an, pour toute la France........ 36 »
Pour six mois,   idem............ 19 »
Chaque numéro séparément......... 3 50
Prix de la collection complète (1re et 2e
série) jusqu'à la fin de 1863, et formant
71 vol. .... 726 »
(Voir 1re partie du Catalogue général,
la Notice bibliographique et les noms
des collaborateurs.)

JUGLAR (CLÉM.) Des crises commerciales et de leur retour périodique. In-8. 5 »
(Couronné par l'Institut.)
JUVIGNY. Application de l'arithmét. au
comm. et à la banque. 4e éd. 1 fort v. in-8. 5 »
— Traité théorique et pratique sur les
monnaies. Broch. in-8.............. 2 50
— Coup d'œil sur les assurances sur la
vie des hommes, etc. 1 vol. in-8. 4e édit. 2 50

K

KLUBER (J. A.). Droit des gens modernes de l'Europe, avec Notes, Commentaires et Bibliographie par M. A. OTT.
très-beau vol. in-8................. 7 50
— Le même en 1 très-beau v. gr. in-18. 4 50

L

LA BRÊME (DE). Des conseils généraux.
1 vol. gr. in-18................... 4 »
LABOURT. Recherches sur l'intempé-
rance des classes laborieuses et sur les
enfants trouvés. 1 vol. in-8.......... 7 50
— Recherches sur les ladreries, mala-
dreries et léproseries. 1 vol. in-8 6 50
LA FARELLE (F. DE). Du progrès social au profit des classes populaires non
indigentes, suivi du Plan d'une réorgani-
sation disciplinaire des classes industrielles
de France. 2e édit. 1 vol. in-8........ 5 »
LA FERRIÈRE, de l'Institut. Essai sur

l'histoire du Droit français. 2e édition.
2 beaux vol. gr. in-18............. 7 »
LAGRANGE. Traité d'arithmétique commerciale. 1 vol. in-18............. » 50
LAMÉ-FLEURY. Code annoté des che-
mins de fer. 2e éd. (sous presse). 1 v. g. in-8
LAMOTHE (DE). Nouvelles études sur la
législation charitable. 1 vol. in-8...... 6 50
LANDRIN, ingénieur des mines. Traité
de l'or, etc. 1 vol. gr. in-18........ 3 50
LAPERRIÈRE (DE). Barème, ou tableaux
de comptes faits. 1 vol. in-4......... 12 »
LARROQUE (M. P.). La Guerre et les
armées permanentes. 1 vol. in-8....... 5 »
LAURENT. Le paupérisme et les associations de prévoyance. Nouv. études sur
les sociétés de secours mutuels. 1 vol. in-8. 7 50
(Couronné par l'Institut en 1863.)
LAURIER (CLÉMENT). La liberté de l'argent. Broch. in-8.................. 2 »
LAVELLO. Manuel commercial. Rapports, comptes et tables de revient, comp-
tes simulés, etc. 1 vol. gr. in-8. 2e édit. 15 »
LAVERGNE (L. DE). Essai sur l'économie
rurale de l'Angleterre, de l'Écosse et de
l'Irlande. 4e édit. 1 vol. gr. in-18..... 3 50
— L'agriculture et la population.
2e édit. 1 vol. gr. in-18............. 3 50
— Économie rurale de la France de-
puis 1789. 1 vol. gr. in-18.......... 3 50
— V. CH. SAINT-LAURENT.
LEBER. Essai sur l'appréciation de la
fortune privée au moyen âge. 1 vol. in-8. 6 »
LE BOEUF (E. B.). Du commerce de
Nantes. 1 vol. in-8................ 5 »
LECOUTEUX. Traité des entreprises de
grande culture. 2e édit. 2 vol. in-8..... 15 »
LEGRET. Rudiment de la comptabilité
commerciale. 1 vol. in-8............ 4 »
LEGOYT. Ressources de l'Autriche et
de la France. 1 vol. in-8............ 4 »
LE HARDY DE BEAULIEU. Le Salaire.
1 vol. gr. in-18................... 3 50
— Traité élémentaire d'Économie politique. 1 vol. gr. in-18............. 4 »
LEHIR ET JAY. Manuel théorique et
pratique de l'arbitre. 1 vol. in-18...... 3 »
LE LIÈVRE. Exposé des principes économiques de la société chrétienne. 1 vol.
gr. in-18........................ 3 50
LEMOINE DE LA GUERCHE. Répertoire
commercial, ou principes de la tenue des
livres. 1 vol. in-8................. 5 »
LÉON, ingénieur. Lettres sur la Monnaie. 2e éd. 1 vol. in-8............. 2 50
LEPELLETIER (de la Sarthe). Du système social. 2 vol. gr. in-8.......... 14 »
— Système pénitentiaire complet.
1 très-fort vol. grand in-8.......... 8 »

SAY (J. B.). Cours complet d'Économ. politique pratique. 3ᵉ éd. 2 vol. gr. in-8. 20   »
— Catéchisme d'Économie politique 4ᵉ édit. 1 vol. in-12   2   »
— Petit volume. 1 vol. in-32 . . . .   » 75
— OEuvres diverses : Catéchisme d'Économie politique, Lettres à Malthus, Correspondance générale, Olbie, Petit volume, Fragments et opuscules inédits. 1 vol. gr. in-8, orné d'un beau portrait. . 10 »
— Son portrait in-4, gravé sur acier. .   3   »
SAY (H.). Études sur l'administration de la ville de Paris. 1 vol. in-8   6   »
SCIALOJA. Principes d'Économie sociale. 1 vol. in-8   6   »
SÈVE (Édouard). Le Nord industriel et commercial. 3 vol. in-8 . . . . 15 »
SISMONDI. Nouveaux principes d'Économie politique. 2 vol. in-8   8   »
SMITH (Adam). Recherches sur la nature et les causes de la richesse des nations. Trad. de G. Garnier, avec notes de tous les commentateurs, augmentées de nouvelles notes, par MM. Blanqui et Jos. Garnier. 3 vol. gr. in-18 . . . . 10 50
— Théorie des sentiments moraux. Édition revue et annotée par M. Baudrillart. 1 volume gr. in-18   4   »
— Son portrait in-4, gravé sur acier. .   2   »
SMITH (P.). Manuel d'Économie politique. Trad. de l'anglais par M. Camille Bacquet. 1 vol. gr. in-18 . . . .   3 50
Statistique de l'industrie de Paris. Enquête faite par la chamb. de comm. pour les années 1847 et 1848. 1 fort vol. gr. in-4 . . . . 30 ».
STIRLING. De la découv. des mines d'or en Australie et en Californie. Trad. par A. Planche. 1 vol. gr. in-18 . . . .   2 50
— Philosophie du commerce. Trad. par M. Saint-Germain Leduc. 1 v. gr. in-18 .   3   »
SUDRE (Alf.). Histoire du Communisme. 5ᵉ édit. 1 vol. gr. in-18 . . . .   3 50
(Couronné par l'Académie française.)

T

TASSE (Cyrille de la). Comptabilité administrative des propriétaires et des exploitants ruraux. 1 vol. gr. in-4   6   »
THIERCELIN. Principes du droit. 1 v. in-8   6   »
THUNEN (H. de). Recherches sur l'influence que le prix des grains, la richesse du sol, exercent sur les systèmes de culture. Trad. par M. Laverrière. 1 v. in-8. .   3 50
— Le salaire naturel et son rapport au

taux de l'intérêt. Trad. par M. M. Wolff. 1 vol. in-8 . . . .
TORRES CAICEDO. Ensayos biográficos y de critica literaria. 2 vol. in-8 . . . .
TURGOT. OEuvres complètes, avec notes et une notice biographique, par M. Daire. 2 forts vol. in-8 . . . .

V

VATTEL. Le Droit des gens. Nouv. augmentée des notes de tous les commentateurs et suivie d'une table analytique des matières par M. Pradier-Fodéré. 3 beaux volumes in-8 . . . .
— Le même en 3 beaux vol. gr. in-18.
VÉRON (Eug.) Supériorité des arts modernes sur les arts anciens. 1 vol. in-8.
VERHNES et Mᵐᵉ BOSC. Le méthodique arithméticien. 1 vol. in-12 . . . .
VIGNES (Ed.). Traité des impôts en France. 1 fort vol. in-8 . . . .
VIVIEN, de l'Institut. Études administratives. 3ᵉ éd. 2 vol. gr. in-18 . . . . .
VOGEL (Ch.). Le Portugal et ses colonies. 1 fort vol. in-8 . . . .

W

WALRAS (Léon). De l'Économie politique et de la Justice. 1 vol. in-8 . . . .
— Théorie critique de l'impôt. in-8
WALRAS (A.). Théorie de la richesse sociale. 1 vol. gr. in-18 . . . .
WATTEVILLE (de). Essai statist. sur les établiss. publics de bienfais. Br. gr. in-8
WOLKOFF. Prémisses philosophiques, etc. Broch. gr. in-18 . . . .
— Lectures d'économie politique rationnelle. 1 vol. gr. in-18 . . . .
— Opuscules sur la rente foncière. 1 v. in-8 . . . .
— Le salaire naturel. (V. Thunen.)
WOLOWSKI, de l'Institut. Traité des monnaies de Nicolas Oresme. 1 vol. gr. in-8 jésus. . . . .
— Les finances de la Russie. 1 v. in-8
WORMS. Histoire de la Ligue hanséatique. 1 vol. in-8 . . . .
(Couronné par l'Académie des sciences morales et politiques.)

Y

YOUNG (Arthur). Voyages en France. Trad. de M. Lesage. 2 vol. gr. in-18.
— Voyage en Italie et en Espagne. Trad. par le même. 1 v. gr. in-18. . . .

LIBRAIRIE DE GUILLAUMIN ET Cⁱᵉ

NOUVELLES PUBLICATIONS

De la Monnaie de papier et des Banques d'émission, par M. Ad. d'EICHTHAL, ancien député, ancien régent de la Banque de France, ancien administrateur du Crédit mobilier. Broch. in-8° de 208 pages. . . . . Prix : 2 fr. 50

De l'Extinction de la Dette publique et du Billet de banque à intérêt, par M. Arth. SABATIER. 1 vol. grand in-8°. . . . . . Prix : 3 fr.

Les Finances de la Russie. Réponse à quelques publicistes russes, avec les documents officiels et une étude sur le papier-monnaie, par M. L. WOLOWSKI, membre de l'Institut. 1 vol. in-8. . . . . Prix : 5 fr.

Les Iles Philippines, par le comte CHARLES DE MONTBLANC. Brochure in-8°. Prix : 2 fr.

Des Rapports du Droit et de la Législation avec l'Économie politique, par M. RIVET, avocat. 1 volume in-8°. . . . . Prix : 7 fr. 50

Traité théorique et pratique des opérations de banque, par M. COURCELLE-SENEUIL ; 4e édition, revue et augmentée. 1 fort vol. in-8°. . . . Prix : 7 fr. 50

Les Traités de Commerce, texte historique et pratique de tous les traités en vigueur, *notamment des traités conclus avec l'Angleterre, la Belgique, le Zollverein et l'Italie*, avec une introduction économique et des renseignements sur les monnaies, les mesures, les douanes, les usages, et un catalogue alphabétique des principaux articles tarifés dans les divers pays du monde, par M. Paul BOITEAU. 1 fort vol. in-8°. . . . . Prix : 7 fr. 50

Les Finances du Royaume d'Italie, considérées par rapport à l'histoire, à l'économie publique, à l'administration et à la politique, par MM. PLEBANO et G.-A. MUSSO, avec une introduction par M. Paul Boiteau. 1 vol. in-8°. . . Prix : 7 fr.

Le Crédit populaire, par M. BATBIE, avec une introduction par M. Horn. 1 vol. grand in-18. Prix : 5 fr.

Couronné par l'Institut (Académie des sciences morales et politiques).

Histoire de la Ligue hanséatique, par M. Émile WORMS, avocat, docteur en droit. 1 vol. in-8°. . . . . Prix : 7 fr. 50

Couronné par l'Institut (Académie des sciences morales et politiques).

La Liberté politique *considérée dans ses rapports avec l'administration locale*, par M. M. DUPONT-WHITE. 1 vol. in-8°. . . . . Prix : 6 fr.

Œuvres choisies de Bastiat, comprenant les *Sophismes*, les *Petits pamphlets*, et les *Harmonies*. 3 vol. grand in-18. . . . . Prix : 10 fr. 50

La Monnaie de Banque, l'Espèce et le Portefeuille, par M. Paul COQ, avec une notice sur W. Patterson, fondateur de la banque de Londres, et une introduction sur le gouvernement de la Banque de France, de 1857 à 1863. 1 vol. grand in-18. Prix : 3 fr. 50

Des rapports de l'économie publique avec la morale et le droit, par M. MINGHETTI, président du conseil, ministre des finances de l'Italie ; traduit en français par M. Saint-Germain-Leduc, et précédé d'une introduction par M. Hippolyte Passy, membre de l'Institut. 1 fort vol. in-8°. Prix. . . . . . . 7 fr. 50
— Le même, en 1 volume grand in-18. Prix. . . . . 4 fr. 50

Manuel populaire de Morale et d'Économie politique, par M. RAPET, inspecteur général des écoles primaires. 2e édition entièrement refondue. 1 beau vol. grand in-18. . . . . Prix : 3 fr. 50

Ouvrage auquel l'Académie française a accordé le prix extraordinaire de 10,000 francs.

Travail et liberté. Études critiques d'économie sociale, par M. Th. MANNEQUIN. 2 vol. in-8°. Prix. . . . . 15 fr.

Mission nouvelle du Pouvoir, envisagée dans ses rapports avec l'esprit d'association, par M. Louis de NOIRON. 1 vol. in-8°. . . . . Prix : 6 fr.

L'Annuaire de l'Économie politique et de la Statistique, par MM. MAURICE BLOCK et GUILLAUMIN, 21e année. 1 fort vol. in-18. . . . . . Prix : 5 fr.

La Liberté, par J. H. MILL. Traduction de M. DUPONT-WHITE, augmentée d'un avant-propos du traducteur. 2e édition. 1 beau vol. grand in-18. . . . Prix : 3 fr.

SAINT-DENIS. — TYPOGRAPHIE DE A. MOULIN.

www.ingramcontent.com/pod-product-compliance
Lightning Source LLC
Chambersburg PA
CBHW060538220326
41599CB00022B/3539